PSICOLOGIA JURÍDICA

O GEN | Grupo Editorial Nacional – maior plataforma editorial brasileira no segmento científico, técnico e profissional – publica conteúdos nas áreas de concursos, ciências jurídicas, humanas, exatas, da saúde e sociais aplicadas, além de prover serviços direcionados à educação continuada.

As editoras que integram o GEN, das mais respeitadas no mercado editorial, construíram catálogos inigualáveis, com obras decisivas para a formação acadêmica e o aperfeiçoamento de várias gerações de profissionais e estudantes, tendo se tornado sinônimo de qualidade e seriedade.

A missão do GEN e dos núcleos de conteúdo que o compõem é prover a melhor informação científica e distribuí-la de maneira flexível e conveniente, a preços justos, gerando benefícios e servindo a autores, docentes, livreiros, funcionários, colaboradores e acionistas.

Nosso comportamento ético incondicional e nossa responsabilidade social e ambiental são reforçados pela natureza educacional de nossa atividade e dão sustentabilidade ao crescimento contínuo e à rentabilidade do grupo.

JOSÉ OSMIR **FIORELLI**
ROSANA CATHYA RAGAZZONI **MANGINI**

PSICOLOGIA JURÍDICA

12ª edição revista, atualizada e reformulada

- Os autores deste livro e a editora empenharam seus melhores esforços para assegurar que as informações e os procedimentos apresentados no texto estejam em acordo com os padrões aceitos à época da publicação, e todos os dados foram atualizados pelos autores até a data de fechamento do livro. Entretanto, tendo em conta a evolução das ciências, as atualizações legislativas, as mudanças regulamentares governamentais e o constante fluxo de novas informações sobre os temas que constam do livro, recomendamos enfaticamente que os leitores consultem sempre outras fontes fidedignas, de modo a se certificarem de que as informações contidas no texto estão corretas e de que não houve alterações nas recomendações ou na legislação regulamentadora.

- Fechamento desta edição: *15.08.2023*

- Os Autores e a editora se empenharam para citar adequadamente e dar o devido crédito a todos os detentores de direitos autorais de qualquer material utilizado neste livro, dispondo-se a possíveis acertos posteriores caso, inadvertida e involuntariamente, a identificação de algum deles tenha sido omitida.

- **Atendimento ao cliente: (11) 5080-0751 | faleconosco@grupogen.com.br**

- Direitos exclusivos para a língua portuguesa
  Copyright © 2024 by
  Editora Atlas Ltda.
  Uma editora integrante do GEN | Grupo Editorial Nacional
  Travessa do Ouvidor, 11 – Térreo e 6º andar
  Rio de Janeiro – RJ – 20040-040
  www.grupogen.com.br

- Reservados todos os direitos. É proibida a duplicação ou reprodução deste volume, no todo ou em parte, em quaisquer formas ou por quaisquer meios (eletrônico, mecânico, gravação, fotocópia, distribuição pela Internet ou outros), sem permissão, por escrito, da Editora Atlas Ltda.

- Capa: Aurélio Corrêa

- **CIP – BRASIL. CATALOGAÇÃO NA FONTE.
  SINDICATO NACIONAL DOS EDITORES DE LIVROS, RJ.**

F549p
Fiorelli, José Osmir

Psicologia jurídica / José Osmir Fiorelli, Rosana Cathya Ragazzoni Mangini. - 12. ed., rev., atual. e ampl. - Barueri [SP] : Atlas, 2024.

328 p. ; 24 cm.

Apêndice
Inclui bibliografia
ISBN 9786559775552

1. Direito - Aspectos psicológicos. I. Mangini, Rosana Cathya Ragazzoni. II. Título.

23-85612　　　　　　　　　　CDU: 340.6

Meri Gleice Rodrigues de Souza – Bibliotecária – CRB-7/6439

SOBRE OS AUTORES

José Osmir Fiorelli

Graduado em Engenharia Eletrônica pelo Instituto Tecnológico da Aeronáutica (ITA) e em Psicologia pela Universidade Tuiuti do Paraná (UTP). Pós-graduado em Administração de Empresas pela Fundação Getulio Vargas (FGV). Atuou como professor em cursos de graduação e pós-graduação, em disciplinas relacionadas com Administração e Psicologia Organizacional. Consultor de empresas nas áreas de qualidade, produtividade, gestão de recursos humanos e gestão empresarial. Autor e coautor de diversos livros na área de psicologia aplicada, com destaque para *Psicologia para administradores* e *Medição e solução de conflitos*, ambos publicados pela Atlas. Palestrante e conferencista em temas associados a assédio moral, gestão de conflitos e relações humanas no trabalho.

Rosana Cathya Ragazzoni Mangini

Mestra em Educação. Graduada em Psicologia e em Direito. Pós-graduada em Avaliação Psicológica. Especialista em Psicologia Jurídica. Professora em cursos de graduação e pós-graduação. Psicóloga do sistema prisional paulista por 30 anos. Atuou como mediadora na Defensoria Pública do Estado de São Paulo. Coautora de livros na interface psicojurídica. Foi membra do Comitê de Ética em Pesquisa da Secretaria da Administração Penitenciária, do Grupo de Estudos sobre Ofensores Sexuais da Secretaria da Administração Penitenciária e do Comitê de Combate à Violência Sexual contra Crianças e Adolescentes de Sorocaba. Foi conselheira do Conselho Regional de Psicologia de São Paulo na gestão 2010-2013 e atualmente integra as comissões de orientação, fiscalização e ética do CRPSP. Atua como profissional autônoma com orientação profissional e de carreira e avaliação psicológica nas áreas jurídica, organizacional e terapêutica.

APRESENTAÇÃO

A seleção e o desenvolvimento dos conteúdos deste livro refletem marcante influência de vários fatores:

a) a convivência, quase diária, com a população prisional, por meio da qual os pontos de vista daqueles que cometeram os mais diferentes delitos puderam ser compreendidos;

b) o contato com instituições de exclusão, assim denominadas aquelas que se encarregam de separar elementos do restante da sociedade, por diversos motivos, do qual resulta uma visão sistêmica e funcional dessas entidades, em suas dinâmicas internas e nas trocas com o ambiente;

c) a docência na área do Direito, que ensejou a seleção dos temas e o ajuste da escrita de maneira tal que ela seja adequada às finalidades didáticas, atendendo às demandas de professores e alunos;

d) as atividades relacionadas à gestão de conflitos, principalmente aquelas decorrentes da condução de métodos alternativos, como a conciliação e a mediação, em que se consegue desenvolver uma percepção mais apurada dos fenômenos emocionais presentes nessas situações;

e) a vivência da clínica psicológica, seja na atividade pericial, seja no consultório, por meio da qual se consegue um acesso privilegiado aos elementos intrapsíquicos que afetam o comportamento humano.

O leitor perceberá essa influência na exposição dos temas, pela escolha dos exemplos, situações e casos reais que permeiam todo o desenvolvimento do texto e pela forma como as análises e sínteses foram conduzidas, propiciando que a ligação entre a prática da psicologia jurídica e o saber da psicologia torne-se estreita e construtiva.

O desenvolvimento não perdeu de vista a finalidade de produzir um *livro-texto* para a disciplina Psicologia Jurídica. Nesse sentido, o conteúdo possibilita amplo atendimento a diferentes estruturas curriculares.

Ao conjugar as visões da psicologia e do direito, o texto revela-se de grande utilidade para os profissionais que se dedicam a *concursos públicos* e para aqueles que militam na área de família e penal, principalmente quando estes investigam os conhecimentos a respeito de situações de conflito, de relações interpessoais, motivação e desenvolvimento cognitivo.

O livro também apresenta grande atrativo para os profissionais de direito e de psicologia interessados na compreensão dos fenômenos psíquicos e seus desdobramentos comportamentais nas situações em que existe ou possa existir o *delito*, que é um importante foco do desenvolvimento.

O estudo das *funções mentais* superiores, conteúdo do Capítulo 1, constitui a base para toda a compreensão dos complexos mecanismos por meio dos quais se desencadeiam os comportamentos e se estrutura a *realidade psíquica* de cada indivíduo. Esse capítulo proporciona ao leitor fundamentos para compreender de que maneira a mente humana constrói sua visão de mundo, percebe o que acontece, interpreta os fatos e comanda os comportamentos. Referências bibliográficas atualizadas permitirão, aos interessados, aprofundar-se nesse instigante campo do conhecimento.

No Capítulo 2, uma visão abrangente das *teorias de psicologia* remete o leitor às diversas *linhas conceituais* desenvolvidas pelos seus principais estudiosos, a partir do início do século passado. Tomou-se o cuidado de não privilegiar uma ou outra e de concentrar a apresentação nos aspectos mais significativos de cada uma delas, para a finalidade de compreensão dos fatores que influenciam o comportamento humano. Portanto, o leitor *não encontrará* indicações a respeito de procedimentos psicoterapêuticos (o que fugiria do objetivo deste trabalho); em vez disso, apresentam-se elementos úteis para o entendimento das forças intrapsíquicas que se encontram na origem dos mais diferentes tipos de comportamentos.

O Capítulo 3 aborda o tema instigante da *saúde mental*. Esse conteúdo tem grande relevância porque, na situação de conflito, o comportamento dos envolvidos recebe marcante influência dos estados emocionais e, com frequência, escapa à normalidade, ainda que de maneira transitória e situacional.

Apresentam-se as situações de transtorno mental e de desvio do comportamento habitual do indivíduo em decorrência de conflitos e de seus reflexos psicofisiológicos. A preocupação foi a compreensão dos reflexos sobre o autocontrole e os padrões de respostas, em geral comprometidos quando a pessoa se vê submetida a estresse agudo ou prolongado. Também se destaca o efeito de estados psicofisiológicos na capacidade de a pessoa responder adequadamente aos estímulos, interpretar orientações e assumir a responsabilidade de maneira consciente. Nesse capítulo, incluem-se as psicopatologias, a drogadição e o Exame de Estado Mental (EEM).

Dedicou-se espaço especial ao estudo da *adolescência*, tema do Capítulo 4, pela importância dessa etapa do desenvolvimento físico e psicológico para a consolidação dos comportamentos que acompanharão a pessoa ao longo de toda a existência.

O que quer que aconteça à criança e ao adolescente poderá estar na gênese de suas reações futuras, nas mais diversas situações. Esse destaque tem a ver, também, com o fato de que a própria legislação dedica espaço especial à criança e ao adolescente por meio de Estatuto próprio, em que se estabelecem tratamentos diferenciados ao indivíduo nessa etapa da vida.

O Capítulo 5 estende-se na análise de aspectos psicológicos das pessoas que julgam (advogados, promotores e juízes), dando-se particular destaque à influência da emoção, além de outros conteúdos intrapsíquicos, entre os fatores que podem exercer influência em suas decisões e julgamentos. É importante destacar que os capítulos anteriores trazem, ainda que não explicitamente mencionados, elementos úteis para o aprofundamento dessa análise.

Ainda nesse capítulo, faz-se uma extensa análise dos comportamentos da vítima, dando--se destaque às situações em que ocorre a violência conjugal e sexual. Levantam-se hipóteses a respeito dos fatores que influenciam suas percepções e reações.

O capítulo encerra-se com o estudo das *instituições de exclusão* e seus efeitos sobre aqueles a elas recolhidos, efeitos estes que não devem escapar ao conhecimento daqueles que julgam e dos que desenvolvem programas de recuperação e reinserção social.

O estudo do *delinquente* ocupa o Capítulo 6. Inicia-se com hipóteses a respeito do que representa o ato criminoso para ele, contrapondo-se dois pontos de vista: o gozo na violência e o prazer na dor do Outro. Prossegue-se com o estudo de possíveis causas da delinquência, aventando-se diversas origens que se somam ou complementam. Algumas situações especiais receberam tratamento à parte pela grande incidência e pelos efeitos multiplicativos, com reflexos em toda a sociedade.

O Capítulo 7 lança uma visão abrangente sobre o fenômeno da *violência*. Distingue-se *agressividade* de *violência*. Mostra-se o seu impacto sobre a sociedade. Dá-se particular atenção à violência na família, pela sua importância como polo irradiador dos comportamentos. A divulgação e a incitação à violência por meio da Internet merecem análise específica.

O Capítulo 8 traz questões relacionadas com o Direito Civil; destaca-se o papel do psicólogo jurídico na perícia e assistência técnica ao poder judiciário; apresentam-se diversos temas, complexos e sensíveis, incluindo-se a guarda e o reconhecimento de filhos, a dissolução de uniões e a adoção.

O Capítulo 9 trata do Direito Penal, recolhendo elementos de diferentes linhas teóricas. Desenvolve-se uma consolidação, sob a ótica da psicologia, por meio da abordagem sistêmica.

Dedicou-se o Capítulo 10 ao estudo dos Direitos Humanos, tema transversal, convergente a todos os demais.

No encerramento, analisam-se, do ponto de vista psicológico e sob a ótica dos participantes e das diversas maneiras de se tratar os conflitos: julgamento, arbitragem, conciliação e mediação.

A busca para manter estreita ligação com a realidade brasileira, com o cotidiano da justiça, orientou a inserção de *casos reais*, devidamente modificados para evitar a vinculação com os envolvidos. Em cada um, analisaram-se os comportamentos dos principais agentes, sempre sob enfoque psicológico, lançando-se hipóteses e sugestões a respeito dos fenômenos psíquicos presentes ou desencadeantes desses comportamentos.

Além dos casos, mencionam-se diversas situações típicas do cotidiano, ilustrativas dos aspectos teóricos abordados.

Conjugando teoria, casos práticos e legislação, o livro oferece importante suporte ao profissional para a resolução de conflitos e demandas jurídicas na interface entre psicologia e direito.

O leitor encontra uma cuidadosa seleção de filmes para o entendimento e a tangibilização dos conceitos apresentados; teve-se a preocupação de indicar películas de reconhecida qualidade de produção e direção. Algumas delas, obras-primas da representação do comportamento humano, proporcionam autênticos estudos de caso e transferem, para a realidade virtual, inúmeros conceitos, com maestria e sensibilidade.

Importante ferramenta para o uso didático, foram incluídos exercícios e propostas de atividades que o auxiliarão no desenvolvimento de debates e na fixação dos conteúdos. Além do formato impresso, foram disponibilizados vídeos com fácil acesso via "QR Codes", que são um tipo de código de barras, posicionados em alguns pontos do livro. Para visualizar o conteúdo, basta instalar um aplicativo de leitura de QR Codes em seu *tablet* ou *smartphone* e posicionar a câmera sobre o código. Em instantes, o programa exibirá automaticamente o vídeo.

Confira a seguir:

> https://uqr.to/1lf1j

No final de cada capítulo, apresentam-se temas selecionados para reflexão e debates. Os interessados em tratar desses temas com o professor José Osmir Fiorelli poderão fazê-lo por e-mail (jo.fiorelli@uol.com.br) ou Facebook.

Os Autores

RELAÇÃO DOS CASOS

Caso 1 – Colisão na rotatória – Testemunhos aparentemente conflitantes. Fenômenos da percepção 1

Caso 2 – Entre tapas e beijos – Separação, conflito entre cônjuges............................. 2

Caso 3 – Luciana: encontro com a violência – Violência sexual. Memória. Mecanismo de defesa 3

Caso 4 – No varal fica fácil – Pensamento concreto... 14

Caso 5 – Cego pela paixão – Crime passional. Memória 23

Caso 6 – O ato falho – Lapso de memória... 30

Caso 7 – Carol, a bem amada – Mecanismo de defesa. Característica de personalidade histriônica. Emoção 31

Caso 8 – Guguinha e o id veloz – Limites. Responsabilidade. Personalidade dependente 31

Caso 9 – Cleuza, mamãe camisa 10 – Motivação. Desenvolvimento psicológico. Função materna... 37

Caso 10 – Uma Flor com um só marido – Comportamento violento. Condicionamento operante 46

Caso 11 – O *motoboy* machão – Conflito conjugal. Violência. Alcoolismo.................. 49

Caso 12 – Tal pai, tal filho – Estrutura de crenças. Esquemas de pensamento. Mecanismo de defesa... 50

Caso 13 – Trocada pela TV – Características de personalidade. Expectativas. Fronteiras impermeáveis... 61

Caso 14 – Entre a emoção e a razão – Psicose puerperal. Infanticídio......................... 86

Caso 15 – O bar da cirrose – Alcoolismo. Predisposição genética e desencadeante .. 90

Caso 16 – Mudanças possíveis – Alcoolismo. Influências ambientais no desenvolvimento 90

Caso 17 – Em legítima defesa – Transtornos do pensamento e da percepção: alucinação, ilusão. Esquizofrenia 93

Caso 18 – A enfermeira legal – Simulação. Mentira patológica. Vítima igualmente culpada 94

Caso 19 – Os inocentes no lugar errado – Exame do Estado Mental. Perturbação da saúde mental 101

Caso 20 – "Curtindo a vida" – Personalidade. Subsistemas. Permeabilidade de fronteiras. Limites 115

Caso 21 – Janaína, promíscua e saudosa – Síndrome do pequeno poder. Estrutura de pensamento. Personalidade 152

Caso 22 – O homem de Severina – Instituições de exclusão. Relações familiares 157

Caso 23 – Reclamando em berço esplêndido – Personalidade antissocial. Pensamento obsessivo. Dependência. O gozo no sofrimento do outro 166

Caso 24 – Corrupção antidroga – Reação emocional. Estresse. Expectativa de não punição 175

Caso 25 – O torturador de idosos – Tortura. Transtorno de personalidade antissocial 186

Caso 26 – A filha de Godofredo – Violência sexual. Raiva. Inveja. Expectativa de não punição. Mecanismo de defesa 188

Caso 27 – Agressão no trânsito: Aguinaldo, o valente – Impulsividade. Expectativa de impunidade 193

Caso 28 – G.: à espera de um milagre – Violências. Vulnerabilidade. Gênese da violência 203

Caso 29 – A raiva de Mario Sergio – Perícia. Inveja. Utilização da criança para atingir o cônjuge. Alienação parental 230

Caso 30 – A lei acima da criança? – Integridade psicológica da criança 231

SUMÁRIO

1. **As funções mentais superiores (a Síndrome de Pirandello)** 1
    1.1   Corpo, cérebro e mente 3
    1.2   Sensação e percepção 4
        1.2.1   Características das sensações 4
        1.2.2   Fatores que afetam a percepção 6
        1.2.3   Fenômenos da percepção 7
        1.2.4   O conflito e as percepções 8
    1.3   Atenção 9
    1.4   Memória 10
    1.5   Linguagem e pensamento 13
        1.5.1   Desenvolvimento do pensamento 14
        1.5.2   Pensamento, linguagem e conflitos 16
    1.6   Emoção 16
        1.6.1   Conceito 16
        1.6.2   Tipos de emoção 17
        1.6.3   A emoção e as funções mentais superiores 18
        1.6.4   Manifestações das emoções 21
    1.7   A Síndrome de Pirandello 25

2. **Perspectivas teóricas (a eterna busca da realidade)** 29
    2.1   O poder do inconsciente 30
        2.1.1   A estrutura do psiquismo 30
        2.1.2   Mecanismos de defesa do ego 32
        2.1.3   Desenvolvimento psicossexual 33
        2.1.4   Primeiras influências sociais 34
        2.1.5   A tipologia de Jung 35
    2.2   Uma visão psicossocial do desenvolvimento 36
        2.2.1   A importância do cuidado materno 36
        2.2.2   Desenvolvimento e sociedade 37
        2.2.3   Relação figura e fundo e o indivíduo no campo de forças ... 39
        2.2.4   A influência da expectativa 40
    2.3   Motivação – uma força interior 41
        2.3.1   Redução de tensão e satisfação de necessidades 41
        2.3.2   O poder da autorrealização 42

2.3.3	A hierarquia de necessidades	42
2.3.4	Autodeterminação e consideração positiva	43
2.4	Um cérebro que aprende: o condicionamento	44
2.4.1	Condicionamento respondente	45
2.4.2	Condicionamento operante	45
2.4.3	Punição	47
2.5	O poder da crença: abordagem cognitiva	48
2.5.1	Crenças e interpretações	48
2.5.2	Valores	50
2.5.3	Dissonância cognitiva	51
2.5.4	Esquemas rígidos de pensamento	52
2.5.5	Preconceitos	52
2.5.6	Pensamentos automáticos	53
2.6	A importância dos modelos	54
2.7	A visão sistêmica	57
2.7.1	Subsistemas: conflitos e alianças	57
2.7.2	Padrões de funcionamento	58
2.7.3	Conteúdo da comunicação	58
2.7.4	Ciclos vitais	59
2.7.5	Fronteiras entre sistemas e subsistemas	60
2.7.6	Sistema social	61

3. Saúde mental e transtorno mental 67

3.1	Conceitos de saúde mental e transtorno mental	67
3.2	Comportamento usual: personalidade	68
3.2.1	Personalidade	69
3.2.2	Características de personalidade	70
3.2.3	Alterações de características de personalidade	74
3.2.4	Transtornos mentais e de personalidade	74
3.2.5	Transtorno de personalidade antissocial	75
3.3	Imputabilidade, semi-imputabilidade e inimputabilidade; incapacidade relativa e plena	78
3.4	Psicopatologias	81
3.4.1	Transtornos de ansiedade	82
3.4.2	Transtorno obsessivo-compulsivo	83
3.4.3	Transtorno do estresse pós-traumático	84
3.4.4	Transtornos dissociativos	85
3.4.5	Psicose puerperal	86
3.4.6	Episódios e transtornos depressivos ("depressão")	87
3.4.7	Drogadição	88
3.4.8	Transtornos de pensamento e de percepção	93
3.4.9	Transtorno factício	94
3.4.10	Transtornos de preferência sexual (parafilias)	95
3.4.11	Transtornos mentais orgânicos	98

		3.4.12	Esquizofrenia e transtornos delirantes	98
	3.5		Exame do Estado Mental (EEM)	99

4. A adolescência, o Judiciário e a sociedade 105

	4.1		Fundamentos legais	105
		4.1.1	Os conselhos tutelares	107
		4.1.2	Medidas socioeducativas	108
	4.2		O adolescente	109
		4.2.1	Adolescência legal e biopsicológica	109
		4.2.2	Subjetividade e responsabilidade	111
	4.3		O comportamento que se distancia do social	112
		4.3.1	O crime como um *continuum*	112
		4.3.2	Criminalização de pessoas	113
	4.4		História de um percurso: do nada à delinquência	114
		4.4.1	Breve visão teórica	114
		4.4.2	Primórdio do percurso: do sonho à gravidez	116
		4.4.3	Maria-ninguém: não há retorno	117
		4.4.4	Estava escrito	118
		4.4.5	A cola que salva	119
		4.4.6	Rumo ao sucesso	120
		4.4.7	O boia-fria emocional	121
		4.4.8	Epílogo?	122

5. Julgadores, vítimas e instituições de exclusão 125

	5.1		Os julgadores	125
		5.1.1	O desafio de julgar	125
		5.1.2	A influência da emoção	127
		5.1.3	Efeitos do social	128
		5.1.4	Conteúdos intrapsíquicos	129
		5.1.5	O testemunho	130
	5.2		A vítima	133
		5.2.1	Vitimologia	133
		5.2.2	Tipologia	135
		5.2.3	Afinal, vítima por quê?	136
		5.2.4	As vítimas *eternas*	138
		5.2.5	Violência conjugal	139
		5.2.6	Violência sexual	141
		5.2.7	Vitimização e vitimização sexual	144
		5.2.8	Após a ocorrência	148
		5.2.9	Mídia e vítima: inimigas ou aliadas?	149
	5.3		As instituições de exclusão	150
		5.3.1	Um breve olhar social	151
		5.3.2	A arquitetura e o espírito	153
		5.3.3	Linguagem: a recriação do indivíduo	154

	5.3.4	O novo campo de forças: o poder do grupo	154
	5.3.5	As antigas fronteiras: limitações às trocas	157
	5.3.6	Valores, crenças e esquemas de pensamento	158

6. Um olhar sobre o delinquente 163

6.1	Delinquência e prazer 163

6.1.1	O prazer na dor do outro	163
6.1.2	O gozo na violência	164
6.1.3	O gozo na violência psicológica	166

6.2	A gênese da delinquência 167

6.2.1	Predisposição genética	167
6.2.2	O "efeito rodoviária" ou a geografia do crime	168
6.2.3	O lar: condicionamentos e modelos	169
6.2.4	A escola e a infância	170
6.2.5	A adolescência: o crítico momento da transição	171
6.2.6	O grupo na instituição de exclusão	172
6.2.7	A liderança: o efeito do modelo	173
6.2.8	Os microfatores externos	174
6.2.9	Papéis	177
6.2.10	Crime e consequência	177
6.2.11	A banalização do crime	180
6.2.12	Efeito-divulgação	180

6.3	Situações especiais 182

6.3.1	A delinquência ao volante	182
6.3.2	O atleta delinquente	184
6.3.3	O torcedor-delinquente	185
6.3.4	As tenazes da tortura	186
6.3.5	O agressor sexual	187

7. Estudo da violência 191

7.1	Impacto da violência sobre a sociedade	191
7.2	Agressividade e violência	192
7.3	Comportamento agressivo: uma visão teórica	195
7.4	Violência na família	198

7.4.1	Violência psicológica e violência física	198
7.4.2	O assédio moral na família	199
7.4.3	Violência contra o idoso	199
7.4.4	Infância e violência doméstica	200

7.5	www.violência.com	206
7.6	As muitas faces da violência	207
7.7	Homicídio	208

8. Psicologia e Direito Civil 213

8.1	Introdução	213

8.2	Perícia e assistência técnica	214
8.3	Processos de formação e rompimento do vínculo familiar	216
	8.3.1 Colusão	218
8.4	Casamento e separação	219
	8.4.1 Casamento	221
	8.4.2 União estável	222
	8.4.3 Dissolução e rompimento do vínculo familiar	222
	8.4.4 Filhos: disputa de guarda e regulamentação de visitas	224
	8.4.5 Alienação parental	229
8.5	Paternidade e reconhecimento de filhos	233
8.6	Interdição e sucessões	233
8.7	Adoção	234

9. Psicologia e Direito Penal 241

9.1	Introdução	241
9.2	Noções de criminologia	242
	9.2.1 O fenômeno delitivo	243
	9.2.2 Hipóteses	246
9.3	As modalidades de crime	249
	9.3.1 Delito doloso	249
	9.3.2 Delito culposo	251
	9.3.3 Delinquência ocasional	252
	9.3.4 Delinquência psicótica	253
	9.3.5 Delinquência neurótica	254
	9.3.6 Delinquência profilática	254
9.4	O processo de investigação	255
9.5	Psicologia do testemunho	258
	9.5.1 Relato espontâneo e por interrogatório	259
	9.5.2 Particularidades do testemunho de crianças e adolescentes	262
9.6	Confissão	265

10. Direitos Humanos e cidadania 269

10.1	Introdução	269
10.2	Aspectos legais	270
10.3	A gênese do dilema: entre o social e o individual	274
10.4	Direitos Humanos e Cidadania: uma visão sistêmica	279

11. Encerramento 283

11.1	Introdução	283
11.2	"Métodos informais" de solução de conflitos	284
11.3	Métodos tradicionais e alternativos	284
	11.3.1 Julgamento	285
	11.3.2 MESCs – Métodos Extrajudiciais de Soluções de Controvérsias (ou Conflitos)	285

11.4	Aspectos psicológicos dos métodos de solução de conflitos	287
	11.4.1 Julgamento	287
	11.4.2 Arbitragem	288
	11.4.3 Negociação	288
	11.4.4 Conciliação	288
	11.4.5 Mediação	289
	11.4.6 Uma tentativa de síntese	290

Considerações finais 291

Referências bibliográficas 293

Anexo – Entrevista e interrogatório – Algumas considerações 301

1
AS FUNÇÕES MENTAIS SUPERIORES
(A SÍNDROME DE PIRANDELLO)

As verdadeiras paisagens são as que nós mesmos criamos.

(Fernando Pessoa, 2006, p. 156)

A psicologia trabalha com a *realidade psíquica*, elaborada pelo indivíduo a partir dos conteúdos armazenados na mente. Portanto, antes de apresentar as principais teorias em psicologia, convém desenhar um panorama sintético dos elementos de que dispõe a mente para construir a *sua realidade*.

António Damásio, chefe do departamento de neurologia da Universidade do Iowa, sintetiza a complexidade da investigação psicológica, quando afirma que "*às vezes, usamos nossa mente não para descobrir fatos, mas para encobri-los... ainda que nem sempre de maneira intencional*" (DAMÁSIO, 2000, p. 49).

Esse desafio torna o trabalho psicológico enriquecedor e deslumbrante. As técnicas da psicologia contribuem para que pessoas identifiquem elementos desconhecidos por elas, que as impulsionavam em direção a comportamentos indesejados, a incertezas e a angústias. Suas iniciativas de transformações bem-sucedidas constituem depoimentos da importância de se continuar a aperfeiçoar essa ciência, em franco desenvolvimento.

Neste capítulo se estabelece, pois, como ponto de partida, uma visão sistêmica dos fenômenos mentais que concorrem para formar as *imagens* das quais o cérebro se vale para compor os conteúdos com os quais o psiquismo trabalha.

Inicia-se a ligação com o real do direito por meio de três casos, que retratam situações semelhantes a milhares de outras que ocorrem continuamente. O leitor poderá estabelecer um vínculo entre os comportamentos dos envolvidos nos conflitos relatados e o funcionamento dos mecanismos mentais no registro e interpretação dos estímulos que impressionam o cérebro e dão origem à *realidade psíquica*.

Caso 1 – Colisão na rotatória

Joana, esteticista, e Gilberto, baterista, aguardavam uma oportunidade para atravessar, no cruzamento mal sinalizado de duas importantes avenidas. De repente, quatro veículos envolvem-se em violenta colisão. Os danos materiais parecem elevados.

Dois motoristas, os principais envolvidos, Pedro e Sílvio, iniciam áspera discussão, enquanto os outros dois limitam-se a conversar, aparentando calma, e a observar atentamente os danos menores em seus veículos.

Joana e Gilberto, que presenciaram os fatos, são arrolados como testemunhas. A discussão evoluiu para agressão física; Pedro agrediu Sílvio com violência; este, semiconsciente, foi hospitalizado com ferimentos na face e suspeita de traumatismo craniano. Populares impediram a fuga de Pedro enquanto aguardavam a chegada da polícia.

Em seu depoimento, Joana descreveu que Pedro entrou no cruzamento em alta velocidade, de maneira irresponsável, atingindo a lateral do carro de Sílvio, que freou abruptamente. Um terceiro colidiu contra a traseira do carro de Sílvio; o quarto motorista, contra a traseira do veículo de Pedro. Os veículos de Sílvio e Pedro ficaram severamente danificados. Também, segundo ela, Sílvio desceu do veículo proferindo palavras de baixo calão para Pedro.

Gilberto apresentou depoimento bastante diferente do de Joana; segundo ele, Sílvio, que vinha pela faixa da direita, invadiu a faixa central, pela qual transitava Pedro, de maneira inesperada, sem sinalizar, não dando tempo a ele de frear o veículo ou desviar para a faixa à sua esquerda. Isso, no seu entendimento, teria provocado a colisão inevitável.

Joana e Gilberto presenciaram o mesmo fato, porém, o relataram de modo diferente.

Caso 2 – Entre tapas e beijos

Celso e Marilda, casados há 12 anos, viviam em aparente harmonia; porém, há cerca de um mês, passaram a discutir em altos brados, segundo alguns vizinhos.

Residindo na cobertura de luxuoso edifício, tornaram-se alvo da observação dos vizinhos; estes perceberam que Marilda passou a circular, mesmo no interior do condomínio, sempre usando óculos escuros, o que nunca tinha sido de seu costume.

Os vizinhos relataram que as discussões pareciam aumentar e, ocasionalmente, ouviam-se sons de objetos arremessados.

O recepcionista do edifício contou que o sr. Celso parecia "um tanto estranho" e que chegou a perguntar para o condômino "se estava tudo bem", ao que este respondeu, evasivamente, que sim.

Os dois filhos pequenos do casal não mais foram vistos, nas áreas de lazer do edifício, brincando com outras crianças, embora isto fosse comum até algumas semanas atrás.

Algum tempo depois, o sr. Celso deu entrada no Pronto Socorro, apresentando um profundo corte sobre o supercílio direito; segundo ele, tropeçara na escada interna do apartamento, que conduzia à área aberta de lazer; teria caído e batido a cabeça no degrau.

A situação precipitou-se quando, alguns dias depois, os vizinhos foram obrigados a intervir, alarmados pelos gritos que julgaram ser de Marilda, durante a madrugada. Acionaram o interfone... e o silêncio se fez.

Na semana seguinte, os advogados de ambos se reuniram para tratar da separação litigiosa, com muito sofrimento para o casal e seus familiares. Tanto os pais de Celso quanto os de Marilda demonstraram absoluta convicção em afirmar que o filho ou a filha sempre suportou o "gênio difícil" do outro cônjuge, desde o tempo do namoro.

Os familiares não hesitaram em dar exemplos de como o outro cônjuge adotava comportamentos provocativos e não perdia a oportunidade de humilhar o(a) parceiro(a) nas reuniões de família. As coisas não haviam se precipitado antes porque "meu filho (ou minha filha) sempre foi muito paciente", disseram os familiares. Ah, sim, havia o amor pelas crianças...

Caso 3 – Luciana: encontro com a violência

Luciana, jovem de 17 anos, estudante, voltava da escola para casa, à noite, no trajeto habitual que a levava a transitar por um trecho mal iluminado, próximo a vários terrenos baldios, com muitas árvores e mato alto, margeando o pequeno riacho em torno do qual o bairro distante se desenvolveu.

Tais circunstâncias propiciaram a ação de três homens que estavam próximos. Eles a cercaram e dominaram, desferindo-lhe um soco no olho e tapando-lhe a boca. Assim, maltratada e imobilizada, Luciana viu-se arrastada para o matagal.

Ali, foi estuprada pelos três, repetidas vezes, enquanto todos passavam as mãos em seu corpo, mantendo-a imobilizada e emudecida pela própria calcinha, violentamente arrancada e enfiada em sua boca, quase até asfixiá-la.

Após breve confabulação, decidiram não matá-la e fugiram do local, de posse dos escassos bens da vítima: alguns trocados, passes escolares e o relógio barato adquirido na feira livre do bairro.

Luciana permaneceu um tempo, que lhe pareceu infinito, deitada sobre o chão imundo, onde os três urinaram antes de se evadir, sentindo mais nojo do que dor. Deve ter perdido os sentidos, pois, de repente, viu-se só. Arrastou-se, com dificuldade, entre a vegetação, até que conseguiu se orientar. Levantou-se e, tremendo e chorando, buscou o caminho de casa. Com muita vergonha, relatou o ocorrido para a mãe e o padrasto.

Enquanto a mãe consolava-a, o padrasto não deixou de recriminá-la por seus "modos". "Sempre achei que ainda ia acontecer alguma desgraça", afirmou. A mãe, entretanto, fez questão de levá-la à delegacia do bairro para prestar queixa.

A ocorrência foi comunicada à polícia civil, seguindo-se o suplício de se submeter a exame de corpo de delito.

Nos próximos meses, Luciana permaneceu em casa, recuperando-se pouco a pouco da provação. Perdeu o emprego. Não conseguiu retomar as aulas naquele ano... Tinha vergonha de encarar os colegas de trabalho e de escola. Passou a evitar conhecidos e parentes.

Algum tempo depois, a polícia logrou êxito na prisão dos suspeitos, os quais foram identificados, submetidos a julgamento, sentenciados e condenados.

Durante o julgamento, a advogada de defesa dos criminosos colocou em dúvida o depoimento de Luciana, questionando a gravidade dos fatos, alegando que a vítima não soube precisar quantas vezes foi estuprada por cada um dos elementos.

Ao longo deste e dos próximos capítulos, estas situações serão retomadas, com o propósito de evidenciar os fenômenos psicofisiológicos aos quais se encontram submetidos os envolvidos.

1.1 CORPO, CÉREBRO E MENTE

Sem corpo não há mente, ensina Damásio (2004, p. 226), contrariando Descartes (*penso, logo, existo*). Para a Ciência, e a psicologia, em particular, reconhecer que o humano constitui uma *entidade total* que inclui o corpo e a mente, na qual "*o cérebro é a audiência cativa do corpo*" (DAMÁSIO, 2000, p. 196), estimula reflexões conceituais e metodológicas de grande significado para o entendimento dos mecanismos que comandam o comportamento.

O cérebro é o palco das *funções mentais superiores*; o que a mente comanda não ultrapassa os limites de funcionamento das estruturas cerebrais e as possibilidades dessas funções, por meio do processamento do que ali se encontra armazenado.

As funções mentais superiores (separadas apenas por motivos didáticos, porque constituem um todo integrado) constituem uma espécie de programação por meio da qual os indivíduos desenvolvem *imagens mentais* de si mesmos e do mundo que os rodeia, interpretam os estímulos que recebem, elaboram a *realidade psíquica* e emitem comportamentos.

Aqui, são apresentadas a sensação, a percepção, a atenção, a memória, o pensamento, a linguagem e a emoção, esta, a maestrina na orquestração dos comportamentos.

1.2 SENSAÇÃO E PERCEPÇÃO

"Sensação" e "percepção" constituem um processo contínuo, que se inicia com a recepção do estímulo (interno ou externo ao corpo) até a interpretação da informação pelo cérebro, valendo-se de conteúdos nele armazenados.

Didaticamente, pode-se pensar na *sensação* como a operação por meio da qual as informações relativas a *fenômenos do mundo exterior* ou ao *estado do organismo* chegam ao *cérebro*. Essas informações permitem ao cérebro compor uma *imagem mental* correspondente a elas.

A *percepção*, etapa seguinte, realiza a *interpretação da imagem mental resultante da sensação*. Trata-se de um processo de transformação da estimulação física em informação psicológica de modo singular e pessoal. Por meio desse processo os estímulos ganham significado e são trazidos à consciência.

1.2.1 Características das sensações

> *A vida é para nós o que concebemos nela... Na verdade, não possuímos*
> *mais do que as nossas próprias sensações...*

> (Fernando Pessoa, 2006, p. 130)

Para a *psicologia jurídica*, é relevante destacar:

> ➤ algumas pessoas experimentam *sensações* decorrentes de mínimas transformações fisiológicas em seus interlocutores. Tem-se a impressão de que "adivinham emoções"; por exemplo, detectam se a pessoa mente ou irá fazê-lo. Em geral, desconhecem a própria habilidade, desenvolvida e aperfeiçoada inconscientemente, por meio do contato frequente com os mais variados tipos de pessoas;

> ➤ a emoção afeta a sensação. Durante um conflito, os participantes tornam-se mais sensíveis a estímulos como luz, calor, ruído, movimentos dos opositores etc. Também pode ocorrer *redução seletiva* da sensibilidade (uma forma de o psiquismo proteger-se contra algo que o agride profundamente). A pessoa, por exemplo, sofre um "bloqueio" que a impede de ver, recordar etc.

🔍 Um único movimento de Sílvio pode ter desencadeado a raiva de Pedro (caso 1); o sofrimento excessivo pode ter ocasionado um "desligamento" de proteção em Luciana (caso 3);

> ➤ a sensação possui um **limiar inferior**, variável de pessoa para pessoa, abaixo do qual o estímulo não é reconhecível pelo cérebro. A informação é ignorada porque a intensidade do estímulo (visual, auditivo etc.) foi insuficiente para produzir, na mente, a sensação. Fatores como habitualidade podem afetar esse limiar.

🔍 A demora dos vizinhos em interferir na briga entre Celso e Marilda (caso 2) encontra-se relacionada com o nível de ruído;

> existe um limiar superior, acima do qual ocorrem danos nos mecanismos de recepção dos estímulos (eventualmente, provocando dor) e/ou se atinge um "patamar de saturação". Surge o bloqueio da sensação.

🔍 O indivíduo desmaia porque o cérebro "desliga" quando a dor ultrapassa o limite do suportável; isso poupa as estruturas neuronais do estresse excessivo. Os desmaios de Sílvio (caso 1) e de Luciana (caso 3) são exemplos desse oportuno mecanismo de proteção;

> informações **em excesso** deixam de ser registradas porque o cérebro não consegue administrar a totalidade e descarta uma parte delas.

🔍 Cada testemunha (Joana e Gilberto) viu um detalhe do acidente (caso 1). São muitos estímulos para uma única pessoa captar. O cérebro elege alguns e descarta outros. Nesse caso, a *sensação* combina-se com a *atenção*, que será vista logo a seguir;

> o **estado emocional** afeta, também, os *limiares* de sensação. Quando se tem raiva de alguém, um som, um suspiro, um esboço de sorriso são registrados com intensidade muito maior.

🔍 A emoção estimula o desencadeamento de reações; os comportamentos agressivos (caso 1 e caso 2) podem estar associados a esse fenômeno – *qualquer coisa é interpretada como provocação*;

> o *álcool* (e outras substâncias psicoativas) altera a *interpretação* dos efeitos de diversos estímulos (distância, temperatura, dor etc.). Ainda que o indivíduo tome consciência do estímulo, a *reação* será inadequada. Alcoolistas podem ter maior dificuldade para compreender orientações e esquecer ou confundir seus conteúdos; mesmo pequenas quantidades de bebida alcoólica podem ocasionar esses efeitos (daí, provocarem acidentes de trânsito);

> o estresse aumenta a *sensibilidade a ruídos*; a pessoa torna-se menos tolerante; isso aumenta o estresse e afeta os comportamentos em situações de conflito, quando se depara com pessoas que lhes despertam emoções negativas. O *estado de estresse* altera as descrições dos eventos e compromete a observação.

A *sensação* depende do *estímulo* e da capacidade do indivíduo de captá-lo; a *percepção* depende de *acontecimentos anteriores* que envolveram o mesmo estímulo (ou outros semelhantes) e que afetam a *interpretação* da sensação pelo cérebro.

1.2.2 Fatores que afetam a percepção

> *O homem nunca percebe uma coisa ou a entende por completo. [...] Os sentidos do homem limitam a percepção que ele tem do mundo à sua volta.*
>
> (Jung, 1995, p. 21)

O mesmo conjunto de estímulos gera diferentes percepções em diferentes pessoas. Cada pessoa reage à sua maneira aos vários tipos de estímulos: uma percebe melhor palavras; outra, gestos; uma terceira, cores, e assim por diante. Inúmeros fatores, como os descritos a seguir, afetam a percepção.

Na descrição da agressão sofrida por Sílvio, pode ocorrer que a sra. Joana seja precisa na reprodução do diálogo entre a vítima e Pedro, enquanto o sr. Gilberto consiga descrever com nitidez detalhes da cena.

a) Captura visual

Ocorrendo conflito entre a visão e os demais sentidos, predomina a percepção provocada pelo estímulo visual (MYERS, 1999, p. 129).

b) Características particulares do estímulo

Intensidade, dimensões, mobilidade, cor, frequência, enfim, tudo o que permita *estabelecer diferenças* contribui para melhorar a percepção.

Os vizinhos de Celso e Marilda percebem algo quando a intensidade dos sons que saem do apartamento do casal torna-se maior do que o habitual.

c) Experiências anteriores com estímulos iguais ou semelhantes

A prática melhora o reconhecimento de detalhes; quem trabalha com cores (um pintor, uma decoradora) distingue nuances que passariam despercebidas pela maioria das pessoas.

d) Conhecimentos do indivíduo

Um médico percebe facilmente detalhes relacionados com o estado do organismo, por exemplo; um costureiro relata com precisão características de indumentária etc.

e) Crenças e valores

A pessoa que acredita que "todo político é desonesto" percebe sinais de desonestidade nas propostas ou atos de qualquer político. A percepção atua para confirmar a crença.

A percepção de Joana e Gilberto a respeito de Pedro e Sílvio (caso 1) pode ser influenciada por fatores como tipo físico, tatuagens, indumentária, penteado e outros, em relação aos quais existem inúmeros estereótipos socialmente cronificados.

f) Emoções e expectativas envolvendo o estímulo ou as circunstâncias que o geram

Quem presencia um acidente com mortos e feridos tem percepções diferentes daquelas que um acidente semelhante, porém limitado a danos materiais, lhe proporcionaria. O estado emocional afeta profundamente a percepção, a fixação de conteúdos na memória e a posterior recuperação deles.

Wright (1996, p. 66) acentua que "*o indivíduo percebe de acordo com suas expectativas*", fenômeno amplamente conhecido por especialistas em combate ao uso de drogas. Jovens "surpreendem" seus pais quando identificados como consumidores e/ou traficantes de drogas; na verdade, a família "ignora" os indícios dessa realidade. De modo similar, "não se percebem" sinais de gravidez da filha adolescente, da traição do cônjuge etc.

g) A situação em que a percepção acontece

A esposa arma um escândalo porque encontra o marido almoçando, em um restaurante, acompanhado de outra mulher. O mesmo fato seria interpretado de diferentes maneiras em outro momento ou lugar. A situação combina-se com a *expectativa*.

Percepção se aprende ao longo da vida, bem o sabem, por exemplo, advogados, professores e líderes religiosos. Entretanto, a capacidade perceptiva, se não exercitada, pode regredir.

Na *adolescência,* é nítido o *efeito da aprendizagem perceptiva* sobre o comportamento. O desenvolvimento físico e psicológico acentuado faz com que os jovens voltem suas atenções e percepções para novos estímulos, nos quais se concentram, dando menor atenção a outros (por isso, podem parecer relapsos, desatentos etc.); faz parte do processo de aprendizagem.

1.2.3 Fenômenos da percepção

Os dois fenômenos da percepção a seguir descritos têm especial interesse para a psicologia jurídica: a *relação figura e fundo* e a *ilusão*. Outros fenômenos encontram-se descritos detalhadamente em Fiorelli (2018, p. 48-55). Todos eles recebem notável influência do aprendizado e do uso de substâncias psicoativas.

a) Organização perceptiva de figura e fundo

A "relação figura e fundo" constitui tendência organizadora fundamental (BRAGHIROLLI et al., 1998, p. 79), comum a toda percepção. Ela possibilita, em qualquer conjunto de estímulos, eleger uma porção mais definida e organizada – a *figura* – com um *fundo* coadjuvante.

*O cérebro **sempre** dá prioridade ao que ocupa o lugar de figura.*

🔍 No acidente relatado (caso 1), o veículo que desenvolvia alta velocidade ocupou o lugar de figura para Joana; para Gilberto, esse lugar foi ocupado pelo que mudou de faixa.

---

b) Ilusões perceptivas

Denomina-se *ilusão* a distorção de "imagens ou sensações reais" (KAPLAN; SADOCK, 2017, p. 313).

O *estado emocional* impede que os estímulos (visuais, auditivos, táteis, gustativos e olfativos) recebam adequada interpretação. A pessoa, por exemplo, viu uma sombra no quintal e acreditou que ali se encontrava alguém – engano que pode ser crucial em um depoimento.

Pesquisas comprovam a existência de *componentes culturais* na percepção de ilusões, ou seja, a ilusão tem a ver com expectativas socialmente ajustadas. A probabilidade de confundir uma *nuvem* com um disco voador é muito maior quando se passeia em uma serra distante do que no labirinto urbano de uma avenida movimentada, ainda que as nuvens sejam semelhantes.

A influência da emoção sobre a percepção, produzindo ilusões, é reconhecida e notória. Os torcedores, por exemplo, *percebem* com precisão os erros do juiz que favorecem a equipe adversária; uma ilusão responsável por inúmeros conflitos.

Compreende-se, portanto, que se encontrem, com frequência, ilusões perceptivas nos depoimentos de testemunhas de cenas de impacto emocional, porque a emoção do momento desencadeia processos mentais que lhes favorecem o seu surgimento. Uma forma de se aproximar da verdade é confrontar as declarações.

1.2.4　O conflito e as percepções

Nos conflitos, existem diferenças fundamentais de percepção entre os litigantes. A *figura* de um pode ocultar-se no *fundo* percebido pelo outro ou, pelo menos, existem diferenças marcantes de percepção a respeito do que seja a *figura principal* em uma demanda. Esse fenômeno aplica-se aos que conflitam e às eventuais testemunhas. Fiorelli, Fiorelli e Malhadas (2015, p. 43-46 e 111-115) estudam essa questão em profundidade.

A mãe de Luciana pode estar preocupada com a punição dos estupradores (caso 3); não se estranhe que a maior preocupação de Luciana seja recuperar a autoestima e conseguir coragem para olhar novamente os amigos e as amigas. Os pais dos estupradores podem acreditar que seus filhos encontravam-se conversando, no trajeto de Luciana, e foram por ela seduzidos...

Os parentes e amigos de Celso (caso 2) percebem claramente as agressões cometidas por Marilda; já os familiares dela não se conformam com a violência doméstica praticada por ele. Celso, por outro lado, pode estar preocupado com a preservação do patrimônio, no caso de uma separação, enquanto Marilda concentra-se na manutenção de sua rede de relações sociais.

Para Acland (1993, p. 260), é ingênuo acreditar que a compreensão das percepções do oponente solucione um conflito. Pode acontecer o oposto: quanto mais as pessoas se compreendem, mais irreconciliáveis se tornam, porque melhor compreendem a extensão das diferenças entre seus princípios e valores.

Isso pode ocorrer entre Celso e Marilda (caso 2): o relacionamento prosperou aquecido pela chama do idílio do namoro; entretanto, as dificuldades da vida conjugal quebram o espelho da fantasia; o vento frio do cotidiano apaga a chama e brotam as desavenças.

Por outro lado, conhecer as percepções de cada parte a respeito de um conflito tem valor para a condução do processo, para idealizar possíveis acordos e estabelecer, se for o caso, reparações percebíveis como significativas pelas vítimas.

1.3 ATENÇÃO

A cada momento, inúmeros estímulos chegam ao cérebro. A atenção possibilita *selecionar alguns* e *descartar os restantes*, por meio de células cerebrais especializadas, denominadas *detectores de padrão* (HUFFMAN; VERNOY; VERNOY, 2003, p. 125).

Diversos fatores influenciam a atenção seletiva, como a emoção, a experiência, os interesses do indivíduo, as necessidades do momento etc.

Tudo o que *modifica a situação* chama a atenção: um som mais alto, um movimento diferente, um brilho invulgar etc. A atenção filtra os estímulos; aqueles ignorados não participam do processo de sensação e são descartados. Os estímulos selecionados vão compor a *figura* na percepção.

A *emoção ativa a atenção* para inúmeros detalhes que desencadeiam os mais variados sentimentos, do amor ao ódio, da repulsa à adoração. O fenômeno funciona nos dois sentidos; o objeto que desperta a atenção provoca a emoção correspondente; "*é muito difícil imaginar objetos emocionalmente neutros... a emoção é a regra*", ensina Damásio (2004, p. 64). O mesmo raciocínio aplica-se a *comportamentos*.

🔍 Luciana passou a experimentar sensação de náusea ao sentir o aroma do mato proveniente de terrenos baldios (caso 3). A mesma repulsa surgiu em relação a rapazes, afastando-a do contato com eles. A simples presença masculina provocava-lhe náuseas.

Também importante é a *falta de atenção*. Testemunhas deixam de prestar informações relevantes porque, simplesmente, não prestaram a necessária atenção ao acontecimento.

🔍 Celso e Marilda poderiam estar brigando há horas e os vizinhos mais próximos simplesmente ignoraram o fato (caso 2); somente tiveram a atenção despertada quando um barulho muito alto ocorreu (por exemplo, o som de um tiro de revólver, de uma vidraça quebrada etc.).

Diversos fenômenos contribuem para a falta de atenção:

> ➤ a pessoa, simplesmente, não compreende o que acontece;
> ➤ *mecanismos inconscientes de defesa* (que serão adiante estudados) impedem que o indivíduo tenha a atenção despertada para determinados estímulos (sons, movimentos, cheiros etc.);
> ➤ o indivíduo está profundamente concentrado em outra atividade e o organismo não responde a novos estímulos (pais costumam reclamar que "o filho quando está na Internet fica surdo");
> ➤ habitualidade do estímulo em determinados horários, períodos, situações etc.;
> ➤ fatores culturais, por exemplo, o costume de "não se intrometer onde não é chamado".

A *obtenção e a permanência* da atenção dependem de dois conjuntos de fatores:

> ➤ características dos estímulos: intensidade e suas oscilações, novidade, repetição;

> fatores internos aos indivíduos: necessidades e objetivos (o que se quer obter); coisas que proporcionam prazer; indícios de algo temido, esperado ou antecipado etc.

Esses fatores são influenciados pela formação profissional, preferências e experiências de vida de cada indivíduo: inconscientemente, o juiz, o promotor ou o advogado podem prestar maior atenção a determinadas situações ou detalhes em detrimento de outros. O mesmo acontece com as testemunhas.

Atenção e memória são fortemente interligadas; a primeira prima pela inconstância; a segunda costuma protagonizar notáveis confusões. Possuem *confiabilidade* discutível.

1.4 MEMÓRIA

> *A memória substitui os olhos: esse é o filme que passa dentro de nós.*
>
> (Nei Duclós – em artigo no Facebook, 22.11.2020)

A *memória*, "*a faculdade de reproduzir conteúdos inconscientes*" (JUNG, 1991, p. 18), é desencadeada por *sinais*, informações recebidas pelos sentidos, que despertam a *atenção*. Se esta não acontecer, a informação não ativa a memória.

Uma vez que se preste atenção e se registre o estímulo, ocorre a possibilidade de recuperar informações. Nesse processo, a emoção intervém de maneira determinante e contribui para que aconteçam composições, lacunas, distorções, ampliações e reduções dos conteúdos, afetando o próprio reconhecimento.

A memória possibilita reconhecer o estímulo. Por exemplo, reconhece-se de imediato (na rua, no *shopping*) uma música que foi marcante em algum momento da vida; outras, que nada significaram, nem mesmo são ouvidas (o estímulo é descartado).

Questões dolorosas tendem a ser "esquecidas". Isso contribui para que muitas pessoas, chamadas a testemunhar, não se recordem de detalhes importantes de eventos ocorridos com elas ou com outras pessoas.

Os mecanismos psíquicos protegem a mente, embora possam ser um obstáculo para identificar a verdade dos acontecimentos. Observe-se que partes de um evento traumático podem ser recordadas com nítidos detalhes, enquanto outras, do mesmo evento, simplesmente a pessoa nada consegue recordar.

Myra y Lopéz (2007, p. 174) assinala que

> *o juiz crê que quanto mais viva e emotiva tenha sido a situação, tanto melhor tem que ser recordada pelo sujeito [...] crê que tem que ser severo ao exigir uma recordação precisa dos detalhes fundamentais. Pois bem, são precisamente esses detalhes os que se olvidam...*

Não se pode recriminar Luciana porque não consegue narrar detalhes de sua tragédia pessoal (caso 3); há um poderoso processo emocional protegendo seu psiquismo para que aqueles acontecimentos terríveis não aflorem.

Efetivamente, destaque-se, *não há consenso*, entre os estudiosos, quanto à hipótese de que as questões dolorosas são *preferencialmente* esquecidas. Coisas interpretadas como relevantes parecem ser lembradas com maior facilidade, ainda que o critério de relevância seja situacional e mediado pela emoção. Por esse motivo, um grave acontecimento (por exemplo, envolvimento em acidente com vítimas, estupro, latrocínio) pode ser superado com relativa facilidade por alguns indivíduos e deixar sequelas inesquecíveis para outros.

Também não há consenso quanto à possibilidade de se *reprimir*, e depois *recuperar*, a lembrança inteira de um evento traumático. Para muitos, o desafio maior consiste em esquecer. Em eventos dolorosos, a lembrança é uma inimiga interior, reconhecida já desde os tempos de Espinosa (2005, p. 103), que observava, na proposição XVIII da terceira parte de sua Ética, que *"o homem experimenta pela imagem de uma coisa passada ou futura o mesmo afeto de gozo ou tristeza que pela imagem de uma coisa presente"*. Portanto, compreende-se que o psiquismo de Luciana atue para defendê-la.

Por outro lado, *"a vivacidade de uma lembrança não prova que algo realmente aconteceu"*; por nítidas que sejam as imagens, elas não se encontram isentas de alterações com o tempo (HUFFMAN; VERNOY; VERNOY, 2003, p. 246). A memória é *"tanto uma reconstrução quanto uma reprodução"*, assinala Myers, destacando que não se pode ter certeza de que algo é real por *parecer real*; as *memórias irreais também parecem reais* (MYERS, 1999, p. 210).

Exemplo desse fenômeno é a recordação de *alucinações* (na *alucinação*, um fenômeno da percepção, o indivíduo "vê" algo que não existe) pelas quais passam as pessoas que jejuam por longo período. Mais tarde, as visões de inferno ou paraíso tornam-se *reais* em suas mentes. A cuidadosa investigação e confrontação de relatos de conflitos cercados por grande emoção é imprescindível para se apurar a verdade.

Entre as distorções ocasionadas pelo psiquismo registra-se a *"ampliação de atributos"*. Lembra-se do "ruim" como muito pior do que foi na realidade; o "bom" torna-se extremamente melhor! A emoção desempenha papel notável nesse mecanismo que contribui para distorcer depoimentos (saliente-se, de modo involuntário). A história é farta em exemplos de pessoas "más" que não foram, de fato, tão ruins, e de "santos" que não foram tão bons...

A combinação de fatores físicos com psíquicos aumenta o dano mental. No estupro, além da enorme agressão do ponto de vista psíquico, existe dano físico irreparável, uma *mutilação*, que se amplia dependendo da cultura e das condições sociais da vítima.

A esse respeito, destaquem-se as relevantes constatações de Damásio (2000, p. 209), que indicam o *conteúdo emocional da lembrança* e que se encontram presentes em depoimentos de vítimas e testemunhas. Segundo o pesquisador,

> *as memórias também contêm registros da obrigatória reação emocional ao objeto* e, *quando evocamos um objeto* [...], *recuperamos não só dados sensoriais, mas também os dados motores e emocionais associados* [...] *as reações a esse objeto que tivemos no passado.*

Investigações a respeito de falhas de recuperação de conteúdos memorizados têm conduzido a conclusões que merecem reflexão.

Pessoas que *fantasiavam* costumeiramente durante a infância, assinala Myers (1999, p. 147), *"reviviam experiências ou imaginavam cenas com tanto ardor de vez em quando que mais tarde tinham dificuldade para distinguir as fantasias lembradas das lembranças de eventos reais"*. Fantasias podem fazer parte das narrativas que cercam as histórias dos conflitos, inclusive produzidas por testemunhas.

A fantasia acontece também entre adultos. Segundo Huffman, Vernoy, Vernoy (2003, p. 247), é possível criar falsas lembranças; Myers (1999, p. 208) alerta que as pessoas completam os hiatos da memória com suposições plausíveis, como se, de fato, tivessem observado ou experimentado aquilo de que se recordam. Isso se observa corriqueiramente em acidentes envolvendo automóveis e nos relatos a respeito de conflitos familiares.

São particularmente *não confiáveis* as memórias relativas a períodos anteriores aos 3 anos de idade e *aquelas recuperadas sob hipnose ou influência de drogas* (MYERS, 1999, p. 213).

Há um componente *cultural* na memória. Pessoas em sociedades ou grupos familiares de cultura oral (os conhecimentos passam de uma geração para outra por meio de relatos) lembram-se melhor do que *ouvem* do que daquilo que *leem* (HUFFMAN; VERNOY; VERNOY, 2003, p. 249).

Algumas pessoas somente se recordam vivenciando o local dos acontecimentos; outras têm a memória estimulada pela fala; para outras, o estímulo provém da audição, e assim por diante. O uso de vários sentidos (visão, audição, tato), ao tratar de um determinado assunto, ativa diferentes formas de memória. Daí a conveniência (ou necessidade, em muitos casos) da reconstituição dos fatos.

Técnicas adequadas permitem *enriquecer a memória*, porém recomenda-se que sejam utilizadas por especialistas, para que não estimulem o surgimento de *falsas lembranças*.

Falsas lembranças podem ocorrer em diferentes situações, com crianças e também com adultos. São bem conhecidas aquelas induzidas por distúrbios mentais, por exemplo, decorrentes de transtornos de pensamento e de percepção (ver item 3.4.8).

De grande interesse, é a *indução de falsas lembranças* na criança por um de seus progenitores. Na tentativa de vingar-se do outro, essa pessoa promove a construção de recordações falsas, frequentemente de situações gravíssimas, capazes de afastar a criança do pai ou da mãe. A esse respeito, remete-se ao Capítulo 9.

As falsas memórias podem substituir as verdadeiras e se apresentar ricas em detalhes e, no caso de intervenções sugestivas, prejudicar substancialmente a oitiva da criança.

Associações e analogias constituem excelente forma de melhorar a memória quando se trata de grande série de eventos, acontecimentos complexos e ou distantes no tempo. Outra estratégia de reconhecido êxito é a criação de *imagens mentais*, que consiste em fazer a descrição de um acontecimento acompanhada pela imaginação da cena, das pessoas que participavam, de detalhes do ambiente.

Reconstituir o *contexto* do acontecimento também proporciona resultados satisfatórios: como os fatos aconteceram; seus antecedentes e consequências.

A ativação da memória merece especial atenção quando se trata de *pessoas de idade avançada*, entre as quais se torna mais frequente o fenômeno da *confabulação*, por meio do qual o indivíduo preenche, com aparente lógica, lacunas da recuperação (um fenômeno já comentado). O conteúdo, entretanto, ainda que verossímil, não apresenta vínculo com a realidade.

A teoria mais aceita é a de que todo conteúdo codificado e armazenado na memória ali permanece indefinidamente, a menos que exista dano físico em estruturas cerebrais. Isso, contudo, não assegura a recuperação desse conteúdo. Segundo Weiten (2002, p. 207):

> *a evidência sobre a natureza reconstrutora da lembrança mostra claramente que as lembranças das pessoas não são réplicas exatas de suas experiências. Distorções da lembrança são introduzidas durante a codificação ou armazenamento.*

Aquele que, no ciclo evolutivo, envolve-se ou é envolvido em delitos e comportamentos socialmente inadequados, alimenta (geralmente, sem o perceber) suas memórias com imagens nocivas.

Na tela da memória desenha-se a vitrina do passado; o indivíduo enfeita-a, torna-a mais atraente, quando emprega a "cosmética das recordações", que consiste em armazenar o belo, o bom, e excluir o feio, o ruim. Na memória visualiza-se a paisagem de fundo da vida humana, de onde cada um recolhe referências para decisões e ações.

1.5 LINGUAGEM E PENSAMENTO

Existimos e depois pensamos, e só pensamos na medida em que existimos...

(Damásio, 1996, p. 279)

Linguagem e pensamento são funções mentais superiores diretamente associadas.

Por meio da *linguagem*, "*o homem transforma o outro e, por sua vez, é transformado pelas consequências de sua fala*" (LANE; CODO, 1999, p. 32). Palavras ajudam a pensar sobre pessoas e objetos não presentes e, assim, expandem, restringem ou limitam o pensamento.

A pessoa é inserida na sociedade pela aprendizagem de uma linguagem, por meio da qual passa a integrar e representar o seu grupo social.

A linguagem possibilita *representar o mundo*. Modelos socioeconômicos (como a globalização) e tecnologia marcam sua evolução. A Internet constitui um dos grandes fatores de transformação, porque "*cria clubes de amigos [...] produz constantes informações... o hipertexto e a virtualidade*" (GALANO, in CEVERNY, 2006, p. 140), por meio de linguagem própria, adaptada da coloquial, com a inclusão de um sem-número de novos termos e significados.

A linguagem condiciona o registro dos acontecimentos na memória, porque "*as práticas, as percepções, os conhecimentos transformam-se quando são falados*" (LANE; CODO, 1999, p. 36).

Ela influencia e é influenciada pelo pensamento, estabelecendo-se um círculo de desenvolvimento. Quanto mais rica a linguagem, mais evoluído é o pensamento, e assim sucessivamente.

O *pensamento é "a atividade mental associada com o processamento, a compreensão e a comunicação de informação*" (MYERS, 1999, p. 216) e compreende atividades mentais como raciocinar, resolver problemas e formar conceitos. Pouco se entende, ainda, de seus mecanismos.

Diferenças de pensamento e linguagem encontram-se, costumeiramente, na gênese de inúmeros conflitos.

Possivelmente, elas contribuíram para tornar impossível o relacionamento entre Celso e Marilda (caso 2). Também não se estranhe que um detalhe de linguagem – uma palavra, uma frase – tenha sido o estopim da agressão perpetrada por Pedro contra Sílvio (caso 1).

Damásio (1996, p. 197) assinala, com propriedade, que "*quase nunca pensamos no presente e, quando o fazemos, é apenas para ver como* [o pensamento] *ilumina nossos planos para o futuro*".

Conseguir que os litigantes concentrem seus pensamentos no presente contribui para estabelecer os *interesses* reais que os movem e abre espaço para soluções negociadas, se possíveis.

No caso 2, envolvendo Celso e Marilda, a dificuldade para uma separação consensual estaria no fato de que suas declarações continuamente evocam memórias desagradáveis do passado, proibindo-lhes concentrar as energias na construção do futuro.

Destaque-se o papel da Internet. Ela confere aos seus visitantes, *viajantes do virtual*, a condição de *passageiros visitando um terminal de transporte imaginário*, onde tudo (se supõe) é possível e permitido. Muitos acabam prisioneiros dessa libertação e se deixam enredar pelo lado negativo da rede: o crime.

Por outro lado, através da Internet, verifica-se o notável desenvolvimento de *novas linguagens*. As múltiplas sociedades virtuais criam-nas e as utilizam como forma de manter suas identidades e facilitar suas comunicações.

O WhatsApp constitui o exemplo icônico: vale-se de códigos próprios, de maneiras mais ou menos padronizadas de abreviar vocábulos e construir frases. Os computadores dos aparelhos encarregam-se de estabelecer esses padrões. Também o WhatsApp desempenha um papel notável na aprendizagem de vocabulário e escrita, seja pelo sugerido na programação, seja pela leitura (ainda que superficial) de inúmeros textos replicados continuamente na rede.

Observe-se que, conceitualmente, não existe **uma** linguagem correta. Linguagem é o que o povo utiliza, em inúmeras formas e convenções. A linguagem da literatura representa apenas uma entre tantas.

1.5.1 Desenvolvimento do pensamento

Para **Jean Piaget** (Suíça, 1896-1980), as pessoas desenvolvem a capacidade de pensar, passando por *estágios*, desde o nascimento, cada um deles apoiado no anterior. Essa evolução acompanha nitidamente o desenvolvimento anátomo-fisiológico das estruturas cerebrais (daí a nutrição insuficiente provocar danos para a evolução do psiquismo).

Ao primeiro deles, Piaget denominou "*estágio sensório-motor*" (do nascimento até o final do segundo ano de vida aproximadamente), onde acontece a descoberta do mundo e de si mesmo, fisicamente, pela criança. O domínio do corpo é incompleto e inicia-se a aquisição da linguagem.

No segundo estágio, chamado de "*pré-operacional*" (aproximadamente do terceiro até o sétimo anos), a criança inicia a solução de problemas com objetos concretos; até o final do quinto ano, a maioria utiliza a mesma *linguagem* empregada pelos adultos em seu ambiente.

A *aquisição da linguagem* significa o *início* da capacidade de abstração. Surgem brincadeiras imaginativas e a criança começa a representar a realidade com figuras. Egocêntrica, vê o mundo a partir de suas perspectivas e confia cegamente no sensorial.

Entre o sétimo e o décimo primeiro anos, aproximadamente, a criança atravessa o *estágio operatório-concreto*, em que passa a dominar uma estrutura lógica e perde a confiança cega no sensorial. Expande-se a capacidade de distinguir *aparência* de *realidade*, *características temporárias* de *permanentes*. Ela tende a resolver problemas por ensaio e erro, porém persiste a dificuldade para lidar racionalmente com *ideias abstratas*.

Caso 4 – No varal fica fácil

Dídio não teve dúvidas. Passava pela frente da casa de dona Nininha quando percebeu o vento tremulando as cuecas e bermudas no varal do quintal, que da rua se avistava. A casa encontrava-se fechada e, aparentemente, não havia ninguém. Nem cachorro.

Abriu o portão, caminhou calmamente pela calçada lateral e recolheu as peças de roupas. Enrolou-as, colocou debaixo do braço e saiu, tão calmamente quanto entrou, observado por Maristela, a filha mais velha da vizinha de dona Nininha.

No julgamento, a defesa alegou insuficiência de provas para alicerçar um decreto condenatório, porém os autos de exibição, apreensão, avaliação e entrega de bens comprovavam de maneira conclusiva a materialidade do delito.

A subtração de coisas alheias, de insignificante valor, demonstra o estágio de pensamento de Dídio, centrado no *concreto* do momento presente. Ainda que impulsionado pela necessidade dessas peças de roupa, o descompasso entre o risco e o benefício deveria ser suficiente para demovê-lo de comportamento tão insensato.

No *estágio de operações formais*, que se inicia após os 11 anos, a criança desenvolve a capacidade de compreensão lógico-abstrata, de pensar sobre o *pensamento*, pensar a respeito do que pensa. Consegue gerar alternativas para os problemas e confrontar mentalmente suas soluções (permitindo-se abandonar a técnica de "ensaio-e-erro"). Ao final deste estágio, atinge a capacidade mental do adulto.

Tal evolução continua por toda a vida, *inclusive em idades avançadas*, desde que exista estimulação, ainda que o organismo apresente dificuldades motoras e sensoriais. A evolução do pensamento acompanha a evolução anatômica, fisiológica e psicológica do indivíduo e ocorre:

- ➢ do concreto para o abstrato;
- ➢ do real para o imaginário;
- ➢ da análise para a síntese;
- ➢ do emocional para o racional.

Ao longo desse tempo, a linguagem também evolui. O desenvolvimento do pensamento depende de uma linguagem que possa operacionalizá-lo.

Este sofisticado processo evolutivo levanta uma *questão essencial para o profissional do Direito*: a maioria dos adolescentes e adultos funciona em algum ponto entre o estágio de operações concretas e de operações formais. "*Nem todos entram no estágio operatório formal no mesmo momento ou no mesmo grau. (...) Alguns podem nem atingir esse nível, permanecendo no modo operatório concreto por toda a vida*" (KAPLAN; SADOCK, 2017, p. 96).

Essa conclusão tem a ver com a causa e com a evolução dos conflitos, porque a interpretação que se dá a uma mensagem relaciona-se com o estágio de pensamento do indivíduo: aquilo que um percebe como agressão, o outro encara como desafio, e para um terceiro significa, simplesmente, *nada*.

Nem todos os indivíduos atingem o estágio mais avançado de desenvolvimento do pensamento, o *estado emocional* pode provocar *regressões* para estágios menos desenvolvidos: não se estranhe que pessoa de elevado nível intelectual fixe-se na obtenção de vantagens irrisórias, pondo a perder, de maneira surpreendente, uma conciliação de interesses favorável a todos.

🔍 Celso e Marilda, por exemplo, podem não chegar a uma separação amigável porque desejos de vingança os impedem de pensar em boas soluções (caso 2).

Pensamentos e emoções trafegam por uma rua de mão dupla, explica Damásio (2004, p. 79): "*Certos pensamentos evocam certas emoções e certas emoções evocam certos pensamentos. Os planos cognitivos e emocionais estão constantemente ligados por essas interações*". Por isso, "*quem canta seus males espanta*", se a canção contiver palavras boas, carregadas de emoções positivas.

A *falta de sintonia* entre pensamentos e entre pensamento e linguagem, muitas vezes, encontra-se na gênese, na manutenção e na ampliação de graves conflitos. Isso acontece nos planos individual (entre litigantes), grupal e coletivo (a ponto de envolver sociedades inteiras, como bem o demonstram algumas guerras intermináveis).

1.5.2 Pensamento, linguagem e conflitos

Os conflitos iniciam-se e se cronificam pela impossibilidade dos litigantes de lidar com *mudanças*. São limitações impostas pelo pensamento e pela emoção.

Isso acontece de maneira repentina, aguda, como no caso 1, em que as pessoas não se dão tempo para refletir, ou de modo crônico, acumulativo, como no caso 2.

A limitação do pensamento provém do fato de ele obedecer a *esquemas mentais já estabelecidos*, que conduzem à tendência de aplicar, a novas situações, soluções já praticadas em casos semelhantes. O tratamento habitual que o cérebro dá às informações que recebe pode dificultar ou, até mesmo, impossibilitar a resolução de determinados problemas.

A linguagem, por outro lado, influencia *no que* e *como* se pensa – o que passaria despercebido em condições habituais pode ser o estopim de ou acentuar um conflito. A palavra *bonito* transforma-se, de elogio, em deboche. Uma única palavra, dependendo de como é inserida na frase ou pronunciada, desencadeia os mais inesperados pensamentos e emoções.

O poder da palavra justifica o questionamento de GADAMER (2007, p. 41): "Por que uma palavra errada, em um instante errado, pode ser tão funesta, sim, claramente fatal? E por que, inversamente, a palavra correta, no instante correto, pode desvelar pontos em comum e dissolver tensões?"

Quando as partes envolvidas *pensam e empregam linguagens muito diferentes*, a incompatibilidade aumenta; situações banais, que nada teriam para gerar conflitos, provocam reações e comportamentos surpreendentes.

Diferenças e incompatibilidades entre pensamento e linguagem, que contribuíram para estabelecer e manter conflitos, mais tarde, tornar-se-ão empecilhos para *soluções* satisfatórias. Em vez de linguagem e pensamento se tornarem instrumentos da geração de opções, evocam as emoções negativas que acentuam ainda mais as diferenças.

1.6 EMOÇÃO

> *Os sentimentos que mais doem, as emoções que mais pungem, são os que são absurdos [...] precisamente porque são impossíveis.*
>
> (Fernando Pessoa, 2006, p. 205)

1.6.1 Conceito

Kaplan e Sadock (1993, p. 230) conceituam emoção como "*um complexo estado de sentimentos, com componentes somáticos, psíquicos e comportamentais, relacionados ao afeto e ao humor*".

Afeto é a experiência da emoção observável, expressa pelo indivíduo; ele apresenta correspondentes nos comportamentos: gesticulação, voz etc. O *humor* é experimentado subjetivamente (KAPLAN; SADOCK, 1993, p. 230-231) e dele somente se pode obter informação questionando-se a pessoa, pois se trata de experiência interior, subjetiva, que tem a ver com *a percepção de mundo do indivíduo.*

A emoção delimita o campo de ação e conduz a razão. Damásio enfatiza (1996, p. 204) que "*a atenção e a memória de trabalho possuem uma capacidade limitada. Se sua mente dispuser apenas do cálculo racional puro, vai acabar por escolher mal e depois lamentar o erro, ou simplesmente desistir de escolher, em desespero de causa*".

Boas palavras, boas imagens, produzem bem-estar e predispõem as pessoas para relacionamentos construtivos porque *deslocam as emoções negativas* e mudam a *relação de figura e fundo* nas percepções; dessa maneira, gerarão emoções positivas, que conduzem ao apaziguamento, à cooperação.

Não se deve esquecer, contudo, que, "*mesmo sendo verdade que o aprendizado e a cultura alteram a expressão das emoções e lhes conferem novos significados, as emoções são processos determinados biologicamente, e dependem de mecanismos cerebrais estabelecidos de modo inato...*" (DAMÁSIO, 2000, p. 75). Lent (2001, p. 669) explica com perfeição: "*nos seres humanos... é difícil distinguir as influências biológicas, hormonais, das influências sociais*".

A situação de Luciana é típica, quando se trata de avaliar a influência da cultura sobre a emoção (caso 3).

Em alguns ambientes, sua tragédia pessoal seria encarada como "uma mera fatalidade que acontece com tantas moças...", de significado reduzido para ela e para as pessoas de sua convivência; em outros, seria motivo de vergonha e exclusão, acarretando consequências dramáticas, não apenas para a vítima, mas para toda a família.

Luciana experimentará emoções condizentes com as consequências que o evento trará para todos os envolvidos, ajustadas à cultura local. Uma complexa combinação de elementos cognitivos, fisiológicos e comportamentais determinará a natureza e a intensidade da resposta emocional (que, certamente, irá variar com o tempo).

O advento de uma gravidez, provavelmente indesejada, desencadeará mudanças no estado emocional; pensamentos, crenças e expectativas quanto ao futuro imediato se encarregarão de dar um significado a ela e serão determinantes nas futuras reações da vítima.

1.6.2   Tipos de emoção

As inúmeras emoções que o ser humano vivencia podem ser classificadas de diferentes maneiras.

As *emoções básicas*, identificadas em todas as culturas, são seis: felicidade, surpresa, raiva, tristeza, medo e repugnância.

Damásio (2004, p. 54) denomina de "emoções sociais" as seguintes: simpatia, compaixão, embaraço, vergonha, culpa, orgulho, ciúme, inveja, gratidão, admiração, espanto, indignação e desprezo. Todas podem estar presentes na gênese, na manutenção e no agravamento de conflitos.

Damásio também distingue outro conjunto de emoções, que ele denomina "emoções de fundo", representativas de *estados* corporais e mentais: felicidade, tristeza, bem-estar, mal-estar (2000, p. 74).

Uma classificação bastante útil para o estudo dos comportamentos, amplamente utilizada neste livro, consiste em separar as emoções em dois grandes grupos (LENT, 2001, p. 659-670):

PSICOLOGIA JURÍDICA • José Osmir Fiorelli e Rosana Cathya Ragazzoni Mangini

> ➢ *emoções positivas* ou relacionadas com o prazer; e
>
> ➢ *emoções negativas*, relacionadas com a dor ou o desagrado.

Os efeitos desses dois grupos sobre as funções mentais superiores são nitidamente opostos e conduzem a comportamentos e visões de mundo totalmente diferentes. As primeiras promovem a abertura, a flexibilidade, a disposição para inovar e ousar e a cooperação; as segundas convidam ao recolhimento, à contenção, ao conservadorismo e podem ser embriões de conflitos.

1.6.3 A emoção e as funções mentais superiores

> *Saber pensar com as emoções e sentir com o pensamento.*
>
> (Fernando Pessoa, 2006, p. 151)

As emoções *"usam o corpo como teatro…, mas também afetam o modo de operação de inúmeros circuitos cerebrais"* (DAMÁSIO, 2000, p. 75); elas influenciam todas as funções mentais superiores.

Efeitos notáveis da emoção sobre as funções mentais superiores, além dos já comentados, encontram-se descritos a seguir:

> ➢ a emoção modifica a *sensação* e a *percepção*. Alguns estímulos são acentuados, outros atenuados; o que seria a *figura* na organização perceptiva pode alterar-se.

🔍 A percepção dos acontecimentos, na colisão acontecida na rotatória, é influenciada pelo estado emocional de cada pessoa envolvida (caso 1). O mesmo acontece com Celso e Marilda (caso 2), com Luciana e cada um dos estupradores (caso 3);

> ➢ a emoção provoca o fenômeno da *predisposição perceptiva* (MYERS, 1999, p. 129). Uma testemunha pode ter convicção de que "viu" determinada ação porque acredita que o indivíduo estivesse propenso a praticá-la. Não se trata de alucinação ou ilusão, mas de um fenômeno de natureza puramente emocional.

🔍 Os familiares de Marilda acreditam que Celso a agride e veem sinais de sua agressividade em mínimos gestos. O mesmo acontece com os familiares de Celso em relação a Marilda (caso 2). Pedro poderá jurar que percebeu, nos gestos de Sílvio, uma tentativa de agressão e apenas agiu em legítima defesa (caso 1);

> ➢ a emoção ocasiona a *atenção seletiva* (MYERS, 1999, p. 205), que atua para confirmar as percepções que se ajustam aos sentimentos da pessoa.

🔍 O porteiro do edifício onde moram Celso e Marilda, a partir dos rumores a respeito dos conflitos entre eles, tem a atenção despertada para mínimos sinais que comprovem a desavença – sinais esses que, em condições "normais", passariam completamente despercebidos (caso 2);

Cap. 1 · AS FUNÇÕES MENTAIS SUPERIORES (A SÍNDROME DE PIRANDELLO) | **19**

> o efeito da emoção sobre a *memória*, inibindo-a ou estimulando-a, é amplamente reconhecido. Testemunhas, confiantes e seguras na presença exclusiva da parte e/ou do advogado, no tribunal, embaralham ou se esquecem de informações, sob o impacto do ritual, da gravidade da situação e da presença de autoridades.

Celso e Marilda são incapazes de se recordar dos bons momentos que compartilharam; a raiva faz com que prevaleçam as lembranças dos momentos ruins (caso 2);

> testemunhas proporcionam exemplos pungentes do efeito da emoção sobre o *pensamento e a linguagem*. Palavras "desaparecem", o pensamento torna-se confuso, mal articulado. Pessoas confiantes, bem preparadas, de repente, deixam-se manipular por não conseguir reagir às insinuações, provocações e desafios impostos, por exemplo, durante um interrogatório ou questionamento;
> grandes sofrimentos psicológicos (raiva, tristeza, medo etc.) produzem "distorções cognitivas" (DATTILIO; RANGÉ, *apud* RANGÉ, 1995, p. 177). Ocorre prejuízo da lógica; o pensamento mostra-se impreciso, incorreto, arbitrário, sob diversas maneiras e conduz a conclusões erradas, explicações mágicas, generalizações infundadas etc.

Luciana estará sujeita a generalizar, acreditando que "homem nenhum presta", depois do que fizeram com ela; não encontrando apoio no padrasto, isso confirmará ainda mais sua conclusão e fortalecerá os esquemas de pensamento que conduzem a ela (caso 3);

> *o pensamento é um ingrediente da emoção* (MYERS, 1999, p. 292). O mesmo fato pode gerar *medo* em uma pessoa, *raiva* em outra, *repugnância* em uma terceira. *Um acontecimento gera emoção, mas é o pensamento que estabelece sua natureza.*

Luciana pode recusar-se a andar em horário noturno ou nas proximidades de locais mal iluminados; esse comportamento pode não ser compreendido por uma colega que tenha vivido a mesma experiência e experimentou a reação de raiva (caso 3).

A impossibilidade de evitar pensamentos a respeito de um fato presenciado ou a respeito do qual se ouviu uma narração faz com que também não seja possível, nem mesmo do ponto de vista estritamente teórico, a apreciação "isenta de emoções". *A neutralidade absoluta não encontra resguardo nas atividades mentais*, sendo possível, entretanto, a prática do *equilíbrio*, em que a pessoa busca avaliar os fatos segundo critérios aceitáveis do ponto de vista legal, ético e moral;

> *"as emoções podem ser desencadeadas inconscientemente, a partir de pensamentos* [...] *ou de aspectos de nossos estados corporais que não podemos perceber"* (DAMÁSIO,

2000, p. 135). Há uma circularidade: emoções geram pensamentos e pensamentos geram emoções; reforçam-se mutuamente, para o bem ou para o mal.

🔍 Cada vez que pensar em sua tragédia pessoal, nos detalhes sórdidos da violência sofrida, Luciana reviverá as emoções daquele momento e dos eventos que o sucederam (a queixa na Delegacia, o exame no Instituto Médico Legal, as cenas em casa...) (caso 3);

> *emoções negativas empobrecem a percepção.* O indivíduo dominado por elas nada enxerga além da "figura" que as desperta, a qual domina sua visão e drena-lhe as energias psíquicas. A pessoa apega-se à situação que vivencia e perde a disposição para enfrentar mudanças. "*A fluência das ideias está reduzida na tristeza e aumentada durante a felicidade*" (DAMÁSIO, 2004, p. 110).

🔍 A emoção negativa pode ser o cárcere mental para Celso e Marilda, que não conseguem perceber saídas razoáveis para o impasse em que se colocaram (caso 2);

> a *emoção positiva* (felicidade, alegria, amor) predispõe a pessoa para enfrentar novos desafios;
> a emoção produz *seletividade na percepção.*

O indivíduo passa a perceber "*apenas o que for confirmatório da sua própria filosofia*" (ELLIS, apud CAMPOS, in RANGÉ, 1995, p. 83), ou ignora "*informações incompatíveis com suas expectativas*" (WRIGHT, 1996, p. 66). Fica muito difícil argumentar com a pessoa dominada por forte emoção; é preferível tentar reduzi-la *antes* de buscar um convencimento (por exemplo, para obter um acordo satisfatório) porque ela estará "cega e surda" a argumentos;

> "*os mecanismos da razão ainda requerem a emoção, o que significa que o poder controlador da razão é com frequência modesto*" (DAMÁSIO, 2000, p. 83).

O pensamento "racional" é extremamente limitado por motivo simples: as opções, para as mínimas coisas, são virtualmente infinitas; somente critérios emocionais permitem a tomada de decisão. A *razão* atua sobre o limitado leque de opções disponibilizado pela emoção. Em outras palavras, *a emoção conduz, literalmente, o pensamento. Somente se consegue ser "racional" dentro de parâmetros emocionalmente aceitáveis.*

Sem a emoção, não se consegue, nem mesmo, adquirir uma peça do vestuário: as opções "racionais" são literalmente infinitas e o indivíduo se perderia na avaliação técnico-econômica das possibilidades; a emoção estabelece parâmetros dentro dos quais o exercício da razão pode ser realizado com êxito.

Emoções não são entidades com significado próprio; elas "*adquirem seu significado do contexto de sua utilização*" (SUARES, 2002, p. 190); portanto, são frutos da cultura; o que, em um local, causa repugnância, em outro origina medo ou raiva.

Essa distinção, de importância teórica e prática, alerta para a relatividade do "racionalismo"; modificados os paradigmas emocionais, a racionalidade de uma decisão torna-se questionável. A interpretação de crimes cometidos por ciúme, paixão e honra constituem exemplos.

1.6.4 Manifestações das emoções

A criança acha obscuramente absurdos as paixões, as raivas, os receios que vê esculpidos em gestos adultos. E não são na verdade absurdos e vãos...?

(Fernando Pessoa, 2006, p. 433)

São relevantes as manifestações das *emoções negativas intensas*. Seus efeitos incluem alterações na atenção seletiva, distorções nas percepções e na memória, e pensamentos estereotipados; esse conjunto de transformações contribui para a emissão de comportamentos que, muitas vezes, resultam em delitos.

Medo

Frequente no cardápio emocional do cotidiano social contemporâneo, intenso ou apenas percebido, o *medo* recebe grande influência de *condicionamentos*, associados a situações ameaçadoras (LENT, 2001, p. 659).

Segundo Lent, "*o sentimento normal de medo é uma emoção de intensidade e duração variáveis entre o sobressalto e a ansiedade*" (LENT, 2001, p. 660). A constância dos estímulos que o ocasionam pode levar a um perigoso "desligamento" do psiquismo (à maneira dos que convivem com tiroteios próximos a suas residências) ou, de maneira oposta, à ansiedade patológica.

O medo gera condutas estereotipadas, aumenta o estado de alerta e o tensionamento da musculatura. A frequência cardíaca acelera; há vasoconstrição cutânea (para fortalecimento da musculatura e alimentação adicional do sistema nervoso). O organismo prepara-se para o conflito, por meio de extensa e intensa movimentação fisiológica.

Os efeitos sobre as funções mentais superiores são notáveis e, obviamente, a atenção concentra-se nos estímulos associados ao próprio medo.

🔍 Esta emoção dominou Luciana (caso 3). O medo paralisou-a e dificultou, sobremaneira, a realização da penetração, levando os agressores a agredi-la para realizar seus intentos. Não poderiam atinar com o fato de que estava além das possibilidades conscientes de Luciana "facilitar" o ato.

Luciana desenvolveu medo de sair à noite e, nesse caso, a origem foi real e justificada pela experiência pessoal. Uma irmã ou amiga pode desenvolver o mesmo medo pelo conhecimento da experiência de Luciana, imaginando-se sujeita à mesma situação. Há pessoas que desenvolvem fobias (medos) de determinadas situações por meio das notícias veiculadas.

O medo *inibe a geração de novas ideias*. Mulheres dominadas (por cônjuges, pais, filhos) por meio do *medo*, muitas vezes, não esboçam reação; continuam, ano após ano, envolvidas no ciclo da violência doméstica. Possivelmente, a limitação de pensamentos que o medo impõe lhes tolhe a capacidade de reagir, de encontrar soluções para seus dramas pessoais (outras hipóteses serão vistas no Capítulo 2).

"*Os ajustes fisiológicos extrapolam o âmbito do sistema nervoso autônomo e atingem o sistema endócrino e imunológico*", assinala Lent (2001, p. 665). A continuidade do processo que ocasiona o medo destrói a saúde física e mental da vítima.

O advogado que consegue reduzir ou, se possível, eliminar o medo que possa existir, por uma ou ambas as partes, a respeito de possíveis consequências de um acordo, contribui para que elas possam avaliá-lo corretamente. O medo tolhe o raciocínio.

Raiva

> *A violência, seja qual for, foi sempre para mim uma forma esbugalhada da estupidez humana.*
>
> (Fernando Pessoa, 2006, p. 176)

A raiva gera condutas inadequadas e consome as energias. Homens e mulheres costumam reagir de maneira diferente a essa emoção. Ela pode seguir-se ao medo; não é invulgar que a raiva do outro resulte de uma transferência, para ele, da raiva que o indivíduo sente de si – incapaz de se enfrentar, desloca para algo ou alguém esse sentimento.

Embora as manifestações comportamentais da raiva derivada do medo sejam diferentes da raiva de natureza puramente ofensiva, as fisiológicas são bastante semelhantes (LENT, 2001, p. 667).

Segundo Lent, a pessoa com medo atua para afastar-se ou afastar o oponente; a reação dominante é de fuga ou defesa, que se reflete, também, nas expressões faciais. Esses comportamentos diferem bastante daqueles adotados pela pessoa dominada pela raiva voltada para a agressão. Contudo, ainda segundo Lent, medidas fisiológicas tais como pressão arterial, batimento cardíaco, frequência respiratória, piloereção não diferem, embora durante o medo possa ocorrer micção e defecação, que raramente manifestam-se durante a raiva dirigida para a agressão.

Mulheres tendem a voltar a raiva para elas mesmas (distúrbios somáticos e psíquicos de diversos tipos são comuns); homens costumam manifestá-la por meio de comportamentos (agressividade, sarcasmo etc.) dirigidos para terceiros, embora isso não seja uma regra.

Isso se evidenciará na situação de Celso, que se torna irritadiço e agressivo com todos, enquanto Marilda passa a queixar-se de dores persistentes de cabeça, dificuldades na digestão etc. (caso 2). Luciana poderá desenvolver uma depressão que, se não controlada, a prenderá ainda mais em casa (as pessoas dirão que ela se esconde porque tem vergonha) (caso 3).

A raiva, como toda emoção negativa, também tolhe a criatividade; o advogado não deve se deixar dominar por ela, principalmente no confronto com o colega da parte contrária, permitindo-se envolver em querelas e competições inúteis, conduzidas por aquele que possui controle emocional.

Ela adquire contornos ainda piores quando origina pensamentos obsessivos, do tipo "desejo de vingança". Esta, muitas vezes, não pode ser consumada e o indivíduo se consome em tentativas de realizá-la.

Paixão

A paixão é uma notável força interior que domina o indivíduo. O que mais surpreende na paixão é o poder que proporciona ao objeto. O dominado não percebe a extensão dessa dominação e são reconhecidas as situações em que o apaixonado, ao constatar o fracasso, consuma o "crime passional".

Não há nobreza nesse crime: o motivo torpe reflete um pensamento limitado, egoísta e perverso.

São inúmeros os casos em que a paixão vulnerabiliza o apaixonado para a chantagem. Nas empresas, quando isso acontece com um superior hierárquico, dominado pela paixão que nutre por pessoa subordinada, observa-se o regozijo (velado) de superiores, colegas e subalternos com seu sofrimento e humilhação. O caminho inverso é o assédio sexual, quando o superior se aproveita de sua posição.

O suicídio corresponde à situação em que o indivíduo, por não obter o objeto do desejo, desloca o desespero para ele mesmo. Morre, em lugar de matar. O leitor se emocionará ao assistir ao desfecho de M. Butterfly, instigante filme a respeito de uma paixão que se prolonga por anos, até o desenlace surpreendente (M. Butterfly, 1993, dirigido por David Cronenberg, trata dos limites extremos do poder da paixão).

O caso seguinte ilustra o poder da paixão quando ela domina.

 Caso 5 – Cego pela paixão

Marina e Carlos apaixonaram-se na época da faculdade. Marina viria a graduar-se em Odontologia; Carlos, entretanto, abandonou o estudo de Administração de Empresas e tentou se estabelecer com uma loja de autopeças.

Os negócios não prosperaram, mas permitiam a sobrevivência. Ele acabou acomodando-se à situação e permaneceu conduzindo o pequeno negócio. Marina, entretanto, saiu-se muito bem na profissão.

Até mesmo para surpresa dos amigos, formou uma sólida clientela em pouco tempo, graças à sua gentileza, eficiência e charme – não havia como não a admirar.

O sucesso de Marina, entretanto, incomodava Carlos. Este, em vez de procurar desenvolver-se no negócio, passou a relaxar nos cuidados pessoais e a demonstrar muito pouco empenho nas atividades profissionais.

Marina tolerou-o por um tempo, mas, após cinco anos de convivência, sem filhos, desiludida com o comportamento do companheiro, propôs a separação.

Carlos, entretanto, mostrava-se profundamente apaixonado por Marina. Levava-a ao consultório todos os dias; não deixava de esperá-la até a saída do último cliente; no horário de almoço, estava lá, para compartilhar com ela a refeição.

Marina percebia que Carlos gravitava em torno de sua pessoa e, com muita dor, revelou à sogra que, apesar disso, não conseguia mais tolerar a falta de iniciativa do companheiro.

Carlos desesperou-se quando Marina lhe comunicou a decisão de abandoná-lo. Dois dias depois, ao final do trabalho de Marina, ele a esperava como de praxe. Desta vez, contudo, portava um revólver. Cinco tiros à queima-roupa. Ele mesmo telefonou para a polícia. Declarou que não suportaria vê-la casada com outro.

Gilberto Gil narra a mesma história na antológica canção "Domingo no Parque" (disponível em diversas versões no "YouTube"): o "rei da brincadeira", José, cego pela paixão, mata a amada e o desafeto João, em plena paz e harmonia de um pacífico e agradável dia de lazer.

Inveja

É humano desejar o que não nos é preciso, mas é para nós desejável.

(Fernando Pessoa, 2006, p. 83)

Damásio cita a inveja como uma das *emoções sociais*. Associa-se ao conhecido fenômeno da *relatividade da alegria*. Essa dolorosa emoção traz a grande chance de proporcionar, àquele que a degusta, um sofrimento que em nada contribui para diminuí-la.

Seu aspecto *positivo* encontra-se na situação em que ela desperta a motivação para a ação proativa. A pessoa, por exemplo, empenha-se para obter uma posição melhor, social ou financeira, e assim conquistar o objeto da inveja (um veículo, uma propriedade, um cônjuge etc.), ou ascender a uma condição social ou profissional similar àquela desfrutada por outro – um gestor em nível superior, um conhecido, um parente.

O lado negativo evidencia-se quando o método de conseguir a satisfação constitui um delito, ou se manifesta na forma de comportamentos que, mesmo não delituosos, provocam dor e sofrimento no próprio indivíduo e/ou em outros. Na impossibilidade de eliminar a torturante diferença, o invejoso opta por prejudicar quem lhe provoca essa emoção negativa.

Alegria

Esta emoção propicia a abertura para a sensação de *felicidade* (a qual, na perspicaz visão de Damásio, constitui uma *emoção de fundo*). Ela contagia, amplia a percepção, estimula a memória, flexibiliza os esquemas de pensamento e abre espaço para comportamentos cooperativos.

Infelizmente, assinalam muitos estudiosos, é difícil de ser mantida e oscila da mesma forma que o sentimento de felicidade. Influenciada pela cultura, caracteriza-se por sua notória *relatividade*; surpreende a frequência com que se encontram pessoas que buscam a *infelicidade de outros,* acreditando que isso lhes trará alegria e, em decorrência, felicidade (o paradoxo da *vingança*: se malsucedida, torna a pessoa ainda mais infeliz; se bem-sucedida, o sentimento de gozo esgota-se rapidamente e é substituído pelo vazio que a raiva não preenche).

🔍 A situação de Luciana é típica: a punição dos estupradores não lhe trará felicidade, nem lhe proporcionará alegria; deve ser feita por vários motivos, porém, seja ela qual for, não trará resultados permanentes para ela, ainda que o desejo de se sentir vingada possa lhe trazer uma réstia momentânea de alegria (caso 3).

🔍 Celso e Marilda vivem situação semelhante (caso 2); caso procurem a felicidade por meio da infelicidade do outro, provavelmente não a experimentarão, ou será um sentimento fugaz, tão breve quanto a experiência da alegria que uma sentença favorável lhes trará na hora da partilha de bens, por exemplo.

Explosão emocional

Pode-se pensar na emoção como um combustível que o corpo acumula... até a **explosão emocional,** caso não encontre alguma forma de consumi-lo. Choro convulsivo, depressão profunda, sinais fisiológicos de ansiedade, comportamentos agressivos constituem exemplos de como a emoção represada rompe os diques de contenção que o psiquismo estabelece. O *tsunami* emocional passa e o indivíduo retoma o controle de seus comportamentos.

Uma estratégia-padrão para lidar com a explosão emocional é, simplesmente, *não reagir a ela*. Se o profissional do direito ou o psicólogo iguala-se ao cliente nessa manifestação, no mínimo, comprometem a relação de confiança.

Explosões emocionais podem ser empregadas de maneira manipulativa. Choro e agressividade representam exemplos corriqueiros e indicativos de possível má-fé e intenção de simular ou manipular emoções com o objetivo de obter benefícios. Entretanto, convém observar que "*não há evidência alguma de que temos ciência de todos os nossos sentimentos, mas há muitos indícios de que não*", alerta Damásio (2004, p. 56).

A administração das explosões emocionais *genuínas* requer autocontrole e estratégias, tais como:

➢ *deslocar o foco*; por exemplo, do passado (domínio do ódio) para o futuro (campo da expectativa);
➢ *concentrar-se nas questões práticas*; a atenção deixa de ser a pessoa do inimigo para focalizar procedimentos reais e necessários;
➢ *promover idealizações do futuro*; o indivíduo vê-se forçado a investir no campo da racionalidade;
➢ *manter o bom humor*, o melhor antídoto contra a raiva, eficaz para promover a descontração, desde que empregado com critério e sensibilidade, para não ser confundido com desinteresse.

1.7 A SÍNDROME DE PIRANDELLO

Este capítulo encerra-se retomando Luigi Pirandello (1867-1936), o grande dramaturgo siciliano: "assim é, se lhe parece". Esta frase singela sintetiza os conteúdos até aqui apresentados.

🔍 Gilberto estaria certo ao afirmar que a colisão aconteceu porque um motorista mudou de faixa de maneira inconsequente. Joana teria razão, a colisão aconteceu porque o outro desenvolvia velocidade excessiva. Pedro sentiu-se ofendido com uma frase possivelmente dita por Sílvio e teria revidado porque "não leva desaforo para casa" (caso 1).

🔍 Teriam razão os familiares de Celso a respeito da índole agressiva de Marilda; recordam-se, afirmam, de inúmeras situações em que ela aflorou. Os de Marilda também se lembrariam de situações similares protagonizadas pelo marido. As memórias dos cônjuges trazem realidades de suas brigas e desavenças; parecem tão reais (caso 2)...

O padrasto de Luciana veria, com realismo, os maneirismos sensuais da enteada; talvez ele acredite, sem sombra de dúvida, que os rapazes também os teriam percebido já há algum tempo. A mãe de Luciana confia no comportamento da filha; a imagem dela, orando no culto de domingo, não lhe sai dos olhos... Estariam certos os rapazes quando se defenderam, afirmando que foram "seduzidos"? Estaria certa ela, quando diz que passava tão distraída que nem os percebeu ocultos pelas sombras das árvores? O que se passaria em seus pensamentos entre uma conta e outra do rosário (caso 3)?

Os mesmos estímulos; múltiplas atenções; variadas percepções; memórias diversas; cada qual com um pensamento. O que é a *verdade*? Pirandello responderia: *aquela que lhe parece...* Fernando Pessoa (2006, p. 131) ponderaria: *"tantos, sem se entenderem, e todos certos"*.

Chega, pois, o momento de agregar as teorias de psicologia e, assim, enriquecer este complexo desenho do comportamento humano.

Filmografia

Divertida Mente	2015 – Pete Docter	Desenho animado. Emoções.
Entre quatro paredes	2001 – Todd Field	Crime passional. Reação emocional a evento traumático. Crime e castigo.
M. Butterfly	1993 – David Cronenberg	O poder da paixão levado ao extremo. O efeito da paixão sobre a percepção, o raciocínio, a interpretação dos fatos.

Temas para reflexão e debate

➢ **ATENÇÃO (item 1.3)**

Indicou-se o viés cultural de "não se intrometer". Essa atitude pode trazer vantagens e desvantagens para o indivíduo e para os que convivem com ele. Dependendo da dimensão do fenômeno, afeta a sociedade.

➢ **MEMÓRIA (item 1.4)**

"Ampliação de atributos": o indivíduo pode recordar-se do "ruim" como muito pior do que foi na realidade; o "bom" torna-se extremamente melhor.

Quando existem vínculos afetivos e positivos, a recordação tende a reduzir os aspectos negativos e a ampliar os positivos. Esse fenômeno recebe um colorido muito especial no fanatismo.

➢ **TIPOS DE EMOÇÃO (item 1.6.2)**

As emoções positivas, relacionadas com o prazer, conduzem à flexibilidade, à ousadia e à disposição para inovar. As negativas convidam ao recolhimento, ao conservadorismo e podem ser embriões de conflitos. Contudo, há de se aventar a hipótese do excesso de emoção.

Podem surgir efeitos negativos associados a emoções positivas extremamente intensas (o torcedor que falece por ataque cardíaco em consequência da vitória de equipe). O excesso pode levar ao que é ruim. Essa inversão também pode ser aventada para as emoções negativas.

➢ **NEUTRALIDADE (item 1.6.3)**

Inúmeros fatores sugerem o quanto é difícil a neutralidade. Identificar esses fatores e refletir a respeito da extensão com que afetam as atitudes e os comportamentos constitui mais do que um importante exercício: é um caminho para aperfeiçoar o autoconhecimento.

➢ **EXCESSO DE NOTÍCIAS RUINS (item 1.6.4)**

O noticiário cotidiano – inclusive o informal, por meio de redes sociais e outros instrumentos – pauta-se por destacar o mal. O ruim domina as manchetes. A cultura o amplia, transforma e "aperfeiçoa". Gera-se medo. Alimentam-se conflitos. O psiquismo reage: "desliga" ou produz alguma patologia, ajustada às suas características de personalidade.

➢ **EXPLOSÃO EMOCIONAL (item 1.6.4)**

Encontra-se por trás de agressões físicas, de violência verbal ou psicológica. Nem sempre aparente, pode estar na gênese de transtornos de personalidade ou, *simplesmente,* no modo como a pessoa tende a se relacionar.

A explosão emocional apresenta-se dentro de um "contínuo" em cujos extremos encontramos dois comportamentos opostos:

a) Reforço: a explosão emocional apresenta-se como a *exacerbação* de um comportamento predominante (o agressivo torna-se exponencialmente mais agressivo, por exemplo).

b) Negação: a explosão emocional dá-se pela apresentação de comportamento oposto ao usual (o indivíduo dependente rompe os laços; o indivíduo tímido torna-se hiperexpansivo).

Contudo, haveria outros fatores capazes de facilitar, conduzir ou induzir explosões emocionais? Não estariam elas em repertórios habituais de muitas comunidades, o que levaria seus integrantes a exibir comportamentos dissonantes dos costumeiros, mesmo em outros ambientes? Essa questão poderá ser melhor analisada e compreendida à luz de teorias que serão apresentadas em outros capítulos.

2
PERSPECTIVAS TEÓRICAS
(A ETERNA BUSCA DA REALIDADE)

O comportamento humano é, talvez, o objeto mais difícil dentre os que já foram alvo dos métodos da ciência...

(Skinner, 1992, p. 50)

A psicologia, enquanto ciência, estrutura-se a partir do século XIX; oriundos da medicina, surgiram nomes fundamentais, Sigmund Freud e Carl Gustav Jung, entre eles. Suas concepções aconteciam paralelamente à visão experimental de cientistas igualmente importantes, como Wilhelm Wundt, Ivan Pavlov e John B. Watson.

Interpretações criativas dos dados clínicos e a aplicação dos métodos científicos às experimentações convergiram para gerar o embrião da psicologia moderna, uma ciência em franco desenvolvimento, desde o início prestando inegáveis contribuições à compreensão do complexo e fascinante *comportamento humano*.

Considera-se "atitude" a *"predisposição a responder cognitivamente, afetivamente e comportamentalmente a um objeto específico de modo particular"* (HUFFMAN; VERNOY; VERNOY, 2003, p. 616). Ela pode não se consumar em "comportamentos", que correspondem aos seus resultados observáveis.

Deve-se à contínua e dinâmica evolução da psicologia o aparecimento de diversos enfoques e perspectivas, alguns se superpondo, outros se complementando. Estudiosos buscam teorias gerais a respeito do funcionamento do psiquismo; outros mergulham nos detalhes das aplicações específicas; alguns focam o comportamento saudável; outros, o transtorno emocional; estuda-se o indivíduo isolado, em grupo ou na sociedade, no lar ou no trabalho, da infância à velhice. A eterna busca da realidade apaixona e solicita humildade aos peregrinos da investigação.

Este capítulo restringe-se às perspectivas da psicologia jurídica. Persegue-se a temática do *comportamento humano*. Valoriza-se o manifesto, único material *relativamente* objetivo de que se dispõe, ainda que sob os efeitos da síndrome de Pirandello. A apresentação das teorias acompanhou, em parte, a estrutura apresentada por Campbell, Hall e Lindzey (2000), com inclusões de Fiorelli (2014) e Fiorelli, Fiorelli e Malhadas (2015); não há preocupação com a sequência histórica.

Um fenômeno notável na psicologia (talvez mais dela do que de qualquer outra ciência) é o fato de que as novas visões, os novos conhecimentos e teorias, de fundo especulativo ou experimental, agregam-se aos anteriores e contribuem para ampliar as concepções dos estudiosos e praticantes, em lugar de simplesmente desalojarem conhecimentos adquiridos no passado. As teorias emergentes trazem novos elementos que, em grande parte, somam-se aos existentes ou constituem aperfeiçoamentos.

Talvez se possa acusar a psicologia de falhar na previsão do *comportamento futuro* das pessoas (ainda que este não seja o seu objetivo). Esta crítica deve ser realizada com ponderação. O ser humano, quanto mais se liberta de seus cárceres, reais ou mentais, tanto mais exerce o notável dom do comportamento casual, da escolha entre o prático e o artístico, oscilando entre o real e o imaginário. Sua incerteza comportamental reflete a plasticidade que lhe possibilitou dominar a Terra; estabelecer prognósticos a respeito do seu comportamento talvez seja mais uma pretensão tipicamente humana.

2.1 O PODER DO INCONSCIENTE

As primeiras grandes linhas de pensamento teórico da psicologia chamam a atenção para os **mecanismos intrapsíquicos**, a relação entre o consciente e o inconsciente, impulsionando o comportamento humano.

2.1.1 A estrutura do psiquismo

Sigmund Freud (Áustria, 1856 – Inglaterra, 1939), médico, criador da psicanálise, conceituou a existência do *inconsciente*, cujas manifestações estudou extensamente. Freud concluiu, brilhantemente, que os processos mentais não acontecem ao acaso (FADIMAN; FRAGER, 1986, p. 7); mesmo o comportamento mais surpreendente tem suas razões para acontecer.

Freud percebeu conexões entre todos os eventos mentais (FADIMAN; FRAGER, 1986, p. 7) e, segundo ele, *a maior parte dos processos mentais é absolutamente inconsciente* (FREUD, 1974, p. 171). O indivíduo pode agir sem perceber o que faz, como exemplifica o significativo caso seguinte. No inconsciente não existe o conceito de tempo, de certo e errado e não há contradição (FREUD, 1974, p. 237); isso se evidencia na ausência de lógica do sonho (seu famoso *A interpretação dos sonhos*, de 1900, continua interessante leitura).

Caso 6 – O ato falho

A vítima compareceu ao plantão policial para reconhecimento do homem que a agrediu e roubou sua bolsa.

Colocada diante de alguns suspeitos, de pronto identificou determinado sujeito.

Este, entretanto, argumentou para o delegado:

"Como ela pode ter me reconhecido se eu estava de capuz na hora do assalto?"

Confissão de culpa!

Ao "escorregão" da fala Freud denominou *ato falho* ou *lapso de linguagem*. Acontece a qualquer momento, em depoimentos, relatos, queixas, justificativas etc., favorecido pelo *estado emocional*. O consciente funciona como uma blindagem que a emoção rompe e permite vir à luz o conteúdo oculto no inconsciente.

Freud desenvolveu um modelo de estrutura do aparelho psíquico, composto por três elementos:

> **Id**: a parte mais primitiva e menos acessível da personalidade, constituída de conteúdos inconscientes, inatos ou adquiridos, que buscam a contínua gratificação (FADIMAN; FRAGER, 1986, p. 10-11). O id não tolera acúmulos de *energia*

psíquica. Quando acontecem, o id procura voltar ao estado de normalidade – é o *princípio do prazer*. Nesse sentido, os desejos são ilimitados; um desejo reprimido não se extingue, estará sempre em busca de satisfação.

> **Ego**: responsável pelo contato do psiquismo com a realidade externa, contém elementos conscientes e inconscientes (FREUD, 1974, p. 11). Ele atua, pois, sob o *princípio da realidade* (FREUD, 1974, p. 39), por meio do pensamento realista. O ego não existe sem o id e o superego.

> **Superego**: atua como um censor do ego. Tem a função de formar os ideais, a auto-observação etc. (FREUD, 1974, p. 70-71). Constitui "a força moral da personalidade; representa o ideal, mais do que o real, busca a perfeição mais do que o prazer" e foi formado pela criança por meio das contribuições recebidas dos pais (CAMPBELL; HALL; LINDZEY, 2000, p. 55). Quando ocorrem falhas nesse mecanismo intrapsíquico de contenção e de convergência com os valores morais da sociedade, esta deve atuar, mostrando-se mais impiedosa ou complacente com a conduta apresentada. A justiça pode apresentar-se como um "superego externo", ao atuar expondo e exigindo o cumprimento de normas éticas e morais na sociedade.

No caso seguinte, forças do *superego* encontram-se nos comportamentos de Helena. Outras interpretações poderão ser feitas com base em teorias que serão adiante apresentadas.

Caso 7 – Carol, a bem amada

A plácida reunião de família, com a tradicional troca de amenidades, foi interrompida quando Carol, bela nos seus 40 anos bem administrados anatomicamente, revira os olhos para o teto e comenta a respeito do delicioso encontro com o gerente da padaria, casado e pai de três filhas.

Os demais, entre invejosos e espantados, embora já acostumados com as notícias de suas aventuras amorosas, olham-na calados. De repente, sua irmã mais velha, Helena, visivelmente transtornada, atira-se sobre ela.

O caso não chegou a originar Boletim de Ocorrência, embora a agressão tenha sido violenta e somente não ocasionou consequências maiores pela rápida ação de dois cunhados.

Helena "não podia se conformar com o desrespeito à memória do pai, que, graças a Deus, não estava ali para presenciar aquela sem-vergonhice". O que sobrava a uma faltava à outra, e a rigidez do superego se incumbia de escancarar a realidade.

O id não conhece juízo de valor (bem, moral); ele busca a satisfação imediata, como acontece com o protagonista do caso seguinte. Ao id não se aplicam as leis lógicas do pensamento. Nele podem habitar conteúdos contrários sem que um anule ou diminua o outro (FADIMAN; FRAGER, 1986, p. 11).

Caso 8 – Guguinha e o id veloz

Desde cedo, Guguinha experimentou a velocidade. Seu primeiro brinquedo, uma miniatura de carro de corrida; ainda não escrevia e já experimentava as primeiras emoções de um kart. Forte, inteligente, sempre disposto a novas aventuras, colecionou experiências, mais e mais radicais.

> A adolescência preocupou a família. Mesmo os menos atentos percebiam as deficiências de aprendizagem e temiam pela futura participação do jovem nos negócios dos pais. Começaram as cobranças por resultados.
>
> Em uma deliciosa noite de verão, ele e um amigo destroem o Mercedes do pai, em uma conhecida avenida da cidade, participando de mais um "racha", em busca de diversão fácil e estimulante.

O ego procura unir e conciliar as reivindicações do id e do superego com as do mundo externo, harmonizar seus reclamos e exigências, frequentemente incompatíveis (FREUD, 1974, p. 99). Ajusta-se às situações, com uma flexibilidade que o id e o superego não possuem.

O indivíduo dominado pelo id ou superego tem o *senso de realidade prejudicado*. Estará mais propenso, por exemplo, a cometer crimes e delitos, para autogratificação, ou para autoculpabilidade, ainda que em prejuízo da sociedade.

2.1.2 Mecanismos de defesa do ego

Deve-se a Freud o conceito de "*mecanismos psicológicos de defesa*", empregados pelo psiquismo, de maneira "mais ou menos consciente" (SILLAMY, 1998, p. 70), para diminuir a angústia nascida dos conflitos interiores. O psiquismo os utiliza para enfrentar situações estressantes por meio da distorção da realidade (HUFFMAN; VERNOY; VERNOY, 2003, p. 478). Alguns deles:

➢ *recalque*: o indivíduo mantém, fora do campo da consciência, "os sentimentos, as lembranças e as pulsões penosas, ou em desacordo com a pessoa social" (SILLAMY, 1998, p. 199). Os compositores Clésio, Clodô e Climério Ferreira proporcionam sensível aplicação desse conceito na música "Revelação", grande sucesso do cantor Fagner. Compensa conferir no YouTube!

➢ *deslocamento*: a pessoa desvia "sentimentos emocionais de sua fonte original a um alvo substituto" (WEITEN, 2002, p. 351); para lidar com uma paixão socialmente proibida, a pessoa embriaga-se;

➢ *distração*: a atenção migra para outro objeto (SILLAMY, 1998, p. 81); o jurado perde a concentração e não ouve a descrição minuciosa de uma cena de sexo;

➢ *fantasia*: "a troca do mundo que temos por aquele com o qual sonhamos" (VERGARA, 1999, p. 49); o traficante de drogas imagina "que poderá deixar o negócio assim que tiver ganho o suficiente";

➢ *identificação*: o indivíduo estabelece "uma aliança real ou imaginária com alguém ou algum grupo" (WEITEN, 2002, p. 351); o jovem comporta-se da maneira que acredita que o líder (da gangue, por exemplo) o faria;

➢ *negação da realidade*: recusa-se a reconhecer fatos reais e os substitui por imaginários (WEITEN, 2002, p. 162); possivelmente, os pais de Guguinha (caso 8) negaram-se a aceitar comentários a respeito da falta de limites do filho;

➢ *racionalização*: trata-se de "criação de desculpas falsas, mas plausíveis, para poder justificar um comportamento inaceitável" (WEITEN, 2002, p. 351); "sempre fizemos tudo por ele, mas é impossível controlar as más influências dos colegas";

➢ *regressão*: "a adoção mais ou menos duradoura de atitudes e comportamentos característicos de uma idade anterior" (WEITEN, 2002, p. 201); evidencia-se em comportamentos típicos de indivíduos que não querem assumir a responsabili-

Cap. 2 · PERSPECTIVAS TEÓRICAS (A ETERNA BUSCA DA REALIDADE) | **33**

dade por seus atos: a "culpada" é a sociedade que não lhes deu oportunidades de progredir na vida; provavelmente, Guguinha experimenta a regressão quando dirige em alta velocidade, uma vez que já deveria ter internalizadas as regras próprias do trânsito;

➢ *projeção*: o indivíduo atribui a outra pessoa (ou grupo, ou mesmo ao mundo) algo dele mesmo; causa comum de certos erros de juízo (WEITEN, 2002, p. 185). Muitas denúncias e agressões representam a face visível da vingança impossível. Queixa-se do barulho das crianças porque não teve filhos; denuncia a falta de pudor porque fracassou em obter relacionamento sexual satisfatório;

➢ *idealização*: este mecanismo prejudica a compreensão real da situação e de pessoas, ao passo que busca, no objeto, o ideal; enxerga somente aquilo que gostaria que o outro fosse. Por exemplo, o homem apaixonado que vê em sua companheira a melhor mulher do mundo;

➢ *sublimação*: o mecanismo de defesa mais evoluído, modifica o impulso original, carregado das influências do id que visam satisfazer o prazer, para ser expresso conforme as exigências sociais. Assim, muitos esportistas valem-se da sublimação ao descarregar seus impulsos agressivos em disputas esportivas.

Advogados, juízes e promotores devem estar atentos às manifestações dos seus próprios mecanismos de defesa, principalmente quando réu ou testemunha desperta atração sexual, representa ou simboliza poder, credo, etnia, opção política, ou se trata de personalidade pública, constitui alvo preferencial da mídia ou, ainda, apresenta comportamentos nitidamente desagradáveis.

2.1.3 Desenvolvimento psicossexual

Freud atribuiu à sexualidade e ao desenvolvimento desta a forma como os indivíduos lidam com os estímulos internos e externos; propõe que o desenvolvimento psicossocial compõe-se das seguintes *fases* (DAVIDOFF, 719, p. 1983):

➢ **oral**, do nascimento até por volta do primeiro ano.

O prazer centraliza-se em atividades orais; o bebê se conecta ao mundo através da boca. Seu correspondente psicossocial é o desenvolvimento da confiança/desconfiança em relação ao outro.

➢ **anal**, característica do primeiro ao terceiro ano de vida.

A criança passa, aos poucos, de uma posição predominantemente passiva para ativa. O prazer se concentra na porção posterior do trato digestivo. Seu correspondente psicossocial é o desenvolvimento da autonomia, vergonha, dúvida e controle, envolvendo o domínio do outro. O prazer evoca as funções de eliminação; se inexistente, leva à avareza; se extremo, à desordem. Por exemplo, o colecionador que compra quadros valiosos e não os exibe, o obsessivo que insiste longo tempo em tarefas não completadas.

Com o avançar da idade e em algumas patologias que independem da faixa etária, há severo dano a algumas funções corporais; as que mais se destacam são aquelas relacionadas ao trato digestivo, porque provocam reflexos acentuados no humor, no afeto e na sociabilidade. Há uma nítida regressão à fase anal.

> **fálica**, do terceiro ao sexto anos aproximadamente.

O prazer concentra-se nos órgãos genitais; a criança descobre as diferenças sexuais. É o momento em que ocorre o "Complexo de Édipo", o qual indica que, inconscientemente, a criança sente atração pelo progenitor do sexo oposto, sentindo o do mesmo sexo como rival. Ao superar esta fase, a criança é capaz de se identificar com a figura do mesmo sexo, a qual passa a ser um referencial, para ela, na construção de sua identidade sexual. Também é o momento em que o ego (adaptação à realidade) e o superego (julgador moral interno) ganham contornos mais definidos. Seu correspondente psicossocial gera conceitos como iniciativa e culpabilidade. Falhas no desenvolvimento resultarão em dificuldade de identificação sexual e de relacionamento com o sexo oposto. A fixação nesta fase manifesta-se, por exemplo, pelo comportamento de sedução.

> **latência,** estende-se dos 6 aos 12 anos aproximadamente.

Ocorre aparente diminuição do interesse sexual, com a tendência a juntar-se em grupos do mesmo sexo e demonstração de maior interesse por questões sociais; o desenvolvimento cognitivo vem acompanhado do fortalecimento do ego e superego.

> **genital**, a fase final (da puberdade à maturidade).

O indivíduo desloca os interesses sexuais da própria pessoa para outra. Alguns crimes sexuais estão ligados à dificuldade no direcionamento satisfatório e socializado dos interesses sexuais, como será visto no Capítulo 3 ao tratar das parafilias.

Quando o indivíduo não amadurece normalmente, ocorrem fixações em uma ou mais fases e surgem distorções, disfunções ou inadequações nos comportamentos. O indivíduo fixado na fase fálica, por exemplo, estaria propenso à prática de crimes sexuais. Quando a fixação ocorre na fase oral, a pessoa pratica a calúnia, a difamação, procura a droga, come em excesso etc.. A fixação na fase anal leva ao masoquismo, ao sadismo, ao entesouramento doentio etc.

2.1.4 Primeiras influências sociais

Deve-se a **Carl Gustav Jung** (Suíça, 1875-1961) o conceito de *símbolo*: um produto natural, espontâneo, que "significa sempre mais do que o seu significado imediato e óbvio" (JUNG, 1995, p. 55). Símbolos encontram-se nos objetos, vestimentas, adornos e nos próprios corpos de integrantes de grupos policiais e criminosos; desempenham, por exemplo, o papel de estimular a coragem e amedrontar os inimigos.

Atos de perversidade podem ser praticados por motivos ligados a simbolismo, como os assassinatos ritualísticos (são conhecidos casos de crianças assassinadas para que lhes sejam retirados os corações). Nas sociedades ou grupos sociais em que a posse de algo (dinheiro, terras, cônjuge, posição, poder) representa um símbolo, eclodem graves conflitos por ela, não sendo incomuns os assassinatos.

Jung atribuía ao psiquismo o papel de *economizador de energia psíquica*, antecipando-se às demonstrações da neurociência. Lapsos de memória, atos falhos e mecanismos de defesa, em essência, constituem maneiras que o psiquismo encontra para poupar energia; essa concepção encontra correlato no conceito de *esquemas de pensamento*, que será visto adiante.

Para Jung, a energia psíquica é utilizada, primordialmente, para as atividades essenciais à vida e, a que excede, em ações culturais e espirituais, de tal maneira que o desenvolvimento psíquico trabalha em busca da *autorrealização* (CAMPBELL; HALL; LINDZEY, 2000, p. 99) e em direção a uma unidade estável. Diversos estudiosos retomam esse entendimento.

Ao estabelecer o conceito de *inconsciente coletivo*, que compreende *"toda a vida psíquica dos antepassados desde os seus primórdios"* e constitui *"um ponto em que a psicologia pura se depara com fatores orgânicos [...] em uma base fisiológica"* (JUNG, 1991, p. 48), Jung coloca uma ponte entre o biológico e o social, no que é acompanhado por Adler.

Alfred Adler (Áustria, 1870 – Escócia, 1937) difere de Freud (que vê o comportamento motivado por pulsões inatas, em que enfatiza o sexo) e de Jung (que valoriza os conteúdos inatos, provenientes do inconsciente coletivo) para estabelecer que *"os seres humanos são motivados primariamente por impulsos sociais"* (CAMPBELL; HALL; LINDZEY, 2000, p. 118).

Influenciado por Charles Darwin, baseava-se na premissa de que *"a adaptação ao meio ambiente constitui o aspecto mais fundamental da vida"* (FADIMAN; FRAGER, 1986, p. 73). Para ele, *"o interesse social é inato, mas os tipos específicos de relacionamentos com pessoas e instituições sociais que se desenvolvem são determinados pela natureza da sociedade em que a pessoa nasce"* (CAMPBELL; HALL; LINDZEY, 2000, p. 118).

Conceituava como "saudável" o indivíduo que luta construtivamente pela superioridade, com forte interesse social e cooperação. Acreditava que a "cooperação e o sentimento comunitário são mais importantes do que a luta competitiva" (FADIMAN; FRAGER, 1986, p. 73).

Os maiores obstáculos ao crescimento do indivíduo encontram-se na inferioridade orgânica, na superproteção e na rejeição, que se refletem na extrema dificuldade que tantas pessoas apresentam para aceitar pequenos sacrifícios. Guguinha, certamente, experimentou a superproteção desde o nascimento; isso lhe tolheu o amadurecimento psicológico, na visão de Adler.

A luta pela superioridade seria inata e a essência da vida. As pessoas "normais" buscariam metas socialmente adaptadas; as "neuróticas", metas egoístas.

Adler assinalou que "os problemas psicológicos e emocionais não podem ser tratados como questões isoladas" (FADIMAN; FRAGER, 1986, p. 77), pensamento de ampla aceitação nos dias de hoje.

2.1.5 A tipologia de Jung

Jung não classificou os tipos de comportamentos, mas descreveu as *potencialidades* dos indivíduos, que eles deveriam desenvolver para chegar à autorrealização. Produziu um modelo de ampla aceitação, reconhecido como uma tipologia e gerador de pesquisas que resultaram em testes de características comportamentais (CAMPBELL; HALL; LINDZEY, 2000, p. 109).

Assim, Jung percebeu as ações das pessoas segundo três orientações básicas e independentes, oscilando entre polos opostos; com a adição de uma quarta orientação idealizada por Isabel Briggs Myers e Kathleen Briggs (CAMPBELL; HALL; LINDZEY, 2000, p. 199), chega-se a dezesseis tipos de personalidades, combinando-as entre si. Os polos são os seguintes:

> ➢ extroversão (E) e introversão (I);
> ➢ pensamento (*thinking*) (T) e sentimento (*feeling*) (F);
> ➢ sensação (S) e intuição (N);
> ➢ julgamento (J) e percepção (P).

Um indivíduo seria classificável como "ESTJ" caso fosse preponderantemente extrovertido, prático, realista, voltado para ações nas quais percebe utilidade. Um indivíduo "INPF" seria pouco comunicativo, voltado para a aprendizagem, para projetos independentes, pouco preocupado com posses e com tendência à idealização.

David G. Myers (1999, p. 303), criticando essa classificação, reporta relatório do National Research Council dos EUA onde se registra a "desconcertante popularidade desse instrumento na ausência de comprovação do seu valor científico".

Outras classificações de personalidade o leitor encontra na mesma obra de Myers.

A classificação proposta por Jung e aperfeiçoada posteriormente tem utilidade na avaliação de potenciais e deve ser encarada com reservas quando se trata de explicar ou prever comportamentos, porque inúmeros fatores concorrem para desencadeá-los e tais fatores não podem ser, previamente, previstos quando se avalia um indivíduo à luz de uma ou outra classificação.

Como já comentou um psicólogo bem-humorado, as classificações de personalidade são ótimos retrovisores, mas não tão eficientes para as funções de farol de milha.

2.2 UMA VISÃO PSICOSSOCIAL DO DESENVOLVIMENTO

Nesta seção, incluem-se contribuições de dois importantes estudiosos do desenvolvimento do psiquismo: Winnicott e Erikson.

2.2.1 A importância do cuidado materno

Donald Winnicott (Inglaterra, 1896-1971), pediatra psicanalista, imprime um olhar lúdico ao desenvolvimento psíquico, consistente com sua infância feliz em Cambridge. Para ele, a *dependência* é o principal aspecto da infância e o desenvolvimento do lactente é facilitado pelo *"cuidado materno suficientemente bom"* (WINNICOTT, 1990, p. 53). Por "mãe", deve-se entender a mãe biológica ou quem lhe faça as vezes. Destaque-se que Winnicott não descarta a importância da função paterna.

A consequência de uma *"mãe não suficientemente boa"* é a incapacidade de dar início à maturação do ego ou fazê-lo de maneira distorcida (WINNICOTT, 1990, p. 55). Ele considera o "amor" (*"há mais para se ganhar do amor do que da educação"*, WINNICOTT, 1990, p. 94) como uma necessidade da criança em desenvolvimento, a qual *"precisa ser tratada como criança que é e não como um adulto"* (WINNICOTT, 1990, p. 69). Reconhece, contudo, a influência do ambiente na construção de uma base psicológica sólida. Há o que se pensar a respeito dos cuidados maternos recebidos por Guguinha. A falta de tempo e a dedicação da mãe e do pai aos negócios não terão facilitado o preenchimento dos requisitos preconizados por Winnicott.

Para ele, há um vínculo entre roubo e privação (WINNICOTT, 1999, p. 4), decorrente da separação da mãe nos primeiros anos da infância.

Luiz Pasquali (2010, p. 123), em pesquisa com estudantes de nível secundário, ratifica a importância do cuidado materno, ao assinalar que a mãe ideal é percebida como "o pano de fundo, criando um ambiente sadio, acolhedor e seguro para que o filho possa representar seu papel humano, [...]".

A mesma pesquisa, entretanto, explicita a complexidade, do ponto de vista comportamental, das manifestações do sentimento materno. A mãe é, igualmente, percebida como indulgente e capaz de perdoar os erros dos filhos, segundo assinala Pasquali (2010, p. 124), um comportamento bastante conhecido e muito presente nas crônicas policiais.

Winnicott destaca que os adolescentes alargam o círculo de influência da sociedade, abarcando novos fenômenos. O desenvolvimento psicológico não para aí: "deve-se esperar que os adultos continuem o processo de crescer e amadurecer, uma vez que eles raramente atingem a maturidade completa" (WINNICOTT, 1990, p. 87).

2.2.2 Desenvolvimento e sociedade

Erik H. Erikson (Alemanha, 1902 – EUA, 1994) considera que as influências sociais concorrem para o amadurecimento físico e psicológico, do nascimento até a morte, em um "mútuo ajuste entre o indivíduo e o ambiente" (ERIKSON, apud CAMPBELL; HALL; LINDZEY, 2000, p. 166). Em 1950, publicou *Infância e sociedade* (revisado em 1963), de grande impacto.

Suas "*oito idades do Homem*", descritas, a seguir, de maneira extremamente simplificada, trazem importantes contribuições para a compreensão da influência dos traumas sobre o desenvolvimento do psiquismo (ERIKSON, 1963, p. 227-256).

a) Confiança básica

Acolhimento do bebê no mundo; dormir, alimentar-se, receber carinho e conforto são decisivos. O bebê, pela rotina dos cuidados, aprende a confiar nos adultos e nele mesmo. A presença materna é essencial. A não aceitação do bebê pela mãe provoca sentimento de abandono. Os danos pela atenção insuficiente, pela falta de carinho, podem ser graves, muitas vezes irreversíveis, e ocasionam a *desconfiança básica*. Daí a preocupação de Olavo, no caso seguinte.

Caso 9 – Cleuza, mamãe camisa 10

Olavo e Cleuza, que não vivem juntos, encontram-se na audiência de conciliação para tratar da guarda do bebê de dez meses.

Olavo quer a criança, alegando que a mãe deixa-a abandonada durante todo o dia; a mãe diz que Olavo não sabe cuidar de uma criança e que não lhe daria suficiente atenção. O pai defende-se, afirmando que sua mãe, avó da criança, o ajudaria com muito prazer e que ela dispõe de todo o tempo para isso.

O pai, por sua vez, alega que a mãe ausenta-se do lar durante todo o dia; a criança fica com outra filha pequena, que não teria idade suficiente para se responsabilizar pelos cuidados essenciais. O que faz Cleuza durante o dia? Pratica futebol. Seu sonho é atuar na seleção brasileira.

b) Autonomia

Neste início da infância, a criança aprende a aceitar limitações. Conhece seus privilégios e suas obrigações. Inicia o julgamento do *certo* e do *errado*. Desenvolve a distinção do que é *do seu time*, e de quem são os outros, os diferentes. Situa-se entre a punição e a compaixão. Falhas na aquisição desses conceitos produzem *vergonha* e *culpa* e conduzem, na idade adulta, à adoção de comportamentos dirigidos pela satisfação em humilhar e punir.

c) Iniciativa

Acentua-se a organização física e mental da criança, que se mostra ansiosa para aprender e o faz bem. Concentra-se em *brincar* e é essencial que o faça de maneira saudável e sem inibições, estabelecendo assim um mundo de transição entre as fantasias infantis e a realidade. Atravessar, intensamente, esta etapa lhe dará o domínio sobre os rituais ao longo da vida. Falhas poderão conduzir o adulto a representar para encobrir sua verdadeira imagem – *falsidade* seria um nome adequado para encobrir a *culpa* que carregaria consigo.

d) Indústria (diligência)

Chega o momento de controlar a imaginação da fase anterior e emergir a *competência* para operar os instrumentos necessários às atividades cotidianas. Escola e tarefas domésticas, jogos, atividades artísticas e outras permitem à criança aplicar e desenvolver sua inteligência. O resultado é a *habilidade*. A *escola* insere o *método*, a formalização que trará, depois, a *eficiência* no trabalho, seja ele qual for.

Falhas levam a graves impedimentos para os estágios seguintes, pela falta de base operativa e pelo desenvolvimento de sentimentos de *inferioridade*. A fixação nos métodos conduz a adultos excessivamente formais e ritualísticos, porém com pouco conteúdo.

e) Identidade

Erikson dá grande importância à adolescência, durante a qual a pessoa experimenta o *sentido da identidade* e passa a se conhecer: quem é, do que gosta, o que quer. A vida sexual é representada por *intimidades transitórias*.

Surgem as paixões. A pessoa estabelece metas e abandona o pensamento centrado, até então, no presente. Instalam-se a *confusão de identidades* e o conflito com os adultos, a indecisão e a imprevisibilidade. Desenvolve-se o sentimento de *fidelidade*, como se observa nos grupos que se unem pelos mais diversos motivos. Novos heróis trazem a *ideologia*. A falha no desenvolvimento promove o *fanatismo* e a *confusão de papel*.

f) Intimidade

A pessoa, agora jovem adulto, encontra-se apta a experienciar a genitalidade sexual verdadeira, com a pessoa amada. Para Erikson, nesse estágio surge o *amor*, o qual valoriza porque permite o relacionamento compartilhado com um parceiro íntimo. Falhas nesse período conduzem ao *isolamento*; um mecanismo de defesa do psiquismo é o *elitismo* (a pessoa não encontra outros "à sua altura").

A sociedade contemporânea brasileira difere muito do protótipo de sociedade visualizada por Erikson. O prazer imediato encontrado nos relacionamentos passageiros, o frágil estabelecimento de projetos ou objetivos de vida a médio e longo prazo, a postergação das responsabilidades da vida adulta, contribuem significativamente para as escolhas que o indivíduo fará relativamente ao relacionamento íntimo, desde a adolescência até a idade adulta.

g) Generatividade

Desenvolve-se a preocupação com a criação, com as gerações futuras, com a transmissão de valores sociais. Existe o enriquecimento psicossocial, acompanhado do psicossexual. A palavra-chave é "cuidado"; o ritual desta fase manifesta-se na maternidade/paternidade.

As falhas conduzem à *estagnação* e ao *autoritarismo*, quando o cuidado cede à autoridade.

h) Integridade do ego

O indivíduo atinge esse estado depois de ter "*cuidado de pessoas e coisas e* [...] *ter-se adaptado aos triunfos e desilusões*" (ERIKSON, 1963, p. 247). Aquele que experimentou todo o desenvolvimento chega à sabedoria. A falha estaria em desenvolver a crença de ter se tornado sábio, um mecanismo de defesa para encobrir o sentimento de *desesperança*.

Erikson tem o grande mérito de inserir, no conceito de ego, qualidades como confiança, esperança, autonomia, vontade, fidelidade, amor, cuidado, integridade, praticamente ausentes da literatura psicanalítica. O ser humano, percebido antes como um *ser da criação*, e não como um *ser do desejo*, aparece socializado, inserido em uma cultura e um momento histórico. Esta visão do psiquismo proporciona nova dimensão à noção de *realidade*.

A faixa etária não condiciona os estágios de desenvolvimento. O indivíduo estabiliza em qualquer estágio ou regride a um ultrapassado. Por exemplo, quando a pessoa não atinge o estágio de generatividade, encontra-se o sujeito que trata o filho ou filha sem as preocupações e cuidados tipicamente parentais; não desenvolveu o sentido de "cuidado" e, em casos mais graves, filho ou filha resumem-se a objetos.

Uma grave violência (por exemplo, ocasionando um "transtorno de estresse pós-traumático") teria o condão de *interromper o processo evolutivo*. Um abuso sexual, um sequestro, provocariam uma regressão ou um estacionamento em idade que não corresponde à cronológica. Daí o abusado sexualmente não conseguir privar de intimidade, generatividade, integridade e ter o senso de identidade comprometido (consequências que poderão acontecer com Luciana, caso 3).

O homem de Erikson integra um contexto social, a cujas influências ele dá grande valor: *"para se experimentar a integridade, o indivíduo precisa saber como seguir o exemplo dos portadores de imagem na religião e na política, na ordem econômica e na tecnologia, na vida aristocrática e nas artes e ciências"* (ERIKSON, 1963, p. 248).

A modernidade, contudo, traz uma variável inexistente à época de Erikson: *o relacionamento virtual*. Segundo Galano (In: CEVERNY, 2006, p. 145):

> *a virtualização das relações cria um paradoxo: ordena uma proximidade que é impedida pela própria característica do meio virtual. A proximidade virtual não determina a intimidade e, contraditoriamente, torna as conexões simultaneamente mais frequentes e mais banais, mais intensas e mais breves.*

De que maneira isso afetará as idades?

2.2.3   Relação figura e fundo e o indivíduo no campo de forças

Max Wertheimer, Wolfgang Köhler e Kurt Kofka, no início do século XX, formulam a teoria de que o *campo psicofísico* em que o indivíduo se encontra inserido, influenciado pela *percepção*, determina o comportamento. Nele, a *figura* dominante destaca-se em relação ao *fundo*. Experiências anteriores (aprendizagem) e pensamento somam-se ao resultado da percepção para produzir o comportamento.

Essa visão física e biológica originou a "psicologia da Gestalt", centrada na *percepção consciente*, que conjuga fatores sociais e intrapsíquicos, e propicia uma nova visão das forças que provocam o comportamento humano. O indivíduo não seria escravo de conteúdos inconscientes, mas poderia exercer influência consciente sobre seus comportamentos.

Kurt Lewin (Alemanha, 1890 – EUA, 1947), considerado o criador da *psicologia social*, formulou sua "teoria de campo", pela qual o comportamento é uma função do campo que existe *no momento* em que ele ocorre. Lewin concentra-se na *situação psicológica momentânea*. *Campo* compreende a totalidade dos fatos coexistentes, mutuamente independentes, que exercem influência sobre o indivíduo.

Sua complexa teoria psicológica provocou importantes desdobramentos. Em sua visão, a fronteira entre a pessoa e o que a rodeia é permeável, e a influência, recíproca: o ambiente afeta o indivíduo e vice-versa.

Lewin utiliza o conceito de *energia psíquica*, empregada pelo organismo para dar conta das tensões que surgem no campo de forças. A tensão aumenta quando surge uma necessidade (sexo, fome, sede, desejo) e, para ele, somente interessam as necessidades *no momento do comportamento*, porque ocasionam a ação. Em sua visão, os *fatores sociais* são os principais determinantes das necessidades (CAMPBELL; HALL; LINDZEY, 2000, p. 325).

🔍 Talvez Guguinha manifestasse comportamentos diferentes se o ambiente social do qual desfrutava privilegiasse outros tipos de satisfações (caso 8). Os efeitos do estupro sobre o equilíbrio emocional de Luciana dependerão das interpretações e dos comportamentos das pessoas com as quais ela convive – seu núcleo social (caso 3).

O conceito de necessidade é central. Ela libera energia e promove aumento de tensão; confere um *valor* e faz surgir uma força, no psiquismo do indivíduo, a qual o coloca em ação para satisfazer aquela necessidade. A ação, contudo, é seletiva e não mera equação de resposta a estímulos.

Lewin testou sua teoria de campo em grupos de crianças e trabalhadores, dando início aos movimentos de *dinâmica de grupo*, ampliados e explorados por uma legião de psicólogos e administradores de empresas, ou mesmo pessoas leigas, muitas de maneira precipitada ou inadequada.

A teoria de campo leva à reflexão sobre o *papel do grupo* (ou *equipe*) no comportamento individual. Vale para o lar, a escola, o time de futebol, a turma da "balada", o grupo de tráfico de drogas ou qualquer outro. Todo grupo constitui um complexo campo de forças e o indivíduo atuará sob a influência desse campo. Avaliar até que ponto as forças grupais se sobrepõem ou se sujeitam às intrapsíquicas (se fosse possível separá-las) e a outras provenientes do ambiente é uma questão desafiadora.

2.2.4 A influência da expectativa

George Kelly (EUA, 1905-1967), de maneira semelhante à de Kurt Lewin, propõe que o comportamento da pessoa é dirigido por uma *rede de expectativas* a respeito do que acontecerá se ela agir de determinada maneira (CAMPBELL; HALL; LINDZEY, 2000, p. 336). A *expectativa* resulta de:

> ➢ *experiências anteriores*. A pessoa rouba porque anteriormente não foi "descoberta"; o empresário não recolhe impostos porque nunca foi detectado pela fiscalização ou porque acredita que poderá continuar corrompendo-a; o homem agride a mulher e continua a fazê-lo porque não recebeu punição; tudo isso envolvido pelo caldo cultural e social que relativiza direitos;
>
> ➢ *observação* do que acontece ou aconteceu com outras pessoas. O indivíduo começa a furtar (a vender drogas, a contrabandear) porque amigos ou conhecidos assim procederam e o delito, ao que lhe parece, não provocou qualquer contratempo;

> *conhecimento* proporcionado pela divulgação que cerca o acontecimento; são comuns as notícias apregoando impunidade ou benefício para determinadas pessoas ou grupos sociais.

Kurt Lewin denomina *valência* o valor percebido pelo indivíduo para o resultado da ação; este combina com a confiança no êxito dos esforços para atingir esse resultado. A *valência* pode ser negativa ou positiva; o indivíduo pode não agir porque, ainda que tenha *expectativa favorável* quanto ao sucesso, uma valência muito negativa poderá dissuadi-lo. As infrações de trânsito são exemplo típico: os baixos valores das penalidades (para parte da população), a probabilidade elevada de não ser detectado, a dificuldade que enfrentam os órgãos de trânsito de coibir o tráfego de veículos em situação irregular levam o motorista a correr o risco e cometê-las.

A *expectativa* também tem a ver com as *aptidões*. Ela será maior em relação a uma ação ou decisão quando o indivíduo se considera apto para lidar com a nova situação. A situação típica é a do *hacker*, que se sente seguro ao invadir sistemas de computação porque acredita que detém conhecimentos suficientes que lhe permitirão não ser detectado. Some-se a isso o reconhecimento entre seus pares, para aumentar a *motivação* para a ação criminosa.

2.3 MOTIVAÇÃO – UMA FORÇA INTERIOR

Enquanto um grupo de pensadores amplia a influência do social, outros se concentram nos efeitos de *forças interiores* (a *motivação*), *desencadeadas* por estímulos internos ou externos ao indivíduo que o colocam em ação.

2.3.1 Redução de tensão e satisfação de necessidades

Esse jogo inconsciente estaria sempre presente no psiquismo, segundo **Henry Murray** (EUA, 1893-1988). Ele estuda extensamente o conceito de *necessidade*, uma força que organiza a ação, acompanhada por um sentimento ou emoção, que conduz a uma situação final que acalma (aplaca ou satisfaz) o organismo.

A ativação de uma necessidade cria um estado de *tensão*; a satisfação dessa necessidade reduz a tensão. Isso acontece tipicamente com Guguinha, que experimenta uma intensa "adrenalina" antes e durante cada "racha" (caso 8 – Guguinha e o id veloz).

Murray observa que o indivíduo *aprende* a atuar para *reduzir a tensão* e, também, para *criar a tensão*, deixando de satisfazer necessidades para, mais tarde, obter satisfação ainda maior. Portanto, as pessoas agiriam para *aumentar a satisfação* e *diminuir a tensão*.

A *aprendizagem* desempenha papel importante nesse processo. Por outro lado, ele reconhece "um compromisso entre os impulsos do indivíduo e as exigências e os interesses de outras pessoas [...] representadas coletivamente pelas instituições e pelos padrões culturais" (CAMPBELL; HALL; LINDZEY, 2000, p. 210-211). O papel dos pais, recompensando comportamentos adequados ao social e punindo os inadequados, determinaria o sucesso desse processo de socialização.

Gordon Allport (EUA, 1897-1967) investiga a *motivação consciente individual*; rejeita o determinismo da infância sobre o comportamento adulto (embora não negue a existência de motivos biológicos e inconscientes) e valoriza os motivos manifestos.

Para ele, "*mais importante do que a busca do passado ou da história do indivíduo, é a simples pergunta sobre o que o indivíduo pretende ou busca em seu futuro*" (CAMPBELL; HALL; LINDZEY, 2000, p. 232). Seria o caso de Cleuza: ela quer jogar futebol e tornar-se uma estrela na seleção brasileira. Não haveria muito por que indagar de seu passado... Os cuidados com a criança – um empecilho – são secundários (caso 9).

Ele considera que a "intenção" (o que o indivíduo está tentando fazer) é a chave para compreender seu comportamento.

Allport volta-se, pois, para o futuro pretendido; os motivos mais importantes para um adulto "não são ecos do passado e sim acenos do futuro" e "na maioria dos casos conheceremos mais sobre aquilo que uma pessoa vai fazer se conhecermos seus planos conscientes do que suas memórias reprimidas" (CAMPBELL; HALL; LINDZEY 2000, p. 238).

Esse pensamento encontra limitação óbvia no grau de maturidade do indivíduo (confronte-se com as *idades* de Erikson), e isso é reconhecido por Allport. Torna-se difícil encontrar "planos conscientes" em pessoas cujo horizonte limita-se à escolha da cachaça que tomará no encontro de *happy hour*.

2.3.2   O poder da autorrealização

Kurt Goldstein (Alemanha, 1878-1965) adota a visão da Gestalt; o organismo *funciona* segundo o princípio da figura e fundo, com um *motivo* único: a *autorrealização*; "*o organismo normal, sadio, é aquele em que a tendência para a autorrealização vem de dentro e supera a perturbação do choque com o mundo, não por ansiedade e sim pelo prazer da conquista*" (CAMPBELL; HALL; LINDZEY, 2000, p. 353).

A pessoa caminha para a autorrealização exercendo suas *preferências*; portanto, à semelhança de Allport, dá ênfase às *motivações conscientes*.

O ambiente estabelece desafios (mudanças) e proporciona os meios (suprimentos). O desenvolvimento do indivíduo relaciona-se com as exposições a que é submetido desde o nascimento: se forem situações com as quais consegue lidar, ele se desenvolverá normalmente até o amadurecimento; se demasiadamente árduas, suas reações serão inconsistentes com o princípio da autorrealização e poderão ocorrer estados patológicos.

Por exemplo, a agressividade excessiva pode ser desenvolvida a partir da exposição a inúmeras situações em que ela é a única forma de adequar-se ao meio (ou é percebida como tal – vejam-se as crianças em *Cidade de Deus*); isso afetará seu padrão de resposta futuro. [Filme de 2002, dirigido por Fernando Meirelles; violência, linguagem, modelos, expectativas, liderança e coesão de equipe compõem o cenário].

2.3.3   A hierarquia de necessidades

Abraham Maslow (EUA, 1908-1970) também privilegia a *autorrealização*, o pleno uso e exploração de talentos, capacidades e potencialidades do indivíduo, como o objetivo maior do desenvolvimento psicológico. Para ele, "a insatisfação é um estado natural do ser humano" (CAMPOS, 1992, p. 131), que justifica a constante necessidade de *realizar*, característica de pessoas saudáveis.

Segundo Maslow (FADIMAN; FRAGER, 1986, p. 266-274), hábitos pobres inibem o crescimento. Causou grande impacto sua teoria de que as necessidades humanas seguem uma hierarquia, na seguinte ordem:

a) *fisiológicas*: sobrevivência, alimentação, vestuário;

b) *segurança*: proteção, estabilidade no emprego;

c) *sociais*: aceitação, amizade, sentimento de pertencer;

d) *status*: reconhecimento, prestígio;

e) *autorrealização*: criatividade, autodesenvolvimento.

De acordo com Maslow, a necessidade não atendida tomará as atenções da pessoa que concentrará, nela, seus principais esforços em direção à sua satisfação. Assim, o psiquismo elimina do pensamento imediato tudo aquilo que não contribuir para essa meta.

A teoria de Maslow deve ser ajustada ao contexto. Segundo Campos (1992, p. 150-153), *"todas as necessidades encontram-se sempre presentes, mas apenas uma delas receberá ênfase em um dado momento"*. A satisfação de uma necessidade propicia que outras, latentes, aflorem, à semelhança do que foi proposto por Murray. Esse entendimento também encontra eco nas formulações teóricas de Allport e Goldstein.

A teoria de campo de forças de Kurt Lewin possibilita uma adequada interpretação da teoria de Maslow: o indivíduo encontra-se submetido, continuamente, a forças de diferentes naturezas, originadas dentro ou fora dele, cada qual estimulando-o a comportar-se de uma determinada maneira.

Essa interpretação, comentam Fiorelli, Fiorelli e Malhadas (2017, p. 152), ajusta-se à observação do cotidiano. Para preservar uma forte amizade, o indivíduo compromete a estabilidade familiar; para propiciar estudo aos filhos, os pais sacrificam bens e confortos que outros considerariam prioritários; uma vingança pode destruir um casamento ou um emprego etc. Vale a *intenção da vez*, na concepção de Allport.

O prestígio encontra-se entre as necessidades superiores que mais levam os indivíduos a comportamentos irrefletidos, segundo Moore (1998, p. 248) e Folberg e Taylor (1984, p. 165).

Esse conceito explica o "crime por exibição", em que o indivíduo comete um delito para degustar o vinho amargo do tentador cálice de um fugidio momento de glória. O filme "Thomas Crown – a arte do crime" (agosto de 1999, EUA), em que um multimilionário se arrisca para roubar uma obra de arte, explora ludicamente esse comportamento; ou, mais realística e tristemente, quando o homem se regozija pela violência contra uma mulher.

2.3.4 Autodeterminação e consideração positiva

Carl Rogers (EUA, 1902-1987) ensina que "há uma única meta na vida: autorrealizar-se, melhorando sempre" e, "embora existam muitas necessidades, elas subordinam-se à tendência básica do organismo de manter-se e de melhorar" (HUFFMAN; VERNOY; VERNOY, 2003, p. 369-370).

Rogers, que compõe com Albert Ellis e B. F. Skinner a tríade de psicólogos mais influentes nos EUA ao longo do século XX, acompanha Goldstein e Maslow ao sugerir a autorrealização como o grande objetivo do ser humano.

Rogers coloca a autodeterminação como uma palavra-chave (CAMPBELL; HALL; LINDZEY, 2000, p. 368) para o desenvolvimento psicológico. Ele utiliza uma perspectiva de campo, similar ao enunciado de Lewin, pela qual o comportamento resulta da tentativa intencional do organismo de satisfazer suas necessidades no campo por ele percebido. Rogers, portanto, conjuga intenção, autorrealização e percepção com autodeterminação.

Na psicologia jurídica, em que se atua com indivíduos submetidos a sofrimentos, humilhações e punições, duas proposições de Rogers possuem especial importância; segundo ele, as pessoas precisam, primordialmente, desde bebês (na forma de cuidado e amor), de:

> ➤ consideração positiva, que ajuda o indivíduo a desenvolver seu potencial; e
> ➤ autoconsideração, que resulta do atendimento da primeira.

Esse pensamento converge com as proposições de Winnicott, vistas anteriormente, para crianças.

Para Rogers, as *pessoas sadias* funcionam plenamente, encontram-se abertas a novas experiências, confiam no organismo e sentem-se livres para agir de acordo com suas inclinações.

2.4 UM CÉREBRO QUE APRENDE: O CONDICIONAMENTO

A teoria de aprendizagem de **B. Frederick Skinner** (EUA, 1904-1990) provocou impacto impressionante. "*Suas crenças globais sobre a natureza do comportamento humano foram aplicadas de forma mais ampla, pode-se dizer, do que as de qualquer outro teórico, exceto, talvez, Freud*" (KAPLAN; SADOCK, 2017, p. 185).

Para Skinner, o *comportamento* resulta da interação entre o indivíduo e o ambiente; *apenas ele* pode ser estudado, por ser passível de percepção, descrição e mensuração por meio de instrumentos; "*não existe a mente como tal, apenas um cérebro que aprende, afetado por estímulos no ambiente interno e externo*" (FADIMAN; FRAGER, 1986, p. 205).

O comportamento condicionado (ou comportamento de resposta automática), extensamente estudado por Skinner e seus seguidores, desenvolve-se de duas maneiras diferentes:

> ➤ existe um estímulo desencadeador e o indivíduo comporta-se para *responder* a ele: assim se estabelece o condicionamento *respondente*; e
> ➤ o indivíduo comporta-se de determinada maneira para que ocorra um estímulo *posterior*, percebido por ele como benéfico; é o condicionamento *operante*.

Chico Buarque explica essas duas maneiras de o condicionamento manifestar-se em "Cotidiano", quando canta: "todo dia ela faz tudo sempre igual... e me dá um sorriso pontual...". Na canção, a esposa e o marido condicionam-se mutuamente.

O comportamento delinquente pode ser fruto de condicionamento; Jonas Jonasson explora essa situação no *best-seller O ancião que saiu pela janela e desapareceu* (Record, Rio de Janeiro, 2013), com o caso de um idoso "incapaz de não roubar". *O comportamento condicionado torna-se tão poderoso que ocorre sem que o indivíduo dele tenha consciência.* Outros fatores, entretanto, podem estar na gênese do comportamento, tais como o delinquir sem ter consciência, a observação de modelos, situações que despertam a motivação para o ato etc.

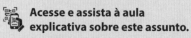

Acesse e assista à aula explicativa sobre este assunto.
> https://uqr.to/1lf1q

2.4.1 Condicionamento respondente

O estudo do comportamento respondente (FIORELLI, 2018, p. 88) levou ao desenvolvimento do *condicionamento "clássico", "simples" ou "respondente"*, que opera da seguinte maneira:

a) determinado estímulo (por exemplo, a visão de uma pessoa sedutora) provoca um certo comportamento de resposta (os batimentos cardíacos do observador aceleram-se);

b) faz-se um *pareamento* deste estímulo com outro (por exemplo, a pessoa sedutora aparece ao lado de um bem de consumo que se pretende comercializar: um automóvel);

c) após algum tempo, a estimulação, provocada pela presença daquela pessoa, será igualmente desencadeada pela presença do automóvel. Ocorreu um *condicionamento respondente*. A pessoa vê o automóvel, seu coração acelera. O vínculo é de natureza emocional.

O caráter involuntário imprime notável poder ao condicionamento simples; a ele devem-se inúmeros comportamentos, estabelecidos desde o nascimento e extremamente difíceis de alterar. Quando um indivíduo se torna muito agressivo porque adquiriu esse condicionamento, conseguir que desenvolva autocontrole representa grande desafio. Daí a justificativa de muitos agressores de que "agiram sem pensar". Foram, eles mesmos, vítimas de seu condicionamento respondente (basta um determinado gesto do cônjuge, do filho, para perder o autocontrole..., o que possivelmente acontece no relacionamento entre Celso e Marilda, no caso 2).

2.4.2 Condicionamento operante

No *condicionamento operante*, desenvolvido por Skinner (FIORELLI, 2018, p. 89), o indivíduo realiza uma *ação* sobre o meio e recebe uma *resposta* (o "estímulo"). O comportamento, portanto, *antecede* o estímulo. A pessoa o repete para continuar a merecer o estímulo e, se necessário, ajusta-se aos requisitos da tarefa. É a essência do *jogo*. *Condiciona-se*, assim, a proceder segundo o padrão aceitável.

🔍 Guguinha estaria condicionado a correr porque, sempre que desenvolveu alta velocidade, foi recompensado pelos pais e, mais tarde, pelos amigos: elogios, estímulo a superar-se, abraços e sorrisos. Incorporou a velocidade em seu cotidiano. Seus pais tocavam "Rua Augusta" de Hervé Cordovil, quando ele era criança; sua mãe chorava ao ouvir a imortal "As curvas da estrada de Santos" de Roberto e Erasmo Carlos (caso 8)...

A frequência e a intensidade de emissão de determinado comportamento operante dependerão:

a) das *consequências* (reais ou imaginárias), para o indivíduo: uma resposta *satisfatória* (denominada "reforço") fortalece o comportamento e aumenta sua frequência; a resposta *insatisfatória* ("punição") conduz ao oposto. Everaldo é o caso típico: condicionado a furtar, evoluiu para se tornar assaltante. Foi detido pelas vicissitudes da paixão.

Caso 10 – Uma Flor com um só marido

Everaldo iniciou com pequenos furtos; nunca foi punido por eles; adolescente, chegou a ser detido uma única vez; liberado rapidamente, por bom comportamento (e, também, porque a instituição não tinha mais espaço para abrigá-lo).

Adulto, participou de alguns assaltos; acostumou-se a ser rapidamente liberado; a perspectiva de ser punido tornou-se menor do que a de ser gratificado. "Assaltante profissional", foi baleado e morto na saída de uma boate, por Betão, cuja companheira Flor, antiga paixão, Everaldo havia, finalmente, conquistado.

b) da *frequência* e da *intensidade* do estímulo responsável pela sua evocação (o estímulo consequente ao comportamento) (SKINNER, 1992, p. 105-112). O traficante utiliza essa técnica: mantém interação frequente com o dependente (que, em geral, não recebe a mesma atenção dos pais, por exemplo).

Segundo Skinner (1992, p. 74), o ambiente, por meio do condicionamento operante, *modela* o repertório do indivíduo e, ao mesmo tempo, aumenta a eficiência do comportamento. Parece haver um denominador comum entre a velocidade de Guguinha e o apego às coisas alheias de Everaldo.

No comportamento operante, ocorre o fenômeno da *generalização*: estímulos semelhantes podem levar a uma única resposta (LUNDIN, 1977, p. 127). O indivíduo submetido a alguma forma de violência, praticada por pessoas com determinadas características físicas, poderá desenvolver comportamentos de evitação ante a presença de outras pessoas com características semelhantes.

Ocorre também a *generalização de respostas*: um único objeto ou fenômeno pode provocar diferentes tipos de reações.

O condicionamento é mais eficaz quando (FIORELLI, 2018, p. 92-94):

- ocorre **próximo** à emissão do comportamento. A droga produz efeitos rápidos; o estudo dá resultados somente a longo prazo;
- torna-se **perceptível** para o indivíduo a *vinculação* do estímulo ao comportamento;
- é *contingente ao comportamento*: o indivíduo deve, necessariamente, manifestar o comportamento para receber o reforço.

O reforço é denominado:

- *positivo*, quando o estímulo é agradável para o indivíduo;
- *negativo*, quando a estimulação acontece pela *retirada* de um evento desagradável logo após o comportamento ter sido emitido. Evidencia-se o papel da droga psicoativa: a pessoa que se encontra angustiada, por exemplo, deixa de se sentir mal e associa o bem-estar com a substância ingerida.

A *fuga* (o indivíduo elimina um estímulo aversivo presente; por exemplo, a presença de um potencial assaltante) e a *evitação* (o indivíduo desvia-se do caminho para evitar a possível presença de perigo real ou imaginário, por exemplo) constituem situações típicas de *condicionamento por reforço negativo*. O bem-estar subsequente à neutralização de uma situação desagradável confirma a validade da estratégia, que será repetida. Pessoas *avessas a conflitos* valorizam a fuga e a evitação.

Manifestações *somáticas* ou somatizações são estratégias de fuga e evitação do psiquismo para lidar com situações provocadoras de sofrimento. O corpo sofre para que a mente encontre recompensas de natureza secundária. A testemunha *adoece* e consegue postergar seu depoimento. Uma das partes sofre um ataque de asma ou uma convulsão na sala de espera da audiência e precisa ser socorrida. O leitor pode comparar esse comportamento (inconsciente) com o conceito de mecanismos psicológicos de defesa.

2.4.3 Punição

Na punição, *apresenta-se* estímulo aversivo ou *retira-se* estímulo positivo *após* o comportamento, para diminuir sua ocorrência (LUNDIN, 1977, p. 308). A necessidade da punição aumenta quando:

- ➢ há grande indisciplina (o trânsito tem exemplos eloquentes);
- ➢ o espírito de cidadania da população é reduzido (o exemplo clássico é a tendência a sonegar impostos);
- ➢ a imaturidade na relação interpessoal não permite um sistema de premiações que seja percebido como atrativo;
- ➢ o baixo nível de desenvolvimento psicológico de quem se comporta impede outra forma de redução do comportamento;
- ➢ há urgência na eliminação do comportamento;
- ➢ o risco (de vida, de saúde, de patrimônio) para quem se comporta, ou para a sociedade, é muito elevado;
- ➢ é imperioso dar o exemplo (efeito-demonstração);
- ➢ a punição branda evita que, mais tarde, se corra o risco de ter que aplicar punições severas.

🔍 Everaldo (caso 10), Guguinha (caso 8) e os estupradores de Luciana (caso 3) não mudariam seus comportamentos por "exortação" ou promessas de benefícios "caso se tornem bonzinhos".

Para ter eficácia, a punição deve:

- ➢ ser exemplar (não necessariamente rigorosa), ocasionando efeito tal sobre o indivíduo que lhe possibilite compreender sua possível *intensidade* e memorize-a;
- ➢ servir de advertência, para que a pessoa saiba da sua *existência* e se disponha a evitá-la;
- ➢ acontecer próxima do fato gerador (*imediatidade*), para que o indivíduo e outros que tiveram conhecimento do fato possam *associá-la* a ele;
- ➢ permitir a quem a recebe *compreender* os motivos que conduziram a ela;
- ➢ possibilitar ao punido *discriminar* as ações merecedoras de punição.

Entretanto, Skinner (1992, p. 180-189) cita diversos aspectos negativos da punição. Entre eles:

- ➢ permanência da *tendência* à emissão do comportamento; havendo oportunidade, ele poderá se repetir;
- ➢ ineficácia na obtenção do comportamento desejado, ainda que elimine o inadequado. Por exemplo, o indivíduo pode deixar de furtar, sem garantia de que estará disposto a trabalhar; talvez Guguinha abandone os "rachas"; entretanto, nada garante que se dedicará a uma formação sólida, para assumir responsabilidades nos negócios dos pais;
- ➢ supressão do comportamento indesejado *enquanto* durar a punição ou a perspectiva desta;
- ➢ escassa ou nenhuma garantia de que ela sempre ocorra para uma situação indesejada específica; o indivíduo continua a estacionar em local proibido, contando que, provavelmente, não seja detectado, ainda que receba uma ou outra multa, ocasionalmente.

A aplicação inadequada da punição gera mágoas, desperta sentimentos de raiva e vingança, destrói a cooperação e a solidariedade e induz futuros conflitos. Transforma-se em *figura* na percepção dos punidos; torna claro o que *não deve* ser feito, porém, em muitas situações, não ensina o que *deve* ser feito.

Antes de se optar por ela, deve-se ter convicção de que os benefícios compensarão. Nas questões criminais, o conceito de punição deve ser muito bem avaliado; criticamente, aponta-se a prevalência da pena de reclusão em detrimento de conceitos e abordagens como as penas alternativas à prisão e a justiça restaurativa.

2.5 O PODER DA CRENÇA: ABORDAGEM COGNITIVA

As ideias são cárceres de longa duração, fora dos quais não podemos viver.

(Fernand Braudel, *apud* Acland, 1993, p. 242)

O entendimento de que o *conceito de mundo* da pessoa determina seu comportamento constitui uma das contribuições fundamentais de Adler. O renomado neurologista Oliver Sacks (1995, p. 129) é conclusivo: *"o mundo não nos é dado: construímos nosso mundo através de experiência, classificação, memória e reconhecimento incessantes".*

Esse entendimento sugere um Homem adaptativo flexível, livre dos traumas e conteúdo da infância, em permanente desenvolvimento psicológico, cujo mundo tem a dimensão de suas crenças.

Desejos de vingança e ódios motivados por paixões fracassadas são exemplos de sentimentos que restringem o indivíduo. Quando deles se liberta, permite-se viver plenamente, com bem-estar, criatividade, em harmonia consigo e com o ambiente.

2.5.1 Crenças e interpretações

Albert Ellis (EUA, 1913-2008) concebe o comportamento como a consequência de *eventos ativadores* sobre *pensamentos, cognições e ideias do indivíduo.*

Ellis considera que a causa dos problemas humanos se encontra nas *crenças irracionais*, que levam as pessoas a um estado de não adaptação ao seu meio ambiente. Dominado por elas, o indivíduo processa as informações, muitas vezes, em flagrante incoerência com os dados de que dispõe e/ou é conduzido a adotar comportamentos inadequados, prejudiciais a ele mesmo. O caso seguinte constitui um exemplo.

Caso 11 – O *motoboy* machão

Rosicler, operadora de caixa de um supermercado, de 18 anos, enamorou-se de Álvaro, um *motoboy*, entregador de *pizzas*, de 21 anos de idade, com o qual foi viver após dois meses de relacionamento. Os primeiros meses foram o desfrute da paixão, que acabou tão logo a monotonia tomou conta da vida do casal. Facilmente vem, facilmente vai.

O relacionamento persistiu a duras penas por um ano, durante o qual Álvaro passou a maior parte do seu tempo livre fora de casa, limitando-se, em sua permanência, a dormir e praticar sexo. Rosicler declarou-lhe, então, que iria deixá-lo.

Álvaro, que se embriagava quando algo o contrariava, a ponto de colocar a vida em perigo porque, mesmo alcoolizado, fazia entregas, bebeu muito e travou com ela uma áspera discussão, mas Rosicler foi irredutível.

Nessa noite, não retornou da entrega de *pizzas*. Na manhã do dia seguinte, aguardava-a na entrada do supermercado; ao vê-la, sacou de um revólver, aproximou-se e, na frente das colegas de trabalho da companheira, disparou cinco tiros contra ela. Morte instantânea.

Detido por populares, não reagiu. Declarou ao Delegado que "homem que é homem não aceita ser chutado pela mulher".

Dependendo da natureza de suas crenças, pessoas edificam visões de mundo distorcidas, perigosas para a saúde física e mental, delas e dos que convivem com elas. O poder da crença é tamanho que as expectativas do indivíduo afetam até o efeito de substâncias psicoativas (MYERS, 1999, p. 152). Exemplo clássico encontra-se na pessoa que ingere bebida alcoólica para se excitar sexualmente, quando se sabe que o álcool possui propriedades inibidoras da função sexual. Opera-se uma melhora de desempenho por *efeito emocional* que se sobrepõe ao puramente fisiológico; para isso contribui a persistente vinculação, que daria inveja ao cão de Pavlov, entre álcool e sexo, disseminada pelos meios de comunicação.

Crenças arraigadas desempenham um papel fundamental na maneira de ver o mundo e responder aos estímulos. A reação de pais de adolescentes dependentes de droga constitui exemplo bastante conhecido, representado por declarações do tipo:

- sempre fizemos o melhor; amigos estragaram nosso filho;
- entrou para a gangue fugindo da pressão excessiva da escola;
- os maus exemplos fizeram dele um drogado;
- a maior parte dos bandidos é morena, porque isso é genético;
- pais ricos são sempre ausentes; não é à toa que seus filhos se drogam;
- essa moçada rica quer sexo, drogas e jogar fora o patrimônio dos pais.

Crenças reconhecidas como *verdades absolutas* incorporam-se à cultura da sociedade; não bastam leis ou programas esporádicos para modificá-las, são necessárias ações contundentes e políticas públicas que efetivem direitos humanos.

As crenças constituem a **base de comparação** de que os indivíduos dispõem para *interpretar* os acontecimentos, percebidos com as limitações dos sentidos, apresentadas no capítulo anterior, o que pode provocar sérias consequências. Crenças e valores são conceitos associados.

A reação de Helena às estripulias sexuais de Carol (caso 7), exemplifica o poder de uma crença profundamente arraigada. Para Helena, torna-se insuportável um comportamento condenado pelos seus princípios de virtude. A crença também se presta como eficiente mecanismo psicológico de defesa, ao justificar o próprio comportamento de Helena, que se arvora em defensora da honra da família.

Muitas crenças, principalmente as ligadas a princípios morais, tornam-se parte do caráter do indivíduo e passam a dirigir seus comportamentos. Podem, por outro lado, servir para justificar a incapacidade ou incompetência do indivíduo para emitir comportamentos que, inconscientemente, deseja ou inveja. O caso 12 vem ao encontro dessa proposição.

Caso 12 – Tal pai, tal filho

Wladimir, gerente de uma pequena empresa, envolveu-se em grande conflito com o pai, um senhor aposentado que jamais desfrutou uma vida conjugal satisfatória com a esposa.

Por meio de terceiros, soube que o pai mantinha relacionamento amoroso esporádico com outra mulher; certo dia, travaram uma discussão e Wladimir agrediu o pai, acusando-o da traição. Foi necessária a intervenção da polícia.

Pouco tempo após o episódio, Wladimir foi visto, por alguns conhecidos, acompanhado da amante; repetia o comportamento que tanto condenara no pai.

Curiosamente, familiares, principalmente os irmãos de Wladimir, que tanto criticaram o pai pela infidelidade, aceitaram seu comportamento, justificado pelo "mau exemplo do pai" (mecanismo de defesa: racionalização)...

As crenças adquiridas na infância passam pelo rigoroso vestibular do desenvolvimento intelectual no período da adolescência. É comum a reelaboração, para se ajustarem às novas visões de mundo, às transformações de comportamentos. Essa adaptação não acontece de maneira suave, nem sob o ponto de vista *intrapsíquico*, do indivíduo com ele mesmo, nem sob a ótica daqueles que com ele convivem (daí inúmeros conflitos, necessários para que aconteça a individuação).

Há associação direta entre crenças e valores que a pessoa considera como seus e que orientam seus comportamentos.

2.5.2 Valores

Ancorados ou *derivados* de crenças professadas pelo indivíduo, são ideias ou conjunto de ideias com forte conotação emocional, que orientam suas ações e decisões.

Aprendidos desde a infância, fazem parte dos critérios de decisão de cada um; nem sempre se alinham com os valores mais aceitos como válidos pela sociedade.

Compreendem mensagens do tipo: obedecer às leis, respeitar os mais velhos, fazer o bem, revidar toda ofensa, retirar dos mais poderosos, levar vantagem em tudo, roubar desde que não seja descoberto etc. Obviamente, têm colorido cultural.

Conforme se comentou, a *adolescência* é um período de reformulação de crenças e de valores, a qual também acontece ao longo da vida, estimulada por grandes traumas (estupro, sequestro, assassinato de ente querido etc.) ou *transformações importantes do ciclo vital* (separações, casamento de filhos, falecimento dos pais etc.).

Sempre é necessário substancial investimento de energia para eliminar um valor ou substituí-lo por outro. Quando os valores existentes não guardam coerência com novos que uma mudança tenta estabelecer, ou com os praticados por outras pessoas com as quais o indivíduo interage, surge o conflito – que pode ou não ser externalizado em comportamentos.

A cultura brasileira prodigaliza exemplos de conflitos entre *valores individuais* e *disposições legais*. Pessoas de inatacável honorabilidade burlam a Receita Federal por meio de recibos "frios" de prestação de serviços de profissionais liberais; pais e parentes ocultam crimes cometidos por pessoas da família etc. Estes paradoxos sugerem a complexa relação entre crenças, valores e comportamentos de cada indivíduo.

O *valor* legitima a ação; o cidadão pratica o tráfico de drogas, sabe que infringe a lei, mas sente-se emocionalmente confortável porque se comporta em conformidade com um suposto valor pessoal de "tirar recurso dos mais ricos". Sonega impostos porque em seu círculo de amizades esse comportamento demonstra esperteza, inteligência, habilidade etc., ou lhe traz recursos financeiros que emprega para obter benefícios. Contudo, não é incomum que essa estratégia comportamental pague um pedágio emocional, a *"dissonância cognitiva"*.

2.5.3   Dissonância cognitiva

Este conceito, proposto por **Leon Festinger** (EUA, 1919-1990), discípulo de Lewin (CAMPBELL; HALL; LINDZEY, 2000, p. 81), estabelece que, quando uma pessoa apresenta duas crenças inconsistentes, ou inconsistências entre crenças e comportamentos, ela experimenta um desagradável estado de **tensão** e motiva-se para reduzi-lo.

De acordo com Festinger, as pessoas constroem suas crenças, opiniões e necessidades, *comparando-as* com as de outras pessoas. O estado de tensão pode resultar da percepção de diferença entre o comportamento e aquele que a sociedade preconiza ou reconhece como legítimo.

A presença de litigante manifestando grande estado de ansiedade pode originar-se de dissonâncias cognitivas: a pessoa declara querer separar-se do cônjuge, porém não deseja abrir mão de facilidades proporcionadas pela união; a insistência em detalhes que apenas prolongam o processo pode indicar um mecanismo psicológico inconsciente de defesa para lidar com a tensão que a inconsistência lhe provoca.

A dissonância cognitiva manifesta-se por uma incoerência entre o que a pessoa professa e o que faz e, em teoria, o indivíduo atuará para eliminar essa incoerência.

Entretanto, alerta Acland (1993, p. 162), referindo-se à dissonância cognitiva: *"na realidade há pessoas sem senso de legitimidade, sumamente irracionais, imunes à persuasão amigável, indiferentes às perdas para si e para os outros"*; seria ingenuidade esperar ou acreditar que se apresentem vulneráveis a tais conflitos interiores; praticam delitos, regozijam-se e se vangloriam de seus feitos em um círculo que avalia as pessoas pela extensão dessas mesmas práticas.

2.5.4 Esquemas rígidos de pensamento

Para **Aaron Temkin Beck** (EUA, 1921-2021), considerado o criador da Terapia Cognitiva, as interpretações que um indivíduo faz do mundo *estruturam-se progressivamente*, durante seu desenvolvimento, constituindo regras ou *esquemas de pensamento*. Beck, alinhando-se ao pensamento de Ellis, emprega "esquemas", "regras" e "crenças básicas" como termos mais ou menos intercambiáveis (BECK; FREEMAN, 1993, p. 4).

Ao se deparar com os estímulos (internos ou externos ao organismo), o psiquismo "dispara" os esquemas de pensamento, *caminhos predefinidos* através dos quais o pensamento do indivíduo trafega. Isso *economiza energia psíquica* e proporciona agilidade e eficiência no tratamento das questões.

Os esquemas de pensamento permitem *"lidar com situações regulares de maneira a evitar todo o complexo processamento que existe quando uma situação é nova"* (RANGÉ, 1995b, p. 90); são, pois, essenciais à vida.

Seu lado negativo é fazer com que as pessoas, em muitas situações, procedam de forma estereotipada, ou deixem de visualizar interpretações alternativas e válidas. Tornam-se, então, **esquemas rígidos de pensamento**.

Eles encontram-se no relacionamento entre Celso e Marilda (caso 2): um olhar dispara uma reação agressiva; o mesmo acontece entre Carol e Helena (caso 7): uma palavra picante ativa os comportamentos da guardiã da moralidade.

Durante a adolescência – da mesma forma que acontece com as crenças –, reformulam-se os esquemas de pensamento, postos à prova por modificações cognitivas e novos desafios. Formam-se os novos grupos de amigos, em função de semelhanças entre valores, crenças e esquemas de pensamento.

Pessoas dominadas por determinados esquemas rígidos de pensamento não enxergam outros pontos de vista e ignoram novos conceitos. O exemplo típico é o de fanáticos, políticos e religiosos, prisioneiros de suas verdades absolutas.

Esquemas rígidos de pensamento acentuam-se com o passar dos anos, em parte porque, pelo fato de *funcionarem,* eles se autorreforçam. Duas consequências são notáveis e originam inúmeros conflitos, das mais variadas gravidades:

➢ os *preconceitos*; e
➢ os *pensamentos automáticos.*

2.5.5 Preconceitos

O preconceito faz com que o indivíduo somente perceba sinais que lhe provocam raiva, repulsa ou revolta em relação ao objeto. A *negação da realidade* é um mecanismo psicológico de defesa geralmente presente. É o caso de uma família que "desconhece" o comportamento homossexual de um de seus integrantes. Quando o tempo se encarrega de trazê-lo à tona, provoca um surto de raiva que leva o pai a agredir a filha.

Maria Amélia Azevedo, analisando o preconceito contra a criança (2006, p. 112), salienta que "todo preconceito é aprendido. Ninguém nasce preconceituoso" e que ele pode "conduzir a formas extremas de discriminação".

As pessoas constroem imagens mentais de indivíduos e lhes associam comportamentos, bons ou maus. Para isso, contribuem decisivamente mensagens que os meios de comunicação e a cultura disseminam a respeito de "comportamentos esperáveis" associados, por exemplo, ao tipo físico (totalmente descartados pela psicologia experimental), à ocupação profissional etc.

O estereótipo do estuprador é conhecido: "violento, dominado por instintos sexuais irreprimíveis, constantemente envolvido em conflitos, morador de subúrbio, sujo, alcoolista, fracassado"; seria vista com ceticismo a hipótese de um jovem "branco, de família estável, rico, com excelentes perspectivas sociais e econômicas", estuprar uma senhora de idade mais ou menos avançada, "sem atrativos sexuais".

A força do estereótipo é tão marcante que, inexistindo possibilidade (física ou emocional) de comprovação por exame de corpo de delito, muitas pessoas não se aventuram a prestar queixa contra seus agressores, pela certeza de que não receberão crédito (com o risco de serem ridicularizadas, difamadas e processadas por difamação).

Mecanismos psicológicos de defesa reforçam o preconceito. Azevedo (2006, p. 139) cita, entre outros, os seguintes:

- o indivíduo utiliza amostra distorcida para justificá-lo;
- ele percebe seu grupo como diferenciado;
- vê como exceção tudo o que contraria o estereótipo;
- desconsidera informações que questionam seu juízo e busca aquelas que o corroborem.

Estes mecanismos tornam a atenção *seletiva* e concentram a percepção na confirmação do *acerto do preconceito*. Acontece no futebol: o juiz *sempre* erra mais a favor do outro time.

2.5.6 Pensamentos automáticos

O pensamento automático consiste em reações imediatas a um estímulo, que colocam o organismo em movimento. Não deve ser confundido com o *ato reflexo*, em que o cérebro não intervém (por exemplo, o *reflexo patelar*).

É distintivo o fato de ele provocar as *emoções* correspondentes. Assim, se a pessoa se depara com alguém que não aprecia, além da reação do organismo, surgem sentimentos de cólera, repulsa e outros. O esquema rígido funciona segundo uma equação bem simples: SE... ENTÃO... A intensidade da emoção despertada pode ser suficiente, por exemplo, para que o indivíduo cometa um delito: vê o desafeto, saca a arma e o mata, "sem pensar".

Essa pode ter sido a circunstância em que Everaldo foi assassinado por Betão. Este o encontra conversando com Flor e, imediatamente, a raiva o domina. Saca a arma e atira (caso 10). Wladimir poderia ter feito o mesmo, caso se deparasse com o pai e a amante saindo do motel (onde ele, Wladimir, entrava com a própria amante) (caso 12).

Semelhanças provocam pensamentos automáticos. Juízes, jurados, advogados e promotores podem experimentá-los a respeito de réus e testemunhas, por detalhes físicos, de indumentária, de comportamentos etc. e, também, em relação aos acontecimentos. As emoções que eles despertam podem afetar *interpretações* e *julgamentos*.

Pensamentos automáticos evocam preconceitos e vice-versa. Um sinal físico ou um gesto pode, por exemplo, remeter ao pensamento de que a pessoa pertence a determinado *grupo* de indivíduos (uma expressão ou tatuagem podem ser *interpretadas* como indicativos de homos-sexualidade, opção religiosa, atividades ilegais ou inadequadas etc.).

Existem pensamentos automáticos indispensáveis à vida, porque imprimem agilidade ao raciocínio, proporcionam segurança, poupam tempo; outros, entretanto, prejudicam o bem-estar e a felicidade. Entre estes encontram-se aqueles que geram emoções negativas (raiva, inveja, ciúme, desprezo) e/ou provocam reações socialmente indesejáveis ou incorretas.

2.6 A IMPORTÂNCIA DOS MODELOS

Albert Bandura (Canadá, 1925) desenvolveu a *teoria cognitivo-social da aprendizagem*, cujo ponto de partida é a *observação de um modelo*. Pais, irmãos, professores, amigos, colegas, artistas de cinema, esportistas, políticos, supervisores, gerentes etc. desempenham esse papel, para acrescentar, inibir ou facilitar a emissão de comportamentos (Huffman; Vernoy; Vernoy, 2003, p. 21). Bandura percebe profunda interação entre fatores individuais e sociais na formação dos comportamentos; ele concebe um indivíduo pensante, capaz de autorregulação (Campbell; Hall; LINDZEY, 2000, p. 460).

O papel de modelo estende-se aos conteúdos emocionais das respostas. O observador percebe que o modelo reage com raiva a uma provocação; a partir daí, assim reagirá quando provocado; *reproduz o comportamento e a emoção subjacente a ele*.

Por esse raciocínio, conclui-se que pessoas agressivas venham de famílias agressivas, inde-pendentemente de fatores atribuíveis à herança genética; alcoolistas sejam filhos de alcoolistas etc. Não se trata de simples aprendizagem: o papel de *modelo* é essencial para que o comporta-mento aconteça; se não existir o modelo, interrompe-se o comportamento, o que, obviamente, não se aplica somente aos modelos familiares, o social também exerce forte influência, como se verá adiante.

Para Bandura, o conceito de *autoeficácia*, isto é, o julgamento que a pessoa faz da sua capa-cidade de produzir um comportamento que produza efeitos por ela desejados tem importância central. Quanto maior a percepção de autoeficácia, tanto mais a pessoa persistirá e envidará esforços para atingir suas metas e objetivos de desempenho.

🔍 Analise-se a situação de Guguinha (caso 8). Seu desempenho perante o "time" de amigos e admiradores traz-lhe grandes compensações (Skinner chamaria de "reforços positivos"). Guguinha sente-se plenamente capaz de superar os desafios que os confrontos na rua e em outros lugares impõem. Não havendo alternativas mais satisfatórias, persistirá nesses comportamentos. Afinal, "o prazer da fama futura é um prazer presente – a fama é que é futura" (PESSOA, 2006, p. 163).

Desenvolver a percepção de autoeficácia desperta a motivação. Por esse motivo, o senti-mento de *perícia* (ser excelente no que faz) constitui um componente importante para a cons-trução do senso de autoeficácia, pelo próprio fato de criar experiências cognitivas favoráveis e estimuladoras; o inverso também acontece: a pessoa que não se sente capaz, competente, tem a autoestima rebaixada e torna-se vulnerável a desenvolver comportamentos socialmente desajustados.

Bandura percebe pessoas e ambiente em mútua interação: o ambiente afeta o indivíduo, e este modifica o ambiente por suas ações; faz isso, entretanto, conscientemente. Por isso, prefere o termo *regulação* a *reforço*, utilizado por Skinner, porque considera que *o indivíduo altera sua resposta quando recebe o resultado de sua ação*.

Em outras palavras, o observador *antecipa* o resultado de sua ação quando imita o comportamento do modelo; isso o encoraja a prestar atenção e a reproduzir o comportamento observado.

Bandura também destaca o *papel* do modelo: as pessoas tendem a reproduzir comportamentos de pessoas consideradas relevantes, que se destacam em suas percepções. É o fenômeno da *atenção seletiva*, já estudado.

Em algum momento, alguém foi o modelo para Guguinha (caso 8). Possivelmente, um outro rapaz bem-sucedido, igualmente veloz, cujo comportamento foi imitado com a esperança de obter os mesmos benefícios. O jovem copia indumentária, estilo, procedimentos e ousadia, para experimentar as mesmas emoções.

As características do observador afetam os resultados: uma criança *dependente* receberá influência maior do que outra mais *independente*; a *prática* escolherá modelos que se destacam por sua operosidade (esportista, jogador, atleta); a *imaginativa* encontrará modelos intelectualizados (compositor, músico). Esse compromisso entre características de observador e observado não recebe consideração com a mesma profundidade em outras teorias.

Em sua teoria da aprendizagem social, "o comportamento, as forças ambientais e as características pessoais funcionam todos como *determinantes ligados uns aos outros*" (Campbell; Hall; LINDZEY, 2000, p. 467). Essa concepção remete, obviamente, à teoria de campo de Kurt Lewin e sugere que não se devem esperar relações de causa e efeito rígidas nas interações de cada indivíduo com o meio ambiente. O comportamento humano é extremamente complexo devido à sofisticada interação entre fatores cognitivos, comportamentais e ambientais.

Bandura reconhece a influência da expectativa sobre o comportamento quando do admite que "*as pessoas temem e evitam as situações que percebem como excedendo suas habilidades de manejo... [e] as expectativas de eficácia determinam quanto as pessoas vão se esforçar e persistir em um comportamento*" (Campbell; Hall; LINDZEY, 2000, p. 472).

Modelos despertam *expectativas de êxito*, relacionadas com comportamentos e ideias por eles disseminados. Milhões de jovens imitaram os Beatles; milhares de psicanalistas imitam Freud; milhões imitam seus líderes políticos ou religiosos, e assim sucessivamente... O modelo influencia a *probabilidade de êxito percebida* pelo indivíduo.

A segurança que o traficante de drogas demonstra estimula o comportamento do distribuidor da droga; o êxito da jovem e culta estudante que se dedica à *prostituição de alto luxo* estimula outras jovens à mesma escolha.

As relações sociais, nesta "era digital", sugerem reflexões importantes a respeito do papel dos modelos, notadamente quando se trata do comportamento do público jovem (ainda que as conclusões se apliquem, com as devidas ponderações, a público de todas as idades).

Diversas pesquisas ratificam percepções óbvias na aparência:

> ➢ o jovem, de todas as classes sociais, utiliza intensamente a Internet para obter informações a respeito de produtos e serviços; o *conteúdo* da Internet lhe é relevante;

- consolida-se a prática de realizar aquisições por meio virtual ou, no mínimo, de praticá-las sob a influência das informações obtidas por meio dele;
- a maioria da população jovem e adulta-jovem participa de redes sociais; disso resulta excepcional efeito de penetração e massificação, praticamente inexistente no século passado; acontecimentos políticos e sociais em todo o mundo comprovam esse quadro;
- as redes sociais estruturam-se em linguagem convidativa ao público jovem, o que contribui para uma retroalimentação positiva do processo: o indivíduo sente-se acolhido (às vezes, protegido pelo anonimato) e participa mais; ao fazê-lo, estimula o aperfeiçoamento de processos destinados a captar e reter sua participação, e assim sucessivamente;
- os sítios de relacionamento são elementos fundamentais para orientar e comandar atitudes e comportamentos de crescente parcela da população. Ocupam espaços que, tradicionalmente, pertenciam à família, ao grupo próximo e às entidades de ensino.

Embora exista uma cosmética em torno dos comportamentos de artistas e esportistas, os modelos começam a adquirir outro tipo de conotação. Podem, por exemplo, ser um *comportamento*, cuja origem se perde no emaranhado de informações das redes virtuais – surgem palavras, expressões, maneirismos, gestos, ações de que se têm vaga ou nenhuma ideia de como nasceram, firmaram-se e por quais motivos se propagaram.

Conclui-se que a rede social pode servir para aproximar pessoas de modelos positivos, criando, pois, referenciais igualmente positivos, como também pode aproximá-las de modelos negativos, com efeitos prováveis sobre a delinquência e a criminalidade.

Sob essa segunda ótica, citem-se:

- a combinação de confrontos em via pública, entre grupos de pessoas violentas (por exemplo, em início ou final de eventos esportivos);
- a aglutinação de pessoas para depredar o patrimônio público;
- a organização de ações entre malfeitores (para roubar, sequestrar etc.);
- a exposição de crianças e adolescentes à pornografia ou assédio sexual etc.

As páginas policiais encontram-se povoadas de notícias de crimes, dos mais diversos tipos, planejados, preparados e até acompanhados a partir de informações colhidas por meio das redes de dados e relacionamentos sociais.

As redes virtuais propiciam sensação de segurança e privacidade, evidente em comportamentos como os de armazenar dados, fotos e informações (a Polícia especializada possui inúmeros exemplos pungentes, como acontece com os casos de sequestro, pedofilia e outros). Elas também possibilitam ao indivíduo temeroso de se expor fisicamente, mas capaz da participação intelectual, a atuar como organizador e estimulador dessas ações, a ponto de exercer o papel de líder virtual, enquanto outros fazem o "trabalho sujo".

Novas modalidades de ação criminosa continuam a aparecer e exigem novas competências para serem compreendidas e contidas. As informações e ações que circulam na *deepweb* e, principalmente, na *darkweb*, são exemplos contundentes. Abre-se vasto campo para treinamento das equipes de prevenção e repressão e uma série de interrogações a respeito dos procedimentos que possam ser adotados para a recuperação desses indivíduos. Isso remete, também, a questões complexas relacionadas com sigilo das informações e métodos de busca e apreensão, necessários tanto para a investigação como para a prevenção.

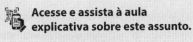

Acesse e assista à aula explicativa sobre este assunto.
> https://uqr.to/1lf1s

2.7 A VISÃO SISTÊMICA

A visão sistêmica do comportamento humano possibilita integrar todos os conhecimentos anteriores.

Fonkert (2000, p. 106) alerta que "a pessoa não é um ser isolado, mas um membro ativo e reativo de grupos sociais". Na concepção sistêmica, as pessoas participam de uma *rede de relações* em que cada integrante influi e é influenciado pelos demais. Essa concepção foi amplamente estudada e desenvolvida pelo conceituado médico argentino Salvador Minuchin (1921), criador da Terapia Estrutural Familiar.

No interior de qualquer sistema (família, empresa, instituição de qualquer natureza), coexistem forças de natureza oposta: de um lado, a busca de preservar o *status quo*; de outro, a tendência de evoluir e ampliar as fronteiras, incorporar novos participantes, ampliar o campo de ação. No sistema *doente*, contudo, podem prevalecer forças destrutivas: rancores, invejas e outros sentimentos enfraquecem os laços e chegam a provocar a autodestruição.

Em um sistema, o que acontece com qualquer integrante afeta a todos; o comportamento resultante, visto como um todo, não é a simples soma do comportamento de cada uma das partes.

A definição precisa do que seja um sistema inclui a determinação de seus limites e, portanto, é sempre relativa. O sistema familiar, por exemplo, pode ampliar-se para estender suas fronteiras ao trabalho, ao clube, à escola, às relações familiares, principalmente nos tempos atuais em que "a família se tornou aberta, diversa e plural" (CARBONERA, 2000, p. 14).

2.7.1 Subsistemas: conflitos e alianças

Todo sistema compõe-se de subsistemas, organizações internas especializadas, com objetivos e metas específicos, relativa independência e culturas particulares. O conjunto dos subsistemas, bem como os elementos que os constituem, formam o sistema maior.

São comuns alianças e coalizões entre subsistemas e entre os elementos que compõem cada um deles. Uniões internas (entre empregados, empregados e superiores, sócios, familiares, detentos) criam subsistemas.

Alianças são uniões ocasionadas pelas identidades de interesse, simpatias e afeto entre pessoas, na busca de objetivos comuns. Reserva-se o termo *coalizão* para os casos em que as pessoas se unem por oposição a outras (estratégia comum entre grupos rivais). As coalizões têm caráter mais transitório, naturalmente, do que as alianças.

Conflitos, coalizões e alianças entre grupos internos fazem parte do desenvolvimento de todos os sistemas e contribuem para que eles amadureçam e se desenvolvam. Malconduzidos ou com propósitos inadequados (DESIDÉRIO, 1993, p. 8), podem enfraquecer o sistema. Consomem extraordinária energia e, quando não produzem o *crescimento*, o resultado é o oposto. Exemplos desse fenômeno são as separações, os rompimentos de sociedades.

2.7.2 Padrões de funcionamento

O sistema, para lidar com os desafios externos, desenvolve *padrões de funcionamento*.

Há sistemas que desenvolvem padrões de funcionamento nitidamente não funcionais, se consideradas as leis e as regras da *sociedade*. Organizações de tráfico de drogas, contrabando, desvios de recursos financeiros, assaltos organizados, sequestros constituem exemplos típicos. O que se mostra *funcional* na perspectiva do próprio sistema revela-se não funcional sob a ótica da sociedade e de outros sistemas.

Existem, pois, sistemas que subsistem às custas da própria não funcionalidade; seus integrantes, incapazes de participar da sociedade maior, recusam-se a seguir-lhe os padrões de funcionamento. Isso não priva tais sistemas de operarem segundo padrões e critérios de elevada sofisticação, por meio de procedimentos complexos que solicitam valores e crenças próprios.

Os padrões de funcionamento de cada sistema pressupõem o desempenho, por seus integrantes, de determinados *papéis*. Falhas nesse desempenho contribuem para a não funcionalidade do sistema e dos subsistemas que o compõem.

Os comportamentos sexuais abusivos intrafamiliares, na perspectiva sistêmica, associam--se à **confusão de papéis**, que torna os subsistemas disfuncionais. Assim, a satisfação do desejo sexual de um dos cônjuges pode ocorrer com a criança que lhe proporciona o carinho que o outro não lhe dá. Essa *troca de papéis* costuma vir acompanhada da imposição de um segredo que o medo da violência (e/ou crenças irracionais) se encarrega de manter e, até, acentuar. Surgem coalizões: pai e filha, mãe e filho.

Os papéis encontram-se em contínua transformação e acompanham a evolução da sociedade. Nos sistemas familiares, por exemplo, encontram-se mais e mais mulheres chefiando o lar; também se tornam comuns os lares monoparentais (BILAC, *apud* CHAVES, in CEVERNY, 2006, p. 56) e ganha relevância o papel do pai no cuidado com a prole (CHAVES, in CEVERNY, 2006).

Ocorre, entre os indivíduos, o fenômeno da "incorporação dos papéis"; as *expectativas de desempenho* refletem-se no *sistema de crenças* deles e daqueles que com eles convivem e tornam-se determinantes em seus comportamentos. Se o *papel* requer agressividade, o indivíduo incorpora-a ao seu repertório; se requer *autoridade*, passa a praticá-la, e assim por diante. O filme *Águias em chamas* mostra, em uma única e significativa cena, a *transformação de comportamento* motivada pela *mudança de papel* de um indivíduo [filme de 1948, dirigido por Henry King, explora motivação, liderança, comportamento em grupo].

2.7.3 Conteúdo da comunicação

No sistema disfuncional, as comunicações internas ou com o ambiente apresentam-se encobertas, distorcidas, e geram elevada tensão emocional.

Celso e Marilda, pouco a pouco, deixaram de se comunicar. As mensagens, a partir de um certo ponto, passam a ser meras trocas de estímulos agressivos (caso 2). A explosão de Helena não foi simples circunstância de um momento; a comunicação entre ela e Carol já se deteriorara há algum tempo e o desenlace coroou a impossibilidade de convergência, cuja explicitação não seria possível ou aceitável (caso 7). Guguinha acostumou-se ao isolamento em relação aos pais – comunicava-se com os amigos da escuderia (caso 8).

As narrativas dos participantes de conflitos revelam, em geral, graves deficiências de comunicação.

🔍 Em situações como a de Pedro e Sílvio, a falta de comunicação é óbvia (caso 1), bem como suas consequências; os acontecimentos que envolvem Guguinha (caso 8), Celso e Marilda (caso 2), Wladimir e seu pai (caso 12), entretanto, contêm uma história que precisa ser ouvida para se compreender o que ocorre no presente.

A emoção afeta as narrativas e faz com que os envolvidos (litigantes e testemunhas) acrescentem, distorçam e omitam informações – às vezes, inconscientemente.

Elas tornam possível identificar detalhes da história e padrões de comportamento que permitem compreender o funcionamento do sistema. Por isso, *não se devem perder de vista as narrativas* trazidas pelas partes e testemunhas. Às vezes, detalhes aparentemente banais (para o observador externo) são cruciais.

É comum que os envolvidos pensem de modo pouco satisfatório e se deixem dominar por emoções negativas. Os aspectos negativos das narrativas dominam a cena e acentuam "distorções cognitivas" (RANGÉ; DATTILIO, apud RANGÉ, 1995, p. 177) do tipo:

➢ *inferências arbitrárias*: conclusões sem evidências que as apoiem;

➢ *hipergeneralização*: conclusões tiradas a partir de uma ou outra situação.

O produto das narrativas não são os *fatos* reais, mas as *imagens* que os envolvidos possuem dos acontecimentos e de seus relacionamentos (depoimentos aparentemente contraditórios de Joana e Gilberto, caso 1, são exemplos disso).

O significado das narrativas é mediado pela *linguagem*, à qual cada sistema imprime características próprias. Expressões como "querido", "amor", "bandido"; frases do tipo "eu tive vontade mesmo era de acabar com ele", "ainda mato aquele desgraçado" e outras recebem significados específicos que vão muito além da palavra. A compreensão da linguagem influencia na interpretação das narrativas e na compreensão do funcionamento do pensamento dos envolvidos e, em decorrência, de seus comportamentos.

Na linguagem se expressa a intenção de dominação e controle, o desejo de ser amado, o sentimento de amor, o arrependimento, a vontade de perdoar, a raiva, o despeito, o desprezo. O conteúdo de cada palavra traz dimensões socioculturais específicas da história de cada pessoa, das famílias, das organizações e da sociedade em geral, e assim deve ser entendido e analisado. A palavra *mãe*, por exemplo, tem conotações insuspeitas dependendo de quem a emite e de quem a ouve.

2.7.4 Ciclos vitais

Os sistemas vivos possuem **ciclos vitais** divididos em *fases*. Na evolução de uma fase para outra, surge um *período de transição*; toda mudança ocasiona *conflitos*.

A maneira como o sistema assimila esses conflitos pode ser *construtiva*, isto é, o sistema aprende com ele e melhora seus padrões de funcionamento, ou *destrutiva*, quando acontece o oposto.

Nas transições entre fases do ciclo vital, o sistema sempre se encontra mais vulnerável. Alguns desses períodos de transição são bastante reconhecidos por seu impacto:

- ➢ adolescência, que será estudada em capítulo específico;
- ➢ casamento de filhos;
- ➢ falecimento, principalmente de filho ou filha jovem;
- ➢ mudança de cidade (especialmente para adolescentes);
- ➢ aquisições e fusões de empresas; falência;
- ➢ inclusão e exclusão de sócios;
- ➢ mudança de emprego etc.

Esses momentos forçam o redesenho dos subsistemas, o estabelecimento de novos tipos de alianças e coalizões, a fixação de novos padrões de funcionamento e a revisão das normas formais e informais que regem os comportamentos dentro de sistema e nas transações entre ele e o meio. Desenvolvem-se novas formas de comunicação.

Todas estas transformações podem representar *ganhos de funcionalidade*, e isso fortalecerá e consolidará o sistema; podem, entretanto, significar *redução* e existirão prejuízos na passagem para nova fase. A mudança pode até promover a dissolução do sistema; por exemplo, uma filha casa-se e seus pais separam-se.

2.7.5 Fronteiras entre sistemas e subsistemas

Fronteiras são delimitações que os subsistemas estabelecem entre si, dentro de um sistema maior, e que os sistemas estabelecem em relação a outros sistemas. Elas indicam *"limiares que não devem ser ultrapassados e também as condições sob as quais elas são permeáveis"* (Minuchin; Minuchin; Colapinto, 1999, p. 25). As fronteiras estabelecem, para cada integrante, os limites de seu espaço vital e o início do espaço dos outros.

As trocas de informações, positivas ou negativas, através das fronteiras, afetam o funcionamento do sistema como um todo, porque a permeabilidade delas expressa como se dá o acesso às áreas demarcadas, o sentido e a intensidade da privacidade que determinam. Bleger (1989b), referindo-se à eficiência dos grupos (uma configuração especial de sistema), destaca que ela se encontra na complementaridade de seus membros, com comunicação autêntica, alto grau de coesão e permeabilidade de fronteiras.

As fronteiras desempenham importante papel nos relacionamentos. Diversos autores, por exemplo, assinalam a nebulosa *divisão de fronteiras* e de *indiferenciação de papéis* nas famílias em que ocorre violência sexual; essa situação difusa dificulta a revelação das ocorrências e distorce a visão de mundo da vítima. Nas empresas, ocorre algo semelhante: fronteiras não bem delimitadas entre áreas organizacionais engendram graves conflitos de responsabilidade e autoridade. O mesmo acontece quando relações de negócio se misturam com as sociais e familiares.

Fronteiras extremamente permeáveis ou impermeáveis geram conflitos. As primeiras são representadas por famílias cujos integrantes experimentam *fusão emocional intensa*; seus integrantes amam-se e odeiam-se com notável intensidade, e uns não vivem *sem* os outros. Há famílias, entretanto, cujos integrantes tornaram-se absolutamente desagregados (uns não vivem *com* os outros); ocorre baixa fusão emocional, indicando a impermeabilidade das fronteiras (BOWEN, *apud* GARNEIRO; SAMPAIO, 2002, p. 47). Isso acontece em empresas, escolas e instituições de todos os tipos.

As fronteiras refletem o funcionamento dos subsistemas e do sistema. Mau funcionamento torna-as menos nítidas, inadequadamente permeáveis, rígidas, emaranhadas ou fluidas em demasia.

Entender o funcionamento das fronteiras facilita a compreensão das comunicações no interior do sistema e entre ele e o ambiente.

A impermeabilidade não é, necessariamente, um mal ou um defeito: no sistema penitenciário, ela se faz relativamente necessária, para evitar que a indispensável proximidade entre o pessoal administrativo e os detentos comprometa a segurança do próprio sistema. Por outro lado, a permeabilidade é desejável para a reintegração social, ao aproximar sociedade e cárcere.

A impermeabilidade da fronteira entre Amália e Haroldo, no caso seguinte, é conhecida e típica de muitos lares.

Caso 13 – Trocada pela TV

Amália, enfermeira plantonista de UTI, procura advogado com a intenção de separar-se de Haroldo, bancário. Casados há oito anos, sem filhos, ela relata a convivência pouco harmoniosa e o quanto tem sido difícil suportar o encontro diário. Ela revela que dá grande importância a jantarem juntos, ainda que tarde da noite, em função do horário em que chega do trabalho; entretanto, segundo ela, para Haroldo importa a satisfação imediata de suas necessidades. Ele não suporta esperá-la; quando ela chega, ele já jantou e assiste a programas de TV, não lhe proporcionando a atenção desejada.

Segundo Amália, esta situação afasta-os cada vez mais e, por isso, ela pretende a separação. Acredita que o marido irá criar problemas e provocar uma "provável batalha judicial".

Os comportamentos habituais do casal, que em algum lugar do passado experimentaram convergência, hoje se distanciam; isso compromete o afeto, a atração sexual, o diálogo conjugal indispensável a um bom relacionamento.

Passaram-se oito anos e os dois evoluíram em direções não convergentes. Se, para Amália, prevalecem, agora, o sentimento e a intuição, o mesmo não acontece com Haroldo (cujo ponto de vista não se encontra relatado).

Criaram-se *fronteiras impermeáveis* entre eles. A comunicação entrou em falência e as visões de mundo se distanciaram. Existe um nítido fenômeno de percepção: para Amália, ele não a espera para jantar; contudo, a espera pode ser exaustiva para quem vem de um longo período de trabalho. O que faz o homem trocar a mulher pela TV? Ele percebe isso? Condicionou-se ao ritual "sofá-controle remoto"?

A exploração da situação, sob diferentes óticas, possibilita ao(s) advogado(s) aventar diversas soluções, que vão desde a separação consensual, passando pela mediação e, até mesmo, o simples aconselhamento.

2.7.6 Sistema social

Muitas demandas existem porque indivíduos perdem o senso de realidade e desenvolvem a falsa crença de que os sistemas aos quais pertencem têm a obrigação de responder a todas elas.

A legislação caminha em uma velocidade nem sempre compatível com a evolução cultural; há vezes em que ela se antecipa, mas, na maior parte, é posterior ao fato gerador.

Mudanças culturais e transformações de valores devem ser absorvidas pelos sistemas existentes, e isso nem sempre ocorre com a presteza necessária ou desejável. A intolerância com a homossexualidade, em inúmeras famílias, é um exemplo típico.

O cotidiano, assinala Francesco Alberoni, é social. Segundo o sociólogo italiano, "é sempre um pensamento alheio que nos penetra, monta nas nossas costas e nos faz caminhar com ele" (ALBERONI, 1987, p. 107). A Internet acentua, ainda mais, essa condição, por meio da extrema disseminação do uso dos aplicativos, como o WhatsApp.

Se o sistema social mais amplo tem relevância do ponto de vista sistêmico, o mesmo acontece com aquele próximo ao indivíduo e seu núcleo de convivência, que inclui trabalho, escola e outras entidades (clube, igreja etc.).

Há situações em que o conflito no trabalho é consequente ou antecedente do que ocorre na família (FISHMAN, 1998, p. 143). A família pode exaurir o indivíduo, levando-o a conflitar no trabalho e vice-versa. Um comportamento explosivo no trânsito pode ser apenas o reflexo de uma conjugação de tensões para as quais o indivíduo não encontra válvula de segurança, transformando-se em uma panela de pressão, prestes a explodir – basta um pequeno desencadeante, por exemplo, uma colisão numa rotatória...

Destaque-se que a inclusão do social – micro e macro – na compreensão dos fenômenos comportamentais do ponto de vista sistêmico não negligencia as emoções das pessoas. Toda ocorrência sistêmica contém elementos emocionais que a permeiam, ainda que de maneira sutil e, na aparência, distante.

A visão sistêmica também não se limita ao desenho de fluxos de comunicação entre os subsistemas e à identificação de fronteiras e de momentos do ciclo vital; ela inclui a identificação das emoções presentes, a influência que exercem sobre as pessoas e as consequências dos estados emocionais sobre cada uma delas.

Filmografia

A armadilha	1999 – Jon Amiel	Crime, personalidade, a importância dos modelos.
Repulsa ao sexo	1965 – Roman Polanski	Depressão, alucinação, transtorno da sexualidade.

Exercícios

➢ No filme *A armadilha*, os protagonistas são criminosos sedutores que instigam a imaginação do espectador. Identifique aspectos relacionados à importância dos modelos (item 2.6) que podem despertar outros a seguirem o mesmo caminho.

Temas para reflexão e debates

➢ **CUIDADOS MATERNOS (item 2.2.1)**
Donald Winnicott estudou a relação entre a *mãe* e a *criança* basicamente na primeira metade do século XX. Seus conceitos a respeito da importância dos cuidados maternos são amplamente respeitados.

De lá para cá, o exercício da função materna (que não é desempenhada necessariamente pela mãe biológica) sofreu profundas alterações quanto à sua forma, quanto à disponibilidade e quanto à oferta de meios para cuidar das crianças pequenas.

A figura já clássica é a da família, à mesma mesa, mas em mundos diferentes – cada um com o seu aparelho de comunicação. O "mundo de longe" está mais perto do que o "mundo próximo".

As características dos cuidados parentais da novíssima geração não repetem as da geração anterior. A tecnologia e os costumes levaram a outras soluções. Há que se indagar a respeito do impacto disso sobre o equilíbrio emocional das novas gerações.

➢ **INTIMIDADE (item 2.2.2, letra f)**

Erik Erikson destaca a importância da "etapa da intimidade" para o desenvolvimento saudável do psiquismo, no caminho da maturidade.

Na sociedade contemporânea, a aproximação que leva à intimidade ganha novos traços. A facilidade com que ocorrem os relacionamentos, a redução de exigências para uma aproximação física e o exercício precoce da sexualidade constituem fatores distintivos da cultura contemporânea.

Ao mesmo tempo, o rompimento de laços, o distanciamento e a troca de parceiros apresentam-se como a outra face desse processo.

Há de se investigar as consequências dessa nova forma de relacionamento sobre a etapa da "generatividade", preconizada por Erikson e, mais além, sobre a futura "integridade do ego".

➢ **INTEGRIDADE DO EGO E VIRTUALIZAÇÃO DAS RELAÇÕES (item 2.2.2, letra h)**

A sociedade brasileira descobriu e abraçou as redes virtuais, notadamente o WhatsApp, o Facebook e o Instagram. Há notável condicionamento ao uso desses instrumentos de comunicação: para muitas pessoas, o cotidiano não começa sem o acionamento do telefone celular ou outro equipamento.

Inegáveis os efeitos dessas trocas de comunicação sobre o Ego! *Volatilidade* e *banalização* são duas características dos conteúdos trocados, especialmente nos grupos não formais ou acadêmicos. Conclui-se que o contato virtual prescinde de maiores atenções à qualidade das informações e isso se reflete na forma de *pensar* das pessoas.

No campo da psicologia, já é possível perceber alguns reflexos do uso indiscriminado das redes sociais e inferir-se a respeito das consequências disso na constituição da subjetividade e na manutenção dos relacionamentos interpessoais.

➢ **O INDIVÍDUO NO CAMPO DE FORÇAS (item 2.2.3)**

Destaca-se o papel do grupo ou equipe, reconhecido amplamente por seu significado. Há de se avaliar o efeito da inserção de um grupo em outros grupos maiores, propiciada pelo notável poder dos meios de comunicação.

Da mesma maneira que não existe o indivíduo isolado, as modernas tecnologias permitem que se avente a hipótese, bastante plausível, de que não há grupo isolado. Dessa forma, surge o notável efeito dos "influenciadores". Lideram não apenas os seus grupos, mas, também, pela ubiquidade das redes de comunicação, outros grupos, e assim sucessivamente.

> **AUTORREALIZAÇÃO (itens 2.3.2 e 2.3.3)**

As teorias de Goldestein (2.3.2), Maslow (2.3.3) e Rogers (2.3.4) aplicam-se ao comportamento do indivíduo em *grupos* ou em *equipes*.

Raras são as atividades em que o desempenho se dá sem a existência de alguma equipe ou grupo que o viabilize. Mesmo pessoas que trabalham de maneira aparentemente isolada possuem algum tipo de estrutura que viabiliza sua ação e, na interação com essa estrutura, caracteriza-se a existência de grupo ou equipe.

Em síntese, para cada tipo de equipe, existem fatores que possibilitam aos indivíduos atingir um grau de autorrealização capaz de mantê-los motivados. Há uma convergência das teorias a respeito da importância da *autorrealização*.

Constitui um interessante exercício compreender a riqueza de percepções que leva à autorrealização dos integrantes dessas equipes. Graças a elas, as mais diversas formas de atuação podem ser consideradas estimulantes.

> **O PODER DA CRENÇA (item 2.5)**

A *formação das crenças* e as *interpretações correspondentes* (item 2.5.1) constituem um tema desafiador para a compreensão das características do pensamento humano.

As crenças não são inatas: elas formam-se desde os primeiros contatos com outras pessoas; seus conteúdos não são absolutos: dependem de como aquele que recebe as informações as interpreta e armazena. O material armazenado também não é estático.

Dois fatores se combinam:

– a *intenção* do que *transmite* o conceito; e

– a *intenção* do que *recebe* o conteúdo transmitido.

Destaque-se a possível *intenção de condicionar* do modelo (o transmissor necessariamente desempenha papel de modelo), a qual conduz a uma situação híbrida: o indivíduo comporta-se para seguir um modelo, e este comporta-se de forma que o indivíduo passa a segui-lo.

Essa situação inclui os movimentos ligados a entidades políticas, religiosas e outras, ancoradas em personalidades marcantes (modelos) com interesse na condução do comportamento dos seguidores segundo interesses pessoais ou corporativos.

> **DISSONÂNCIA COGNITIVA E ARREPENDIMENTO (item 2.5.3)**

O fenômeno da dissonância cognitiva sugere reflexões aplicáveis ao instituto da "delação premiada".

De um lado, a pessoa que cometeu um delito. De outro, a Justiça a lhe acenar com a possibilidade de uma pena mais reduzida, em troca de informações.

Seria a dissonância cognitiva um fator psicológico que a impulsiona a esse tipo de acordo: a possibilidade do apaziguamento interior, do reequilíbrio emocional? Que tipo de valores estariam provocando esse conflito, tratando-se de um indivíduo que, sistematicamente, comete determinados delitos? Ou, em vez disso, tudo não passaria de uma contabilidade simples: o custo financeiro da delação insignificante em relação aos ganhos já auferidos? Haveria uma convergência entre o racional, o econômico e o sentir emocional?

CICLO VITAL (item 2.7.4)

A crise coloca o indivíduo perante situações nas quais tudo aquilo em que ele se fundamentava, consciente ou inconscientemente, para decidir e/ou agir, pode revelar-se inadequado ou insuficiente.

Compreender o impacto do ciclo vital sobre os indivíduos proporciona importantes elementos para analisar, entender e buscar soluções para inúmeros conflitos.

FRONTEIRAS ENTRE SISTEMAS (item 2.7.5)

A rede social virtual, uma *estrutura social composta por pessoas conectadas independentemente de local, compartilhando interesses comuns com variáveis objetivos,* permite instigantes reflexões e debates a respeito das teorias que tratam de sistemas e subsistemas, particularmente no que diz respeito às fronteiras.

Características como *capilaridade, abertura, porosidade, horizontalidade, durabilidade* são, naturalmente, afetadas.

Os impactos sobre valores, crenças, padrões comportamentais, modelos de referência – apenas para citar alguns tópicos – são inevitáveis pela força de comunicação representada pela rede social virtual.

VALORES (item 2.5.2)

Em teoria, aprendem-se os valores desde a infância. Na adolescência, acontece poderosa efetivação, confirmando-os ou reformulando-os.

Isso não significa estagnação. Valores podem ser ressignificados ao longo da vida. Uma questão a se avaliar é o efeito psicológico, capaz de colocá-los à prova e/ou alterá-los, de poderosas transformações sociais – ainda que de ocorrência esporádica.

Merece reflexão o efeito de mecanismos de comunicação, como as redes sociais, na alteração de valores.

ESQUEMAS RÍGIDOS DE PENSAMENTO (item 2.5.4)

O autorreforço dos esquemas se dá pelo próprio funcionamento.

Sob essa perspectiva, cabe mencionar o papel dos meios de comunicação, privados (WhatsApp, Facebook e outros) e públicos (as diversas mídias), no fortalecimento do fanatismo.

A divulgação da existência de fanáticos possui o condão de despertar em outros a propensão ao mesmo fanatismo. O indivíduo com essa fragilidade encontra modelos (individuais ou grupais) e torna-se propenso a segui-los.

A tecnologia de comunicação constitui poderoso alimentador do fanatismo e, portanto, do conflito entre pessoas e grupos. Curiosamente, o fanático não possui olhos para a sociedade, embora a defesa desta faça parte dos mais diversos tipos de discursos (político, ambientalista, direitos humanos etc.).

3
SAÚDE MENTAL E TRANSTORNO MENTAL

... nós não sabemos o que é são ou doente na vida social.

(Fernando Pessoa, 2006, p. 177)

Este capítulo tem por objetivo transmitir ao leitor conhecimentos essenciais para a compreensão dos conceitos de saúde mental e de transtorno mental. Apresentam-se as descrições dos transtornos mentais mais frequentes e encerra-se com considerações a respeito do Exame de Estado Mental.

3.1 CONCEITOS DE SAÚDE MENTAL E TRANSTORNO MENTAL

A Organização Mundial da Saúde (OMS)[1] conceitua a saúde mental como *"um estado de bem-estar em que o indivíduo realiza suas capacidades, supera o estresse normal da vida, trabalha de forma produtiva e frutífera e contribui de alguma forma para sua comunidade"*. A saúde mental é reconhecida como elemento integrante da saúde geral e como um direito básico e fundamental. A melhoria da saúde mental e do bem-estar também é reconhecida como *"um componente essencial da cobertura de saúde universal"*.

Diante dessa perspectiva, é possível compreender que as pessoas possuem diferentes modos de ser e de agir em sociedade, recebendo e provocando influências nos contextos em que vivem.

A pessoa sadia *"muda construtos pessoais que se originam de predições refutadas pela experiência. A pessoa não sadia [...] tem uma teoria sobre consequências [...] que não funciona, mas não consegue mudá-la"* (KELLY, apud Hall; Lindzey; Campbell, 2000, p. 329).

A expressão *transtorno mental*, adotada em lugar de "doença", acompanha o critério da CID-10 (1993, p. 5)[2]: o desvio ou conflito social sozinho, *sem comprometimento do funcionamento do indivíduo*, não deve ser incluído em transtorno mental. Há comprometimento quando:

---

[1] Disponível em: https://www.paho.org/sites/default/files/ce170-15-p-politica-saude-mental_0.pdf. Acesso em: 23 jun. 2023.

[2] Atente-se que a CID 11 entrou em vigor mundialmente em janeiro de 2022, contudo, para o Brasil, ainda há um processo de tradução e atualização dos sistemas de informação; segundo o Ministério da Saúde, esse período de transição e a implementação total devem ocorrer em janeiro de 2025.

> ➤ *funções mentais superiores* recebem interferência, dificultando ou afetando a atuação (por exemplo, o indivíduo não consegue *lembrar-se* de compromissos);

> ➤ *atividades da vida diária*, rotineiras, usualmente necessárias, sofrem comprometimento em algum grau.

O transtorno mental impossibilita atuar dentro de padrões de normalidade, aceitos como tais no ambiente do indivíduo, e isso se torna perceptível para os demais. Destaque-se que *"normalidade e anormalidade existem em um continuum* [...]. *À primeira vista, pessoas com distúrbios psicológicos são geralmente indistintas daquelas que não os têm"* (WEITEN, 2002, p. 411).

Efetivamente, *"delimitar os conceitos de saúde e doença mental não é tarefa fácil, como também definir a noção de saúde e de normalidade mental... as fronteiras são, em boa medida, relativas, circunstanciais e mutantes"*, assinalam Gomes e Molina (1997, p. 226). Por isso, o diagnóstico por profissionais especializados é indispensável, para que não se corra o risco de debitar a imaginárias ou imagináveis patologias modificações comportamentais circunstanciais.

As *características* dos transtornos, orgânicos ou mentais, transformam-se com o passar do tempo. Novos são identificados, alguns acentuam-se, enquanto outros apresentam redução. Por exemplo, registra-se perceptível aumento de transtornos associados a estresse.

O mesmo acontece com os *resultados dos diagnósticos*, explica Thomas Szasz (Hungria, 1920 – EUA, 2012) (1996, p. 12), professor emérito de Psiquiatria na State University of New York: pelo fato de serem *"interpretações sociais, eles variam de tempo em tempo e de cultura a cultura"*.

A observação comprova que *DORT* (Doença Ocupacional Relacionada ao Trabalho), queixa comum, geradora de inúmeros afastamentos do trabalho e ações indenizatórias, manifesta-se com maior incidência *em algumas categorias profissionais* e menos em outras, ainda que as atividades repetitivas sejam semelhantes; isso sugere uma conotação emocional à qual devem estar atentos médicos do trabalho e advogados trabalhistas, tanto os que representam o empregado, como os patronais.

A referência legal que deve nortear a atuação dos profissionais do direito e da saúde nos casos de pessoas com algum tipo de transtorno mental é a Lei nº 10.216/2001, que dispõe sobre a proteção e os direitos das pessoas portadoras de transtornos mentais e redireciona o modelo assistencial em saúde mental para uma atuação na perspectiva da coletividade e da integração social, em consonância com os direitos humanos.

3.2 COMPORTAMENTO USUAL: PERSONALIDADE

O estudo distorce a coisa estudada.

(Skinner, 1992, p. 31)

As pessoas modificam seus comportamentos, involuntariamente, ao se perceberem observadas ou sabendo que isso ocorre ou possa acontecer: delinquentes, vítimas, testemunhas, profissionais do direito não fazem exceção.

O psicólogo Elton Mayo (EUA, 1880-1949) e colaboradores demonstraram cientificamente, em 1927, o denominado Efeito Hawthorne em célebre e, sob alguns aspectos, surpreendente experiência com trabalhadores: a existência da teatralização. O comportamento modifica-se quando o trabalhador sabe que é observado. Compreende-se, pois, o alerta de Skinner.

Os comportamentos acontecem em um esquema de *referência de valores e expectativas*. Modificam-se com o tempo e, em geral, são *contingenciais*.

Observação:

Questão sempre presente no estudo e na observação dos comportamentos, e muitas vezes lembrada para tentar justificar delitos, é o papel representado pelo *instinto*, o *"esquema de comportamento herdado, próprio de uma espécie animal, que pouco varia de um indivíduo para outro, que se desenrola segundo uma sequência temporal pouco susceptível de alterações e que parece corresponder a uma finalidade"* (Laplanche; Pontalis, 1995, p. 241).

Para Lundin (1977, p. 61), os *reflexos* (movimentos automáticos ante estimulação, como o reflexo patelar) e o *engatinhar* do bebê constituem exemplos da *limitada* quantidade desse tipo de comportamento. O processo de *civilização* afasta o indivíduo do "comportamento por *instinto*" e o conduz a práticas em contradição com a predisposição orgânico-anatômica (como as adotadas para evacuar e dar à luz).

O comportamento por instinto, porque submetido à racionalidade, praticamente não existe e não são aceitáveis argumentos fundamentados na *resposta instintiva* para justificá-lo.

3.2.1 Personalidade

"A *personalidade* é definida como as motivações, emoções, estilos interpessoais, atitudes e traços permanentes e difusos de um indivíduo" (KAPLAN; SADOCK; 2017, p. 246). Essa definição transmite uma ideia de estabilidade e previsibilidade da pessoa, sob condições normais na vida cotidiana.

Estabilidade, contudo, não significa imutabilidade; Gordon Allport transmite adequadamente essa compreensão: *"personalidade é a organização dinâmica, dentro do indivíduo, daqueles sistemas psicofísicos que determinam seus ajustamentos únicos ao ambiente"* (Campbell; Hall; Lindzey, 2000, p. 228).

A personalidade, acentue-se, *"só se manifesta quando a pessoa está se comportando em relação a um ou mais indivíduos"*, presentes ou não, reais ou ilusórios (BRAGHIROLLI et al., 1998, p. 141). Trata-se de uma *"entidade hipotética que não pode ser isolada de situações interpessoais, e o comportamento interpessoal é tudo o que podemos observar da personalidade"* (SULLIVAN, apud BRAGHIROLLI et al., 1998, p. 138).

Kienen e Wolff (2002, p. 17-19) assinalam que o comportamento varia

> *conforme a situação na qual ocorre, bem como de acordo com propriedades da ação e que é possível considerar que os seres humanos atuam a partir de uma determinada história pessoal, bem como a partir de um contexto, composto por inúmeras variáveis, como o ambiente social, econômico, cultural, político.*

Em um ambiente sob controle (por exemplo, na presença de juiz ou delegado de polícia), uma pessoa pode se mostrar dócil, porque na corte de Justiça ou na delegacia não se encontrariam condições estimuladoras da agressividade ou o controle externo se mostraria mais contundente; contudo, a mesma pessoa pode mostrar-se agressiva em casa, no trânsito ou no trabalho. Muda o ambiente, modifica-se o comportamento.

Diversas classificações não científicas de personalidade procuraram relacionar o *tipo físico* com o *comportamento típico* do indivíduo (gordo – alegre, magro – sisudo etc.). O único resultado prático é a indução de pré-julgamentos; desprovidas de sentido, não consideram fatores cruciais como as influências do meio, a educação recebida, o ambiente de trabalho e a cultura em que o indivíduo se encontra inserido.

Sintetizando as definições apresentadas, conceitua-se *personalidade* como a condição *estável e duradoura dos comportamentos* da pessoa, embora não permanente.

Os *comportamentos típicos, estáveis, persistentes* que formam o *padrão* por meio do qual o indivíduo se comporta em suas relações, nas mais diversas situações do convívio social, de trabalho e familiar, recebem a denominação de ***características de personalidade***. As *manifestações dessas características* formam a imagem mental, para os observadores, do *comportamento* mais esperado dessa pessoa *em cada tipo de circunstância*.

3.2.2 Características de personalidade

As considerações apresentadas a seguir são úteis para *descrever* comportamentos, porém não para *prevê-los*, principalmente em situações de grande emoção, como ocorre nos conflitos, depoimentos, julgamentos e outras.

Não há personalidade "normal" ou *características normais*. Todos as apresentam em maior ou menor grau, combinadas de infinitas maneiras, o que torna cada indivíduo único em sua maneira de se comportar. Cada característica possui aspectos positivos e negativos, dependendo da situação e intensidade com que se apresentam; portanto, nenhuma é absolutamente "boa" ou "má". Bock et al (2008, p. 347), mencionando Freud, explicam que o que distingue o normal do anormal é uma questão de grau e não de natureza, isto é, em todos os indivíduos existem as mesmas estruturas psíquicas que, se mais ou menos "ativadas", são responsáveis pelos distúrbios e sofrimento do indivíduo.

As emoções do momento, entretanto, têm o poder de alterar a *predominância* de uma ou mais características e conduzem a comportamentos imprevisíveis ou inesperados, sem que isso indique qualquer tipo de transtorno mental.

As características de personalidade não se manifestam de maneira isolada; elas apresentam-se sobrepostas, intercaladas e alternadas, dependendo da situação vivenciada pelo indivíduo, podendo uma ou mais de uma revelar-se com maior intensidade, dependendo da situação.

As mais conhecidas e identificadas encontram-se a seguir exemplificadas e descritas:

> ➢ Olavo, o pai zeloso do caso 9, demonstra *consciência social*, representada pelo senso de dever em relação ao filho, malcuidado pela mãe, empolgada com o futebol. A pessoa atua, até mesmo em prejuízo próprio, pelo bem comum.

> ➢ Não se pode dizer o mesmo daquele que se aproveita da posição que ocupa para obter vantagens próprias; nesse caso, domina a característica *antissocial*, cujos paradigmas são o *traficante de drogas*, o *sequestrador e alguns crimes de "colarinho branco"*. O antissocial age para prejudicar a sociedade; Everaldo e Betão, apresentados no caso 10, constituem exemplos.

> ➢ Entretanto, olhe-se Betão mais de perto e se encontrará um indivíduo dotado de *praticidade*; ele se concentra no momento presente e na maneira mais direta de atuar; talvez seja o caso de Cleuza, a mamãe camisa 10, e de Dídio, no caso 4, que não resistiu às roupas acenando-lhe do varal.

- Ao indivíduo prático, contrapõe-se o *imaginativo*. Amália, trocada pela TV no caso 13, deixou-se conduzir pela ilusão de um casamento romântico, com o desfrute de uma intimidade aconchegante ao final do dia, prolongando o namoro indefinidamente. Essa sua característica de sonhar levou-a a conflitar com Haroldo.

- Haroldo, por outro lado, além de bastante prático, tinha outra característica que ela descobriu tardiamente: um incômodo (para ela) distanciamento afetivo. A TV lhe proporciona uma campânula vídeo-acústica onde imerge. Ele não procura outras companhias. O frio, eficiente e distante caixa bancário representa o *esquizoide*. Não busca afeto; não porque não gosta das pessoas, não porque tem receio de conviver com elas; simplesmente, não aprecia o contato mais íntimo.

- Haroldo e Amália são pessoas *independentes*, capazes de conduzir plenamente suas vidas profissionais; entretanto, ela *precisa* de alguém com quem trocar ideias, conversar, enfim, dividir as horas domésticas.

- Amália não se assemelha a Neuza, a devota esposa de Ivã, apresentada no caso 20 (que será visto no Capítulo 4); esta sujeita-se às decisões do marido sem contestar; tanto que este decidiu privá-la da companhia do filho mais novo e ela aceitou placidamente. Neuza é a típica *dependente*; nada faz sem consultar Ivã; dedica-se a servir; vive entre as ordens do padre, do marido e do filho.

- Ivã, além de independente, apresenta excelente relacionamento com empregados, fornecedores e clientes. Todos o conhecem pela *extroversão*.

- Neuza, em oposição, permanece calada, até que lhe deem a oportunidade de falar, porque se trata de uma pessoa nitidamente *introvertida*. Ela e o marido completam-se, e assim convivem. Ele independente, ela dependente; ele extrovertido, ela introvertida.

- Os comportamentos de Davi, o protagonista do caso 17, nada têm a ver com o do empresário Ivã. Davi sempre viveu isolado, porém, diferentemente de Haroldo, porque *teme* a rejeição; desde que foi abandonado por uma namorada que o consumiu pela paixão, nunca mais se aproximou de outra pessoa. A solidão o corroeu ao longo da vida; cada tímida tentativa de relacionamento afetivo foi precocemente interrompida. Ele não conseguiria suportar outro abandono. Davi é uma pessoa *evitativa*. Conduziu sua vida em torno dessa característica; tornou-se um especialista reconhecido, porém, a própria atividade acabou reforçando o comportamento.

- Haroldo isola-se por opção; Davi, porque não consegue proceder de outra maneira. No afã de bem exercer seus compromissos (e, assim, limitar os relacionamentos com os clientes), Davi tornou-se extremamente minucioso e cuidadoso com tudo o que faz; acabou conhecido pela *obsessão em fazer certo*; exige tudo correto nos mínimos detalhes. Esse comportamento, bastante conhecido, corresponde à característica de personalidade *obsessiva*, comum em pessoas ligadas a atividades em que se exigem *cálculos exatos* e entre profissionais que trabalham com atividades críticas, em que falhas geram prejuízos irreversíveis.

  Exemplo típico encontra-se em profissionais de elite, nas mais diversas profissões. Segundo a doutora em psicologia, tenente Bianca Cirilo, psicóloga oficial da unidade de elite da Polícia Militar do Rio de Janeiro, "o que realmente costuma desencadear crises na tropa são operações malsucedidas ... cometer erros mexe muito com o brio deles, que se têm como homens infalíveis" (*Revista VEJA*, 2010, p. 98).

- Também é evitativa a casta senhora Helena, do caso 7, cujo contato com outras pessoas limita-se, praticamente, às reuniões de família, em que laços de parentesco preservam-lhe a integridade afetiva.

- Carol, sua irmã, tem comportamento completamente oposto. Relaciona-se com muitos homens, de uma forma que a lente evitativa de Helena encarrega-se de ampliar. Expansiva, cerca-se de pessoas e com elas diverte-se, entretanto, sem se comprometer. Carol apresenta uma característica de personalidade denominada *histrionismo*, que consiste em se expor, de maneira sedutora, atrativa, convidando à intimidade (o que não significa que ela vá se consumar).

- Há que se reconhecer em Carol uma dose de *ousadia*, uma característica de personalidade que leva a pessoa a assumir riscos e que, em excesso, como aconteceu com Everaldo, no caso 10, leva a consequências desagradáveis. Helena, nitidamente, é *conservadora*.

- Essa mesma característica apresentava Audrey, a vítima do caso 23 (que será visto no Capítulo 6), que sempre apreciou colocar em destaque sua reconhecida beleza. Isso atraiu as atenções de Sérgio, o formoso médico que tanto a fez sofrer. Um sofrimento prolongado, paradoxalmente, por outra característica de personalidade de Audrey: o *otimismo. Ela* sempre esperou que "algo acontecesse para mudar o comportamento do marido". O milagre não aconteceu. Pessoas otimistas e resilientes percebem o lado positivo dos acontecimentos com mais facilidade do que suas opostas, as *pessimistas.*

- O pessimismo também contém um traço de outra característica de personalidade bastante conhecida: *o comportamento persecutório*, em que a pessoa demonstra que se sente, de alguma forma, perseguida. Manifesta-se em expressões do tipo "sempre acontece comigo", como se alguma força misteriosa a predestinasse ao pior. Tem-se, então, a *paranoia*, que se manifesta nos comportamentos relacionados com a segurança física e, também, patrimonial e econômica.

- Audrey relutava em perder a segurança financeira que o marido lhe proporcionava. Ela, no fundo, era também *conservadora*, comportamento aparentemente paradoxal para quem apresentava características histriônicas. Muitas vezes, o observador associa o histrionismo com a inovação quando, efetivamente, ele não passa de um mecanismo de defesa inconsciente: *psiquicamente*, a pessoa se preserva e desloca a novidade para a cosmética, a indumentária e a teatralização.

- Por que Sérgio casou-se com Audrey? Em parte, pelo *narcisismo*, seu comportamento mais ostensivo! Com a bela Audrey, ele vai além de suas roupas, sua fala e seus modos; ele também mostra o quanto é superior pela beleza da mulher – reduzida à condição de objeto. O comportamento narcísico manifesta-se na busca de tratamento especial, diferenciado. Falta empatia a essa pessoa, concentrada em suas próprias vantagens; egocêntrica, não se preocupa com os demais e os utiliza para seus propósitos. Não dá afeto. Audrey descobriu tardiamente.

O leitor observa que, em boa parte dos casos apresentados, os protagonistas demoraram muito tempo para reagir, para atuar em benefício próprio. Debatiam-se entre esperar e tomar alguma iniciativa. Muitos manifestaram doenças orgânicas; outros, psicopatologias diversas; sofreram enfrentando suas próprias indecisões. Esse comportamento reflete a *instabilidade emocional*, uma grande dificuldade de assumir seus próprios destinos.

Pessoas *emocionalmente estáveis* experimentam as emoções, mas não se deixam dominar por elas. Tendem a resolver suas dificuldades, no limite de suas capacitações. A estabilidade emocional proporciona visão mais realista dos fatos e maior facilidade para administrar situações de conflito.

A instabilidade emocional é uma característica de personalidade reveladora de imaturidade ou fragilidade, incapacidade de tolerar os aborrecimentos e as frustrações ocasionadas pela impossibilidade prática de satisfazer a todos os seus interesses. *Desejos e emoções* podem dominar esse indivíduo, como acontece com Álvaro, o *motoboy* machão do caso 11; com Wladimir, que considera indispensável a santidade do pai (e não dele mesmo), no caso 12.

Não se pense nas características de personalidade como "virtudes", "problemas" ou "defeitos". Elas constituem *comportamentos predominantes existentes* que se acentuam, dependendo da situação. Essa é a estratégia que o psiquismo encontra para lidar com os desafios imediatos e o estado do organismo.

Nem sempre, entretanto, o psiquismo faz a escolha melhor ou correta; o que funcionou bem em um momento pode não ser o mais indicado em outro. O inconsciente tem o incômodo costume de dirigir olhando pelo retrovisor.

Algumas situações exemplificam essa ressalva:

➢ o *excesso* de consciência social pode levar a *fanatismo*; o *fim* se sobrepõe ao *meio*;

➢ o descontrole emocional pode produzir comportamentos inaceitáveis, inadequados, prejudiciais; a testemunha que interrompeu o juiz é exemplo típico;

➢ o comportamento esquizoide pode dificultar relacionamentos importantes; a pessoa não se empenha em ser ou parecer simpática;

➢ um cliente muito *independente* pode prejudicar a estratégia do advogado; age sem consultá-lo e cria situações difíceis;

➢ a manifestação de *ousadia* no momento inadequado pode invalidar estratégias do advogado; de repente, o cliente assume um compromisso que não poderá cumprir ou que não precisaria assumir;

➢ as manifestações de histrionismo, notadamente em mulheres: choros, convulsões e outras acontecem antes, durante e após as audiências;

➢ o comportamento *narcísico* (expresso pela ostentação) pode criar antipatias desnecessárias;

➢ o excesso de *imaginação* leva a pessoa a sugerir ou esperar ações e decisões incompatíveis com a realidade;

➢ algo semelhante acontece quando há *demasiado otimismo*.

Todas as pessoas possuem *o conjunto das* características elencadas e outras mais, em diversos graus, em *proporções* que variam de indivíduo para indivíduo, tornando única sua forma de agir e reagir. As escolhas do psiquismo guardam estreita ligação com os já estudados esquemas rígidos de pensamento, mecanismos de defesa, pensamentos automáticos e fenômenos da percepção.

As *características de personalidade* dos indivíduos saudáveis alteram-se com o tempo, com as etapas da vida, devido a inúmeros fatores orgânicos, psicológicos e sociais. Têm especial interesse aquelas decorrentes de estresse e eventos traumáticos.

3.2.3 Alterações de características de personalidade

O *estresse prolongado* e os *eventos traumáticos* afetam as características de personalidade. Esse fenômeno ganha crescente interesse porque o aumento da violência e dos conflitos dissemina o *estresse e o trauma* na sociedade contemporânea, com efeitos físicos e psíquicos.

> Luciana (caso 3) pode, em algum grau, acentuar uma característica de personalidade esquizoide: torna-se mais refratária ao contato com outras pessoas, notadamente do sexo masculino; o afeto fica comprometido. Não se estranhe se ela passar a demonstrar sinais de comportamento *paranoico*, enxergando perigos inexistentes em lugares públicos (o que pode evoluir, em algum momento, para transtorno mental).

As alterações de características de personalidade têm o objetivo de *neutralizar* a situação estressante. Uma pessoa expansiva poderá retrair-se; o narcisista poderá acentuar comportamentos, por exemplo, evitativos. Alguém conhecido pela sua consciência social poderá, por exemplo, deixar de participar de eventos com essa finalidade.

A extensão com que ocorre a alteração de uma ou mais características de personalidade depende da intensidade e da duração do estresse experimentado.

Uma alteração de característica de personalidade pode produzir prejuízos diversos para a vítima ou para o praticante de um delito, dependendo de como venha a afetar relacionamentos profissionais e pessoais. Contudo, *essas modificações não são, necessariamente, suficientes para tirar a funcionalidade do indivíduo.*

Quando a funcionalidade fica comprometida, caracteriza-se, então, prejuízo para a saúde mental e pode-se desenvolver um quadro de *transtorno mental ou de personalidade.*

3.2.4 Transtornos mentais e de personalidade

Um *transtorno mental* é uma "*síndrome caracterizada por distúrbios clinicamente significativos na cognição, regulação emocional ou comportamento de um indivíduo que reflete uma disfunção nos processos psicológicos, biológicos ou de desenvolvimento subjacentes ao funcionamento mental. Os transtornos mentais geralmente estão associados a sofrimento significativo ou incapacidade em atividades sociais, ocupacionais ou outras atividades importantes*" (DSM-5-TR, 2022, p. 104).

O DSM-5-TR (p. 733) conceitua, ainda, o transtorno de personalidade como "*um padrão duradouro de experiência interna e comportamento que se desvia marcadamente das normas e expectativas da cultura do indivíduo, é abrangente e inflexível, tem início na adolescência ou no início da idade adulta, é estável ao longo do tempo e leva a sofrimento ou prejuízo*".

A *inflexibilidade não está associada a doença cerebral ou a outro tipo de transtorno mental*; ela é nitidamente excessiva e *compromete o* funcionamento, social ou ocupacional, de modo significativo e/ou vem acompanhada de *sofrimento subjetivo*. A palavra-chave é "*comprometimento*".

Na situação de transtorno, uma ou mais características de personalidade predominam ostensivamente; a pessoa perde a *capacidade de adaptação* exigida pelas circunstâncias do trabalho e da vida social, *independentemente da situação vivenciada*. Em outras palavras, ocorre *perda da flexibilidade* situacional.

Apresentam-se, a seguir, alguns *transtornos de personalidade* de acordo com o critério da Classificação Internacional de Doenças[3]. São bastante conhecidos os seguintes transtornos de personalidade:

> **paranoide**: o indivíduo sempre interpreta de maneira errada ou distorce as ações das outras pessoas, demonstrando *desconfiança sistemática e excessiva*. O comportamento é generalizado. Guarda rancor, não perdoa injúrias ou ofensas e, portanto, busca reparações; desconfia de todos, até do próprio advogado; demonstra-o e toma medidas de segurança acintosas, inoportunas e ofensivas;

> **dependente**: o indivíduo torna-se incapaz de tomar, sozinho, decisões de alguma importância. Torna-se alvo fácil de pessoas inescrupulosas. É o apóstolo preferencial do fanático; o liderado de eleição do antissocial. Nada faz sem a opinião e a presença do advogado. Pode incorrer em sérios prejuízos simplesmente porque não consegue decidir ou encontrar quem o faça;

> **esquizoide**: a pessoa isola-se, busca atividades solitárias e introspectivas; não retribui cumprimentos e mínimas manifestações de afeto. Terá dificuldade para encontrar quem se disponha a testemunhar em seu favor e, também, não terá disposição para fazê-lo. Seu comportamento apresentará tendência a um contato mais frio e distante com os demais;

> **de evitação**: a pessoa também se isola, porém, sofre por desejar o relacionamento afetivo, sem saber como conquistá-lo. O retraimento social, marca importante, vem acompanhado pelo medo de críticas, rejeição ou desaprovação. É Helena, a solitária do caso 7, no extremo de seu comportamento doentio;

> **emocionalmente instável**: este indivíduo oscila entre o melhor e o pior do mundo; cede a impulsos e prejudica-se; seus relacionamentos podem ser intensos, porém instáveis. Acessos de violência e falta de controle dos impulsos podem ser marcantes. Envolve-se em agressões. O advogado deve precaver-se para não contar demais com determinadas reações dessa pessoa;

> **histriônica**: manifesta-se no uso da sedução, na busca de atenção excessiva, na expressão das emoções de modo exagerado e inadequado. Procura a satisfação imediata, tem acessos de raiva e sente-se desconfortável quando não é o centro das atenções; os relacionamentos interpessoais, embora exagerados, não gratificam. É comum a presença de transtornos de ansiedade, depressão e conduta suicida, habitualmente sem risco de vida, além de alcoolismo e abuso de outras substâncias psicoativas.

3.2.5 Transtorno de personalidade antissocial

Tem particular interesse para a Psicologia Forense o ***transtorno de personalidade antissocial***, também denominado psicopatia, sociopatia, transtorno de caráter, transtorno sociopático, transtorno dissocial. A variação terminológica reflete a aridez do tema e o fato de a ciência não ter chegado a conclusões definitivas a respeito de suas origens, desenvolvimento e tratamento.

---

[3] Ressalte-se que no Brasil a codificação de doenças em documentos oficiais deve ser aquela preconizada na CID – Classificação Internacional de Doenças.

O termo *psicopatia* foi cunhado inicialmente por Emil Kraepelin (Alemanha, 1856-1925) em 1904 ("possuem personalidade psicopática aqueles que não se adaptam à sociedade e sentem necessidade de ser diferentes"); seguiram-se a ele Morel, Magan, Schneider, Mira y López, Cleckley e, mais recentemente, o canadense Robert Hare (Calgary, Canadá, 1934), especialista em psicologia criminal e psicopatia, entre outros.

KAPLAN e SADOCK (2017, p. 748) conceituam *transtorno de personalidade antissocial* como *"uma incapacidade de se adequar às regras sociais que normalmente governam diversos aspectos do comportamento adolescente e adulto de um indivíduo".*

O DSM-5-TR (2022, p. 748) destaca que *"a característica essencial do transtorno de personalidade antissocial é um padrão generalizado de desrespeito e violação dos direitos dos outros que começa na infância ou no início da adolescência e continua na idade adulta".*

Nesses casos, o diagnóstico é complexo e requer dos profissionais de saúde e do direito, cautela e parcimônia na avaliação de características típicas. Por muitas décadas, o enquadre gerou controvérsias quando se trata de imputabilidade, sendo que, atualmente, o que se observa é a aplicação de técnicas punitivas e repressivas como estratégia principal, em detrimento de ações mais direcionadas à saúde mental.

A psiquiatra forense brasileira Hilda Morana, ancorada nos estudos de Robert Hare, responsável pela validação no Brasil do PCL-R (Critérios para Pontuação de Psicopatia Revisados), afirma que é possível a previsão da reincidência criminal, nos casos de psicopatia.

A pesquisadora relaciona psicopatia a defeito de caráter, pelo grau de consideração aos outros. Sujeitos com deficiência de caráter seriam insensíveis às necessidades dos outros, condição que obedece a um espectro de manifestação: do sujeito ambicioso até o pior dos perversos cruéis.

Processos mentais responsáveis pelas funções da sociabilidade não se estruturam de forma adequada nesses indivíduos, além disso, condições ambientais e sociais exercem influências no modo como se estabelecem as relações interpessoais.

A psicopatia é um conceito forense que na área de saúde é definido como transtorno de personalidade antissocial, segundo o DSM-5-TR, ou dissocial, segundo a CID 10.

Nesse cenário, as bases para a definição de psicopatia oscilam entre aspectos orgânicos e sociais. Não há consenso sobre o fenômeno, mesmo em relação às características que definem o transtorno, a seguir elencadas, de acordo com o *checklist de pontuação do protocolo Hare* (PCL-R):

- ➢ loquacidade; charme superficial;
- ➢ superestima;
- ➢ estilo de vida parasitário; necessidade de estimulação; tendência ao tédio;
- ➢ mentira patológica; vigarice; manipulação;
- ➢ ausência de remorso ou culpa;
- ➢ insensibilidade afetivo-emocional; indiferença; falta de empatia;
- ➢ impulsividade; descontroles comportamentais;
- ➢ ausência de metas realistas a longo prazo;
- ➢ irresponsabilidade; incapacidade para aceitar responsabilidade pelos próprios atos;
- ➢ promiscuidade sexual;
- ➢ muitas relações conjugais de curta duração;
- ➢ transtornos de conduta na infância;
- ➢ delinquência juvenil;

➢ revogação de liberdade condicional;
➢ versatilidade criminal.

Sobre esse assunto, remete-se o leitor ao estudo de Lia Yamada (2009), cujo olhar crítico problematiza o tema a partir da análise do teste PCL-R, de autoria de Robert Hare, considerando os aspectos excludentes e normatizadores da conduta humana.

Observam-se falhas na formação do superego (valores morais, éticos e sociais) e ausência de sentimentos de culpa, de remorso e de empatia, entre outros. Estatísticas apontam para influências biológicas, ambientais e familiares, sugerindo, portanto, uma conjugação de fatores.

Na prática prisional, o fundamental, que torna a intervenção mais delicada, é a dificuldade de essas pessoas aprenderem com a experiência, sendo que a intervenção terapêutica, em geral, não alcança os valores éticos e morais comprometidos. Para alguns autores, pessoas que preenchem os critérios plenos para *psicopatia* não são tratáveis por qualquer tipo de terapia; outros estudos, porém, indicam que, após os 40 anos, a tendência é diminuir a probabilidade de reincidência criminal.

Em tese, é possível explicar que uma pessoa com esse tipo de transtorno estaria sobrecarregada de energia. O modo como essa energia é canalizada é que representaria uma conduta mais ajustada socialmente ou não. A figura a seguir representa possíveis vias de canalização da energia interna, sendo a sublimação a via de descarga desejável ao indivíduo socialmente ajustado:

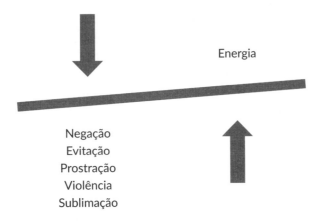

Quando se trata deste tema, a tendência é de as pessoas imaginarem *serial killers*, homicidas cruéis e torturadores; isso, entretanto, não constitui o padrão.

Na empresa, o comportamento manifesta-se em furtos, destruição do patrimônio, vadiagem, alegação falsa de doença de maneira injustificada e sistemática, envolvimento em conflitos corporais.

Na família, revela-se em traição, violência contra cônjuge e filhos, ausência prolongada, dilapidação do patrimônio em aventuras relacionadas com sexo, assédio sexual e moral a servidores domésticos etc.

A reduzida tolerância à frustração conduz à violência fácil e gratuita; os mecanismos de defesa inconscientes de eleição são a *racionalização* e a *projeção*, indicando outrem ou a própria sociedade como unicamente culpada e responsável por seus atos. *Não aprende com a punição.*

A conduta reiterada, a habitualidade e outros aspectos de personalidade é que indicam a presença do transtorno, e não a violência do crime. Não se aplica o diagnóstico em situações excepcionais e de grande envolvimento emocional (demissão, greve, sequestro, violência gratuita, acidentes graves).

Esses indivíduos encontram campo fértil no crime organizado em geral, na política, na religião; tornam-se líderes carismáticos e poderosos.

Casos como canibalismo podem indicar *psicose* e não *psicopatia*. É importante ressaltar que *nem todo psicopata* é criminoso. Paul Babiak (SHINE, 2000) denomina esses casos como "psicopatia subcriminal", cujas características básicas são habilidades manipulativas, boa aparência, charme, certo grau de inteligência que podem revelar-se candidatos ideais para uma vaga de trabalho. No trabalho, em geral, optam pelas relações individuais; evitam situações de grupo, criam conflitos entre os colegas e abandonam aqueles que não são úteis a seus próprios propósitos. Quando ocupa cargo de relevância, o psicopata utiliza o poder em detrimento de colegas, subordinados e superiores.

Filmes emblemáticos a respeito do tema: *Perfume* (Tom Tykwer, 2006), *Psicopata americano* (Mary Harron, 2000), *O Silêncio dos inocentes* (Jonathan Deme, 1991) e *Seven* (David Fincher, 1995).

3.3 IMPUTABILIDADE, SEMI-IMPUTABILIDADE E INIMPUTABILIDADE; INCAPACIDADE RELATIVA E PLENA

A capacidade está relacionada legalmente com aspectos objetivos e subjetivos, sendo estes últimos de maior interesse no campo da psicologia jurídica.

Nos termos da legislação, a capacidade está relacionada à prática dos atos da vida civil, como, por exemplo, contrair matrimônio e administrar bens.

O tema suscita diversas controvérsias em sede de ações judiciais, sendo invariavelmente necessário recorrer à perícia pelos profissionais de saúde, em especial aqueles que atuam no campo da saúde mental, uma vez que não faz parte da experiência humana ter sempre discernimento e autocontrole, mesmo para aqueles que não apresentam transtornos mentais.

O novo Código Civil apresenta a seguinte exposição de motivos:

> substancial foi a alteração operada no concernente ao tormentoso problema da capacidade da pessoa física ou natural, tão conhecidos são os contrastes da doutrina e da jurisprudência na busca de critérios distintivos válidos entre incapacidade relativa e absoluta. Após sucessivas revisões, chegou-se, afinal, a uma posição fundada nos mais recentes subsídios da psiquiatria e da psicologia, distinguindo-se entre "enfermidade ou retardamento mental" e "fraqueza da mente", determinando aquela a incapacidade absoluta, e esta a relativa.

Em que pesem os motivos apresentados, a Lei nº 13.146, de 2015, que dispõe sobre a inclusão das pessoas com deficiência, cuidou de alterar o rol dos incapazes, visando à inclusão social destes e à garantia de sua cidadania.

Os artigos seguintes do **Código Civil** tratam do tema:

> Art. 1º Toda pessoa é capaz de direitos e deveres na ordem civil.
>
> (...)
>
> Art. 3º São absolutamente incapazes de exercer pessoalmente os atos da vida civil os menores de 16 (dezesseis) anos.

Cap. 3 · SAÚDE MENTAL E TRANSTORNO MENTAL | **79**

A incapacidade absoluta determinada legalmente contém uma cláusula objetiva, o fator idade. Outras determinantes outrora elencadas como fundamentos para a incapacidade absoluta figuram hoje no rol das incapacidades relativas. Vejamos o art. 4º:

> Art. 4º São incapazes, relativamente a certos atos ou à maneira de os exercer:
>
> I – os maiores de dezesseis e menores de dezoito anos;
>
> II – os ébrios habituais e os viciados em tóxico;
>
> III – aqueles que, por causa transitória ou permanente, não puderem exprimir sua vontade;
>
> IV – os pródigos.
>
> Parágrafo único. A capacidade dos indígenas será regulada por legislação especial.

No campo da saúde mental, o transtorno dissociativo, detalhado em "psicopatologias", é exemplo de enfermidade que pode levar à interdição do indivíduo para os atos da vida civil.

A incapacidade relativa refere-se a situações mais próximas do comportamento humano típico, necessitando o indivíduo de assistência, por ter sua capacidade de discernimento reduzida, mas não abolida.

> Art. 1.767. Estão sujeitos a curatela:
>
> I – aqueles que, por causa transitória ou permanente, não puderem exprimir sua vontade; (...)
>
> III – os ébrios habituais e os viciados em tóxico; (...)
>
> V – os pródigos.

O tema interdição torna-se bastante interessante quando observado além de suas características jurídicas, com implicações na capacidade para os atos da vida civil, em função das características das pessoas envolvidas (tema tratado no capítulo referente ao direito civil) e das consequências de ordem legal.

Necessário destacar que, nos casos de processo de interdição, o juiz deverá entrevistar pessoalmente o interditando, conforme alude o Código de Processo Civil:

> Art. 751. O interditando será citado para, em dia designado, comparecer perante o juiz, que o entrevistará minuciosamente acerca de sua vida, negócios, bens, vontades, preferências e laços familiares e afetivos e sobre o que mais lhe parecer necessário para convencimento quanto à sua capacidade para praticar atos da vida civil, devendo ser reduzidas a termo as perguntas e respostas.

Importante explicitar que tal entrevista é muito especial, pois servirá para produzir a certeza do juízo; por outro lado, é importante dar a devida atenção à pessoa que estará sendo interrogada; explicar-lhe o que faz ali e o que irá acontecer. Há pessoas que podem estar gravemente desorientadas em função de sua patologia quando comparecem à audiência. A atuação multidisciplinar é fundamental para que os elementos relacionados à subjetividade não se percam em meio aos ritos processuais.

Nos casos relacionados à matéria civil, é comum a atuação do psicólogo jurídico como perito do juízo ou assistente técnico das partes em ações que envolvem interdição, guarda de filhos, regulamentação de visitas, adoção, separação conjugal, perda do poder familiar, entre outras, geralmente relacionadas à área de família.

Nesses casos, Silva (2003, p. 31) afirma que a principal função do psicólogo é a perícia judicial, realizando diligências específicas para diagnosticar aspectos conflitivos da dinâmica familiar e consubstanciar seus resultados e conclusões em laudo, documento que será anexado ao processo, segundo as regras processuais e éticas.

Já o **Código Penal** cuidou de legislar a respeito da capacidade de responsabilização de pessoas com transtorno mental, ante o cometimento de crimes:

> Art. 26. É isento de pena o agente que, por doença mental ou desenvolvimento mental incompleto ou retardado, era, ao tempo da ação ou da omissão, inteiramente incapaz de entender o caráter ilícito do fato ou de determinar-se de acordo com esse entendimento.
>
> **Redução de pena**
> Parágrafo único. A pena pode ser reduzida de um a dois terços, se o agente, em virtude de perturbação de saúde mental ou por desenvolvimento mental incompleto ou retardado não era inteiramente capaz de entender o caráter ilícito do fato ou de determinar-se de acordo com esse entendimento.

A imputabilidade penal implica que a pessoa entenda a ação praticada como algo ilícito, ou seja, contrário à ordem jurídica e que possa agir de acordo com esse entendimento, compreensão esta que pode estar prejudicada em função de psicopatologias ou, ainda, de deficiências cognitivas.

As leis são elaboradas tendo como padrão "o homem médio", ou seja, respeitando padrões típicos de comportamento da espécie humana em determinado contexto, determinada cultura e época.

Nos casos de pessoas com algum tipo de sofrimento mental, deve-se aquilatar a intensidade e a qualidade do transtorno, a fim de aferir a possibilidade ou não de responsabilizá-la.

Assim, de acordo com o Código de Processo Penal:

> Art. 149. Quando houver dúvida sobre a integridade mental do acusado, o juiz ordenará, de ofício ou a requerimento do Ministério Público, do defensor, do curador, do ascendente, descendente, irmão ou cônjuge do acusado, seja este submetido a exame médico-legal.

As leis pátrias, as convenções e os tratados internacionais dos quais o Brasil é signatário visam garantir, em *primeiro lugar*, condições que assegurem a saúde de modo amplo, entendendo-a não só como ausência de doença (uma vez que esta pode estar mascarada ou sendo negada pelo indivíduo), mas também como o efetivo bem-estar e gozo da vida com qualidade.

Em *segundo lugar*, a manutenção disto com programas específicos, o que inclui providências jurídicas, tanto para assegurar direitos, como, por exemplo, a distribuição de medicamentos de alto custo pelo SUS, quanto para garantir tratamento adequado aos indivíduos como expressão de cidadania, no gozo e fruição de direitos.

Às pessoas com algum tipo de sofrimento psíquico que praticaram ilícitos penais caberá, havendo constatação de distúrbio psíquico impeditivo de discernimento sobre o ato praticado ou a determinação, em função deste entendimento, em lugar da pena, medida de segurança na modalidade internação ou tratamento. Ocorre em algumas psicoses que podem levar o indivíduo a cometer um crime, sem que tenha compreensão do ato causado (por exemplo, as lacunas mnêmicas nos estados crepusculares).

Esta sanção penal, a medida de segurança, tem natureza preventiva e é aplicada com prazo indeterminado[4], baseando-se na característica de periculosidade do sujeito, conforme se depreende do artigo 97 do Código Penal:

§ 1º A internação, ou tratamento ambulatorial, será por tempo indeterminado, perdurando enquanto não for averiguada, mediante perícia médica, a cessação de periculosidade. O prazo mínimo deverá ser de 1 (um) a 3 (três) anos.

O tempo terapêutico não possui duração determinada, como no caso das penas de reclusão, porém, ressalte-se que a atenção à saúde da pessoa com sofrimento mental, quer seja daquele que viola as disposições legais, quer seja da pessoa que não as viola, requer que a intervenção se dê no âmbito da RAPS – rede de atenção psicossocial.

Assim, com o advento da Lei nº 10.216/2001, que trata da reforma psiquiátrica e redireciona o modelo assistencial em saúde mental, estariam também as instituições penais destinadas a realizar tal intervenção, os denominados manicômios judiciários, ou Hospitais de Custódia e Tratamento Psiquiátrico (HCTP), obrigadas a desinternar seus pacientes, encaminhando-os para os serviços públicos, constituídos na rede extra-hospitalar preferencialmente, como os CAPS (Centros de Atenção Psicossocial).

Determinação fortalecida com a Resolução CNJ nº 487, de 2023, que instituiu a Política Antimanicomial do Poder Judiciário e estabeleceu procedimentos e diretrizes para implementar a Convenção Internacional dos Direitos das Pessoas com Deficiência e a Lei nº 10.216/2001, no âmbito do processo penal e da execução das medidas de segurança.

O *impreciso* termo *periculosidade*, presente na legislação, é fonte de controvérsias nos meios jurídicos, médicos e psicológicos. Oriundo do final do século XIX, sofre mutação com o tempo e, atualmente, deve ser interpretado tendo como ícone não apenas o sujeito, mas também o contexto em que vive, contempladas a diversidade e a desigualdade social.

Os estereótipos da periculosidade encobrem o sofrimento; assim, saúde e justiça devem caminhar juntas na construção de processos socioeducativos e de desinstitucionalização.

Tem-se, em Minas Gerais, o Programa de Atenção Integral ao Paciente Judiciário (PAIPJ) e em Goiás, o Programa de Atenção Integral ao Louco Infrator (PAILI), programas de atenção que prescindem de instituições manicomiais. Eles envolvem os sujeitos em programas de atenção integral à saúde, em que a execução da medida de segurança é condicionada a critérios clínicos e psicossociais, em detrimento do conceito de periculosidade.

3.4 PSICOPATOLOGIAS

Certas verdades, quando ultrapassam os limites do conhecimento, são chamadas loucuras.

(Coelho Neto, em "A sombra" – conto)

As referências para este item foram a Classificação Internacional de Doenças (CID-10), o Manual Diagnóstico e Estatístico de Transtornos Mentais (DSM-5-TR) e o *Compêndio de Psi-*

---

[4]   No entanto, a 5ª Turma do STJ entendeu que o tempo de cumprimento da medida de segurança, na modalidade internação ou tratamento ambulatorial, deve ser limitado ao máximo da pena abstratamente cominada ao delito perpetrado e não pode ser superior a 30 anos. Disponível em: https://www.jusbrasil.com. br/artigos/stj-duracao-da-medida-de-seguranca-nao-pode-ultrapassar-o-maximo-da-pena-cominada-em- -abstrato-e-o-limite-de-30-anos/121823184. Acesso em: 23 jun. 2023.

quiatria de Kaplan e Sadock, já citados. Aqui se encontram aquelas que, com maior frequência, afetam vítimas e ofensores.

Ao profissional do Direito, alerte-se, não cabe a *função de diagnosticar*, que é exclusiva dos especialistas em Saúde. Entretanto, da mesma forma que acontece com as doenças em geral, é útil o conhecimento de *sinais* (ou seja, manifestações visíveis) porque estes sugerem linhas de ação para aqueles que os observam.

Por analogia, não há mais a menor dúvida a respeito do fato de que todos os brasileiros devem ter noções a respeito dos sinais indicativos de *dengue*; entretanto, o *diagnóstico* é privativo do médico. Desconhecer os sinais, por outro lado, é prejudicial, porque ao observador cabe orientar o encaminhamento.

O mesmo se dá com as *psicopatologias*. São muitos os casos de pessoas que se suicidam simplesmente porque familiares, colegas, superiores *desconheciam* sinais básicos de depressão.

Este entendimento levou, pois, a incluir a descrição de sinais que recomendam a indicação de profissional de saúde qualificado para avaliar as condições físicas, fisiológicas e psíquicas do indivíduo. Estas condições, quando necessário, farão parte dos resultados do Exame de Estado Mental.

Observe-se, entretanto, que os transtornos geralmente não são "puros". Combinam-se, e o que aflora de maneira mais perceptível pode não ser o transtorno de base.

3.4.1 Transtornos de ansiedade

> *O tempo não passa pra mim*
> *Quero mais velocidade*
> *Várias coisas ao mesmo tempo*
> *Não quero esse bonde lento.*
>
> (Cazuza, "Alta ansiedade")

Os mais comuns entre os transtornos psiquiátricos relacionados com o estresse apresentam *manifestações de ordem* **somática** que incluem vários tipos de distúrbios, desde sensação de fraqueza até alterações na pressão arterial e perturbações gastrointestinais, gênito-urinárias etc. Combinadas com as *manifestações psicológicas* e a *instabilidade emocional*, chegam a prejudicar o desempenho eficaz do indivíduo. Alguns sinais e sintomas são os seguintes:

- ➢ expectativa do pior ante qualquer notícia;
- ➢ sensação de tensão, irritação, impossibilidade de relaxar;
- ➢ dificuldade para conciliar o sono (insônia inicial);
- ➢ dificuldade para se concentrar nas atividades;
- ➢ alterações de memória.

O colorido e a intensidade das queixas somáticas, entretanto, atraem a atenção e, o que não é invulgar, conduzem a tratamentos apenas paliativos.

Esse transtorno acontece durante a espera de definições (por exemplo, no transcurso de um longo processo, com grandes prejuízos econômicos e emocionais, que não se resolve), no período imediatamente posterior a um evento traumático ("período de turbulência"), durante a reorganização da vida (em decorrência de perdas ocorridas).

Podem ocorrer, simultaneamente, sintomas de depressão e de transtorno obsessivo-compulsivo, dificultando o diagnóstico. Por exemplo, são frequentes *pensamentos ruminativos* a respeito das situações que a pessoa vivencia ou que antecipa, o que agrava ainda mais o transtorno e dificulta resolvê-las.

🔍 Essa foi a reação de Wladimir (caso 12), até culminar na agressão ao pai. O pensamento da mãe sendo traída pelo pai torturava-o e provocava-lhe grande tensão, que explodiu na briga, precedida de um longo ritual de insinuações e provocações que lhe acentuaram a ansiedade.

3.4.2 Transtorno obsessivo-compulsivo

O transtorno obsessivo-compulsivo, incluído entre aqueles relacionados ao estresse, tem sido alvo de diversos filmes que tornaram bastante conhecida do público sua face mais visível: os rituais.

Obsessão é a persistência patológica de um pensamento (*pensamento ruminativo*) ou sentimento irresistível, sempre associado à ansiedade, que não pode ser eliminado da consciência pelo esforço da lógica.

Compulsão é o comportamento ritualístico de repetir procedimento estereotipado, com o objetivo de prevenir um evento improvável.

Traumas, como o de Luciana encontram-se, com frequência, associados ao início de *transtorno obsessivo-compulsivo*. É comum entre pessoas que sofreram atos de violência a permanência da figura do estuprador, do sequestrador, do agressor que as persegue, repetindo o calvário em pensamento. O psiquismo *desloca* essa imagem para um *ritual*, na forma de mecanismo de defesa.

O indivíduo reconhece o caráter intrusivo dos pensamentos; contudo, não consegue afastá-los, porque são involuntários, ainda que repugnantes e dolorosos.

🔍 Luciana passou a experimentar a compulsão por lavar as mãos sempre que tem contato com outra pessoa (caso 3).

O transtorno pode agravar-se a ponto de provocar ferimentos pelo excessivo desgaste da pele e, por isso, incapacitar a vítima para determinadas atividades (imagine-se, por exemplo, se Luciana fosse uma manicure, uma cirurgiã ou uma esteticista).

Essa compulsão origina-se do pensamento obsessivo de ter sido contaminada. O profundo sentimento de repulsa que o contato com os estupradores lhe provocou permanece pronto para aflorar; purifica-se por meio do ritual higienizante. O mecanismo de defesa do psiquismo desloca para o corpo o que não pode realizar na mente – a purificação.

Contaminação, ordem e simetria (organização excessiva), dúvida constituem ideias obsessivas comuns que precedem as compulsões por meio das quais são praticadas.

Uma ideia obsessiva relativamente frequente é a da perfeição. Pode faltar a esse indivíduo a *generosidade*, consigo mesmo ou com outros, expressa na dificuldade em aceitar que outras pessoas não têm a mesma paixão pela perfeição. Essa pessoa facilmente "perde a cabeça" e envolve-se em conflitos com familiares, colegas, clientes e fornecedores, porque sua resistência às frustrações se reduz. Pode mostrar-se intransigente e intolerante. [*Melhor é impossível*, de 1997, dirigido por James L. Brooks, retrata com perfeição o transtorno, a falta de compaixão do paciente, sua dificuldade de se colocar no lugar do outro].

3.4.3 Transtorno do estresse pós-traumático

A compreensão desse transtorno é de grande interesse porque *"o trauma é um dos problemas mais graves e importantes da sociedade moderna e da comunidade brasileira"*, alerta Poggetti (1999, p. 42).

Várias de suas *consequências* nem sempre são atribuídas ao trauma, porque, muitas vezes, as pessoas o ocultam, por vergonha ou ignorância (FRIEDMAN, 1999, p. 3) e, também, porque surgem na forma de uma resposta tardia ao evento, como sugerem as seguintes:

> ➢ súbita *paralisação das atividades*, com períodos de afastamento mais ou menos longos, em decorrência do estado físico e emocional; a pessoa sofre uma agressão e, um ano depois, pode manifestar, por exemplo, medo de sair desacompanhada para ir ao trabalho ou à escola;
>
> ➢ *alterações comportamentais* que afetam o relacionamento com as pessoas que convivem com a vítima; a pessoa deixa de comparecer a festas, a restaurantes etc.;
>
> ➢ *comprometimento financeiro*, nem sempre equacionável a curto prazo, agravando as consequências dos efeitos físicos e emocionais; o tratamento de recuperação prolonga-se além do previsto ou a dificuldade de readaptação ocasiona perdas substanciais de receitas (por exemplo, a dentista que foi violentada no consultório passa por um longo período sem poder exercer a profissão e, com isso, consome todas as suas reservas financeiras);
>
> ➢ permanência de *sinais físicos*, de difícil recuperação; isso *estimula a memória*, promovendo o retorno de imagens capazes de provocar profundo sofrimento; um acidente de trânsito com traumatismo facial é revivido a cada vez que a pessoa se olha no espelho;
>
> ➢ dificuldade de reiniciar a prática de suas tarefas, devido às emoções próprias ou suscitadas em colegas de trabalho e clientes, decorrentes de alterações físicas e ou comportamentais; um agravante possível para a situação anterior;
>
> ➢ incapacidade de realizar determinadas tarefas, por exemplo, pela modificação de seus limiares de sensação e reação a determinados estímulos percebidos como relacionados a perigo, risco de vida, risco de acidente etc.

Eva Yona Deykin (1999, p. 11-17) assinala o potencial de durabilidade do conjunto de consequências; a importância do reconhecimento e tratamento precoces; os efeitos negativos a longo prazo sobre o bem-estar subjetivo, o ajuste social e ocupacional e sobre o desenvolvimento de *abuso de substâncias psicoativas*.

A *valorização da agressividade* e *a banalização da vida* aumentam a ocorrência desse transtorno.

Na *violência sexual*, que tem no estupro a pior das formas de agressão, entre os diversos tipos de danos psíquicos destacam-se depressão, tendências suicidas, bulimia e anorexia nervosas (LOPES et al., 2004); além das consequências orgânicas, que podem incluir de infecções sexualmente transmissíveis a gravidez. Um único evento transforma a vida da vítima.

O trauma pode ocasionar:

- ➤ perda ou redução do sentimento de *autoeficácia*;
- ➤ modificação da *autopercepção* (sentimentos de mutilação, de ódio do próprio corpo, de contaminação);
- ➤ transformação da percepção do mundo, com redução drástica das perspectivas e necessidades básicas;
- ➤ adoção de comportamentos de fuga, de evitação, de agressividade;
- ➤ alteração profunda de características de personalidade, em geral reduzindo a interação social;
- ➤ desenvolvimento de diversos transtornos mentais, como a ansiedade e a depressão.

As consequências para crianças e adolescentes podem ser muito acentuadas, repercutindo em seu desenvolvimento psicossocial. A intervenção reparadora requer profissionais altamente qualificados, sob pena de agravar ainda mais as consequências, o que, na maioria dos casos, esbarra em sérias limitações de ordem econômica e de políticas públicas efetivas.

3.4.4 Transtornos dissociativos

Os transtornos dissociativos são caracterizados por uma ruptura e/ou descontinuidade na integração normal da consciência, memória, identidade, emoção, percepção, representação corporal, controle motor e comportamento. Os sintomas dissociativos podem perturbar potencialmente todas as áreas do funcionamento psicológico (DSM-5-TR, 2022, p. 329). Presume-se comprometimento da *capacidade de exercer controle consciente e seletivo,* sendo "muito difícil avaliar a extensão de quanto a perda de funções pode estar sob controle voluntário".

Acredita-se que sua origem se deva a eventos traumáticos, problemas insolúveis e intoleráveis ou a relacionamentos perturbados. O organismo falha ao tentar integrar vários aspectos de identidade, memória e consciência.

O início e o término do *estado dissociativo* são relatados como súbito. Isso levaria à hipótese de que uma pessoa possa ter cometido um delito em um estado, não se recordando da ação quando retorna à condição de normalidade. (Em *Marnie, confissões de uma ladra*, de 1964, Alfred Hitchcock explora, com detalhes, a consequência de grave evento traumático que provoca comportamento de roubo compulsivo na vítima.)

O transtorno dissociativo inclui:

- a) a *amnésia dissociativa*, representada pela perda de memória, "usualmente de eventos recentes importantes", extensa demais para ser justificada pela fadiga ou esquecimento normal. A gênese poderia ser trauma profundo ou acidente, por exemplo. O exemplo clássico é o *estresse de batalha*. Não devem existir transtornos orgânicos;
- b) *fuga dissociativa*, em que o indivíduo parte para longe de casa ou do local de trabalho e apresenta ainda os aspectos da amnésia dissociativa. Ao fazê-lo, mantém os cuidados pessoais;
- c) *transtornos de transe ou possessão*, em que o indivíduo age como se espírito ou divindade o possuísse e atua dirigido por ele. Devem ser percebidos como involuntários e indesejados;

d) *transtorno de personalidade múltipla*. Raro, há controvérsia a respeito de sua origem; o indivíduo aparenta duas ou mais personalidades distintas, uma delas sobressaindo a cada momento. Cada uma é completa (memórias, comportamentos, preferências) e flagrantemente diferente da outra, à qual não tem acesso. Prevalece uma identidade primária, portadora do nome correto do indivíduo.

As identidades alternativas surgiriam em situações de grande exigência emocional. As falhas de memória para a história pessoal são frequentes. Os indivíduos com transtorno dissociativo de identidade frequentemente relatam a experiência de severo abuso físico e sexual, especialmente na infância.

A divulgação dada aos transtornos dissociativos possibilita que muitas pessoas adquiram sólidos conhecimentos a respeito de como se manifestam. Esse fato recomenda *cuidados no diagnóstico* porque a *simulação* constitui uma perigosa possibilidade no acobertamento de ações criminosas. O indivíduo alega "não se lembrar do que fez" e "não sabe o que acontecia com ele naquele momento". (*As duas faces de um crime*, de 1996, dirigido por Gregory Hoblit, explora essa situação no relacionamento advogado-cliente.)

3.4.5 Psicose puerperal

Caso 14 – Entre a emoção e a razão

O faro aguçado da schnauzer da dona Rosinha, que indicou a presença de algo inusitado na lixeira do edifício, e a perspicácia do zelador conduziram os investigadores da polícia à sra. Alice, de 28 anos, moradora de um dos apartamentos do edifício.

Alice vinha de um relacionamento profundamente frustrante entre ela e o engenheiro Ronaldo, do qual resultou uma gravidez por ela profundamente indesejada. A expressão *odeio esse bebê* não lhe saía dos lábios; não aconteceram cuidados pré-natais; as amigas não lhe extraíram qualquer manifestação de afeto em relação à futura criança e todas foram unânimes em afirmar que Alice não queria ser mãe.

Aos 28 anos, ela havia se tornado uma bem-sucedida profissional de vendas; no ano anterior, assumira a supervisão da equipe e os resultados vinham sendo plenamente satisfatórios, o que lhe abria excelentes perspectivas na organização.

Entretanto, a aproximação do nascimento do bebê veio acompanhada de notáveis transformações do humor de Alice, o que suas colegas de trabalho e amigas atribuíam a alterações hormonais típicas da gravidez.

O parto ocorreu na costumeira solidão do apartamento; a triste ocorrência foi detectada no dia imediato, para consternação de todos os moradores que sempre nutriram por ela consideração e afeto.

A psicose puerperal ou pós-parto assemelha-se às psicoses (estado mental em que o indivíduo tem um prejuízo no contato com a realidade) de curta duração.

Trata-se de uma *síndrome* clínica caracterizada "com mais frequência por depressão, delírios e pensamentos de ferir o bebê ou a si mesma" (KAPLAN; SADOCK, 2017, p. 342). Representa um perigo real, mas, felizmente, é raro, sendo mais comuns, nessa fase, as distimias e a depressão.

O risco aumenta se existe história de transtorno de humor na paciente ou na sua família e há sinais de que o transtorno se encontra associado a sentimentos conflitantes da mulher sobre sua experiência de vir a ser mãe.

São vários os sintomas e, do ponto de vista da prática do delito, tem grande importância a possibilidade de ocorrerem *alucinações auditivas,* com vozes ordenando à paciente que esta mate o bebê. Ocorrendo a psicose completa, há risco de morte do bebê e da mãe. O tratamento representa importante emergência psiquiátrica. As taxas de recuperação são altas.

Alice desenvolveu o quadro de psicose puerperal, conjugando o desequilíbrio emocional cultivado por suas emoções profundamente negativas relacionadas com o bebê (uma *dissonância cognitiva* por meses alimentada) às alterações hormonais que a maternidade (e o nascimento, em especial) acarretam.

Sem disposição para ser mãe, desloca para o bebê seu desconforto, sua angústia, os sentimentos de revolta. O sucesso profissional pode ter sido um fator para distanciá-la do seu percurso biológico em direção à maternidade (caso 14).

Não se estranhe que crenças arraigadas ("um filho destrói uma carreira", "é impossível cuidar bem de uma criança sem o pai", "ninguém decente se aproxima de uma mãe solteira") tenham contribuído para lhe acentuar a angústia, a presença de rede de apoio é fundamental no cuidado.

Essas crenças podem ter se convertido em pensamentos obsessivos que a corroeram e transformaram um trânsito benéfico em uma estrada de suplícios, que culminaria com a imolação no parto. Impossibilitada de vingar-se do *culpado,* deslocou o ódio para o ser indefeso em suas mãos.

As tragédias, entretanto, são construídas ao longo de um *processo* e, exceto em alguns casos, não acontecem de imprevisto.

3.4.6 Episódios e transtornos depressivos ("depressão")

Nesses períodos de sombra, sou incapaz de pensar, de sentir, de querer.

(Fernando Pessoa, 2006, p. 148)

Os elementos centrais dos transtornos depressivos são falta de ânimo, perda de prazer, tristeza, letargia, alterações do pensamento e da capacidade de tomar decisões, alterações no sono, apetite e libido. É um fenômeno com alta prevalência atualmente. Segundo o Ministério da Saúde[5], a prevalência de depressão ao longo da vida está em torno de 15,5%. Ainda segundo o órgão ministerial, a época comum de aparecimento é o final da terceira década de vida, mas pode começar em qualquer idade. Alerte-se, entretanto, que alterações de humor podem estar subjacentes a outros transtornos mentais, sendo fundamental o diagnóstico diferencial.

O depressivo encara os acontecimentos como ruins, percebe ou antecipa o fracasso, de tal forma que *"os pensamentos negativos da mente influenciam de alguma forma os eventos bioquímicos, que num círculo vicioso ampliam os pensamentos depressivos"* (MYERS, 1999, p. 332).

---

[5]   Disponível em: https://www.gov.br/saude/pt-br/assuntos/saude-de-a-a-z/d/depressao#:~:text=%C3%89%20um%20problema%20m%C3%A9dico%20grave,torno%20de%2015%2C5%25. Acesso em: 22 jun. 2023.

Bueno distingue depressão de tristeza: *"depressão não é fossa"* (MITOS, 1994, p. 13), assinala. Nela, o indivíduo entrega-se a profunda desesperança, *"a uma incapacidade de começar qualquer tarefa, até pensar é difícil. O desespero é enorme"* (MITOS, 1994, p. 13). O diagnóstico especializado é essencial porque há necessidade de suporte medicamentoso para "quebrar" o círculo vicioso da depressão.

Alguns sinais e sintomas são os seguintes:

- ➢ a pessoa não sente prazer pelas atividades;
- ➢ a visão de mundo é distorcida. O mundo é péssimo, horrível;
- ➢ a pessoa aparenta, sem motivo perceptível, contínua tristeza e infelicidade;
- ➢ queixa-se de acordar cedo demais (insônia terminal);
- ➢ inicia o dia com humor péssimo, que melhora gradativamente;
- ➢ os movimentos tornam-se lentos;
- ➢ o discurso torna-se limitado.

Estresse profundo e prolongado e eventos traumáticos podem desencadear estados depressivos, possível reação defensiva do psiquismo para lidar com o que lhe seria insuportável: por exemplo, estupro; morte de um ente querido por sequestradores etc.

Medicação e intervenção psicológica são essenciais quando há suspeita de possível tentativa de suicídio, que ocorre em cerca de 15% das depressões graves.

O suicídio ocorre durante todas as fases da vida, mas, segundo a Organização Pan-Americana de Saúde é a segunda principal causa de morte entre jovens de 15 a 29 anos em todo o mundo (dados disponíveis em: <https://www.paho.org/pt/topicos/suicidio>. Acesso em: 07 dez. 2020). Suspeita-se de dez tentativas para cada morte (o que sugere a existência de um tempo em que se poderia intervir para dar suporte emocional ao indivíduo, demovendo-o da intenção suicida).

Observação:

Deve-se distinguir depressão de **ciclotimia**, uma instabilidade persistente do humor (períodos de depressão e elação leves alternados) que, em geral, foge à atenção médica, e da **distimia**, depressão crônica do humor, que não compromete o funcionamento do indivíduo, mas que pode alterar a qualidade do relacionamento interpessoal do indivíduo devido às alterações de humor.

3.4.7 Drogadição

É o sentimento súbito de se estar enclausurado na cela infinita. Para onde pensar em fugir, se só a cela é tudo?

(Fernando Pessoa, 2006, p. 75)

Segundo a Organização Mundial da Saúde, *"uma pessoa é dependente de uma droga quando seu uso se torna mais importante do que qualquer outro comportamento considerado prioritário"*. A droga passa a controlar a pessoa.

a) Álcool

Segundo inúmeras pesquisas, álcool e tabaco constituem as drogas mais consumidas, seguindo-se os inalantes, os ansiolíticos e as anfetaminas. O álcool, principal responsável pelos acidentes de trânsito, associa-se a diversas formas de violência. De acordo com o Código Penal, a embriaguez completa, quando proveniente de caso fortuito ou força maior, isenta o agente do ilícito e de sanção penal (art. 28, II).

O álcool influencia **todas** as funções, orgânicas e mentais. Conforme as características biológicas e psicológicas de cada indivíduo, as *alterações cognitivas e executivas* incluem:

> ➢ *focalização da atenção na situação imediata*, inibindo a avaliação de consequências futuras (MYERS, 1999, p. 152); daí alguns crimes e condução irresponsável serem, em geral, precedidos de ingestão de bebida alcoólica;
>
> ➢ *deterioração do processamento de experiências recentes* (MYERS, 1999, p. 163); há prejuízo para a memória recente e a aprendizagem;
>
> ➢ *redução da autopercepção* (MYERS, 1999, p. 167), que produz ilusória supressão da consciência de fracasso ou culpa;
>
> ➢ *comprometimento da concentração, distúrbios do pensamento e ou da percepção* (DROGADIÇÃO, 1998, p. 4).

Desenvolve-se um círculo vicioso: o alcoolista torna-se *mais sujeito* a traumas e, ao mesmo tempo, um agente para a *promoção de traumas*, pelo possível aumento da agressividade, diminuição dos freios e comprometimento das funções mentais superiores.

Os *transtornos psiquiátricos consequentes* ao alcoolismo incluem distúrbios na conduta, transtornos de humor, transtornos ansiosos e alimentares, hábito patológico de jogar, personalidade antissocial e outros, aumentando ainda mais o comprometimento ocupacional e social.

Traumatismos diversos, acidentes de trânsito e brigas incorporam-se ao cotidiano desses indivíduos, causando monumental custo social, porque a sociedade perde profissionais na faixa etária de maior produtividade, vítimas de acidentes e violência dessas pessoas.

Pessoas com diagnóstico de TPAS (transtorno de personalidade antissocial) costumam apresentar consumo precoce e inadequado de álcool e outras drogas... O risco de realização de um crime violento (contra a pessoa) tende a ser aumentado entre indivíduos com o duplo diagnóstico: alcoolismo e TPAS (POLDRUGO *apud* BALTIERI; FREITAS, in RIGONATTI, 2003, p. 159).

Santos (2002) considera o álcool como "o tóxico livre, o tóxico protegido", e alerta que "nunca uma droga teve tantos dependentes e fez tantos estragos na família e na sociedade sem ao menos ser taxada como tóxico".

A dependência encontra-se usualmente presente em separações e homicídios, pelas explosões de violência tão comuns entre dependentes.

Alguns sinais indicadores de alcoolismo são:

> ➢ a pessoa exala odor de álcool pela manhã ou após o almoço;
>
> ➢ o indivíduo bebe sem seletividade (bebe qualquer coisa);
>
> ➢ há persistente necessidade de beber;
>
> ➢ surge a "saliência do comportamento de busca do álcool"; a pessoa modifica o comportamento para beber;
>
> ➢ a pessoa mente para sair em busca da bebida;
>
> ➢ aumento da tolerância ao álcool: são necessárias mais doses para obter o mesmo efeito; mais tarde, surge efeito inverso.

O dependente apresenta propensão para se envolver em graves dificuldades financeiras, principalmente quando a dependência do álcool se torna a porta de entrada para outras dependências (além dos já citados envolvimentos em acidentes e os gastos com bebidas).

O caso seguinte remete à possibilidade de existir forte componente social na criação da dependência.

Caso 15 – O bar da cirrose

Três irmãos unem-se para adquirir um bar. Todos, com família formada, trabalham em empresas da localidade; associam-se para adquirir um bar com o objetivo de "viver sem patrão".

O empreendimento prosperou. A renda gerada possibilitou-lhes uma melhora econômica; cada um adquiriu sua casa própria e puderam proporcionar vida mais confortável aos filhos. Entretanto, pouco a pouco, todos tornaram-se alcoolistas.

Os pais não apresentavam dependência; na família desconheciam-se casos graves de alcoolismo. Entretanto, os três se tornaram dependentes, com tamanha intensidade, que nenhum ultrapassou os 60 anos de idade. Um deles faleceu de cirrose hepática; os outros, de doenças do aparelho digestivo. A família sempre negou que bebessem em demasia.

O próximo caso representa a situação oposta e reforça a percepção de influência social no desencadeamento ou não da dependência.

Caso 16 – Mudanças possíveis

O senhor Zirelli tornou-se conhecido na vila em que morava pela sua extraordinária violência. Foi guarda-costas, capanga, chefe de gangue, até ser obrigado a fugir para outra cidade. Lá, casou-se e teve três filhos.

Morreu com cerca de 40 anos, bêbado, pobre e abandonado. A bebida sempre o acompanhou e o alcoolismo foi determinante em seu comportamento. A esposa, continuamente agredida, faleceu precocemente.

Os três filhos não aderiram à bebida, mesmo "socialmente". Criados por uma tia muito religiosa, cresceram em família de hábitos saudáveis. Estudaram e progrediram. Tornaram-se praticamente abstêmios. Os netos de Zirelli também não manifestaram a dependência. Todos apresentam comportamento pacífico e demonstram aversão à violência.

O estado de embriaguez contribui para criar a falsa sensação de poder, que facilita tomar atitudes condenáveis social, moral e juridicamente, na medida em que compromete percepção de riscos e promova o enfraquecimento de valores.

A porta de entrada abre-se na juventude, quando proporção elevada dos adolescentes, movida principalmente por estímulos de fundo sociocultural, experimenta a droga (lícita ou ilícita) e, uma parte deles, torna-se dependente. Estratégia importante: evitar que o usuário esporádico desenvolva a dependência, principalmente nessa etapa da vida.

b) Outras substâncias psicoativas

Substâncias psicoativas (o álcool é uma delas) alteram o estado de consciência e modificam o comportamento. Sua utilização merece cuidadosa atenção porque:

> - a farmacologia evoluiu sensivelmente e oferece grande variedade de opções;
> - a mídia, paga ou não, acena com autênticos milagres dessas substâncias, "sem efeitos colaterais";
> - o pensamento imediatista constitui campo fértil para semear as ideias de resultados milagrosos, sem se recorrer a exercícios e vida saudável;
> - a notícia de sucessos incríveis experimentados por formadores de opinião (notadamente artistas, esportistas e apresentadores de TV) faz com que pessoas procurem imitar esses modelos (principalmente jovens que buscam, nos seus ídolos, paradigmas para suas vidas);
> - médicos receitam substâncias psicoativas sem compreensão da pessoa como um todo (ambiente, regime alimentar, regime de sono, hábitos, situação no trabalho etc.) e sem acompanhar os efeitos somáticos ou psicológicos;
> - pacientes ocultam de seus médicos que ingerem essas substâncias, pelo receio de que eles as proíbam;
> - criminosos comercializam tais produtos sem a indispensável receita médica.

Um sinal importante do uso de substâncias psicoativas é a *perda da memória recente*, acompanhada de *perturbações de orientação temporal e cronológica de eventos*.

Monteiro (2000) apresenta uma relação de indícios de uso de drogas:

> - mudanças bruscas de comportamento;
> - troca de amigos e ou de companhias;
> - queda repentina de rendimento nos estudos ou no trabalho; ausências incomuns;
> - falta ou excesso de apetite;
> - desorganização dos horários e do sono;
> - desordem;
> - alteração dos hábitos de higiene;
> - aparecimento de utensílios estranhos (espelho, seringa, canudos, comprimidos, cachimbos etc.), introduzidos de maneira fortuita na residência ou encontrados inadvertidamente em bolsas ou outros apetrechos pessoais;
> - pequenos grãos e/ou rastros de folha seca moída com odor forte de relva;
> - olhos vermelhos, miúdos ou ejetados sem justificativa.

A dependência é de difícil remissão; além disso, a retirada da substância psicoativa (inclusive do álcool) deve ser feita com cuidado, para evitar a *síndrome de abstinência*. Ela provoca grande mal-estar físico e mental, que pode ser acompanhado de tremores, sudorese, náusea e vômito, chegando a convulsões, *delirium tremens* e, até mesmo, à morte; é bastante comum, por exemplo, a alucinose alcoólica provocada pela interrupção da ingestão de álcool.

Entretanto, o Conselho Federal de Psicologia (2019) alerta que:

as políticas atuais sobre álcool e outras drogas estão em constante movimento de disputa, seja na própria sociedade civil, seja na máquina de Estado. O relevante é que amplos setores vêm, ao longo do tempo, engajando-se neste debate para construir políticas efetivas de atenção, cuidado e proteção social.

O acesso à droga e seu uso abusivo podem ter se dado por circunstâncias ligadas a eventos traumáticos e serviram de apoio em momento de fragilidade – por exemplo, para suportar uma separação, um trauma. É comum que isso aconteça na adolescência, quando o indivíduo se encontra em momento de indefinição, de descoberta da própria identidade (confronte-se Erik Erikson).

A extensão da adolescência também deve ser considerada. O adulto jovem, tanto quanto o adolescente, é substancialmente vulnerável ao apelo da droga; festas, privadas ou em estabelecimentos (danceterias, bares, boates etc.), são locais onde o tráfico se insinua; o indivíduo isola-se na campânula acústica que o separa do mundo e a droga (lícita ou ilícita) torna-se o dispositivo ideal para ajudar a transpor essas horas de solidão ritualizada, as quais lhe comprovam sua situação de abandono afetivo, mitigado eficazmente pela substância. Em retribuição, torna-se consumidor fiel.

Ana Vidal (*apud* RIGONATTI, 2003, p. 173) comenta que o uso abusivo de drogas aumenta o risco da violência física, mas não da violência sexual, não havendo explicação conclusiva a esse respeito.

Os reflexos sobre a personalidade dos dependentes, contudo, são diversos:

➤ o aumento de agressividade acompanha a redução da tolerância à frustração (a droga torna-se o instrumento para suportar as negativas);

➤ a autoestima diminuída provoca aumento da dependência em relação a terceiros;

➤ o indivíduo manifesta dificuldade para assumir responsabilidades;

➤ regressão e imaturidade acompanham crescentes imediatismo, indisciplina e desorganização;

➤ sedução, dissimulação e mentira são instrumentos para obter vantagens; compulsividade;

➤ o sentimento de ser o anti-herói, a consciência limitada dos perigos e suas consequências acompanham a tendência à fantasia e superestimação fantasiosa de si;

➤ insensibilidade e ausência de sentimentos, humor sempre oscilante, negação e pessimismo são outras características que se manifestam.

"O uso de drogas e a comercialização do próprio corpo estão estreitamente ligados", concluem Andrade e Nunes (2009, p. 50) em pesquisa com *adolescentes em situação de rua*, "na medida em que elas possibilitam a entrega do corpo como mercadoria, ao isentar o sujeito de um aprofundamento reflexivo quanto ao que está entregando ao pagador". Entretanto, concluem, há um custo elevado para "que possa desfrutar desse eficaz anestésico, [...], engendrando-se, assim, um ciclo que se retroalimenta".

Droga, crime e violência podem estar associados e não distinguem nível social ou econômico; o controle tradicional perpassa por estratégias de assepsia social e higienização, o que, longe de assegurar o bem-estar, o estigmatiza e o segrega.

3.4.8 Transtornos de pensamento e de percepção

Caso 17 – Em legítima defesa

Davi, 42 anos, reside só em rua tranquila de bairro tradicional de uma cidade média. Poucos se relacionam com ele; ainda assim, superficialmente.

Os vizinhos percebem que a residência de Davi é muito bem protegida, bem como seus cuidados para entrar e sair de casa.

Ao final de uma tarde, ouvem-se tiros e os vizinhos deparam-se com uma cena insólita: o jovem que faz a leitura do medidor de luz estendido no jardim, morto, com um tiro no peito; próximo a ele, Davi, trêmulo, com o revólver na mão.

Explica, então, que esqueceu o portão sem o cadeado e flagrou aquele alienígena, que constantemente o persegue, já pronto para entrar em sua residência.

Na delegacia de polícia, explicou detalhadamente que há alguns anos vem sendo perseguido por pessoas de outro planeta e que, frequentemente, as enxerga no jardim da casa, quando espia pela cortina, em geral no início da noite.

Naquele dia, muniu-se de coragem e enfrentou o inimigo.

A saga do solitário Davi ilustra a *esquizofrenia*, em que ocorrem delírios e a capacidade intelectual encontra-se preservada. Insta, entretanto, distinguir o delírio de um *mero* erro no juízo de realidade, como a percepção de que uma pessoa com uma vestimenta elegante também o é no trato interpessoal, ou, ainda, o entendimento de que, se o amigo não respondeu à mensagem enviada, ele não nutre mais amizade mútua.

Delírios são pensamentos inapropriados, incorretos, impossíveis, juízos falsos que tomam conta do pensamento do indivíduo e o dominam. Podem ser uma crença, "*eu sou predestinado a salvar o mundo*", uma identidade, "*eu sou Jesus*", etc. Ideias prevalentes que não se corrigem com argumentos racionais. O indivíduo vivencia-os como verdades incontestáveis, a despeito de comprovações lógicas de sua falsidade trazidas por terceiros.

Inteligente, Davi construiu uma história em torno da presença de alienígenas (o filme *Uma mente brilhante* relata o caso real em que um professor se distingue pelo seu brilho acadêmico, ao mesmo tempo em que convive com uma cruel ficção que o tortura).

Davi apresenta *delírios persistentes de perseguição*, acompanhados de *alucinações auditivas* (ouvia barulhos produzidos pelos alienígenas, suas vozes e seus passos) (caso 17).

As *alucinações*, um distúrbio da percepção, referem-se a falsas impressões de qualquer um dos sentidos (visuais, táteis, auditivas, gustativas, olfativas). A *percepção* ocorre sem a presença de objeto que possa originá-la.

Davi também era vítima de *ilusões*, outro tipo de distúrbio da percepção (confronte-se item 1.2.3). Sombras, movimentos, plantas do jardim eram percebidas erroneamente como seres alienígenas. O jovem funcionário da companhia de energia elétrica foi o inocente no local certo, na hora errada. Para a mente delirante de Davi, foi percebido como um monstruoso alienígena. Em legítima defesa, Davi enfrentou-o com o que dispunha: um velho revólver carregado... que, surpreendentemente, funcionou (caso 17).

3.4.9 Transtorno factício

O transtorno factício (inclui a *síndrome do "rato" de hospital*, a *síndrome de Munchhausen* e *paciente peregrino*) "consiste no comportamento de inventar sintomas, repetida e consistentemente" (CID-10, 1993, p. 218). O indivíduo chega ao autoflagelo, por meio de cortes ou abrasões, e a injetar substâncias tóxicas, na tentativa de produzir sinais correspondentes aos sintomas. Seu objetivo aparente é *assumir o papel de doente*.

O transtorno pode ser percebido nos consultórios, mas no âmbito jurídico ganha especial importância, uma vez que pode se apresentar no curso de um processo, com o intuito de o indivíduo livrar-se da prisão, por exemplo, confundindo-se com a simulação.

Os sinais e os sintomas podem ser físicos, psicológicos ou ambos. O aspecto diferencial é a *obscuridade* da motivação para o comportamento, assinala a CID-10, descartando-se o estresse ou os incentivos externos como motivadores. Este transtorno, portanto, *não inclui* a simulação, em que os casos mais comuns são a evasão de processos criminais, a obtenção de drogas ilícitas, a evitação do serviço militar, tentativas de obter auxílios diversos (doença, moradia e outros). A CID-10 reporta que a simulação é "comparativamente comum em meios legais e militares e incomum na vida civil cotidiana" (CID-10, 1993, p. 218).

Alguns aspectos que auxiliam na distinção entre o transtorno e a *mera* simulação são:

- clareza da motivação (ganho secundário);
- pretexto para evadir de obrigação;
- tentativa de obter algum benefício;
- discrepância entre o sofrimento relatado e a realidade;
- falta de cooperação e de adesão.

Aventa-se a hipótese de que pacientes beneficiados (ganhos secundários), ao desenvolverem doenças reais, generalizem o comportamento incorporando outras, agora simuladas, com o objetivo de manter e ampliar tais ganhos.

De difícil trato, este indivíduo adota comportamentos de fuga ou evitação para escapar da avaliação por profissional especializado.

O transtorno factício não se confunde com a *confabulação*, comum em idosos, que é o preenchimento de lacunas da memória, de maneira inconsciente, com informações falsas. O preenchimento consciente de lacunas da memória pode se tornar patológico.

A *mentira patológica*, feita conscientemente, tem o objetivo claro de obter benefícios reconhecidos como tais pelo mentiroso. Pode estar associada ao TPAS, que a utiliza como estratégia para chegar a seus objetivos. O caso seguinte ilustra essa situação.

Caso 18 – A enfermeira legal

A suave Adriana encanta pela meiguice com que se dirige às pessoas; combina gestos de contida afeição com o sorriso que se esboça para permitir palavras ternas que denotam um misto de timidez e carinho e que o fato de ser apenas prenunciado acentua e valoriza.

Esse dom de agradar granjeia-lhe simpatias e amizades nos lugares que frequenta. Não foi exceção o curso de enfermagem, em que se tornou querida de muitos colegas.

Certo dia, chegou Adriana à sala de aula, contando que havia sido premiada com um computador, pela produtividade no trabalho. Ela tinha interesse em vendê-lo por valor bastante inferior ao praticado no comércio local, o que efetivamente fez, entregando o bem ao comprador.

Contudo, pouco tempo depois, relatou aos colegas, demonstrando sofrimento, que havia perdido o emprego porque a empresa faliu. Os empregados iriam receber as indenizações por meio de bens móveis. Todos ficaram consternados. A partir daí, queixava-se de fortes dores de cabeça, atribuídas ao estresse emocional.

Passou-se mais algum tempo e ela relatou que havia recebido meia dúzia de computadores, novos, como parte da indenização; como precisava de dinheiro, estava oferecendo-os pela metade do preço de mercado. Rapidamente, surgiram interessados.

Adriana pediu-lhes, então, como sinal de negócio, 50% do valor a ser integralizado, prometendo a entrega para a semana seguinte, quando o inventário da massa falida estaria concluído. Recebeu o dinheiro e nunca mais foi vista na escola. No celular, a mensagem "telefone temporariamente fora de serviço".

Existe, de fato, a compulsão pela mentira. Há de se indagar se resultou da observação de benefícios (reforços) decorrentes de *mentiras bem-sucedidas*; se modelos ensinaram a mentir, ou se ocorreu uma combinação dessas causas. Entretanto, uma dificuldade é traçar a história do indivíduo; possivelmente, mentirá se indagado a esse respeito.

Deve-se distinguir *a mentira enquanto estratégia* da declaração falsa do indivíduo delirante, inserida na visão de mundo provocada pelo delírio que o domina, da qual ele mesmo não possui controle. Por exemplo, o indivíduo foi chamado pela divindade para realizar uma peregrinação; não se recorda do que aconteceu entre sair de casa e chegar ao templo; cria uma história para preencher esse lapso de tempo.

3.4.10 Transtornos de preferência sexual (parafilias)

A *parafilia*, outrora "perversão sexual", consiste em fantasias, anseios sexuais ou comportamentos recorrentes, intensos e sexualmente excitantes envolvendo objetos não humanos ou situações incomuns. Não se podem considerar todos os desvios sexuais como mórbidos, já que as condutas sexuais admitem uma grande variação de meios e de fins eróticos para obter prazer. O desvio pode ser entendido quando se tratar de uma síndrome psicopatológica ou como uma perversão sexual isolada, e então é necessário estudar a personalidade, motivações e limites de reação do indivíduo.

Os critérios, de acordo com o DSM-5-TR, incluem:

a. Ao longo de um período mínimo de 6 meses, fantasias sexualmente excitantes recorrentes e intensas, impulsos sexuais ou comportamentos envolvendo atividade sexual com uma (ou mais de uma) criança pré-púbere (geralmente com 13 anos ou menos).

b. As fantasias, impulsos sexuais ou comportamentos causam sofrimento clinicamente significativo ou prejuízo no funcionamento social ou ocupacional ou em outras áreas importantes da vida do indivíduo.

c. O indivíduo tem, no mínimo, 16 anos e é pelo menos 5 anos mais velho que a criança ou crianças no Critério A.

Não se incluem indivíduos no final da adolescência envolvidos em um relacionamento sexual contínuo com uma criança com 12 ou 13 anos de idade.

Alguns desses transtornos podem ser impulsos automáticos inconscientes (embriaguez patológica), de excesso de comportamento sexual (diminuição da capacidade de julgamento, demências), de obsessões, impulsos (exibicionismo), ou ainda impulsos perversos que podem ser patológicos ou psicopáticos.

Em geral, constituem regressões aos estágios primitivos do desenvolvimento psicológico. A frequência das ações relacionadas é fundamental para a configuração de alguns quadros. Alguns casos terão maior interesse para a prática clínica do que para a medicina legal, assim, o que caracteriza a patologia, ou seja, o comportamento alterado, é a exclusividade, a dependência de determinadas práticas.

Alguns comportamentos possuem particular relevância para a psicologia jurídica e encontram-se descritos a seguir.

a) Incesto

Trata-se da ocorrência de relações sexuais entre parentes sanguíneos próximos; essa definição é ampliada para incluir as relações sexuais entre padrasto (ou madrasta) e enteado(a) e entre irmãos adotivos (Kaplan; Sadock, 2017).

A observação de casos reais sugere que a *oportunidade,* aliada a relações familiares disfuncionais, favorece a ocorrência desse comportamento. Conforme lecionam Mangini, Lima e Abreu (2019) o fenômeno da violência sexual, especialmente nos casos de violência sexual incestuosa, requer intervenções especialmente planejadas, posto tratar-se de relações que se dão em ambiente no qual há nuances de poder e sedução decorrentes do próprio funcionamento familiar. Famílias incestuosas geralmente apresentam confusão no desempenho dos papéis parentais e indicam relações desvirtuadas quanto à transgeracionalidade. Os autores citados pontuam ainda que a **justiça restaurativa** pode ser considerada um novo paradigma para as intervenções nos casos de incesto.

Embora muitos casos ocorram na constância da união conjugal, é comum também que os progenitores se separem e os filhos permaneçam sob a guarda exclusiva de um deles (principalmente quando o outro se encontra impossibilitado de acolhê-los por um ou mais motivos).

Nessa situação, ocorre modificação substancial na vida de todas essas pessoas; com a ausência de um dos progenitores (eventualmente, a presença do outro constituía um limitante à prática da ofensa sexual), os filhos ficam literalmente à mercê daquele que detém a guarda e/ou de pessoas que desfrutam da privacidade do núcleo familiar modificado.

Do ponto de vista psíquico, muitas hipóteses podem ser levantadas. O risco de que o fenômeno ocorra amplia-se quando se trata de famílias incestuosas e com pouca permeabilidade a outros sistemas. Determinado acontecimento insere-se dentro de um contexto que precisa ser compreendido segundo suas características pontuais e evolutivas.

Portanto, trata-se de questão complexa a ser encarada sistemicamente. A violência do incesto vai além da relação sexual genital, que não é exclusiva, uma vez que muitos atos de lascívia podem configurá-lo.

b) Pedofilia

É a "preferência sexual por crianças, usualmente de idade pré-puberal ou no início da puberdade" (CID-10, p. 215). Existe indiscutível influência da situação (que pode ser elaborada e oportunizada pelo ofensor) na ocorrência do comportamento, como demonstram os inúmeros casos relatados, em que se evidencia a intensa convivência entre o adulto e a criança em situação de relativa intimidade e dependência desta em relação àquele.

O fracasso ou a proibição do relacionamento entre adultos constituem fatores de estímulo à busca do contato substitutivo não apropriado, assinala a CID-10.

No lar, surgem os comportamentos de encobertamento, dado que a maioria dos abusadores sexuais de crianças são familiares ou pessoas delas conhecidas. A natureza do abuso não é necessariamente a penetração vaginal; pode variar entre vários tipos de atos, tais como conversas ou telefonemas obscenos, apresentação forçada de imagens pornográficas (a Internet tem sido um grande meio de propagação da pedofilia), exibição de órgãos sexuais do adulto para a criança, contatos sexuais ou masturbação forçada, participação em cenas pornográficas, até relações sexuais impostas (vaginais, orais ou anais; a violência ocorre, muitas vezes, de um adulto do sexo masculino para uma criança do mesmo sexo).

O agressor é das mais variadas origens socioeconômicas, podendo ser cidadão de conduta social e profissional "acima de qualquer suspeita". Em geral, a vítima silencia, o que pode acontecer em função do poder do abusador sobre a vítima, que, inibida, sente-se física e moralmente indefesa; a força e a autoridade dos adultos a emudecem, diante de sua natural vulnerabilidade.

Várias hipóteses são traçadas em relação aos abusadores. Uma delas seria a de uma *pulsão vingativa* em relação a irmão, irmã, colega; portanto, uma retaliação a uma punição ou frustração insuportável.

Outra hipótese seria a de que o abusador foi vítima de abuso na infância, e esse trauma sexual real funcionaria, mais tarde, como desencadeador e geraria consequências e dificuldades no estabelecimento de vínculos afetivos funcionais.

Outros abusadores apresentam impotência para o relacionamento com pessoas adultas, e procuram crianças exatamente pela fragilidade e facilidade de exercer seu poder.

Existem também evidências de casos em que predominaram relações particularmente sexualizadas e erotizadas com os pais durante o desenvolvimento.

Pedofilia e incesto podem se constituir em tipos penais conforme a conduta praticada. Embora não haja na legislação brasileira um tipo penal específico designado pedofilia, há previsão legal de violência presumida quando se trata de vítima com idade inferior a 14 anos, conforme se depreende do art. 217-A do Código Penal.

c) Exibicionismo

"Tendência recorrente ou persistente a expor a genitália a estranhos (usualmente do sexo oposto) ou a pessoas em lugares públicos, sem convite ou pretensão de contato mais íntimo" (CID-10, 1993, p. 214). Configura crime, descrito no art. 233 do Código Penal – Ato Obsceno.

Os exibicionistas procuram quase sempre os mesmos lugares, em horas certas. A origem pode estar associada a abuso sexual na infância, na educação sexual repressiva, punição física ou emocional relacionada à sexualidade ou espancamento por alguém quando estavam manipulando sua genitália em um ambiente público. O início é mais comum antes dos 18 anos. Estresse e crises emocionais contribuem para acentuá-lo.

No *voyeurismo*, o indivíduo manifesta satisfação ao observar comportamentos sexuais ou íntimos (tais como despir-se); isso o excita e o leva à masturbação, sem que o observado tome conhecimento.

Há ainda o *frotteurismo*, em que, vestido, o agente esfrega seus órgãos genitais contra o corpo da vítima, obtendo prazer. Esta parafilia ocorre com frequência no transporte coletivo, principalmente nos horários de grande movimento, momento em que as vítimas, muitas vezes, nem se dão conta da ocorrência.

A Lei nº 13.718, de 2018, definiu como crime a importunação sexual e alterou o Código Penal para incluir o art. 215-A com a seguinte redação: "*Praticar contra alguém e sem a sua anuência ato libidinoso com o objetivo de satisfazer a própria lascívia ou a de terceiro*".

d) Sadomasoquismo

O indivíduo procura atividades sexuais que envolvem servidão, ou provocam dor ou humilhação (CID-10, 1993, p. 215); no masoquismo, ele é o objeto da estimulação; no sadismo, ele executa. Pode ocorrer que a violência seja necessária para a estimulação erótica.

O objetivo é causar sofrimento físico ou emocional (humilhação), somente sendo considerada parafilia quando o comportamento tem a finalidade exclusiva de obtenção do prazer e nem sempre se configura em fenômeno de interesse jurídico.

3.4.11 Transtornos mentais orgânicos

a) Demência

A demência decorre de doença cerebral, usualmente crônica ou progressiva, destacando-se suas consequências para as *funções mentais superiores*.

São significativos os efeitos da demência sobre o funcionamento intelectual e a interferência nas atividades do cotidiano, e podem ter particular interesse:

> ➤ demência vascular, em que pode haver perda de memória e alterações de características de personalidade;
>
> ➤ doença de Pick, caracterizada por alterações de caráter e deterioração social, lentamente progressivas.

b) Alucinose e transtorno delirante orgânico

Alucinações são percepções que o cérebro desenvolve sem os estímulos ambientais correspondentes. Delírios são perturbações no *pensamento*; podem ou não ser provocados por alucinações.

A causalidade orgânica deve ser confirmada.

3.4.12 Esquizofrenia e transtornos delirantes

a) Esquizofrenia

Distorção fundamental e característica do pensamento e da percepção, acompanhada de afeto inadequado ou embotado. São comuns:

> os delírios de controle, influência ou passividade e de outros tipos, não adequados culturalmente; e

> as alucinações auditivas e de outras modalidades.

A esquizofrenia paranoide, exemplificada pela desventura de Davi, em que o indivíduo apresenta delírios de perseguição e vozes alucinatórias que o ameaçam e lhe dão ordens, além de outras alucinações, é a mais comum.

b) Transtornos delirantes

A questão central é a presença de *delírios persistentes*, que podem estar relacionados com litígios, ciúmes, por exemplo. O afeto, a fala e o comportamento são normais, excetuando-se as ações diretamente relacionadas com o delírio.

3.5 EXAME DO ESTADO MENTAL (EEM)

O EEM integra a avaliação clínica; além das informações prestadas pelo paciente e/ou seu acompanhante, contém todas as observações do examinador e suas impressões sobre o indivíduo examinado *no momento da anamnese,* que pode ser realizada com a pessoa interessada ou com terceiros, conforme o estado de consciência, lucidez e outros fatores que inviabilizem a coleta direta de informações.

O exame do estado mental costuma incluir:

- aspectos gerais, como observação quanto à higiene, expressão facial, vestimenta e atitudes descontextualizadas;

- funções mentais que indiquem sinais e sintomas a respeito de possíveis alterações do funcionamento mental.

Observe-se que o estado mental do indivíduo pode alterar-se rapidamente, tanto por estímulos externos quanto internos a ele. Portanto, o resultado somente se aplica a um momento específico e encontra-se sujeito a diversos fatores capazes de influenciá-lo, tais como:

> a habilidade do entrevistador em estabelecer o diálogo (em que se inclui o uso de linguagem adequada) e na exploração das informações trazidas pelo entrevistado;

> o conhecimento do entrevistador em relação aos assuntos em torno do qual versará a entrevista; experiências anteriores podem ser fundamentais;

> o autoconhecimento do entrevistador, para assegurar que terá as reações mais indicadas em relação ao entrevistado e aos assuntos que serão desenvolvidos (preconceitos, pensamentos automáticos, crenças, emoções, mecanismos psicológicos de defesa estarão na mesa);

> comportamentos e atitudes do entrevistado em relação ao entrevistador (que podem ir da cooperação sincera à hostilidade aberta);

> a sintonia emocional entre entrevistador e entrevistado, a qual possibilita a interpretação mais efetiva de elementos ligados a afeto, humor e pensamento.

Diversas psicopatologias são relevantes para o EEM; entre elas, porque afetam a *compreensão* que o indivíduo tem do que acontece com ele ou com outras pessoas, destacam-se:

➤ as ***psicopatologias da percepção***, porque os produtos da percepção constituem a base sobre a qual a mente exercitará o pensamento e a memória. O mundo que o indivíduo concebe fundamenta-se nas imagens mentais dos estímulos percebidos.

Além das ilusões e alucinações, já comentadas em item anterior (para as quais a atenção psiquiátrica é altamente recomendável), têm particular importância os distúrbios de reconhecimento (qualitativos ou quantitativos), em que o indivíduo tem preservada a sensibilidade normal dos sentidos, porém perde a capacidade *psíquica* de ouvir, reconhecer, sentir (tato) etc.;

➤ as ***psicopatologias da memória***, de diversos tipos.

O indivíduo pode perder a capacidade de evocar lembranças *anteriores* ou *posteriores* a um determinado período; ou *durante* um determinado espaço de tempo. Eventos traumáticos (acidente, perda de ente querido, violência), efeitos de medicamentos ou substâncias psicoativas podem encontrar-se na sua gênese.

Também surgem transtornos mentais relacionados com a memória em que fatos ou situações ganham especial nitidez ou persistência, a ponto de afetar o comportamento e o equilíbrio emocional do indivíduo.

Além disso, eles podem refletir-se em distorções do material recordado; na criação de memórias inexistentes; na confabulação, em que lapsos são preenchidos inconscientemente; em reconhecimento ou desconhecimento falso e outros eventos que somente os especialistas conseguem identificar e classificar corretamente.

As psicopatologias da memória afetam o relato dos acontecimentos; podem influenciar em depoimentos e, inclusive, na assunção de responsabilidades por pessoas acusadas de praticar delitos. Daí a grande importância de, havendo suspeita de falhas de memória, buscar-se diagnóstico especializado.

Observe-se que a falha de memória compromete o *pensamento,* porque este somente pode se processar a partir de dados recuperados do psiquismo;

➤ as diversas **psicopatologias do pensamento.**

Têm especial interesse os *delírios*, em particular os de *culpa* (o indivíduo percebe-se culpado por tudo o que acontece), de poder (acredita que possui um poder sobrenatural, capaz de afetar acontecimentos fora de seu alcance), de perseguição (ele foi escolhido pelo infortúnio; todos conspiram contra ele) etc.

A estrutura lógica do pensamento delirante pode fazer com que, pelo menos durante algum tempo, o indivíduo leve outras pessoas a acreditar em suas ideias e, até mesmo, a compartilhá-las. Essas pessoas, entretanto, não apresentam delírio, mas *crença arraigada*, que pode levá-las ao fanatismo.

O delírio pode estar associado a uma falsa percepção; o indivíduo interpreta erroneamente um gesto ou uma imagem (vê o Papa e pensa que este lhe acenou, por exemplo).

Outros distúrbios de pensamento também se destacam, entre eles:

– a aceleração, o retardo ou o bloqueio do pensamento;

– a prolixidade (o essencial confunde-se com o acessório);

– a circunstancialidade (a pessoa não consegue ser objetiva);

– a irresponsabilidade (a pessoa fala sem pensar nas consequências).

O *pensamento obsessivo* é, possivelmente, o distúrbio de pensamento mais conhecido e divulgado;

> as **psicopatologias da motricidade**, em geral associadas a distúrbios mentais orgânicos graves ou a estados e/ou transtornos emocionais severos.

São comuns, por exemplo, em *crises histéricas*, o desencadeamento do estado de *estupor*, em que o indivíduo perde toda atividade espontânea; permanece consciente, porém não reage.

Outras psicopatologias são os maneirismos (postura e movimentos estranhos, bizarros, exagerados ou afetados); as extravagâncias cinéticas (os movimentos perdem a naturalidade); os tiques; a perda do tônus muscular; o aumento exagerado da psicomotricidade e outros;

> as **psicopatologias da orientação**, em que o indivíduo perde a capacidade de se localizar no tempo e no espaço: não sabe a data nem onde está. Sempre se deve investigar a possibilidade de causa orgânica.

Há instrumentos específicos para a análise clínica; além da entrevista, podem ser utilizados testes psicológicos que auxiliam na avaliação das funções cognitivas, como memória, atenção, humor e outros construtos valiosos para a análise da saúde mental. O EEM deve, pois, proporcionar uma compreensão geral do comportamento do entrevistado e incluir descrições por meio das quais fique demonstrada a influência que ele recebe dos transtornos psíquicos aos quais possa estar submetido. Ele fornece a base para importantes decisões a respeito do réu em um processo judicial, incluindo:

> a existência de dependência de substância psicoativa, deficiência mental ou desenvolvimento mental incompleto que privem o indivíduo do discernimento necessário para a prática de atos da vida civil, tais como contrair matrimônio e administrar bens;
> sua capacidade de entender o caráter ilícito de comportamento emitido ou omitido por ele (imputabilidade penal);
> sua integridade mental.

Caso 19 – Os inocentes no lugar errado

Indivíduo, acompanhado da mulher, envolveu-se em acidente de carro no mês de março de 2003.

Segundo testemunhas, desceu do veículo e arremessou o filho de um ano, que estava no colo da mulher, contra o para-brisa de outro veículo em movimento. Em seguida, bateu várias vezes a cabeça da filha contra uma árvore nas proximidades.

O menino, vítima de traumatismo, foi internado em UTI e conseguiu sobreviver. A irmã sofreu ferimentos leves.

Acusado, juntamente da esposa, de tentativa de homicídio, declarou que não se recordava das agressões praticadas. Diagnóstico: *transtorno psicótico*.

Foi considerado pelos magistrados, por unanimidade, pessoa com transtorno mental. Permaneceu internado, sob tratamento, em hospital psiquiátrico, de julho de 2006 a abril de 2008, sendo então libertado sob a condição de se apresentar à Justiça todo mês e comprovar que continuava o tratamento.

O resultado do EEM, de grande relevância para o indivíduo avaliado e para a sociedade, pode representar a diferença entre a condenação criminal com encaminhamento a uma unidade prisional e o reconhecimento da presença de transtorno mental, que implicaria em intervenções na área da saúde, ou seja, entre permanecer no cumprimento de uma pena ou receber atenção à sua saúde.

 Filmografia

Cela, A	2000 – Tarsem Singh	Transtorno mental. Crime. Privação da liberdade.
Era uma vez no Oeste	1968 – Sergio Leone	Psicopatia. Infanticídio. Ausência de culpa.
Instinto secreto	2007 – Bruce A. Evans	Dupla personalidade. *Serial killer.*
Marnie, confissões de uma ladra	1964 – Alfred Hitchcock	Chega-se à origem do comportamento de uma ladra. Transtorno dissociativo. Memória.
Melhor é impossível	1997 – James L. Brooks	Transtorno obsessivo-compulsivo. Falta de compaixão. Incapacidade de se colocar no lugar do outro. Homossexualismo e racismo.
Mente brilhante, Uma	2001 – John Howard	História do matemático John Nash. Esquizofrenia. Delírios, alucinações.
Perfume	2006 – Tom Tykwer	Crime. Transtorno antissocial. Exclusão social. Hipocrisia social.
Psicopata americano	2000 – Mary Harron	Psicopatia e relacionamento social.
The act	2019 – Nick Antosca, Michelle Dean	Síndrome de Munchausen
TOC	2017 – Viente Villanueva	Transtorno Obsessivo Compulsivo
Vestida para matar	1980 – Brian de Palma	Transtorno dissociativo de personalidade (Hyde e Jekill). A vítima que se expõe ao perigo.
Vida em família	1971 – Ken Loach	Transtorno mental. Desospitalização. Repressão familiar.

 Exercícios

➢ A personalidade antissocial está descrita no DSM-5-TR como desrespeito e violação dos direitos dos outros. Identifique no filme *Perfume* comportamentos do protagonista sugestivos de aspectos da personalidade antissocial (item 3.2.5), que no meio jurídico é usualmente denominada como psicopatia.

➢ No filme *Melhor é impossível*, o personagem principal personifica vários comportamentos que indicam transtorno mental, identifique-os de acordo com o exposto no capítulo 3.

Temas para reflexão e debates

> **ALTERAÇÕES DE CARACTERÍSTICAS DE PERSONALIDADE (item 3.2.3)**

As expressões "fulano está diferente", "fulano parece mudado...", "não estou reconhecendo fulano..." etc. podem ser sinais de alterações de características de personalidade, e as pessoas que convivem com o indivíduo encontram-se sujeitas a se adaptar a ele no relacionamento. Com o tempo, deixam de prestar atenção aos sinais, com ou sem algum prejuízo à funcionalidade.

> **TRANSTORNOS DE PERSONALIDADE (item 3.2.4)**

Não se estranhe que situações de estresse se encontrem presentes nas interações entre advogados e seus clientes.

Quando isso acontece, surgem inúmeras dificuldades para o estabelecimento de uma interação eficiente e eficaz. Cada característica de personalidade pode, potencialmente, alterar-se e será útil ao advogado saber como isso ocorre e de que forma deverá lidar com a situação.

O comportamento do advogado pode ser de grande relevância para auxiliar o cliente a recuperar o equilíbrio emocional comprometido. Nesses casos, vale lembrar o preparo técnico e ético do profissional diante daquele que percebe seu direito ameaçado.

Em todas as situações, encontram-se subjacentes efeitos de condicionamentos e modelos, nem sempre bem explicitados e, muitas vezes, desconhecidos dos próprios indivíduos que sofrem as consequências.

4

A ADOLESCÊNCIA, O JUDICIÁRIO
E A SOCIEDADE

O castigo legal se refere a um ato; a técnica punitiva a uma vida.

(Michel Foucault)

Decidiu-se pela inclusão de um capítulo dedicado especificamente às questões do período de adolescência, pelos seguintes motivos:

➢ existe clara preocupação em diferenciar essa etapa da vida, representada legalmente pelo Estatuto da Criança e do Adolescente;

➢ durante o transcorrer da adolescência, o indivíduo evolui até consolidar os fundamentos por meio dos quais o psiquismo dirigirá todos os comportamentos que comporão sua conduta na fase adulta;

➢ surgem inúmeros conflitos que envolvem o adolescente, sua família e seus relacionamentos; a maneira como eles forem encarados e resolvidos repercutirá nas fases futuras.

O capítulo inicia-se com algumas considerações a respeito dos fundamentos legais; prossegue com a abordagem teórica do processo evolutivo que leva a criança até a idade adulta; investiga-se o rompimento com regras sociais e encerra-se com a análise de uma situação-problema complexa.

4.1 FUNDAMENTOS LEGAIS

A Constituição Federal preceitua, em seu art. 227, *caput*:

É dever da família, da sociedade e do Estado assegurar à criança, ao adolescente e ao jovem, com absoluta prioridade, o direito à vida, à saúde, à alimentação, à educação, ao lazer, à profissionalização, à cultura, à dignidade, ao respeito, à liberdade e à convivência familiar e comunitária, além de colocá-los a salvo de toda forma de negligência, discriminação, exploração, violência, crueldade e opressão.

Desse modo, faz-se necessário que leis, normas e regulamentos estejam voltados para a aplicação de medidas que assegurem, à criança e ao adolescente, condições necessárias para seu desenvolvimento, o que fica especialmente delicado no momento em que tais direitos se tornam vulneráveis ante o clamor social para rebaixamento da maioridade penal.

Assim, em substituição ao antigo e ultrapassado Código de Menores, foi promulgado o *Estatuto da Criança e do Adolescente* (ECA – Lei nº 8.069/1990), com o objetivo de direcionar políticas públicas que atendam tanto à criança e ao adolescente em situação de risco social, como aos adolescentes autores de ato infracional, visando à aplicação de medidas de proteção no primeiro caso e socioeducativas no segundo.

O Estatuto da Criança e do Adolescente dispõe sobre a proteção integral à criança e ao adolescente, especificando uma rede de direitos e deveres que devem ser alvo de aplicação dos mecanismos sociais próprios ao estabelecimento da ordem social. Isso inclui as ações na área biopsicossocial e no âmbito do judiciário.

Em 1989, foi proclamada a *Convenção Internacional dos Direitos da Criança e do Adolescente*, da qual o Brasil é signatário. Por sua importância interna e internacional, transcrevem-se abaixo alguns tópicos de seu preâmbulo (a íntegra do texto encontra-se em http://www.unicef.org/brazil/pt/resouves_10120.htm. Acesso em: 22 jun. 2023), comentando-se aspectos relevantes sob a ótica da psicologia.

> "**Recordando** que na Declaração Universal dos Direitos Humanos as Nações Unidas proclamaram que a infância tem direito a cuidados e assistência especiais."

A Convenção reassegura, aqui, a especialidade dos cuidados e assistência; a criança e o adolescente não podem receber os mesmos tratamentos que se daria ao adulto.

> "**Convencidos** de que a família, como grupo fundamental da sociedade e ambiente natural para o crescimento e o bem-estar de todos os seus membros, e em particular das crianças, deve receber a proteção e assistência necessárias a fim de poder assumir plenamente suas responsabilidades dentro da comunidade."

Coloca-se a família no centro das questões que envolvem a criança e o adolescente; contudo, com a assunção de suas responsabilidades, ainda que, para isso, deva receber proteção e assistência que, conforme já se aventou, haverão de ser especializadas.

> "**Reconhecendo** que a criança, para o pleno e harmonioso desenvolvimento de sua personalidade, deve crescer no seio da família, em um ambiente de felicidade, amor e compreensão."

Essa afirmação remete à necessidade de oferecer espaços e relacionamentos em que as emoções encontrem equilíbrio e as pessoas experimentem pleno e harmonioso desenvolvimento psicológico.

> "**Considerando** que a criança deve estar plenamente preparada para uma vida independente na sociedade e deve ser educada de acordo com os ideais proclamados na Carta das Nações Unidas, especialmente com espírito de paz, dignidade, tolerância, liberdade, igualdade e solidariedade."

Remete-se, aqui, a um desenvolvimento em direção à formação de indivíduos capazes de assumir seus destinos, realizar suas escolhas com segurança e respeitando os ideais de igualdade e fraternidade no seu convívio social.

> "**Tendo em conta** que, conforme assinalado na Declaração dos Direitos da Criança, 'a criança, em virtude de sua falta de maturidade física e mental, necessita proteção e cuidados especiais, inclusive a devida proteção legal, tanto antes quanto após seu nascimento."

Nesse tópico, a convenção amplia o âmbito da preocupação com os cuidados especiais à criança à etapa intrauterina, reconhecendo-lhe direitos ainda antes do nascimento. Isso se reflete em responsabilidades para a gestante, o pai e a sociedade, com impactos óbvios em diversas questões relacionadas com Direito Civil.

> **"Tomando em devida conta** a importância das tradições e os valores culturais de cada povo para a proteção e o desenvolvimento harmonioso da criança."

Nesse ponto, a convenção desenha um quadro de desenvolvimento sociopsicológico em que se integram a criança e o adolescente no amplo e complexo tecido das tradições e dos valores culturais da sociedade em que vive.

Não se trata, pois, de simplesmente dar um tratamento especializado do ponto de vista técnico, por exemplo, da psicologia, mas fazer com que ele propicie a integração do indivíduo, ao atingir a idade adulta, à sociedade maior em que se encontra inserido. Portanto, existe a clara menção à multidisciplinaridade.

Ressalte-se que, com estas diretrizes e as leis pátrias, cria-se, no âmbito da infância e adolescência, em sua interface com o sistema jurídico, um novo paradigma, ao se estabelecer que a cidadania e o respeito a direitos e deveres não se alcançam com medidas coercitivas e sanções penais, mas, primordialmente, com medidas que carecem da participação de toda a sociedade em todos os segmentos.

4.1.1 Os conselhos tutelares

Previsto no art. 131 do ECA, o Conselho Tutelar é órgão permanente e autônomo, não jurisdicional, encarregado de zelar pelo cumprimento dos direitos da criança e do adolescente.

O Conselho Tutelar encontra-se em contato direto com a população; na prática, observa-se que as queixas relativas à violação dos direitos de crianças e adolescentes, em geral, são dirigidas a esse órgão, o qual deve estar em sintonia com o judiciário local, a fim de que as informações e as ações sejam harmoniosas e alcancem o objetivo de proteção à infância e à adolescência.

Trata-se de autoridade pública municipal. Nos centros urbanos maiores e mais complexos, esse órgão pode funcionar de maneira interdisciplinar, com advogado, psicólogo, pedagogo, assistente social, administrador, além dos próprios conselheiros.

Suas principais atribuições encontram-se elencadas no art. 136 do ECA, de onde se destacam:

> ➤ atender crianças que necessitem de proteção, sempre que seus direitos forem ameaçados ou violados;
> ➤ atuar junto às instituições de aplicação das medidas socioeducativas;
> ➤ encaminhar ao Ministério Público a notícia de fato que constitua infração administrativa ou penal contra os direitos da criança e do adolescente.

As medidas de proteção encontram-se previstas no ECA, em seu art. 101, e destacam-se:

I – encaminhamento aos pais ou responsável, mediante termo de responsabilidade;

II – orientação, apoio e acompanhamento temporários;

III – matrícula e frequência obrigatórias em estabelecimento oficial de ensino fundamental;

IV – inclusão em serviços e programas oficiais ou comunitários de proteção, apoio e promoção da família, da criança e do adolescente;

V – requisição de tratamento médico, psicológico ou psiquiátrico, em regime hospitalar ou ambulatorial;

VI – inclusão em programa oficial ou comunitário de auxílio, orientação e tratamento a alcoólatras e toxicômanos;

VII – acolhimento institucional;

VIII – inclusão em programa de acolhimento familiar;

IX – colocação em família substituta.

4.1.2 Medidas socioeducativas

O ECA dispõe no art. 112 e seguintes as medidas que podem ser aplicadas na ocorrência de ato infracional praticado por adolescente, dentre elas:

I – advertência;

II – obrigação de reparar o dano;

III – prestação de serviços à comunidade;

IV – liberdade assistida;

V – inserção em regime de semiliberdade;

VI – internação em estabelecimento educacional;

VII – qualquer uma das previstas no art. 101, I a VI.

§ 1º A medida aplicada ao adolescente levará em conta a sua capacidade de cumpri-la, as circunstâncias e a gravidade da infração.

§ 2º Em hipótese alguma e sob pretexto algum, será admitida a prestação de trabalho forçado.

§ 3º Os adolescentes portadores de doença ou deficiência mental receberão tratamento individual e especializado, em local adequado às suas condições.

Observa-se que a aplicação de medidas mais severas deve ser precedida da criteriosa análise sobre a possibilidade da utilização de medidas que não impliquem em internação. O Estatuto, em seus artigos seguintes, define cada uma destas medidas.

No Estado de São Paulo, a Fundação Casa – antiga FEBEM – tem por objetivo, de acordo com seu regimento interno, promover o atendimento ao adolescente em cumprimento de medida socioeducativa e daquele que se encontra em internação provisória, com eficácia, eficiência e efetividade, de acordo com leis, normas e recomendações de âmbito nacional e estadual. O atendimento deverá garantir a proteção integral dos direitos dos adolescentes, por meio de um conjunto articulado de ações governamentais e não governamentais da União, dos Estados e dos Municípios.

A Lei nº 12.594/2012 institui o Sistema Nacional de Atendimento Socioeducativo (SINASE) e regulamenta no art. 35 a execução das medidas socioeducativas destinadas a adolescente que pratique ato infracional. Destacam-se os seguintes princípios:

I – legalidade, não podendo o adolescente receber tratamento mais gravoso do que o conferido ao adulto;

II – excepcionalidade da intervenção judicial e da imposição de medidas, favorecendo-se meios de autocomposição de conflitos;

III – prioridade a práticas ou medidas que sejam restaurativas e, sempre que possível, atendam às necessidades das vítimas;

IV – proporcionalidade em relação à ofensa cometida;

V – brevidade da medida em resposta ao ato cometido, em especial o respeito ao que dispõe o art. 122 da Lei nº 8.069, de 13 de julho de 1990 (Estatuto da Criança e do Adolescente);

VI – individualização, considerando-se a idade, capacidades e circunstâncias pessoais do adolescente;

VII – mínima intervenção, restrita ao necessário para a realização dos objetivos da medida;

VIII – não discriminação do adolescente, notadamente em razão de etnia, gênero, nacionalidade, classe social, orientação religiosa, política ou sexual, ou associação ou pertencimento a qualquer minoria ou status; e

IX – fortalecimento dos vínculos familiares e comunitários no processo socioeducativo.

4.2 O ADOLESCENTE

Procura-se, nesta seção, estabelecer um recorte teórico que possibilite uma visão compreensiva e, ao mesmo tempo, específica, a respeito das transformações psicológicas que atravessam o adolescente.

Não houve a preocupação de destacar as diversas abordagens que tratam do tema, a respeito das quais o leitor encontrará referências ao final da obra. Procura-se restringir o foco para propiciar ao leitor a oportunidade de estabelecer reflexões relevantes a respeito desse importante período do ciclo vital.

O leitor já encontrou considerações a esse respeito no estudo das teorias de Jean Piaget e de Erick Erikson, nas seções anteriores, cujos conceitos sempre constituem pontos de referência significativamente reconhecidos como válidos.

4.2.1 Adolescência legal e biopsicológica

Se não vejo na criança, uma criança, é porque alguém a violentou antes e o que vejo é o que sobrou de tudo o que lhe foi tirado.

(Herbert de Souza)

A adolescência inicia-se, segundo a legislação (ECA – Estatuto da Criança e do Adolescente, art. 2º), aos 12 anos. A lei deve determinar de modo específico e objetivo este marco.

Entretanto, sob a ótica biopsicossocial, os parâmetros não são determinados de acordo com uma data específica, mas de acordo com mudanças psicológicas e fisiológicas variáveis que ocorrem *em torno* dessa idade. No início, as mudanças físicas mostram-se mais perceptíveis, porém a imagem que o adolescente tem de si apresenta-se, muitas vezes, difusa.

Os valores da infância caducam principalmente quando a pessoa é submetida a um estilo de vida em que a *permanência dos costumes* se mostra escassa; desencadeia-se, nesta situação, falta de sintonia entre os comportamentos parentais cronificados e a dinâmica da nova configuração social vivida por moças e rapazes.

As crenças sofrem, então, profundas reformulações; o(a) jovem depara-se com a dificuldade dos pais no manejo dos novos artefatos tecnológicos, com a falta de flexibilidade deles na assimilação das novas linguagens, acompanhadas de outros símbolos e rituais. As informações incumbem-se de levantar questionamentos a respeito dos princípios e dos valores basilares das instituições. Os adolescentes vivem o drama da transição e precisam de apoios sólidos: os novos heróis, os novos líderes.

Entretanto, nesse momento que exige grande apoio emocional, é comum que se acentue a busca parental de oportunidades, carreiras, recursos, posições e um sem-número de objetivos que se interpõem entre pais e filhos; uns "fazendo tudo o que podem", outros "exigindo tudo a que têm direito". Essa inequação socioeconômica e emocional encontra pontos de equilíbrios instáveis, e mínimos descuidos engendram conflitos e comportamentos inadequados de todos.

Aos poucos, a personalidade e o comportamento do jovem indicam as transformações, por exemplo, com impulsos sexuais e agressivos, até então, adormecidos. O sentimento de pertencer ou não a um grupo, a exclusão do mundo dos adultos e a inadequação ao universo infantil levam a pessoa, nessa fase, a experimentar sentimentos típicos.

Essas mudanças, se, por um lado, assustam e trazem inquietações e dúvidas e manifestam-se em indecisões e incertezas, por exemplo, em relação à própria capacidade de lidar com situações de conflito, com novos problemas, em dar a resposta mais correta às exigências sociais – que, de um lado, pedem responsabilidade e, de outro lado, trazem cerceamentos, sempre em quantidade e intensidades cada vez maiores –, por outro lado, elas fascinam.

Para isso contribui a internalização de novos valores, a constatação de novos conhecimentos, o aumento da força física, a formação de grupos capazes de realizar ações até então nem mesmo imaginadas.

Essas novas possibilidades acenam com um poder, muitas vezes, apenas fantasiado, que, em geral, leva a um sentimento de oposição em relação aos adultos, em especial, àqueles revestidos de autoridade, como pais e professores (que podem ser percebidos como a representação viva do *status quo*, algo a ser alterado). Destes, espera-se que saibam lidar com estas especificidades, proporcionando ao jovem a possibilidade de ultrapassar com serenidade esta etapa do desenvolvimento físico e psicológico, repleta de transformações.

John Bowlby (Reino Unido, 1907-1990) (1982, p. 11) afirma que nada ajuda mais uma criança do que poder expressar francamente, de modo direto e espontâneo, seus sentimentos de hostilidade e ciúme; e que não existe tarefa parental mais válida do que aceitar com serenidade expressões de devoção filial, tais como *detesto você, mamãe,* ou *papai, você é um bruto.*

Ao tolerar tais *explosões,* os pais demonstram aos filhos que não temem essas manifestações hostis e que confiam em que elas podem ser controladas e ressignificadas; além disso, propiciam a atmosfera de tolerância e compreensão em que o autocontrole pode se desenvolver.

David Léo Levisky, psiquiatra (1998), refere que os critérios que definem a inserção do indivíduo na sociedade adulta são maturidade, independência, autodeterminação, responsabilidade e atividade sexual afetivamente adulta.

Já o doutor em psicologia clínica Contardo Calligaris (2000) apontou que adolescente é alguém cujos sentimentos e comportamentos são reativos, de rebeldia a uma moratória injusta; porém, não existe um critério que determine de fato o que é necessário para que se ingresse no mundo adulto.

Possivelmente, a grande distinção entre o estágio adulto e a adolescência diz respeito ao binômio subjetividade e responsabilidade.

4.2.2 Subjetividade e responsabilidade

Subjetividade, responsabilidade, relação de causa e efeito entre comportamentos e suas consequências constituem coisas que não se encontram bem compreendidas entre adolescentes, por muitos motivos.

De um lado, há o intenso massacre de informações truncadas, que noticiam *ações* e suprimem o *day after*, o acompanhamento de suas consequências – a imaturidade trabalha muito com a vida ainda em rascunho e não percebe os detalhes dessa história quando ela é passada a limpo no confronto com as regras sociais.

De outro lado, há uma percepção de mundo centrada no imediato e, paradoxalmente, com uma perspectiva de duração infinita do estado de coisas presente (é comum o sentimento de que uma dada situação seja *para sempre*, o que contribui para reduzir a tolerância e a busca de opções). Esse contexto contém todos os ingredientes para a produção de alimentos indigestos para o corpo e para o espírito (entretanto, devem ser provados para apurar o paladar e aprender a realizar as escolhas que orientarão decisões importantes).

A responsabilidade, saliente-se, é um atributo típico do estágio operatório-formal piagetiano, o qual se estrutura *durante* o período compreendido entre os 12 anos, aproximadamente, e o início da idade adulta; esse fato faz com que se estabeleça um período de transição em que o jovem se depara com exigências para as quais ainda não se encontra psiquicamente preparado; contudo, surgem cobranças da sociedade adulta. A situação agrava-se quando os conteúdos morais que deveriam ter sido aprendidos na etapa anterior não estão suficientemente absorvidos, ou mostram-se inadequados.

A compreensão da subjetividade e da responsabilidade constitui, de fato, um reconhecido desafio para crianças e adolescentes. Em *Gritos no vazio*, Sereny (2002) relata que Mary Bell – uma menina inglesa acusada de homicídio – esperava o castigo físico, algemas, espancamento etc.; aquela coisa abstrata de sentença não fazia sentido para ela.

Quando se trata, pois, de conduta infracional praticada por adolescente, diversos aspectos devem ser considerados, como sugere o exemplo de Mary Bell, ao se atribuir a penalização (medida socioeducativa) e a responsabilidade.

No olhar psicanalítico, ser inocentado pode não ser a melhor saída para quem comete um ato infracional ou um crime (respectivamente, adolescente ou adulto), havendo sentimento de culpa. O castigo, a pena, que não necessariamente se concretiza pela via prisional, pode ajudar a pessoa a livrar-se daquele mal. O sentimento de culpa implacável e a ausência de castigo podem provocar desde leves transtornos de fundo psicológico a, até mesmo, o suicídio.

É necessário perceber a **maturidade** do acusado. As pessoas não amadurecem da mesma forma e no mesmo tempo. No estudo do *pensamento*, no capítulo em que se tratou das funções mentais superiores, destacou-se que o desenvolvimento psicológico não atinge o mesmo estágio para todas as pessoas e que a situação mais comum, sugerida por Kaplan e Sadock, é a estabilização em algum ponto antes de se atingir a plenitude do estágio operatório-formal, segundo a concepção de Jean Piaget.

Em um processo, levando-se em conta estas questões, pode-se discutir a duração da medida socioeducativa imposta, mas, para o adolescente (e o adulto), a certeza da reprimenda e a compreensão da dimensão do ato praticado são muito relevantes. Alguns adolescentes são julgados como adultos, e em países onde a maioridade penal é inferior à do Brasil, algumas crianças são julgadas como pequenos adultos (assim foi condenada Mary Bell).

4.3 O COMPORTAMENTO QUE SE DISTANCIA DO SOCIAL

Aberastury (1984, p. 15 e seguintes) diz que a adolescência é uma etapa crucial na vida do homem e constitui a etapa decisiva de um processo de desprendimento, que atravessa três momentos fundamentais:

> ➢ o primeiro é o nascimento;

> ➢ o segundo surge ao final do primeiro ano com a eclosão da genitalidade, a dentição, a linguagem, a posição de pé e a marcha;

> ➢ o terceiro momento aparece na adolescência. O adolescente busca diferenciar-se do adulto e, em sua luta por adquirir uma identidade, elege às vezes caminhos distorcidos, como a toxicomania, a liberdade sexual exibicionista ou outras formas de protesto contra os enganos e as armadilhas da sociedade adulta.

4.3.1 O crime como um *continuum*

Obviamente, a adolescência não é o reduto causal da criminalidade. O lar, conforme se comenta em diversos pontos deste livro, constitui um espaço onde a criança pode observar inúmeros comportamentos que levam à delinquência; seus efeitos a impregnam, desde cedo, e o resultado dessa etapa fará parte dos conteúdos psíquicos do indivíduo quando este chega à adolescência.

Sob a perspectiva de Erick Erikson, destaque-se a importância do desenvolvimento saudável da autonomia e da iniciativa durante os anos precedentes, que lhe serão exigidos no transcorrer da adolescência e permitirão o exercício saudável da escolha de seus novos companheiros e líderes. Falhas nessas etapas do desenvolvimento resultarão em um adolescente propenso a reduzido exercício da crítica a respeito do que lhe venha a ser oferecido nos novos ambientes que frequentará; se essa situação se associar à fragilidade de valores, o adolescente enfrentará dificuldades para realizar as melhores escolhas.

Quando o indivíduo abandona a escola; possui um relacionamento familiar precário, inexistente ou francamente pernicioso; desfruta de um relacionamento social absolutamente contraproducente, que o induz a comportamentos desviantes (muitas vezes agravados pelo endeusamento do supérfluo, como aparelhos eletrônicos, roupas e tênis de marca, inacessíveis para a família) criam-se as condições de matrícula na escola da violência.

É importante frisar que a lei determina medidas de proteção (elencadas no art. 98 do ECA) que devem ser efetivadas sempre que os direitos de crianças e adolescentes se acharem ameaçados ou violados, o que, em tese, minimizaria os efeitos deletérios acima elencados.

Essas escolhas (pessoais e sociais) e a efetivação das políticas públicas específicas são cruciais, pois a adolescência constitui o período em que acontece a *eleição de condutas preferenciais*, as quais estarão sempre presentes ao longo da idade adulta, podendo ou não se manifestar (veja-se o estudo da delinquência, em seção específica deste livro).

Observe-se que, ao mesmo tempo que ao adolescente solicitam-se escolhas de grande impacto para a vida (como a escolha profissional), ele é submetido a um rosário de pequenas decisões que, muitas vezes, situam-se no estreito limiar entre o socialmente tolerável e o proibido. A rede de apoio (familiares e sociedade) e o sucesso com que tenha transitado pelas etapas anteriores do desenvolvimento psicológico permitem-lhe realizá-las conscientemente, com segurança. Se ele falha nessas escolhas, com toda a certeza se identificarão deficiências nas etapas citadas, vividas preponderantemente no lar e, também, na escola.

Nanci Cárdia, socióloga e psicóloga do Centro de Estudos da Violência da Universidade de São Paulo (em entrevista ao jornal *O Estado de S. Paulo*, de 1/7/2007), afirma:

> É considerado universal cometer algum tipo de transgressão dos 12 aos 16 anos, mentiras, furtos em supermercados, pular catraca em transporte público, pichações, mesmo para os jovens mais "comportados".

Esse fato acentua a importância de se compreender o ponto de vista do sociólogo Jack Young (Reino Unido, 1942 – EUA, 2013) (2002, p. 202), para quem *"o crime é a ponta final de um continuum de desordem".* Ele cita que compreende as pichações, a música alta, o conjunto habitacional dilapidado, as agressões, as latas de lixo não esvaziadas, manchas de óleo nas ruas, garotos que não respeitam ninguém, caminhões soltando fumaça, carros em excesso de velocidade, como *um processo de incivilidade que pode levar ao crime.*

Debitar à adolescência e ao adolescente a responsabilidade por esse tipo de ocorrência é uma forma relativamente simples de encontrar uma solução para um problema complexo, que requer uma compreensão sistêmica por meio da qual ao subsistema composto pelo adolescente e seu grupo mais próximo agregam-se outros cujas responsabilidades sobre o processo todo são determinantes.

A visão do processo de criminalização, na forma de um *continuum*, deve ser analisada à luz das teorias criminológicas.

4.3.2   Criminalização de pessoas

As teorias criminológicas de cunho social apontam para processos de discriminação segundo o *status* do autor do ato infracional.

De acordo com essa concepção, corre-se o risco de criminalizar pessoas, por meio de um *processo de marcação como delinquente* para alguns em vez de outros, embora todos tenham praticado atos semelhantes. A criminalização de pessoas acontece em detrimento da criminalização de condutas (conjunto de atos dirigidos no sentido de converter uma conduta lícita em ilícita, através da lei penal).

O fenômeno pode ser observado de modo marcante em determinadas camadas sociais, em geral, encontra-se eivado de preconceito e discriminação (vide diferenciação dos termos no Capítulo 10, quando se trata de Direitos Humanos) e agravado pela violência estrutural.

Contudo, ainda que estimule a derivação de uma parte da sociedade para o comportamento criminoso, até mesmo para dar validade à profecia social por meio da autoconfirmação, a criminalização não constitui uma explicação abrangente, porque indivíduos que escapam dessa rotulação praticam uma parcela dos delitos. Paralela ou concomitantemente, confunde-se nos mesmos jovens e crianças a vitimização. A violência doméstica, sua principal expressão, que se apresenta como física, sexual ou psicológica, pode deixar marcas indeléveis, ser fatal, ou ainda levar a consequências negativas do ponto de vista psicológico a partir da negligência e rejeição afetivas, com reflexos na autoestima e no desempenho social do indivíduo.

Simbolicamente, pode-se entender a violência em cada ato de poder exercido. Para algumas famílias, o modelo relacional e as estratégias de comunicação ocorrem com o emprego da força, do poder e da violência. São abundantes os exemplos que, cotidianamente, são propalados pelos meios de comunicação. A respeito do tema, destaque-se a *Síndrome de Silverman*, que se refere a sevícias a menores, de caráter exclusivamente doloso, também chamada de *síndrome da criança maltratada*, indicando-se que 80% têm idade inferior aos três anos e 40% menos de seis meses.

Antoni e Koller (2002, p. 85-86) lembram que

> o padrão estabelecido nessas relações primárias tende a ser transposto para relações sociais mais amplas. Por outro lado, os problemas enfrentados em situações sociais provocam o retorno ao ambiente doméstico de pessoas frustradas e vulneráveis, a expressar agressividade.

Os adolescentes que sofreram maus-tratos familiares sofrem mais episódios de violência na escola, vivenciam mais agressões na comunidade e transgridem mais as normas sociais, fechando assim um círculo de violência, vivenciando menos apoio social, com menor autoestima e menor capacidade de resiliência.

Porém, a *percepção* de ter sofrido violência depende do microssocial, do grupo próximo e, principalmente, da família, ou seja, dos referenciais de cada um. O que seria "violência" para uns pode ser apenas um comportamento lícito de expressão de autoridade para outros. Já algumas ações são tidas como violentas para qualquer pessoa. A característica de excepcionalidade empresta maior dimensão ao fato, porque se trata de um fenômeno da percepção: a mente concentra-se naquilo que é diferente, construindo, em torno dessa diferença, uma *figura*.

4.4 HISTÓRIA DE UM PERCURSO: DO NADA À DELINQUÊNCIA

> *O presente não devolve o troco do passado.*
>
> (José Ribamar Coelho Santos, "Zeca Baleiro",
> "Piercing")

4.4.1 Breve visão teórica

Diversos autores, entre eles Contini, Koller e Barros (*apud* ANTONI; KOLLER, 2002), realizam lúcidas e abrangentes análises das transformações da adolescência, e algumas delas trazem contribuições significativas para a compreensão de determinados comportamentos:

> ➢ *modificação substancial da atenção e da percepção de estímulos.* As famílias estranham porque o adolescente passa a ter os sentidos mais fixados em estímulos, até então, não prioritários (o "relaxo" pode estar associado a isso; o jovem não percebe mais a "desordem" no quarto etc.);
>
> ➢ *alteração dos esquemas de pensamento.* A profunda modificação cognitiva acontece por diversos fatores, notadamente sociais e educacionais. Mudam os esquemas, mudam os comportamentos (novas ideias a respeito do que é certo ou errado enquadram-se aqui);
>
> ➢ *identificação de novos modelos.* O abandono dos "heróis da primeira infância" promove ressignificação dos comportamentos; abandona-se a fantasia ingênua do período operatório concreto para iniciar as idealizações do período operatório-formal, em geral ancoradas nos comportamentos de ídolos (comporta-se para *parecer* com alguém, o que inclui assumir-lhe os gestos e o vocabulário, além das ideias).
>
> A instabilidade emocional favorece a escolha de modelos de grande apelo por suas mensagens transformadoras e/ou contestadoras, com o risco de serem inadequados. A experiência com drogas provém, muitas vezes, da observação desses modelos.

As alterações de esquemas de pensamento e a identificação de novos modelos, acompanhadas da aceitação de novos sistemas de crenças, mais ou menos elaborados, desencadeiam uma autêntica *reformulação dos valores* – talvez aqui aconteçam os maiores conflitos com os pais e com a sociedade. Essa transição contribui para explicar o fato de muitos crimes, como os de parricídio, ocorrerem mais na adolescência do que na idade adulta.

O estudo de caso seguinte tem por objetivo destacar a fragilidade emocional de um jovem, nesse complexo período de transição, contrapondo-a ao despreparo de seus familiares para lidar com ela.

O caso também se destaca pelo fato de tornar bastante evidente que os procedimentos familiares que funcionam bem em um momento podem ser inadequados em outros; ele exemplifica que os próprios agentes (pai, mãe, irmãos) não se dão conta de que modificam seus comportamentos ao longo do tempo, alteram as formas como reagem aos problemas e desafios, possuem novas prioridades, já não prestam a mesma atenção a coisas que foram significativas.

As perspectivas para a principal vítima, na situação relatada, parecem reservadas, se não houver investimento de energia para modificar a evolução dos acontecimentos.

Caso 20 – "Curtindo a vida"

Ivã é um empresário de sucesso, proprietário de microempresa no ramo de embalagens, na qual emprega 20 pessoas; Neuza, sua esposa, reconhecida pelas obras de caridade e pela devoção com que promove ações sociais no bairro em que residem, é mãe de Wilson, de 14, o mais novo de três filhos.

Wilson já repetiu três vezes na escola; mostra-se relapso, insubordinado e constitui um problema disciplinar recorrente.

A comunidade encara a situação com perplexidade: de um lado, pais exemplares, de grande valor profissional e social; de outro lado, um jovem que não participa de nada construtivo, que vive no clube de campo, frequenta prostíbulos e, em mais de uma oportunidade, praticou pequenos delitos.

Segundo Wilson, "a gente assalta e rouba de brincadeira", uma cândida explicação que sua ingênua e bondosa mãe não apenas aceita, como também lhe basta para ocultar os lamentáveis fatos do marido – este, o único que nada sabe. Ivã, ausente das atividades do lar, concentra-se nos negócios, dos quais participam os dois filhos mais velhos.

Finalmente, Wilson e alguns amigos foram detidos quando iniciavam um assalto a uma agência bancária em localidade próxima. O rapaz deu a entender, então, que seu sonho era assaltar um banco sem ser preso.

Ivã, finalmente, tomou conhecimento da situação. Decidiu enviar o filho para residir com parentes, em uma localidade do interior, distante de grandes centros, na crença de que o isolamento e a distância das más companhias bastariam para cicatrizar as feridas de suas almas. A partir daí, a vida de Neuza tornou-se um sofrimento, devorada pela saudade; "ninguém sabe a falta que Wilson me faz", reclama para as amigas nas conversas que antecedem os rituais devocionais que pratica com elas. Wilson ainda será manchete.

A análise que se segue adota uma perspectiva sistêmica. O caso de Wilson retrata situação comum em famílias em que se desenvolvem fronteiras impermeáveis entre os subsistemas que a compõem. O conjunto "pai/filhos-mais-velhos" encontra-se dissociado do representado pela mãe e pelo caçula. A comunicação entre eles mostra-se precária, distorcida ou quase inexistente.

Wilson, efetivamente, encontra-se isolado. Ele *precisa* dos limites familiares e, à sua maneira, os solicita. Canaliza a carência afetiva para os amigos – que, obviamente, aproveitam-se da condição econômica e da fragilidade emocional do rapaz.

A mãe, que com ele mantém proximidade (mas que não lhe serve como *modelo*) apresenta típico mecanismo de defesa inconsciente: a *negação* do que vê. Esta amplia o fosso que a separa do filho; a aparente companhia que ele lhe faz não passa de artifício do jovem, inconsciente talvez, para lhe conseguir a cumplicidade.

É flagrante a falha na construção da *identidade* (Erik Erikson): Wilson desconhece quem é ou o que será. Desloca a ansiedade da adolescência para o imediatismo das aventuras. Por influência de modelos (ou por simples condicionamento construído gradativamente), despende energias físicas e psíquicas no que lhe parece mais gratificante: o delito. A evolução é esperada: começa com os leves para chegar aos graves.

Seu pai, ao intervir, ratifica o que ele mais temia e percebia: sua descartabilidade, à maneira de um tumor que se extirpa para não incomodar, para não pressionar as estruturas vitais e contaminar o organismo. Exorcizado, tudo estará resolvido. Ivã perdeu a noção de afeto; Neuza, a de responsabilidade. Wilson retrata e resume a relação conjugal, acomodada por meio das manifestações de virtudes socialmente desejadas; sempre fica mais fácil dedicar-se ao anônimo do que ao próximo.

A seguir, será analisada a letra de uma música em que se focaliza uma situação típica e radical. Desde cedo, a criança convive em um ambiente que predispõe à delinquência. Não se trata, portanto, de uma *transformação da adolescência*, antes, esta funciona como o período em que o indivíduo consegue integrar suas carências e dirigir seus anseios para a única prática que conhece.

4.4.2 Primórdio do percurso: do sonho à gravidez

A visão é psicossocial. A música, "A Vingança", de Rafael Luiz, um *rap* que conjuga as virtudes do torniquete com as da navalha mais afiada, em linguagem rude que remete ao ambiente da tragédia (MANGINI, 2008, p. 108-117). Segue-se a primeira cena.

> *O tempo passa e o sol se esconde e a lua não vem*
> *Terça-feira muita chuva, tá embaçado pra sair*
> *Tá muito cedo pra dormir*
> *No quarto da empregada um tesouro está guardado*
> *Uma virgem treze anos, um tremendo mulherão*
> *Isca fácil, presa fácil para o filho do patrão*
> *Um* playboy *folgado, só dá valor ao BMW que o pai lhe deu*
> *Resolveu tirar o atraso com aquela inocente*

A primeira estrofe denuncia o privilégio proporcionado pelo *status* socioeconômico, em oposição à falta de perspectiva da vítima, predestinada a servir de objeto de gozo do outro – a imagem da *coisificação* que se acentua pelo retrato de Maria, na estrofe seguinte:

> *Maria veio de outro Estado, ninguém tá do seu lado,*
> *Sem família, educação, sem escola, sem um lar,*

Dependia do emprego, o fulano abriu a porta, ela começa a rezar

Por favor me deixe em paz, tinha um sonho de se casar

Ter seus filhos e seu lar, ele manda ela se calar,

Diz que no final ainda vai gostar

Violentou-a sem dó, seus sonhos viraram pó

Não podia reclamar, tinha medo de perder o emprego

Maria personaliza o migrante típico que parte de sua cidade natal em busca de um ideal; deixa família, cultura e valores; despoja-se de referenciais para aventurar-se pela "cidade grande" para "melhorar de vida". Não faz ideia do que a espera.

Maria tem sonhos, pensa em se casar, ter filhos e um lar. Para alguns, é ainda uma menina; em seu meio, está pronta para a vida; assim, vê-se compelida a buscar a própria subsistência, privada da família, e tudo cala para não perder o emprego.

O *playboy* age em busca do gozo imediato (*o gozo por meio do outro*); a idade da vítima e a violência de seu ato constituem detalhes que escapam à percepção de um código de ética defeituoso, sem qualquer sintonia com valores fundamentais para a vida em sociedade. Violenta para obter o gozo do sexo e, também, do exercício do poder, da demonstração da superioridade sobre a *coisa que o serve*. Outras razões, profundas, subjazem ao ato… investigá-las requer um mergulho na intimidade do indivíduo.

Passado algum tempo o resultado é evidente,

Sua barriga cresce e a verdade aparece

O patrão diz: Maria pega essa grana e vê se desaparece

Atitude normal, pra nós é muito natural,

Ver rico dando esmola como se fosse hora extra.

4.4.3   Maria-ninguém: não há retorno

A gravidez não basta para entornar o cálice amargo da violência, que o pai afasta, ratificando a imagem de *coisa* que é Maria. No ventre da mãe o destino se anuncia: o *não valor* do fruto da violência, embrulhado nos panos rotos do desemprego e incorporado à sepultura dos sonhos – *Maria-ninguém* traduzirá seu calvário em seus futuros comportamentos perante a sociedade, quando devolverá a coerção física e psicológica.

Em algum momento, Maria deixou a residência, sob o olhar vazio do segurança que destrancou o grande portão de ferro. A história, contudo, não termina aqui.

Azevedo e Guerra (1989, p. 153) relatam consequências que normalmente advêm após um episódio de violência sexual, sendo que a maioria é de ordem psicológica e, de modo geral, muito grave, com reflexo em diversas áreas de contato, inclusive na educacional. Segundo a autora, embora não seja absolutamente evidente que as vítimas de abuso sexual na infância e adolescência enfrentem mais problemas emocionais quando comparadas à população de não vítimas, não há dúvida de que as vítimas que procuram tratamento costumam enfrentar três problemas intimamente ligados:

 ➢ sentimento de culpa;

 ➢ sentimento de autodesvalorização;

 ➢ depressão.

Estes sintomas, aliados à história de *Maria*, proporcionam pistas para suas dificuldades futuras, agora que se encontra na avenida, oprimida entre *voltar* e declarar a vergonha e o fracasso, com o risco de não ser aceita em sua impureza, ou *ficar* em algum canto da selva de pedra impiedosa. *Milhões de Marias* espreitam pelos vãos dessa janela sem horizontes. Aguarda-a a dificuldade de adaptação afetiva, interpessoal e sexual. A música segue.

> *Nem pensou na consequência, o filho que vai nascer*
> *Na rua sem assistência, Maria agora está só*
> *Sem auxílio ou clemência deixa rolar, o mundo gira*
> *Até as pedras podem se encontrar...*

Neste trecho, o autor colocou, com a frieza da navalha, a situação muito difícil em que *Maria* se encontra; sugere, entretanto, a possibilidade de reencontro, *até as pedras podem se encontrar...*; as pedras sugerem solidão e desamparo temperados por sentimentos duros e rudes, a face cruel dos novos relacionamentos. Sabe-se lá o que Maria passará. O tempo, entretanto, seguiu e consuma-se a predestinação.

4.4.4 Estava escrito

> *Faz sete anos que o moleque nasceu, pela idade é normal*
> *Vai para a escola e tal, já no primeiro intervalo*
> *A brincadeira no pátio era polícia e ladrão,*
> *Agora tente adivinhar de que lado ele está.*

Não basta seguir a trajetória esperada para crianças de sua idade, *vai para a escola;* nessa mesma escola que poderia funcionar como continente para seu comportamento e suas necessidades, lá mesmo, já desde o começo, sua brincadeira é polícia e ladrão; o convite a adivinhar de que lado ele está contém a resposta inevitável. A trajetória desfavorável em vista da constituição familiar e das oportunidades sociais *coloca o dedo na ferida* do preconceito – o leitor faz um julgamento prévio sobre o comportamento do menino e seu futuro, como se tal desfecho fosse o único possível.

> *Lá na favela não existe empresário para ele se espelhar*
> *A polícia vai lá, somente pra matar*
> *Só vê miséria, tristeza e lamento*
> *E se contrastam com os carros importados que descem na quebrada*
> *É sabadão e os botecos estão todos lotados*
> *Ele vê uma cena que o deixa chocado*
> *O pai tomando uma cerva com o filho do lado*
> *Ele não se conforma, não sabe quem é seu pai,*
> *Só tem a mãe e mais nada, que aliás vive ausente,*
> *Se tornou dependente do famoso mesclado*

Aqui, o autor utiliza vários conceitos apresentados na abordagem teórica.

O primeiro, de grande relevância para a formação do comportamento da criança e do adolescente, refere-se aos *modelos*. Não há "empresário para se espelhar". O policial é visto como assassino – a lei não faz parte dos *valores*.

A *visão de mundo* é pontuada pela miséria e pelo contraste: a sociedade torna-se *"nós do sabadão e botecos sórdidos"* contra *"eles do carrão".*

A privação se torna evidente! Há a *privação social*, provocada pela diferença de *status* socioeconômico; há, pior do que ela, a *afetiva*, provocada pela compreensão de ser *menos*, o filho da *coisa* – sua mãe – não tem pai. Além de não ter o pai por perto não sabe quem ele é; não é dono de sua própria história. Ver pai e filho no boteco lhe desperta sentimentos de desamparo que serão o combustível da raiva. Vê oportunidades que não fazem parte de seu cotidiano, assiste a elas de longe e experimenta sentimentos de exclusão.

Como ficam as "necessidades de Maslow" nesse contexto, tão distante da Quinta Avenida de Nova York, onde ele estudou os executivos de sucesso para formular sua famosa hierarquia?

A mãe confirmou prognósticos de quem sofre abuso sexual. Adaptou-se por meio das drogas. Ali, não cabem os sonhos de menina. Seu filho procura um herói. Qual herói?

Aquele que enfrenta e mata todos os dragões, transpõe todas as barreiras e consegue resgatar a jovem donzela que estava em apuros. Quais dragões o atormentam? Quem irá dominá-los?

4.4.5 A cola que salva

Não muito longe dali, seis tiros são disparados
Dois corpos são encontrados, ele se revolta com tudo a sua volta
Na madrugada ele ainda está em claro, ouve um barulho de carro
Sua mãe chega em casa vinda da balada,
Bem louca não diz nada, abriu a porta e desbundou
Parece um filme de terror, mas é a dura realidade
Talvez dura demais para um moleque dessa idade

O autor continua combinando torniquete com navalha, para construir o suplício inquisitório do garoto. Não há poesia no poema porque não existem rimas nessa realidade. Assim se constrói o condicionamento com a violência. Assim se ganha o diploma para o nada.

Não há modelos, não há bons condicionamentos, não há referências. O que existe? Onde estão os heróis?

Agora já é tarde, conselhos não adiantam, não matam sua fome
Ele prefere a cola, não quer saber de escola

A cola não surge do nada. Fruto de um processo, ela se instala para promover a troca da escola por alguma coisa percebida como melhor. O garoto mergulha no atrativo mundo das drogas, abandonando a insipidez da escola que lhe fala o que não quer ouvir, que não o prepara para lidar com suas necessidades prementes, não oferece acolhimento ou oportunidades.

Entrar no mundo do crime virou sua obsessão
Começou como avião, moleque é sangue bom
Se roda, segura a bronca, não cagueta o patrão
Com doze anos de idade ganhou o primeiro oitão

4.4.6 Rumo ao sucesso

Desde criança é reconhecido no mundo do crime. Num grupo social em que se destaca e é valorizado, em que se sente alguém. Agora, Maslow tem algo a dizer: *o garoto luta para ter seu time, a gangue (relações afetivas), status (é o líder) e, com isso, se autorrealiza.* Nada como o conforto de confirmar a teoria – pena que isso não resolva o problema do adolescente. As teorias, muitas vezes, não passam de bons remédios nas prateleiras das farmácias.

A(O) profissional de psicologia que atua no sistema prisional tem a oportunidade de observar, por inúmeras vezes, na fala explícita da população carcerária adulta, a privação socioeconômica; essa mensagem explícita e eloquente, reflete uma *posição* que as pessoas apresentam com relativa facilidade, porque sabem que está ajustada ao *approach* intelectual de muitos entrevistadores – busca-se confirmar uma tese e encontram-se vozes que a ratificam; com isso, reforçam-se as vozes.

Entretanto, a(o) profissional sensível, observadora, que procura os *interesses* ocultos pela cosmética das *posições (isto é, daquilo que se declara),* percebe que há um dragão oculto, que não encontrou um herói para traspassá-lo: a privação afetiva, o crescer sem família, sem parâmetros; percebe a falta de modelos, de diretrizes que permitam ao indivíduo compreender a realidade com base em princípios éticos e morais sólidos, estruturados na forma de um sistema de crenças consolidado (o que, na visão psicanalítica, formaria um *superego*).

A(O) psicóloga(o), inúmeras vezes, depara-se com adultos que, sem o perceber, indicam, dão pistas da privação pela qual passaram, com famílias desagregadas, antecedentes familiares para a criminalidade, drogadição, alcoolismo etc., enfim, quadros que representam não só comprometimento do *status* socioeconômico, mas também do afeto.

A criança busca fora de casa, com parentes, na escola, nas drogas, enfim, nos mais diversos caminhos, referência, segurança e afeto que o lar não lhe forneceu.

> *Rápido como um disparo, passou do 12 ao 57,*
>
> *Com menos de 17, ele já estava legal,*
>
> *Deu uma força pra mãe se libertar do vício*
>
> *Comprou sua própria caranga, tem uma mina ponta firme*
>
> *É respeitado no crime*
>
> *No 57 nervoso o mano é linha de frente*
>
> *Já derrubou muita gente pra se levantar*

O jovem evolui. O ato infracional lhe proporciona a *motivação pela expectativa.* Ele sobe na hierarquia. Passou do 12 (tráfico) ao "57" (157 – roubo). Deixou de ser aquele que apenas recebe e repassa para ser linha de frente. O ato infracional parece ser a saída viável para sua situação. Foi "adotado" por traficantes e aparentemente resolveu sua carência, encontrou seu herói.

Desenvolveu-se; pôde, então, assumir sozinho a incumbência criminosa. Resolveu também seus problemas econômicos, ajudou a mãe, comprou seu próprio carro, tem uma namorada, enfim, é respeitado. Identifica-se com a vida do crime; busca seus objetivos. Ganha o respeito do grupo ao qual pertence.

Agora, ele é reconhecido como *antissocial.* Suas características secundárias talvez se situem entre o narcisismo, o levemente persecutório, o independente. Enfim, caminha para uma integração psíquica que o faz sentir-se bem e lhe permite viver um pouco mais do passado e sonhar um pouco mais com o futuro; começa a abandonar a escravidão de viver exclusivamente no presente.

> *A noite cai a luz acaba, ele começa a pensar*
>
> *Lembranças boas e más, seu raciocínio é confuso, ele se lembra*
>
> *Do pai, o ódio que ele carrega, um fardo muito pesado*
>
> *Mais uma vez se revolta, com tudo a sua volta,*
>
> *Mas tem um pressentimento que está perto o momento*
>
> *De sua vingança.*

O autor da letra da música coloca um novo sentimento no anti-herói. Um sentimento negativo, poderoso, que, se diz, se deve digerir frio, porque no calor da briga mostra-se indigesto.

No mundo do crime, encontrou continência para suas angústias e espaço para colocar-se; mas não basta para o conforto psíquico. Tem lembranças… em seu raciocínio confuso, debate-se com o papel que lhe foi designado, de filho rejeitado, de criança sem recursos, de jovem criminoso.

Um conflito interior perigoso rever tudo isso. O castigo seria a perda da identidade construída a partir das situações vividas e das privações sentidas.

4.4.7   O boia-fria emocional

Mais forte do que tudo, do conflito intrapsíquico nasce o desejo da vingança – algo do inconsciente coletivo, na concepção de Jung – como se estivesse perpetuando o mito familiar. Ou seria fruto da observação de, agora já existentes, alguns "heróis", que demonstram seu valor vingando-se daqueles que os prejudicaram? Ou seria o *status* que a vingança proporciona no meio em que vive – ainda mais se perpetrada contra alguém *do outro lado*? Ou, enfim, seria a *autorrealização* de poder escolher o alvo, acertá-lo e desfrutar do áspero perfume do ódio a lhe queimar os dedos no breve instante em que guarda a arma ainda fumegante?

O psiquiatra David E. Zimerman (EUA, 1930-2014) (1999, p. 135) cita Anna Freud, que concebeu o conceito de "identificação com o agressor", que de certa forma complementa uma afirmativa de Freud (apud Zimerman, 1999, p. 135) de que "o superego da criança não se forma à imagem dos pais, mas sim, à imagem do próprio superego desses pais, de modo que essa criança se torna o representante da tradição, de todos os juízos de valor que subsistem, através das gerações".

O pai – seja quem for – mostrou-se poderoso e insensível ao rejeitar o filho; sua mãe reprisou esse poder que se concentra antes nela do que nele, marginalizando-o, "coisificando-o". Haveria um vago sentimento de glória pessoal oculto pelo discurso da vingança.

> *Ao meio-dia, horário marcado, plano bolado, vigia enquadrado*
>
> *Abriu a porta do escritório, o engravatado atrás da mesa*
>
> *Parecia conhecê-lo, mas não tinha certeza*
>
> *Uma arma apontada para sua cabeça*
>
> *O covarde abriu o cofre, tremendo igual vara verde,*
>
> *Por favor não atire, eu acho que eu te conheço, o mano olha*
>
> *Bem pra ele, tem a mesma impressão*
>
> *O engravatado pergunta se sua mãe é Maria*

Ele responde que sim, pode levar o que quiser, mas não me mate

Eu sou seu pai

O reencontro ... até as pedras podem se encontrar...

Ele encara isto como mais um "trabalho". Como mais um serviço que tenha preparado e esquematizado. Mas, ao deparar-se com o homem, uma surpresa: ele é seu pai.

Mesmo nessa situação, o pai não é capaz de assumir sua paternidade, sua responsabilidade. As palavras que diz mostram que não enxerga o filho e a paternidade não passa de instrumento de barganha, que emprega a seu favor ao implorar para não morrer.

O jovem depara-se, então, não com o pai idealizado, valente e poderoso, como quando violentou Maria, porém, com um covarde, que a vida lhe ensinou a desprezar. Tomar o dinheiro seria rebaixar-se; matá-lo representaria a remissão. A vingança ganha novas cores. A covardia do pai redime o filho! O jovem, repentinamente, coloca-se dentro da *lei maior* de seu grupo, ao eliminar o desprezível.

Nem quero mais seu dinheiro, seu sangue é meu pagamento

Vou cumprir meu juramento e vingar minha mãe

Sete tiros disparados, de um cano de oito polegadas,

Calibre 357, foram 5 na cabeça e mais dois no peito

O serviço está feito.

4.4.8 Epílogo?

Eu não quero ver você cuspindo ódio
Eu não quero ver você fumando ópio pra sarar a dor.

(Zeca Baleiro, "Bandeira")

Descarrega a arma; tem que aplacar a raiva que o consome. Para isso, precisa "matar bem matado". O homem roubou a felicidade de sua mãe, tirou-lhe os sonhos e agora o menino acredita que pode devolvê-los para ela.

Ele chega em casa, chama a mãe e diz

Mãe, guarde essas armas pra mim,

Com elas não preciso mais atirar, pois o fulano que um dia te usou

E nos abandonou eu acabei de matar

O menino resolveu, enfim, sua situação. Resolveu de modo concreto e não por elaboração ou sublimação. Não lhe adiantaria matar o pai simbolicamente. Para ele, só o concreto poderia servir-lhe, uma vez que este pai não foi internalizado, assim como não foram internalizados instrumentos para lidar de modo diverso com suas frustrações.

Raciocina no concreto. Seu psiquismo não desenvolveu o pensamento abstrato, que permite deslocar para o futuro as angústias do presente, por meio de soluções sofisticadas que vão muito além da ação concreta. No capítulo a respeito das teorias de psicologia, menciona-se a *sublimação*, um mecanismo de defesa do ego que permite canalizar de modo socialmente aceitável os impulsos agressivos; uma saída que ele não desenvolveu.

As privações suportadas não lhe permitiram um outro repertório de respostas. Poderia ter elaborado se a capacidade de simbolização não tivesse sido prejudicada pela urgência em enfrentar a rudeza da vida, o que lhe aconteceu precocemente. A interrupção do estudo desempenha importante papel nesse processo, porque a escola é uma das mais eficientes portas para o pensamento operatório-formal (confronte-se a associação entre *pensamento* e *linguagem* e os estágios de desenvolvimento de Piaget e Erik Erikson).

Fim da saga. Aliviado, declara que não precisa mais das armas concretamente colocadas, pode dar um rumo para sua vida, conhece sua história e pode ser capaz de reescrevê-la. Será? Seus modelos, condicionamentos, crenças arraigadas; a linguagem tão diferente... uma complexa e desanimadora bagagem psíquica. Há luz no fim do túnel, mas este é longo, contém curvas e desvios.

> *Não, não chores,*
>
> *não, não chores mais, menina não chore assim*
>
> *não, não chores mais...*
>
> *(refrão)*
>
> *não, não chores mais, menina não chore assim,*
>
> *não, não chores mais,*
>
> *procure a Deus seu verdadeiro Pai*
>
> *não, não chores mais, menina não chore assim,*
>
> *não, não chores mais*
>
> *Procure a Deus, seu verdadeiro Pai*

Ele e a mãe pertencem a um ambiente em que é escasso o consolo; um lugar de fazer, teatro do efêmero e do superficial. A droga dá o colorido e cobra o preço. O autor sugere uma saída, pelo artifício da fé...

A música retrata um padrão no qual se insere um número indeterminado de crianças, privadas de afeto por diversos motivos, e que acabam destinadas a um universo semelhante.

Os atos antissociais que levam à delinquência podem originar-se, de fato, em privação de afeto, mas esta pode provocar outros sintomas (enurese, rebeldia, mentiras, crueldade, dificuldade de aprendizagem, voracidade ou inibição do apetite etc.). Trata-se de uma possibilidade, não um vaticínio.

Por outro lado, em lar ou ambiente estável, a criança poderia desviar suas angústias para outros elementos – como os jogos, o esporte, as brincadeiras e rusgas com os colegas – e não necessitaria destas saídas para administrar os fantasmas de seu psiquismo, os dragões que a consomem.

▶ Filmografia

Bicho de sete cabeças	2000 – Laís Bondanzky	Sistema manicomial. Hospitalização. Preconceito contra usuário de droga. Relações familiares.
Como nascem os anjos	1996 – Murilo Sales	Interessante percurso de adolescentes em uma sociedade desigual e preconceituosa.
Eu, Christiane F., 13 anos, drogada e prostituída	1981 – Ulrich Edel	Minucioso relato da evolução da drogadição, desde o álcool até a droga pesada. Prostituição. A vítima permanece dependente.

Exercícios

> O desenvolvimento humano dá-se ao longo de toda a vida, mas há fases, como a adolescência, em que os desafios são intensos e podem refletir no modo como o adolescente estabelecerá seus relacionamentos interpessoais. Identifique no filme *Como nascem os anjos* aspectos relacionados à subjetividade e à responsabilidade (item 4.2.2).

Temas para reflexão e debates

> **ADOLESCÊNCIA (item 4)**

Algumas transformações que ocorrem na adolescência afetam os valores, os princípios, as crenças, as motivações e os comportamentos dos indivíduos de maneira única.

Na adolescência, são comuns a experimentação de drogas psicoativas, a participação em atividades ainda pouco ou totalmente desconhecidas, o convívio – presencial ou virtual – com pessoas e grupos totalmente fora dos círculos de relacionamento anteriores. Por outro lado, o futuro acena ao adolescente com a incerteza, com indefinições e desafios.

Daí a importância de se compreender os fatores que influenciam nessas transformações: sua natureza e prováveis consequências.

O período da adolescência ganhou novos contornos em relação ao que, até o início deste século, lhe era atribuído. A independência em relação aos pais protela-se. Uma nova família, nos moldes tradicionais (pai, mãe e criança), surge como uma possibilidade – não mais um objetivo de vida; quando ocorre, não necessariamente significa a saída do lar ou a presença de filhos.

O adolescente encontra-se mergulhado em um universo de estímulos novos para ele. Seu desenvolvimento constitui a chave que lhe abre as portas desse universo que, se o extasia por um lado, confunde-o por outro. Essa "bipolaridade" ocasiona efeitos nas funções mentais superiores.

Alguns aspectos acentuam-se; outros reduzem-se. O exemplo mais contundente encontra-se no campo da emoção – vivenciado com extrema sensibilidade.

> **ADOLESCÊNCIA LEGAL E BIOPSICOLÓGICA (item 4.2.1)**

Trata-se a adolescência como uma entidade relativamente uniforme, abrangendo um elenco de comportamentos dos que se aproximam da idade adulta.

Esses comportamentos apresentam grande diversidade, o que sugere um público-alvo heterogêneo. Por exemplo, encontram-se adolescentes dedicados a jogos eletrônicos; outros, entretanto, não os praticam e até os rejeitam. Há os que mergulham no estudo; outros, por motivos vários, obrigam-se a exercer atividade remunerada; alguns derivam para a prática esportiva com foco na profissionalização etc.

A maneira como isso acontece afetará a inserção do indivíduo na idade adulta. Considerar essas diferenças facilita na maneira como tratar o jovem, para melhor compreendê-lo e mantê-lo motivado para evoluir.

5
JULGADORES, VÍTIMAS E INSTITUIÇÕES DE EXCLUSÃO

Este capítulo lança um olhar, sob a ótica da psicologia, sobre:

- aqueles que julgam;
- as vítimas;
- as instituições de exclusão.

5.1 OS JULGADORES

A palavra foi dada ao homem para disfarçar seu pensamento.

(Talleyrand-Périgord, França, 1754-1838,
- o Príncipe dos Diplomatas)

Julgam juízes e jurados; julgam os que acusam e os que defendem. Julgam os que opinam. Entretanto, todos trabalham antes com a *realidade dos relatos* do que com os *fatos*.

Julga-se perante a perspectiva sociocultural interpretada pelos indivíduos por meio de seus filtros sensoriais e cognitivos, impregnados de valores e conceitos, experiências, expectativas e do *zeitgeist*, o espírito da época.

Julga-se por meio da comparação com referenciais inscritos no social e modulados pelos fenômenos mentais que dominam cada indivíduo. O sujeito e o social estruturam a mente e a mente domina o sujeito, prisioneiro do próprio artefato. O homem deixa-se escravizar pelas crenças que produz.

Assim, o que julga é também julgado.

5.1.1 O desafio de julgar

O examinar (do delegado de polícia, do advogado, do promotor, do juiz) compreende um confronto de linguagens, pensamentos e percepções entre o que pergunta e o que responde.

Do primeiro exigem-se conhecimentos mínimos a respeito das técnicas de entrevistar. Existe um componente *metodológico* do qual depende a *qualidade* dos resultados desse confronto; esse aspecto burocrático e inevitável possui grande importância, porque dele derivam os conteúdos que comporão o alicerce de qualquer interpretação, seja a de um crime administrativo, seja a de uma briga de casal ou uma violência sexual carregada de perversidade.

O domínio dessa metodologia requer a compreensão profunda de dois conjuntos de conhecimentos complementares e das técnicas de sua aplicação.

O primeiro deles consiste em *dominar os procedimentos de entrevistas* e o segundo, as estratégias para estabelecer *sintonia emocional com o entrevistado.* Um não prescinde do outro; sem o domínio dos procedimentos, prejudica-se a sintonia; se não há sintonia, os procedimentos não bastam para a obtenção de informações, porque a fala resvalará para o vazio, o periférico, o acessório.

O Apêndice C do material suplementar traz uma série de recomendações a respeito de técnicas de entrevista.

Este tópico focaliza a *sintonia emocional,* que consiste em se atingir uma interação entre entrevistador e entrevistado por meio da qual o entrevistador consiga compreender a natureza das principais emoções que dominam o entrevistado. Por exemplo: compreender que alguém se encontra disposto a mentir faz parte dessa sintonia (desconhecer o fato distorceria as interpretações das respostas); entender que a emoção domina profundamente uma pessoa possibilita ao entrevistador identificar limites a estabelecer ou respeitar.

Quando existe sintonia emocional, o entrevistador:

➢ percebe e interpreta sinais do estado de tensão do indivíduo, de emoções que o dominam e efeitos que possam ocasionar em seu comportamento, no seu entendimento do quadro que cerca o conflito e na sua capacidade de elaborar as respostas;

➢ identifica as informações relevantes para entender o percurso histórico dos acontecimentos, na quantidade e na profundidade necessárias para interpretar as respostas;

➢ ajusta a linguagem, para torná-la compreensível pelo entrevistado, evitando a ocorrência de falhas de entendimento comprometedoras da interpretação;

➢ identifica esquemas de pensamento do entrevistado, ajusta o questionamento, elimina ambiguidades capazes de interferir nas respostas e no sentido destas;

➢ compreende a idade de desenvolvimento mental do entrevistado (por exemplo, segundo as concepções de Piaget ou Erik Erikson), com o objetivo de formular as questões de maneira adequada à elaboração mental do indivíduo. Perguntas abstratas, dirigidas a pessoas no estágio operatório-concreto, produzirão respostas com pouco sentido, inconsistentes ou, até mesmo, falsas.

A sintonia emocional contribui para estabelecer um *clima de atenção concentrada* entre julgados e julgadores, caracterizada por *extremo foco no sujeito* e *nos procedimentos indispensáveis ao bom andamento dos trabalhos.*

O entrevistador deve, por outro lado, estar atento a fatores que contribuem para desviar a atenção, tais como:

➢ *cansaço físico*: ocasiona relaxamento involuntário da atenção e desvio do pensamento para assuntos que consomem menor energia psíquica (magistralmente explorado no filme *Doze homens e uma sentença*); quando entrevistas e audiências se prolongam por horas, aumenta a probabilidade de ocorrer desatenção a detalhes significativos;

➢ *mecanismos psicológicos de defesa*: muitos temas e situações ocasionam sofrimento psíquico, quando o julgador vê confrontados ou agredidos seus valores pessoais, seja pela natureza dos assuntos tratados, seja para poder lidar com *preconceitos* desencadeados por pessoas ou ideias; a própria perda de atenção constitui um mecanismo de defesa a ser considerado; outros incluem: a *atenção seletiva*, a *discriminação de determinados detalhes* e o *esquecimento ou desconsideração de outros*;

➢ *pensamentos automáticos* que palavras, gestos, ideias e comportamentos possam despertar: um simples sinal desencadeia pensamentos capazes de desviar totalmente a atenção em relação ao tema tratado ou de conduzir o pensamento em direção a conclusões inadequadas;

➢ *crenças arraigadas*: não permitem concentrar-se nos argumentos e ideias que, porventura, as contrariam ou possam colocá-las em dúvida, muitas vezes levando a conflitos entre valores considerados indiscutíveis; um exemplo é a imagem de "marginal", que a sociedade faz de determinadas vítimas; essa questão acentua-se quando a pessoa (juiz, advogado, promotor, jurado) apresenta *fanatismo* em relação a determinado conceito ou ideia (política, religiosa, sexual etc.);

➢ *esquemas de pensamento*: desenvolvem-se a partir de ideias do próprio indivíduo e que não lhe permitem dar a devida consideração ou exercer a melhor crítica a respeito de resultados de entrevistas e depoimentos (o filme *Doze homens e uma sentença* apresenta excelente exemplo de como isso acontece).

Neves (2007, p. 2) destaca a importância da perturbação da atenção, quando comenta o fato de "não raro serem abandonados elementos importantíssimos, não porque o Juiz não os julgue importantes, mas porque não fixou sobre eles sua atenção, não os percepcionando [*sic*]". A *sintonia emocional* representa um esforço concentrado do psiquismo sobre o evento e contribui para que a atenção permaneça concentrada sobre ele. A *emoção*, entretanto, precisa ser devidamente controlada para não influenciar de maneira inadequada ou indesejada.

5.1.2 A influência da emoção

> *A grande maioria dos processos possui uma causa psicológica, e não apenas econômica (ou jurídica). Quando o juiz descobre a real razão da pretensão, fica muito mais fácil tanto a apuração da verdade quanto o romper das resistências para se chegar a um acordo que contente às partes...*
>
> (J. E. Manzi)

Reconhecer e controlar as próprias emoções é essencial. Não tem qualquer fundamento a hipótese de que o bom profissional deva (e consiga) atuar *sem se deixar emocionar*. Ora, se isso acontecesse, a *sintonia emocional* com os participantes, indispensável para compreender seus comportamentos, não existiria. O desafio é *emocionar-se sem se contaminar pelas emoções próprias e dos participantes*.

À semelhança daquele que assiste a uma excepcional peça de teatro: ou se deixa tomar pela emoção, ou não aproveita o empenho dos atores; contudo, não há por que adquirir as dores dos personagens a ponto de necessitar atendimento por profissional de saúde ao final do espetáculo.

Quando existe raiva dominando os oponentes, o profissional deve aceitar essa realidade e não se intimidar com os seus efeitos sobre sua pessoa; *sentir a presença da raiva* é indispensável para compreender *o que ela ocasiona entre os litigantes* e evitar ser contagiado por ela (o que poderia impedir o exercício da neutralidade). Enganoso, também, seria solicitar aos litigantes "um momento de reflexão", quando o ódio mal os deixa respirar.

O mesmo raciocínio vale para bons sentimentos, como a piedade; se não a identificar quando tomado por ela, aquele que julga poderá tornar-se franco protetor de uma das partes. Nos procedimentos em que os participantes devem tomar as decisões, como acontece na mediação, ainda que a proteção pareça favorecer o mais fraco em um primeiro momento, poderá resultar em prejuízo mais tarde, porque priva o sujeito da oportunidade de reagir e agir com autonomia. O ideal é procurar o equilíbrio entre as partes. Além disso, na tentativa de proteger, a pessoa pode *decidir pela outra* e gerar soluções que, posteriormente, serão percebidas como inadequadas ou estranhas. A esse respeito, recomenda-se a leitura de Fiorelli, Fiorelli e Malhadas (2015), onde a questão é abordada detalhadamente.

Deixar-se dominar pela emoção significa comprometer percepção, atenção, pensamento e memória e abrir espaço para enganos de raciocínio (falsas inferências, conclusões inadequadas), falhas de percepção (fixação em *figura* inadequada, eliminação de detalhes), lapsos e outros fenômenos psíquicos. As emoções sujeitam o indivíduo a crenças inadequadas, esquemas rígidos de pensamento, pensamentos automáticos, preconceitos, e fazem aflorar mecanismos de defesa que comprometem o desempenho no papel.

5.1.3 Efeitos do social

Somos todos escravos de circunstâncias externas.

(Fernando Pessoa, 2006, p. 65)

Os valores sociais exercem inegável e poderosa influência sobre as pessoas, levando-as, muitas vezes, a assumir posturas que não condizem com o melhor para elas mesmas e para a própria sociedade; isso acontece nos julgamentos e pode, até mesmo, contribuir para penalizar a vítima (por exemplo, na guarda de filhos).

Diversos autores assinalam, por exemplo, a *complacência com os agressores*, que seria ainda maior quando a vítima é mulher. Nas palavras de Azevedo e Guerra (1989, p. 58): "a sociedade é extremamente complacente com os homicidas de mulheres, especialmente quando o assassino assaca (*sic*) contra a morta, fatos … de uma vida sexual desregrada". Convidamos o leitor a ler sobre o "Crime da Praia dos Ossos", como ficou conhecido o assassinato da brasileira Angela Diniz.

A complacência encontra eco em crenças arraigadas a respeito dos direitos individuais, dos conceitos de "comportamento normal" e "comportamento desviante" e a acústica psicológica do preconceito reverbera no recinto da justiça, sugerindo uma consideração superficial em determinadas situações, especialmente quando o autor ou autora representa um "segmento nobre da sociedade" e a vítima faz parte daquela imensa massa de manobra socioeconômica que se esconde no anonimato do proletariado.

Algo semelhante ocorre com os crimes no trânsito. Esses crimes ocultam, em primeiro lugar, o desrespeito ao cidadão; o veículo e seu condutor ocupam, na realidade, espaço preferencial, e tudo o que o circunda torna-se fundo indiferenciado na paisagem de menosprezo aos direitos humanos.

Em segundo lugar, ratificam a deficiência dos mecanismos de garantia da ordem pública, frágeis no punir para desestimular, hábeis na colocação de dissuasivos econômicos (a multa) e insuficientes na educação para um trânsito mais seguro.

Esse cenário sugere, por um lado, que a punição, seja a reclusão ao sistema prisional, seja a pecuniária, não produz os efeitos desejados; ao mesmo tempo, desperta para o fato de que existe grave e preocupante distanciamento entre o social e a prática da justiça.

O exemplo mais dramático fica pela atribuição da tendência à criminalidade: "*as classes sociais mais oprimidas atraem as taxas mais altas de criminalidade [...] porque o controle social se orienta prioritariamente para elas, contra elas*" (Gomes; Molina, 1997, p. 101). Sem dúvida, essa percepção, proveniente de crenças sociais arraigadas, reflete-se no teor dos resultados dos julgamentos e do próprio noticiário que cerca os acontecimentos.

Duas suspeitas de infanticídio, praticamente nas mesmas datas, no mês de março de 2008, recebem relatos diferenciados: uma, que envolve pessoa com elevado poder econômico, ganha dimensão nacional; a outra perde-se em coluna interna de jornais de distribuição limitada. Da primeira, inocente até prova em contrário, buscam-se evidências de culpa; da segunda, culpada até prova em contrário, investiga-se a possibilidade de ser inocente. Se a investigação é semelhante, o olhar não o é e a percepção tem a desagradável qualidade de ser dirigida pela intenção do observador.

O grande desafio daquele que julga, que aplica a pena, consiste em se abstrair do social quando o suspeito necessita da força maior da justiça para protegê-lo.

Se há influência dos valores sociais vistos como um todo, não se deve desconsiderar o efeito do microcosmo representado pelo corpo de jurados quando se trata da atuação deste.

Ali, os fenômenos de *comportamento em grupo* encontram-se presentes (mais uma vez, mostrados em *Doze homens e uma sentença*); um líder autoritário e preconceituoso consegue polarizar as interpretações dos acontecimentos para conduzi-las ao encontro de suas próprias crenças e preconceitos; uma pessoa dependente, indecisa, aguardará a opinião dos demais; aquele indivíduo fortemente polarizado para valores religiosos dará peso maior a comportamentos que infringirem sua orientação e assim sucessivamente.

O mito do "julgamento absoluto" não tem fundamento. Todo julgar é relativo e realiza-se dentro de um contexto, para o qual contribuem não apenas os elementos de origem social, mas também os conteúdos intrapsíquicos de cada participante.

5.1.4 Conteúdos intrapsíquicos

> *Nos melhores de nós vive a vaidade de qualquer coisa.*
>
> (Fernando Pessoa, 2006, p. 94)

O profissionalismo, a orientação recebida, a prática, a disposição para atuar com isenção e desprendimento *não tornam as pessoas imunes às forças intrapsíquicas*. Acreditar nisso beira a ingenuidade, pois o intrapsíquico possui conteúdos consciente e inconscientes.

Entre os **conteúdos conscientes**, destacam-se, pela sua importância imediata nas avaliações e julgamentos, os objetivos pessoais dos indivíduos e as *filosofias* que abraçam, especialmente aquelas que se referem a concepções criminológicas.

As *influências* que o abraçar desta ou daquela filosofia a respeito da conduta criminosa e da reação da sociedade a ela merecem as seguintes considerações:

➢ O julgador pode perceber a conduta criminosa de três maneiras distintas:

   a) anormal, em que o conflito e seu contexto perdem relevância (criminologia clássica);
   b) derivada dos conflitos interpessoais e processos sociais, porém, responsabilizando cada indivíduo por seus comportamentos (criminologia moderna);
   c) derivada da sociedade, cabendo a esta a assunção da responsabilidade pela conduta criminosa, incluindo-se aí a identificação de formas de (re)inserção do indivíduo no tecido social (criminologia crítica).

➢ Ao adotar ou pender para uma ou outra filosofia, o julgador estabelece critérios próprios para avaliar os fatos e estabelecer a própria conduta em relação a eles. Ao fazê-lo, torna-se corresponsável pelo futuro dos envolvidos e da sociedade que, por eles, será afetada.

Os **conteúdos inconscientes** compreendem uma extensa gama de fatores, estudados nos Capítulos 1 (derivados das funções mentais superiores, em que se destaca a emoção), 2 (em que se incluem elementos do inconsciente, esquemas de pensamento, crenças, pensamentos automáticos, mecanismos psicológicos de defesa e muitos outros) e 3 (relacionados com as características de personalidade, por exemplo).

Esse conjunto de conteúdos transfere, para o julgador, o ônus do autoconhecimento, para que ele consiga, continuamente, conhecer a maneira como reage aos estímulos que recebe do meio.

Daí a imensa responsabilidade de julgar, a importância da *autocrítica* para reduzir, tanto quanto possível, a margem de erros que possa acontecer em decorrência do que oculta o psiquismo de cada um. Afinal, como escreveu Nietzsche, *somos todos humanos, demasiadamente humanos.*

5.1.5 O testemunho

> *Na liturgia jurídica, o processo é colocado no centro do altar. O juiz olha para o processo, que é também o foco da visão dos advogados e até das partes, estas com temor ou esperança. As partes ficam em segundo plano...*
>
> (J. E. Manzi)

A *emoção* constitui fator-chave nas percepções das testemunhas. O jornalista Robert Wright (EUA, 1957) e outros autores assinalam que as pessoas enxergam mais as falhas de comportamento dos inimigos e menos as dos amigos. Esse fenômeno (inconsciente, assinale-se) é crucial para entender inúmeras incoerências. Os erros do juiz de futebol são paradigmáticos: sempre favorecem *o outro time.*

Dessa maneira, a mãe percebe a filha da vizinha (não a própria) traficando ou usando cocaína; os filhos dos outros picham os muros e vandalizam as imediações; as más companhias colocam o filho tão ajuizado no mau caminho etc. Os casos do bom senhor Haroldo (caso 13) e do insaciável Wilson (caso 20) constituem exemplos típicos.

Nos eventos traumáticos, uma *fisiologia da percepção* distorce a ação dos sentidos. O corpo prepara-se para determinadas ações e concentra as energias em alguns procedimentos; ampliam-se muitos detalhes e ignoram-se outros; a emoção desencadeia mecanismos de defesa para preservar o organismo.

Essa situação favorece o surgimento de *esquemas de pensamento* e *pensamentos automáticos* a respeito dos acontecimentos, propiciando distorções. As pessoas "veem" o que acreditam que devam enxergar. Isso acentua-se entre fanáticos e preconceituosos.

Testemunhas levam aos tribunais sua bagagem socioemocional, com a qual respondem aos interrogatórios e opinam. O entrevistador defronta-se com o desafio, nada desprezível, de separar os efeitos dos preconceitos, das crenças arraigadas, das visões distorcidas, do emaranhado tantas vezes confuso das respostas, para deduzir aquilo que seria "real".

A influência dos meios de comunicação é notável. Um delinquente transformado em herói terá testemunhas de acusação pouco propensas a radicalizar suas percepções, possivelmente em dúvida quanto ao que viram ou escutaram, e contará com a provável simpatia dos ouvintes (inclusive os jurados).

Esse conjunto de aspectos, permeados pela emoção, faz com que o relato espontâneo se apresente irregular, incompleto, com elementos inúteis, interpolações, idas e vindas; administrá-lo, sem que ele perca a espontaneidade, requer sólido domínio de técnicas de entrevista.

Por outro lado, assinala Emílio Myra y Lopéz (Chile, 1896 – Petrópolis, 1964) (2007, p. 178), "o testemunho obtido por interrogação representa o resultado do conflito entre o que o sujeito sabe, de uma parte, e o que as perguntas que lhe dirigem tendem a fazer-lhe saber".

Uma pergunta, efetivamente, pode produzir falsas associações na memória; dependendo da formulação, sugere um fato que leva a outro e assim por diante, afastando-se do real dos acontecimentos ou aproximando-se deles.

Na situação apresentada no caso 1, referente à colisão na rotatória, a maneira como forem questionados Joana e Gilberto exercerá influência em suas recordações a respeito dos fatos, principalmente se a audiência acontecer muito tempo depois da colisão. A rapidez com que um evento desse tipo acontece, e a confusão que se estabelece em seguida, contribuem para tornar pouco nítidos os registros na memória.

A pergunta também pode questionar a respeito de fatos esquecidos, lacunas, que o sujeito, inconscientemente, procurará preencher, por meio de breves *confabulações*, decorrentes de um mecanismo de defesa inconsciente de proteção: o indivíduo não quer dar a entender que *não sabe*, com receio de que isso o comprometa ou ao seu depoimento. A confabulação origina-se, também, de uma continuidade lógica do raciocínio.

O interrogatório pode, por falha de formulação da pergunta, sugerir *respostas preferenciais*; o indivíduo escolhe uma delas por falta de opção ou por identificá-la como a mais adequada. ("E então, o suspeito foi para a esquerda ou para a direita?")

Outro aspecto emocional do interrogatório consiste no desenvolvimento de *sentimentos de inferioridade* no interrogado, proveniente do medo de dar uma resposta que seja considerada tola, maliciosa ou que demonstre suas deficiências em relação a outros interrogados. Myra y Lopéz (2007) analisa diversos outros aspectos que devem ser considerados ao se interrogar e que merecem consideração.

O autor também empresta substancial importância à inexatidão de depoimento por *tendência afetiva* (MYRA y LOPÉZ, 2007, p. 200 e seguintes), destacando-se:

➢ *a identificação emocional* da testemunha com a vítima ou com o réu, que pode lembrar-lhe sua origem, aspectos da vida passada, dificuldades enfrentadas etc. Pode acontecer, com muita facilidade, em situações como a vivida por João, agredido por Aguinaldo (caso 27); testemunhas podem já ter sido vítimas de agressão em situação semelhante e, por isso, estarem predispostas a prestar mais atenção nos comportamentos do agressor do que nos da vítima, inconscientemente, conforme se comentou na revisão teórica;

➢ *valores e princípios* presentes no julgamento e que se sobrepõem à questão em si (justiça, verdade, opressão etc.); as crenças desempenham um importante papel nesse momento;

➢ *preconceitos* originados da condição social, do comportamento, da aparência de uma ou outra parte, capazes de provocar distorções no pensamento (demonstração de riqueza, beleza, cor, sexualidade etc.);

➢ *falsas crenças* em relação ao que a vítima ou réu praticam (do tipo "todo político é ladrão", "empregado rouba mesmo", "policial bate nos mais fracos", "quem mora no morro é bandido" etc.).

Comentou-se, no item 1.4, a construção de *falsas lembranças.*

Essa possibilidade merece atenção ao se tomar depoimentos, porque para aquele que depõe, *a memória é percebida como real.* Pode tratar-se não de um mero artifício para escusar a si ou a outrem de responsabilidade, mas de *mecanismo de defesa do ego* (ver item 2.1.2).

A observação inteligente e perspicaz daquele que toma o depoimento poderá permitir encontrar inconsistências, por meio das quais se concluirá pela falsidade da informação.

A inexatidão de depoimentos também acontece por motivos técnicos. Deficiências nos sentidos, desconhecimento do assunto podem levar a inferências e deduções com resultados sem vínculo com a realidade (a pessoa "pensa que escutou um grito"; por exemplo).

Por outro lado, são valiosos os depoimentos de especialistas; uma costureira descreve com precisão a indumentária utilizada por um ladrão; um cabeleireiro identifica detalhes do penteado; um fisioterapeuta retrata minuciosamente a posição em que ficou um atropelado etc.

Limitações físicas e fisiológicas de testemunhas são influenciadas pela idade e pelas experiências de vida. Crianças e idosos apresentam *limiares de sensação* diferentes, por exemplo. Um músico é altamente sensível a sons, enquanto um pintor, a cores e formas.

Crianças são especialmente sugestionáveis. Para isso, concorrem fatores contextuais relativos à entrevista e diferenças individuais. É possível, mas não provável, que uma criança entrevistada de forma sugestiva ainda apresente um relato verdadeiro. Por outro lado, o depoimento colhido livremente, na ausência de sugestão, não garante um relato preciso.

O conhecimento do funcionamento das *funções mentais superiores* é sempre de grande utilidade para aquele que interroga; um dos fatores que contribuem para isso é a *temporalidade*, lembrando-se que

> o conflito jurídico é forjado nas malhas de uma temporalidade que não coincide com a temporalidade da vida corriqueira, ... A comunicação judicial é inscrita numa temporalidade que separa, no decurso de longos prazos, a emissão e recepção das informações, estas últimas submetidas, sempre, aos tratos da linguagem jurídica. Tal distância temporal

imposta às falas reforça, traduz e institui, concomitantemente, a distância entre as partes, separa-as (...) como de resto já estão separadas pelo papel de partes, não apenas no plano corporal (...), mas no plano da comunicação intersubjetiva mesma (CAFFÉ, 2003, p. 150).

Os efeitos dessa *dissonância temporal* entre a justiça e a vida corrente são marcantes sob os mais diversos aspectos; as emoções modificam-se; a memória pode ser aliada do delinquente e adversária da vítima ou vice-versa; a *importância privada e social dos acontecimentos* modifica-se com o passar do tempo – é conhecidíssima a volatilidade da memória pública, que se alimenta primordialmente das pílulas de lembrança dos noticiários.

Há o testemunho da pessoa com transtorno mental. Essa condição é caracterizada por meio do EEM, já mencionado no Capítulo 3 e, também, por meio de psicodiagnóstico.

Deve-se observar que é possível, em muitas situações, obter valiosas informações de pessoas com transtorno mental, em detrimento da concepção leiga de que "tudo é loucura", nesses casos.

Conclui-se que são muitas e complexas as questões presentes no momento do depoimento e que devem ser cuidadosamente consideradas para garantir, além da imprescindível *confiabilidade*, a indispensável *credibilidade*.

5.2 A VÍTIMA

> *Muitas pessoas buscam o judiciário com a esperança de que o poder decisório do juiz resolva seus problemas emocionais. O que ocorre, porém, é uma transferência da responsabilidade para a figura do juiz, buscando nele uma solução mágica e instantânea para todos os conflitos.*
>
> (Silva, 2003, p. 10)

O tema contempla, inicialmente, a conceituação de *Vitimologia*, ciência que trata do estudo da vítima; em seguida, apresenta-se criticamente uma *tipologia*, que procura classificar os delitos em função dos comportamentos da própria vítima.

Seguem-se considerações a respeito dos motivos pelos quais determinados indivíduos se tornam mais vulneráveis. Dá-se atenção particular às "vítimas eternas" e, em especial, à violência conjugal.

A violência sexual recebe tratamento específico, pela importância e incidência. No tópico "vitimização" aborda-se o *processo* por meio do qual o indivíduo torna-se vítima. Adicionam-se considerações a respeito dos procedimentos *após* as ocorrências e os efeitos da divulgação sobre a vítima.

5.2.1 Vitimologia

Luiz Flávio Gomes e Antonio Garcia-Pablos de Molina (1997, p. 84) estabelecem a importância do estudo em profundidade da vítima e das condições em que ela sofreu o delito:

> pode-se afirmar que a vítima sofre, com frequência, um severo impacto psicológico que se acrescenta ao dano material ou físico provocado pelo delito. A vivência criminal se atualiza, revive e perpetua. A impotência frente ao mal e ao temor de que se repita produz ansiedade, angústia, depressão etc.

Classicamente, Vitimologia é a ciência que estuda a vítima sob os pontos de vista psicológico e social, na busca do diagnóstico e da terapêutica do crime, bem como da proteção individual e geral da vítima. Tem por objetivo estabelecer o nexo existente na dupla penal, o que determinou a aproximação entre vítima e delinquente, a permanência e a evolução desse estado.

Constituem interesses da Vitimologia:

➢ *Prevenção do delito*, por meio da identificação de medidas de natureza preventiva (policiamento, iluminação, identificação e neutralização de pontos de vulnerabilidade etc.). Sob esse aspecto, destaca-se o estudo:

a) do comportamento do delinquente em relação à vítima;

b) do comportamento da vítima em relação ao delinquente;

c) da influência do comportamento da vítima para a ocorrência do evento criminoso;

d) dos fatores que levam a vítima a reagir ou não contra aquele ou aqueles que a vitimizam ou, até mesmo, a acentuar essa relação de desequilíbrio.

➢ *Desenvolvimento metodológico-instrumental*, que inclui a obtenção e o desenvolvimento de informações destinadas à análise técnico-científica dos fatores que envolvem os delitos, por exemplo, local de residência, sexo, idade, nível econômico e cultural da vítima e do autor do ato infracional, propiciando estudos de correlação e projetos de atuação sobre os elementos causais.

➢ *Formulação de propostas de criação e reformulação de políticas sociais*, condizentes com a atenção e reparação devida à vítima pelos múltiplos tipos de danos que sofre, econômicos, sociais e psicológicos. Podem incluir, por exemplo, ações destinadas a restabelecer a tranquilidade e eliminar o medo, restaurando condições de vida ajustadas ao comportamento solidário e à confiança no sistema de justiça.

➢ *Desenvolvimento continuado do modelo de Justiça Penal*, imprimindo-lhe atualidade e consistência do ponto de vista social, cultural, tecnológico e econômico, sem perder de vista os aspectos humanos e conjugando o respeito à individualidade com a preservação dos direitos da coletividade. Esta preocupação possui grande importância do ponto de vista da percepção dos indivíduos em relação ao sistema como um todo porque, inegavelmente, o que as vítimas mais esperam, de imediato, é que seja feita *justiça*. Entretanto, o conceito de justiça encontra-se longe de ser absoluto e recebe influência de local, costumes, leis vigentes e condições particulares de cada indivíduo envolvido nas situações em que existe delito.

Hodiernamente, a legislação de proteção à vítima tem sido aprimorada e políticas públicas têm sido colocadas em prática para o atendimento às suas necessidades, mas, infelizmente, ainda são incipientes sob diversos aspectos.

➢ No Código de Processo Penal: o juiz, ao proferir sentença condenatória, fixará valor mínimo para reparação dos danos causados pela infração, considerando os prejuízos sofridos pelo ofendido.

➢ Na Lei 9.807 de 1999: estabelecimento de normas para a organização e a manutenção de programas especiais de proteção a vítimas e a testemunhas ameaçadas, com a instituição do Programa Federal de Assistência a Vítimas e a Testemunhas Ameaçadas, dispondo sobre a proteção de acusados ou condenados que tenham voluntariamente prestado efetiva colaboração à investigação policial e ao processo criminal.

Cap. 5 • JULGADORES, VÍTIMAS E INSTITUIÇÕES DE EXCLUSÃO | 135

➢ No Código Penal: determinando como um dos efeitos da condenação, a obrigação de indenizar o dano causado pelo crime, sendo a sentença penal condenatória um título executivo judicial.

➢ Na Lei 13.431 de 2017: estabelecimento do sistema de garantia de direitos da criança e do adolescente vítima ou testemunha de violência.

➢ Na Lei 12.845 de 2013: o atendimento obrigatório e integral de pessoas em situação de violência sexual, destacando-se que os hospitais devem oferecer às vítimas de violência sexual atendimento emergencial, integral e multidisciplinar, visando ao controle e ao tratamento dos agravos físicos e psíquicos decorrentes de violência sexual, e encaminhamento, se for o caso, aos serviços de assistência social.

5.2.2 Tipologia

Para fins didáticos, refere-se à classificação vitimológica proposta por Benjamin Mendelsohn (Romênia, 1900 – Israel, 1998):

a) Vítima completamente inocente

A ocorrência é uma fatalidade à qual a vítima não teria como se furtar. O exemplo mais radical seria o do nascituro em relação ao aborto; outro, é a vítima de "bala perdida".

Trata-se, aqui, do indivíduo que, diariamente, viaja comprimido no trem de subúrbio, compartilhando espaço com delinquentes que ali se encontram para furtar-lhe a carteira, aproveitando-se do excesso de passageiros e das circunstâncias facilitadoras. Trata-se, também, da trabalhadora em situação semelhante, no trem ou no ônibus, que percebe o comportamento lascivo do indivíduo que nela se esfrega, valendo-se da aglomeração provocada pelo excesso de lotação.

b) Vítima menos culpada que o delinquente

Ela atrai o ato criminoso ao se comportar de determinada maneira que, ao olhar do delinquente, a torna mais vulnerável. Uma pessoa ostentando joias enquanto passeia tranquila nas proximidades de locais em que se conhece o alto índice de furtos e roubos.

Seria o que Newton Fernandes e Valter Fernandes (1995, p. 460) conceituam como "vítima autêntica": o indivíduo que se expõe, inconscientemente, para fazer o papel de vítima – e, com isso, atinge esse objetivo.

c) Vítima tão culpada quanto o delinquente

O cidadão que se submete ao estelionato; o indivíduo que adquire mercadorias naquela conhecidíssima galeria onde se concentram distribuidores de objetos contrabandeados, constituem exemplos notórios. Muitas vezes, o relacionamento evolui para a chantagem e a vítima encontra-se em conhecida "sinuca de bico".

🔎 No caso 18, da suave Adriana, as vítimas podem não ser tão culpadas quanto a delinquente, porém, também podem contribuir com a ocorrência do fato delitivo; ao pagar um valor tão inferior ao do mercado, procuram obter alguma espécie de vantagem com o negócio. Estariam classificadas neste item ou no anterior, dependendo das intenções e motivos da própria vítima. O caso clássico, conhecidíssimo, é o do cidadão que adquire o "bilhete premiado".

d) Vítima mais culpada que o delinquente

O assaltante invade a residência, porém, encontra resistência e acaba morto pela vítima.

e) Vítima unicamente culpada

Trata-se da *falsa vítima*, que "esconde" o carro para receber o dinheiro do seguro; que se machuca para demonstrar que foi agredida pelo cônjuge.

Essa classificação não esgota as possibilidades, quando se pensa em um ajuste mais específico a situações particulares. Estudar a temática relacionada à vítima, seja por sua participação na situação fática referente ao crime, seja pelo processo de responsabilização do ofensor ou, ainda, pela necessidade de reparação dos danos sofridos, requer maior e melhor empenho da comunidade científica que se ocupou tradicionalmente dos estudos em relação ao ofensor.

A vítima de abuso sexual constitui situação à parte, que será vista adiante.

Também constitui uma condição especial o conceito de "vítima" na violação de direitos coletivos (aqueles de que são titulares, de forma indivisível, um grupo de pessoas ligadas entre si) ou de direitos difusos (cujo titular é um número indeterminado de pessoas, ligadas por uma circunstância de fato); nestes casos, incluem-se os crimes ambientais, contra a economia popular, contra a saúde coletiva, entre outros.

Importante frisar que se deve cuidar para que não se façam interpretações individualizadas e simplistas nos casos de fenômenos complexos como a relação vítima-delinquente.

5.2.3   Afinal, vítima por quê?

Nesta e em outras situações paira a pergunta: o que leva a vítima a se expor ou a permanecer exposta? Possivelmente, a investigação de *ganhos secundários* leve a conclusões oportunas.

Ganhos secundários constituem recompensas, reais ou imaginárias, às custas de sofrimentos também reais ou imaginários. O psiquismo aceita estes em troca daqueles, fazendo um jogo inconsciente nem sempre compreendido pelos observadores. O ganho secundário alinha-se com os conceitos de *mecanismos psicológicos de defesa* de Freud e de *economia de energia psíquica* de Jung.

Um dos fenômenos notáveis é a *glorificação do sofrimento*. Recebe forte influência cultural, em localidades e regiões em que se valorizam a coragem, o destemor, o desprendimento. Também padece de influência da religião, quando esta valoriza a expiação das culpas por meio do sofrimento. A pessoa se expõe, é agredida, violentada, roubada, enfim, vitimada e depois passa a contar com a admiração de outros que reconhecem a invulgar coragem com que enfrentou aquela situação.

Possivelmente, esse tipo de força movimenta pessoas como o jornalista Tim Lopes, em sua emblemática jornada rumo à imolação, destinada a comprovar o que todos já sabiam. Talvez ela também alimente a ousadia do solitário sertanista em sua saga na defesa de uma longínqua floresta e incógnitos lavradores contra poderes que somente forças (muito bem) armadas ousariam encarar. São mecanismos que nem sempre ascendem ao *status* da consciência.

Pode-se também especular que, por trás desses comportamentos gloriosos, encontram-se culpas que serão expiadas por meio das ações de imolação, caracterizando, dessa maneira, notáveis ganhos secundários em termos de apaziguamento da consciência, elevação da autoimagem, confirmação dos próprios valores etc. Trata-se, aqui, de motivações relacionadas com o último nível da hierarquia de Maslow, a autorrealização.

Ao sofrer, a pessoa iguala-se aos mártires que devotaram suas vidas a causas impossíveis e conquista o direito a recompensas em outras dimensões. Crenças profundamente arraigadas encontram-se por trás desses comportamentos.

Crenças arraigadas também se ocultam em outros tipos de comportamentos de expiação de culpas. "Impedida de *não ser rica*", a pessoa encontra artifícios para sofrer por isso: o Rolex brilha ao volante, o colar cintila à luz das vitrines em rua de pouco movimento, o automóvel permanece estacionado em local escuro – um "*kit*" de provocação da sorte. Seria um mecanismo psicológico de defesa que impulsiona essas pessoas?

Outro fenômeno que incentiva a permanência do indivíduo na condição de vítima é a *descrença de que algo pode ser feito, como a possibilidade de obter uma resposta social, nesses casos, provavelmente a rede de apoio e proteção apresenta sensíveis falhas*. Em outras palavras, não há a *expectativa de ações favoráveis para inibir ou prevenir a ocorrência delitiva*. A esse respeito, é fundamental a *imagem* dos mecanismos de combate ao crime e dos órgãos que os operacionalizam. Um exemplo marcante é a *delegacia especializada de atendimento à mulher*.

Graças a ela, constituiu-se um espaço "*no qual a mulher maltratada pode libertar-se dos preconceitos com os quais é normalmente recebida nas repartições policiais em geral*" (BATISTA, 1990, p. 164). A mulher passou a desenvolver a percepção de que *há um lugar para recorrer*. Ao mesmo tempo, o homem desenvolveu a percepção de que *existe um lugar em que não encontrará aliados* (uma percepção que sempre cercou o relacionamento da mulher com as repartições policiais – comandadas por homens, muitas vezes, pouco sensíveis.

A mulher, pelo menos do ponto de vista policial, foi "descoisificada" em tese; somando-se a isso, muitos equipamentos de saúde também possuem equipe própria para receber mulheres vítimas de violência. Resta saber se a prática, que passa pelo eterno vestibular da operacionalização continuada, com inúmeros e incômodos detalhes amplamente conhecidos, ratificará a intenção do legislador ou confirmará o histórico.

Esse exemplo demonstra a relevância da *imagem do órgão de combate ao crime*. A má imagem da instituição estimula a criminalidade, da mesma maneira que a percepção de *inoperância do judiciário* coloca uma vidraça difusa sobre as ocorrências. A vítima cala-se porque *não acredita na Justiça e não vê a Polícia como uma efetiva aliada*. Modificada essa imagem, ela se pronuncia e busca instrumentos de defesa.

Não se descarte a *emoção do perigo*. Há pessoas movidas pela adrenalina dos acontecimentos, no lazer, no trabalho, no trajeto. Parece que o perigo as persegue, porém, ao analista, não passa despercebida a busca da sensação da corda-bamba, da beira do abismo, que depois se transforma em histórias emocionantes no evento social.

🔍 O caso paradigmático é representado pelo id veloz de Guguinha, que depende tanto de adrenalina, uma droga endógena, quanto de oxigênio (caso 8).

Possivelmente, esse comportamento origina-se em condicionamentos adquiridos a infância – esse é o garoto que subia no telhado, na árvore e, de vez em quando, fraturava um braço; o primeiro que atravessou o rio a nado e quase se afogou... a menininha que se aventurava no quintal escuro, que entrava na mata próxima da casa do vovô, que nunca teve medo do *Saci Pererê*... O noticiário incumbe-se de destacá-los e glorificá-los.

Modelos, motivações, condicionamentos, crenças, esquemas rígidos de pensamento, mecanismos psicológicos de defesa fazem parte do coquetel de teorias aplicáveis na busca de explicar o comportamento de vítimas que se encaminham, mais ou menos deliberadamente, para os precipícios de dor que as consumirão.

Estas considerações não descartam a fatalidade; podem ser, simplesmente, pessoas "no local errado, no momento errado". Há inúmeras situações no trânsito, no trabalho, no lar, que conduzem o indivíduo a se tornar vítima do comportamento de outras pessoas, sem que possa esboçar qualquer defesa.

Existem, entretanto, inúmeras situações como a vivida por Celso e Marilda, no caso 2, um autêntico paradigma, possivelmente conhecido por todo leitor deste livro: o das "vítimas eternas". Em geral, são duplas que se especializam em infligir sofrimentos mútuos, transformando suas vidas em uma "via-sacra" eterna e impiedosa.

5.2.4 As vítimas *eternas*

O que mantém a união entre Celso e Marilda? Os filhos? As opiniões dos familiares? A falta de iniciativa de ambos? A busca de ter o que contar nas rodas de amigos?

Glassermam, *apud* Ceverny (2006, p. 88), sugere que o constante litígio pode ser o instrumento para a manutenção da união, isto é, ela se mantém *por meio do conflito*. Criam-se comportamentos condicionados. Olhares, pequenos gestos, são suficientes para despertar *esquemas de pensamento* que conduzem a atos de resposta que, por sua vez, geram outras igualmente condicionadas. O ciclo não tem fim.

As crianças, se existem, ficam expostas a comportamentos que dizem respeito à produção de dor, sofrimento, conflito, reagir à provocação etc. Com o tempo, esse comportamento torna-se naturalizado para elas.

A vítima *eterna* encontra-se em inúmeras situações. Há o empregado incompreendido, que acusa, ano após ano, o patrão e o supervisor, de lhe causarem dano moral ("justo a ele que tanto fez pela empresa"); os colegas, de conspirar contra ele ("por isso não é reconhecido nas avaliações; não sabe como suporta essa vida"); os clientes, de serem insensíveis ("ninguém sabe os sapos que engulo"); os fornecedores, de desonestos e de não honrar os compromissos e... celebra trinta anos no mesmo emprego, na mesma função ("Nem eu mesmo sei como aguentei, até agora, tanto sofrimento")...

Há a síndica que suportou acusações de dano moral e suspeitas de improbidade administrativa; viu seu carro riscado na garagem do prédio em retaliação a suas determinações; foi humilhada em público por condôminos mal-educados. Entretanto, a cada assembleia, reitera sua disposição de "sofrer por mais um período, afinal, é para o bem de todos". Os conflitos alinhavam os remendos do seu manto de solidão e a empurram para mais uma estação no calvário de sua existência.

Vítimas eternas encontram, no que as prejudica, a motivação para seguir em frente. O conflito faz parte de sua maneira de ser e constitui eficaz *mecanismo psicológico de defesa* contra outros dramas do psiquismo que, sem eles, se tornariam insuportáveis (ocupariam o lugar da *figura* em suas percepções).

5.2.5 Violência conjugal

A *violência conjugal,* física e ou psicológica, encontra-se disseminada na sociedade e, da mesma maneira que a violência sexual, patrimonial ou moral, permanece encoberta na maior parte dos casos.

Um dos motivos para isso é o *"desconhecimento",* por um ou ambos os cônjuges, de que determinados comportamentos constituem *violência conjugal,* especialmente quando se trata de violência psicológica. Há casos em que o padrão de relacionamento violento está tão naturalizado na comunicação e nas demais práticas familiares que as pessoas envolvidas não reconhecem a violência subjacente.

Ressalte-se recente alteração no Código Penal brasileiro, consubstanciada na Lei 14.132, de 2021, que incluiu a violência psicológica entre seus dispositivos (art. 147-A), ratificando e reforçando o que já estava consignado na Lei 11.340, de 2006, conhecida como Lei Maria da Penha.

Quando a violência física faz parte do contexto familiar, possivelmente, será detectada na escola, no trabalho, no culto religioso, locais em que terceiros notam sinais que a denunciam; a violência psicológica, entretanto, dificilmente será percebida por terceiros e, sequer se constitui em fonte frequente de demanda nas delegacias.

Ainda que a vítima tenha consciência do que lhe acontece, é comum que não deixe o lar nos relacionamentos violentos; em geral, a violência provoca alterações em sua autoimagem e autoconceito, e, nessa condição, não se acredita capaz de modificar a situação e é içada a tal condição pela perpetuação das características sociais estruturadas em torno do conceito do patriarcado e dos estereótipos sustentados por esse conceito.

Há, também, o ganho secundário de manter uma espécie de *controle* sobre o agressor, encarado como *troféu* perante as pessoas próximas, ou pela importância social do sujeito, ou, ainda, por motivos econômicos.

O ganho secundário acentua-se quando o agressor manifesta sentimentos de culpa por seus comportamentos e promove momentos de reconciliação e *expiação,* consubstanciados em benefícios diversos, incluindo-se aí concessões econômicas e/ou no campo da sexualidade. Não se despreze, também, a cultura de submissão estimulada por pensamentos religiosos relacionados com a troca de dores no presente por futuros benefícios idealizados.

A violência doméstica costuma seguir um padrão exemplificado no esquema a seguir:

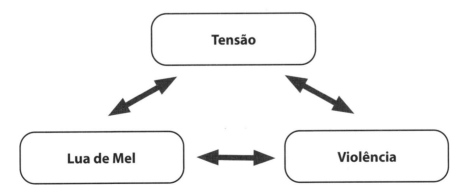

A violência explicitada nesse ciclo é alimentada no cotidiano das relações conjugais; uma tensão inicial, geralmente representada pela violência psicológica, concretizada a seguir na violência física, conduz a um pedido de desculpas e à *lua de mel,* se não forem realizadas intervenções. Obviamente, a tensão inicial não é suficientemente elaborada; ela não se esvai, simplesmente arrefece por um período até que essa fase seja reiniciada.

A perpetuação do ciclo da violência, sem que haja intervenções suficientes, pode conduzir a um desfecho trágico, o feminicídio, regulamentado pela Lei 13.104, de 2015.

Embora em número muito inferior, há situações em que o homem ocupa posição até certo ponto curiosa no teatro da violência conjugal. O paradigma social o classifica exclusivamente como o algoz quando há situações, principalmente na violência psicológica, em que constitui a vítima. Aldrighi (2006, p. 212) destaca a dificuldade de se aceitar a violência da mulher contra o homem, em decorrência desse paradigma, o que ocasionaria um conhecimento subestimado de sua incidência. "Maridos agredidos são tópicos para anedotas ou são submetidos ao ridículo", assinala.

Nesse cenário, da violência doméstica, os estereótipos contribuem para cristalizar papéis sociais e conjugais (para ambos os gêneros), os quais facilitam a desigualdade e a concretização da violência.

Quanto ao gênero masculino, espera-se do homem:

- ➢ competitividade;
- ➢ potência sexual;
- ➢ agressividade;
- ➢ destemor, não ser emotivo;
- ➢ não se deixar desmoralizar por uma mulher;
- ➢ ser um bom provedor.

Quanto ao gênero feminino, espera-se da mulher:

- ➢ submissão;
- ➢ supressão do desejo sexual;
- ➢ maternagem;
- ➢ servir ao marido e à família;
- ➢ não expressar seus pontos de vista.

A violência conjugal estritamente psicológica é de caracterização difícil porque:

a) não tem início repentino; dificilmente se inicia por um evento isolado;

b) vai sendo apreendida pouco a pouco pelos participantes; um ou outro pode não se dar conta de que ela acontece;

c) com o passar do tempo, há duplo condicionamento: tanto do dar como do receber a violência psicológica, a tal ponto de um simples olhar ter o poder de amedrontar, ofender ou provocar repulsa; aquele que o recebe, por outro lado, desenvolve comportamentos também condicionados para neutralizar esses sentimentos. Instala-se um ritual de sarcasmos, ofensas e desprezo mútuo até a paralisação do relacionamento;

d) não é invulgar que os filhos se tornem a munição dessa troca de fogo emocional, com significativos prejuízos para a visão de mundo que eles terão no futuro.

Há outros fatores que também contribuem para esse cenário de dor e sofrimento na violência doméstica:

➢ o execrável argumento da legítima defesa da honra;
➢ a culpabilização da vítima;
➢ a impunidade nos "crimes de paixão";
➢ a ideia de que um casamento infeliz é melhor do que um lar desfeito;
➢ a violência doméstica predomina nas classes sociais mais baixas;
➢ filmes e músicas com conteúdo que fomenta a desigualdade e a objetificação da mulher.

A violência conjugal pode desembocar na separação (litigiosa ou não) e no crime (desde a agressão física até o assassinato – uxoricídio, quando o marido mata a mulher, ou mariticídio, quando a mulher mata o marido). É comum o envolvimento de um terceiro compondo o triângulo amoroso, na tentativa equivocada de resolver o que solução não tinha e, muitas vezes, precipitando de maneira mórbida os acontecimentos.

As intervenções nas situações de violência doméstica exigem interdisciplinaridade que normalmente envolve profissionais das áreas jurídica, psicológica, social e médica. Nas intervenções se deve evitar a generalização dos casos, a revitimização e o julgamento, acolhendo a vítima sem culpabilizá-la.

5.2.6 Violência sexual

Violação física e psíquica das mais severas, suas consequências agravam-se pelo fato de trazer implicações que ultrapassam os limites do indivíduo, para incluir o grupo social com o qual se relaciona.

O exemplo marcante é o da jovem vitimada pelo estupro, como aconteceu com Luciana (caso 3). A perda da virgindade, cujas consequências sociais já foram maiores no passado, ainda constitui um estigma, a ponto de jovens com poder aquisitivo mais elevado buscarem cirurgias restauradoras, na tentativa de neutralizar o dano físico.

A violência sexual contra crianças e adolescentes solicita tratamento específico. Para tanto, foi elaborado o Plano Nacional de Enfrentamento da Violência Sexual contra Crianças e Adolescentes, disponível na íntegra em <https://www.mdh.gov.br/biblioteca/crianca-e-adolescente/plano-nacional-de-enfrentamento-da-violencia-sexual-contra-criancas-e-adolescentes.pdf/view>.

Maria Amélia Azevedo e Viviane Nogueira de Azevedo Guerra (1989, p. 63) alertam que "vítima da violência sexual – da sedução ao estupro – a moça passa a se considerar indigna de viver em sociedade", uma concepção acentuada no ambiente familiar de inúmeras maneiras. Ao que parece, a maior liberdade no relacionamento sexual cada vez mais precoce não contribuiu tanto quanto se poderia supor para reduzir o impacto dessa agressão à individualidade.

Não se descarte, também, a possibilidade de que a indignação aparente de familiares e conhecidos apenas encubra uma falsa moralidade, por meio da qual o gozo de humilhar e fazer sofrer se manifesta insidiosamente. Também não se abandone a perspectiva de que muitos dos que atiram a primeira, a segunda ou terceira pedra não sofram, em seu inconsciente, a sensação incômoda de terem sido, mais uma vez, preteridos, principalmente nos casos de ofensa sexual intrafamiliar, "por que ela, e não eu?". O inconsciente possui razões que o consciente desconhece…

Contextualizando

Veja-se Belinha, solteira, 50 anos, que anseia por um companheiro, mas tem medo. Nas conversas, deixa entrever sua indignação contra "essas mulheres que se exibem e, depois, reclamam...; no fundo, só querem saber de sexo; basta ver a falta de vergonha para se vestir"; uma fala que carrega os grilhões dos seus próprios comportamentos.

Belinha reflete um mecanismo de defesa por meio do qual projeta, naquela que "peca", seus sentimentos latentes de "ter o corpo desejado daquela mulher", ou do desejo de ter um amante que lhe permita experimentar o que apenas idealiza.

a) Consequências

As consequências *psicológicas* do abuso sexual são as predominantes; profundo efeito sobre o psiquismo manifesta-se em mudanças comportamentais e em diversos tipos de transtornos mentais, de leves a graves, como o TEPT – transtorno de estresse pós-traumático.

A pessoa pode enfrentar dificuldades de ajustamento sexual, como repulsa ao contato íntimo com outras pessoas. Os transtornos psíquicos podem não aparentar relação com o fato originador, porque o psiquismo adota mecanismos psicológicos de defesa para excluir do consciente aquilo que lhe parece insuportável.

As consequências, amplas, nefastas, afetam o relacionamento com outras pessoas e destas com a vítima; o prejuízo para a identidade e a subjetividade reclama maior e melhor atenção dos programas de acolhimento. Diversos autores apresentam uma extensa relação de consequências atribuíveis a essa tragédia pessoal, as quais podem ser sumarizadas em três grandes áreas do comportamento:

Dificuldades de adaptação afetiva

Surgem marcantes dificuldades para receber e expressar sentimentos e emoções; o comportamento evitativo constitui mecanismo de defesa eficiente para afastar pessoas e evitar novas decepções. A autoestima diminuída soma-se a sentimentos de culpa, muitas vezes inculcados por familiares e pessoas do seu relacionamento próximo.

Dificuldades para estabelecimento de relacionamento interpessoal

A vítima apresenta redução do diálogo, da abertura para novos contatos e fortalecimento dos existentes; o discurso contido reforça a característica de personalidade evitativa ou esquizoide. O relacionamento com pessoas do sexo oposto ou do mesmo sexo resulta particularmente prejudicado.

Impedimento ao exercício saudável da sexualidade

O sentimento de repulsa, que pode incluir a própria pessoa da vítima, inibe-a de aproximar-se de outras e estabelecer relações de intimidade. O mecanismo de defesa pode manifestar-se pela prática de comportamentos sexuais socialmente inadequados ou nitidamente perversos.

A vítima de incesto padeceria de um agravante, representado pela dificuldade em distinguir o amor parental das manifestações sexuais. Elas "estarão vivenciando relacionamentos insatisfatórios, dolorosos e nocivos" (AZEVEDO; GUERRA, 1989, p. 155) e, em geral, desenvolvem sentimentos ambivalentes, de revolta e culpa contra quem as agride.

Dentre os inúmeros prejuízos no campo da sexualidade, podem surgir pensamentos e comportamentos sexuais disfuncionais, receio da intimidade, negação do relacionamento sexual, perda da motivação sexual e insatisfação com a prática sexual. Considere-se que as consequências serão mais acentuadas, quanto maiores foram os fatores de risco em detrimento dos fatores de proteção.

As reações emocionais da vítima poderão ser agravadas pelos seus comportamentos e pelas emoções que experimentou *antes* da violência. Segundo Alvino Augusto de Sá (1999, p. 226), "seu estado de fragilidade, carências, frustrações, fantasias e sonhos leva-a a encontrar verdade e esperança naquele que a seduz e ficar totalmente cega para as armadilhas que ele lhe prepara".

O indivíduo perverso compreende a fragilidade emocional da vítima; nela, identifica os sinais de carência emocional ou de falta de valores e princípios que lhe sirvam para orientar seus comportamentos; ele desenha o quadro da sedução em que ela encontrará a acolhida para seus anseios; o agressor lhe oferecerá o suporte emocional para realizar a travessia em direção à dor, à surpresa tão inútil quanto tardia. Se o colorido for o da paixão, maior ainda será o dano.

A frustração virá acompanhada da redução da autoestima, da comprovação de sua menos-valia e da desilusão em relação às outras pessoas.

Essa situação poderá se tornar ainda mais pungente quando o agressor representa uma ideologia ou uma simbologia; exemplo marcante encontra-se no religioso que pratica a pedofilia, combinando o pior do profano com o pior do sagrado. Segundo Matilde Caroni Slaibi Conti (2008, p. 116), "muitas crianças que são vítimas de pedófilos não têm noção de que estão sendo abusadas e violadas no seu íntimo". Esse comportamento vindo de religiosos tem especial relevância porque essas pessoas gozam de extrema confiança da vítima e de seus familiares e desempenham um papel simbólico especial.

A tomada de consciência vem, então, acompanhada da constatação do erro e do sentimento de quanto foi ingênua. A autoestima é aniquilada e podem ocorrer sentimentos paradoxais: de um lado, a vítima percebe-se valorizada (foi "escolhida"), de outro, desvalorizada (percebe-se objeto).

Todo esse quadro pode conduzir a *transtornos psicológicos* diversos, entre os quais a depressão, estabelecendo um círculo vicioso: a pessoa deprimida tem suas forças reduzidas para enfrentar os desafios de se readaptar à vida social.

b) A difícil recuperação da vítima

Tem particular interesse a questão da criança que padeceu violação incestuosa, porque a colocação em lar ou família substituta pode ser indispensável para salvaguarda da vida da vítima, evitando-se que a violência evolua, principalmente se há histórico de agressividade no comportamento do agressor.

Straus e Manciaux, apud Azevedo e Guerra (2005, módulo 4, p. 18), salientam que "quando for possível deve se facilitar a manutenção de laços entre pais e vítimas ... mesmo se um retorno posterior parecer improvável", o que evitaria buscas inúteis e desilusões no futuro. As autoras recomendam, entretanto, quando se sabe da impossibilidade de permanência de qualquer laço, prover a ruptura total e definitiva, colocando a vítima em família substituta.

Também paira sobre o óbvio a necessidade de suporte psicoterapêutico especializado para essas crianças e adolescentes. É ponto pacífico em inúmeras legislações mundiais que este apoio [terapêutico a crianças e adolescentes que sofreram violência física doméstica] seja dado de forma compulsória. Contudo, como imaginar essa possibilidade dentro da realidade socioeconômica brasileira? Oferecer intervenção psicoterapêutica sistêmica é objetivo a ser perseguido e efetivado nas políticas públicas.

Entretanto, ainda que timidamente, alguns projetos têm se destacado no país, na forma de centros de atendimento especializado, com equipe interdisciplinar para atendimento exclusivo a crianças e adolescentes, vítimas de violência sexual.

O resgate do passivo social decorrente da violência acontece, para uma parte das vítimas, pela pior das vias: o comportamento socialmente inadequado ou pervertido, incluindo psicopatologias no campo da sexualidade, quando o indivíduo atingir idade e gozar de condições físicas que lhe permitam exercê-lo.

5.2.7 Vitimização e vitimização sexual

a) Vitimização

Segundo Sá (1996), *vitimização* é um "processo complexo, pelo qual alguém se torna, ou é eleito a tornar-se, um objeto-alvo da violência por parte de outrem. Como processo, implica uma rede de ações e/ou omissões, interligadas por interesses, ideologias e motivações conscientes ou inconscientes".

A vitimização pode ocorrer nas instituições, como a família. Alguns exemplos:

> ➢ pais, em nome da educação, acabam por estabelecer limites excessivos para os filhos, a ponto de minar sua criatividade e iniciativa;

> ➢ a família elege um integrante como "aquele que destoa do grupo"; sobre ele recai a culpa e todas as mazelas daquele grupo familiar; pouco a pouco ele assume o papel de vítima;

> ➢ o mesmo processo pode ocorrer socialmente quando um determinado grupo é apontado como divergente da maioria e passa a ser o depositário de toda a culpa social.

Mais presente em *crianças* e *idosos*, embora exista em todas as faixas etárias e níveis socioeconômicos. Pode ser predominantemente física ou predominantemente psicológica. A vitimização sexual constitui situação especial.

O termo *predominantemente* foi utilizado porque a vitimização de natureza física acarreta prejuízos psicológicos e vice-versa. Corpo e mente são inseparáveis.

A *vitimização física* caracteriza-se pela negligência e pelos maus-tratos, podendo instalar--se paulatinamente, da forma mais leve à mais grave.

A negligência em alimentação consiste em negar ou cercear alimentos em qualidade e em quantidade suficientes; isso compromete o desenvolvimento físico e neurológico.

A negligência em higiene consiste em negar ou dificultar a prática essencial de procedimentos higiênicos; muitas doenças graves podem ser ocasionadas.

Os maus-tratos correspondem a castigos e agressões, que provocam ferimentos, como fraturas, hematomas, queimaduras, traumatismos.

Em todas as situações de vitimização física ocorrem fenômenos ligados à *percepção* e que podem ser responsáveis pela *fraca resposta da vítima*, graças à perda gradativa da *discriminação* para o sofrimento e suas consequências. A fome é o exemplo mais notável: o organismo, restringida abruptamente a alimentação, reage com violência à *sensação de fome*; contudo, retirada paulatinamente a comida (em quantidade ou qualidade), ocorre a *acomodação* e o corpo, literalmente, "acostuma-se a morrer". Surgem inúmeras consequências que contribuem para que o organismo aceite, mais e mais, a degradação que a falta de alimento ocasiona, o que aumenta a resistência da pessoa à privação e contribui para prolongá-la.

Algo semelhante acontece com os maus-tratos de maneira geral. Uma situação insuportável, ao observador, é tolerada, ainda que com sofrimento e perdas, em uma reação de autodefesa do organismo. Os mecanismos de dor são relativos e, em situações limites, o organismo os "desliga" (a pessoa, por exemplo, perde os sentidos).

Na *vitimização psicológica* encontra-se a pessoa depreciada do ponto de vista afetivo, por negligência ou rejeição. Pais impõem-se sob o disfarce do educador, humilhando em casa ou em público; cria-se, na criança, autoimagem de incompetência, de destinação para o fracasso. A autoestima reduzida conduz a insucessos que ratificam a qualificação depreciativa e fazem com que a profecia se autorrealize.

A vitimização psicológica pode combinar-se com a física e os mesmos fenômenos de percepção ocorrem em relação ao dano psíquico. O indivíduo perde a discriminação para os estímulos agressivos ao seu psiquismo (uma palavra de baixo-calão, inaceitável para alguns, é lugar-comum para outros e não produz efeito); motivos psicofisiológicos (fenômenos da percepção) e psicológicos (mecanismos psicológicos de defesa), combinam-se para reduzir o sofrimento psíquico.

A síndrome de Estocolmo é o caso paradigmático desta situação. Consiste em um estado psicológico no qual vítimas de sequestro, ou pessoas detidas contra sua vontade – prisioneiros – desenvolvem uma relação de solidariedade com seu(s) raptor(es) que pode transformar-se em verdadeira cumplicidade, com os presos chegando a ajudar os raptores a alcançar seus objetivos ou fugir da polícia.

Sua denominação é referência ao famoso assalto do Kreditbanken em Norrmalmstorg, Estocolmo, que durou de 23 de agosto a 28 de agosto de 1973. Nesse acontecimento, as vítimas continuavam a defender seus raptores, mesmo depois dos seis dias de prisão física terem terminado. Elas mostraram um comportamento reticente nos processos judiciais que se seguiram. O termo foi cunhado pelo criminólogo e psicólogo Nils Bejerot, que ajudou a polícia durante o assalto, e se referiu à síndrome durante uma reportagem. Ele foi então adotado por muitos psicólogos no mundo todo.

Outros casos famosos incluem pessoas sequestradas e reféns, tais como Patty Hearst (EUA, 1954). Depois de ter permanecido refém de uma organização militar politicamente engajada (o Exército de Libertação Simbionesa), juntou-se ao grupo meses depois de ser libertada.

As vítimas começam por identificar-se com os sequestradores, no princípio como mecanismo de defesa, por medo de retaliação e/ou violência. Pequenos gestos por parte dos raptores são frequentemente amplificados porque, do ponto de vista do refém, é muito difícil, senão impossível, ter uma visão clara da realidade nessas circunstâncias.

As tentativas de libertação, por esse motivo, são percebidas como uma ameaça, porque o refém pode correr o risco de ser magoado nesses mesmos atos. É importante notar que estes sintomas são consequências de estresse emocional e/ou físico extremo. O comportamento é considerado como uma estratégia de sobrevivência por parte de vítimas de abusos pessoais.

Não se deve desconsiderar, por outro lado, que o sequestro, quando tem a finalidade de demonstração política ou social, pode conduzir o sequestrado a confrontar seus valores com outros que, até então, desconhecia, conduzindo a um processo de reformulação cognitiva que o estresse emocional induz e possibilita e que não aconteceria de outra forma.

Veja-se o caso da jovem austríaca Natascha Kampusch, sequestrada em 1998, em circunstâncias misteriosas, e que reapareceu com 18 anos, após oito anos de cativeiro. Durante esse tempo permaneceu fechada em um porão, por seu suposto sequestrador – um eletricista de 44 anos, que se jogou na frente de um trem e morreu esmagado.

Segundo porta-voz da polícia, nas suas primeiras declarações, a jovem revelou que nem sempre esteve presa e que, nos últimos anos, o sequestrador permitiu de vez em quando que ela o acompanhasse ao supermercado, mas impedia sua fuga com ameaças físicas. Além disso, a imprensa informa que o homem cuidou da educação da jovem, proporcionando-lhe livros, rádio e televisão em seu "cativeiro", de três metros por quatro debaixo de uma garagem, com acesso através de uma abertura de 50 x 50 centímetros, protegida por sofisticado sistema eletrônico.

A jovem encontrava-se a caminho da escola quando desapareceu sem deixar vestígios. Uma companheira de escola e testemunha do sequestro relatou que um desconhecido a colocou dentro de uma caminhonete e fugiu.

b) Vitimização sexual de crianças

Na vitimização sexual, a criança desempenha o papel de objeto de gratificação sexual do ofensor. Trata-se de um jogo perverso, baseado em *relação de poder*, no qual a vítima é submetida de maneira insidiosa, a ponto de não se dar conta da evolução do processo de vitimização. A agressão combina aspectos físicos e psicológicos. A relação, nesses casos, é assimétrica e a vulnerabilidade da vítima a impede de compreender a situação e de repelir a agressão.

Os procedimentos podem ser progressivos e avançar na violência, iniciando-se com carícias leves, suaves, aparentemente inocentes; o banho é momento crítico, porque à exposição obrigatória soma-se o contato indispensável e permite a prática voyeurista sem restrições.

As carícias vão se transformando, sutilmente, para incluir a manipulação dos órgãos genitais, mama ou ânus, até culminar no ato sexual (o que nem sempre acontece; muitos pedófilos realizam práticas que não incluem a penetração). O ato sexual pode vir acompanhado de tortura, sadismo, ameaças, agressão, com o objetivo de obter o sigilo (Azevedo; Guerra, 1989, p. 152-153).

O que se inicia como uma atividade privada pode ampliar-se para a utilização da vítima em rituais e procedimentos coletivos, com a exploração sexual; a criança é exposta ao voyeurismo, à produção de conteúdos pornográficos e outros ingredientes típicos da perversão. A tecnologia de informação e transmissão disponível possibilita as mais perversas práticas no ambiente doméstico, sem despertar suspeitas.

Não há preferência por nível social, de escolaridade ou econômico; encontram-se os piores comportamentos em todas as profissões e classes sociais. Resultados: traumas e transformação da sexualidade em algo angustiante, insuportável, um drama que se prolonga e transforma a vida em labirinto sem saída, uma vez que o sexo constitui componente da existência saudável.

c) Coisificação da vítima

A vitimização encontra reforço e estímulo no comportamento social de *ocultação da vergonha*.

As famílias, de todos os níveis socioeconômicos, acentue-se, apresentam nítida dificuldade para *identificar e reconhecer o que acontece, perpetuando segredos*. Familiares, inconscientemente ou não, socorrem-se no cômodo mecanismo de defesa de *ignorar os sinais*. A criança chorosa, que se recusa a ir à aula, que evita o tio, a tia, o padrasto, o pai, o primo, é percebida como manhosa, tímida, que não quer se relacionar. O descrédito da família aumenta quando se trata da vítima adolescente; uma fase particularmente delicada, porque não é invulgar que a *mãe* passe a enxergar, na filha jovem e atraente, uma *rival* ou, ainda, demais membros a identificá-la como uma pervertida.

A evolução do processo de vitimização costuma, entretanto, vir acompanhada de sinais físicos, os quais não se pode negar; a *ocultação dos sinais* inicia-se com a aplicação de curativos e remédios no lar; protela-se o recurso ao centro de saúde pública ou à clínica médica até o limite do insuportável para a vítima ou para a *consciência* do agressor.

Na impossibilidade de ocultar sinais, vem a tentativa de *negar o significado*, atribuindo-se os danos físicos a acidentes e incidentes os mais diversos e despropositados. Ante as queixas das crianças, vem a barganha: o pedido para não contar a ninguém para evitar retaliações a pessoas queridas; dessa maneira, a vítima passa a suportar o peso de manter o segredo e compartilha da cumplicidade familiar.

O resultado desse quadro resume-se na notável *coisificação* da vítima.

Contrariamente ao que se costuma imaginar, o "amor materno" não é nem intuitivo e nem instintivo. Não se encontra distante, na história da evolução social humana, o tempo em que as mães percebiam os filhos como mera mão de obra no processo de sobrevivência e descartavam aqueles que não correspondiam ou por excesso de bocas para sustentar, segundo a filósofa Elisabeth Badinter (França, 1944) (1985, p. 367). Philippe Ariès escreve, com excelência, sobre a evolução no conceito de infância e significado de família na obra *História Social da Família e da Criança*.

A extensão em que isso acontece é tal que, em muitas situações, o *incesto* desempenha um odioso papel estabilizador nas famílias, possibilitando (principalmente ao homem) saciar seu apetite sexual nos limites do lar. Os papéis familiares se confundem, provocando danos à subjetividade de todo o núcleo familiar. Essas considerações – nada agradáveis – foram feitas para se chegar à conclusão de que não se deve estranhar que a vítima se identifique com o agressor (até mesmo imitando-o física e moralmente). A agressão consome-lhe as energias, submetida à manipulação que pode ser dos pais, em conjunto ou separadamente. O agressor pode violentar a filha, e a mãe, quando se omite, defende-o e se coloca contra a vítima.

As coalisões familiares são mais do que conhecidas; na guerra psicológica entre cônjuges, os filhos, muitas vezes, fazem o papel de rastilho para o explosivo emocional que tempera o relacionamento entre eles.

São conhecidos os casos em que a criança é induzida a formular falsas acusações de abuso sexual, sem ter a menor noção do que faz; afinal, a distância real entre um ato, uma manipulação de natureza erótica, e um gesto de carinho pode ser tão tênue, que um relato malicioso facilmente se insere nos lábios ingênuos da vítima.

Além disso, qualquer dos cônjuges pode barganhar amor e confiança por mentiras ou apelar para ameaças de castigos físicos ou psíquicos contra os quais a criança não possui defesa. Esta, na difícil encruzilhada de trair um ou outro, vê-se submetida à difícil e paradoxal opção, cujas consequências podem ser transtornos mentais e dificuldades no campo do relacionamento interpessoal e na constituição de vínculos de confiança.

Entre os sinais, sintomas e transtornos mentais, assinalam-se instabilidade emocional, fobias, estados depressivos e ansiosos, aos quais se atribuem, por exemplo, distúrbios de nutrição e dentição (disfunção da articulação temporomandibular – DTM, bruxismo).

PSICOLOGIA JURÍDICA • José Osmir Fiorelli e Rosana Cathya Ragazzoni Mangini

Na área de relacionamento interpessoal, evidencia-se o distanciamento das pessoas de mesma idade e o apego a outras mais velhas, que lhe podem servir de proteção. Dificuldades no campo da sexualidade já se pronunciam, acentuadas pelo desenvolvimento de sentimentos de vergonha do corpo e de se expor.

Também não se deve ignorar o drama daquele que recebe a *falsa acusação* de ter praticado violência sexual, principalmente contra crianças e adolescentes. Essa vítima encontra-se sujeita a consequências:

> ➢ psicológicas: raiva (aumentada, às vezes, pela impotência em conseguir uma reparação pela ofensa, principalmente quando o caso torna-se público; os órgãos de imprensa nunca dão o mesmo destaque a acusação e defesa); ansiedade; estado depressivo; redução da autoestima, transtornos de sono e outros, sem mencionar os transtornos orgânicos decorrentes;
> ➢ sociais: manifestação de comportamentos evitativos; rejeição pelos amigos e conhecidos;
> ➢ familiares: afastamento da criança de outros filhos, do cônjuge; proibição legal de realizar visitas.

Essa situação leva a desdobramentos que a agravam ainda mais, como perda de motivação para o trabalho, reflexos da acusação sobre a imagem pública do profissional e outros prejuízos indiretos.

5.2.8 Após a ocorrência

Os acontecimentos consequentes e subsequentes ao ato criminoso podem se constituir em novas fontes de sofrimento.

Tratando-se da vítima de violência sexual, são conhecidos os efeitos da insensibilidade e da falta de cuidados de muitos médicos no exame de corpo de delito, quando necessário; o que seria um procedimento clínico pode ganhar os contornos de uma nova invasão. Essa vítima encontra-se sujeita a um duplo processo de vitimização: pelo abusador e pelo aparelhamento público, ao submeter-se a exames em seu corpo e a interrogatórios.

Tal condição acentua-se na criança e em pessoas cujas características de personalidade as tornam especialmente vulneráveis, ao se verem forçadas a reviver o que lhes provocou enorme sofrimento.

A situação agrava-se pelo flagrante despreparo de alguns profissionais de saúde e da segurança pública, capazes de tratar as vítimas como meros números dentro de seus fichários. Manipulam e conversam com elas desconsiderando a angústia em que se encontram; há os que nem chegam a olhá-las nos olhos. Ocorre, pois, um processo de vitimização secundária que precisa ser evitado.

A autoestima encontra-se diminuída e, em muitas situações, seria mais do que recomendável o apoio psicológico especializado e multidisciplinar – autêntica quimera para a absoluta maioria das vítimas, que, não raramente, são condenadas a isolamento no contexto familiar e social.

Gomes e Molina (1997, p. 65) consideram que "a vítima do delito experimentou um secular e deliberado abandono ... Talvez porque ninguém quer se identificar com o 'perdedor'...". Essa questão é ainda mais notável quando o criminoso possui poder e popularidade; o noticiário, em geral, incumbe-se de reduzir a gravidade do ato e de aumentar a possível participação da vítima em sua promoção.

Há situações, contudo, em que os meios de divulgação "elegem" o delinquente como oportuna vitrine para atrair a ira da comunidade. Se, por um lado, isso contribui para que a vítima alcance a devida reparação e assegura a penalização do delinquente, por outro, expõe a vítima à opinião e ao conhecimento do público, roubando-lhe uma privacidade que poderia ser essencial para lidar com os danos emocionais que o delito lhe provocou. Por exemplo, a exposição pública de uma vítima de estupro contribui para sua estigmatização.

5.2.9 Mídia e vítima: inimigas ou aliadas?

Os meios de comunicação, em algumas situações criam, em outras reforçam, a percepção que a população tem do *crime*, além de contribuírem para atribuir o *papel* que a sociedade outorga à vítima.

Observa-se que o espaço dedicado ao criminoso é, em geral, maior do que aquele recebido pelas vítimas. Uma evidência de como isso acontece é o acompanhamento que se dá aos "heróis" do tráfico e do crime organizado. De maneira geral, a figura da vítima é circunstancial.

A divulgação sensacionalista (muitas vezes permeada de imagens), fartamente empregada em programas de televisão e em alguns jornais e revistas, contribui para a *banalização do crime* e, em consequência, para a *banalização da vítima*.

Tão ou mais grave do que isso, entretanto, é o tratamento que a vítima recebe em inúmeras situações em que a *desvalorização do ser humano* promovida pelos meios de comunicação, de maneira subliminar e, algumas vezes, explícita, fortalece a *coisificação dos indivíduos*, dando um aval virtual ao criminoso.

Gusmão aborda essa questão quando trata da *revitimização* pela mídia, segundo ele "uma prática rotineira e bárbara no Brasil" (2002, p. 68). Não basta a dor do evento, provocada pelo delito: a vítima é agredida emocionalmente pela imprensa falada ou escrita quando se vê implacavelmente exposta, muitas vezes com um linguajar que, além de limitado, está longe de refletir a realidade dos fatos. A superficialidade do noticiário e o foco adotado pelo editorial não apenas resumem, mas modificam as dimensões dos acontecimentos.

Vezes há em que a vítima, por sua ingenuidade, falta de preparo, condições econômicas e culturais precárias, é apresentada de maneira *diminuída* para a sociedade expectadora ou leitora; essa desvalorização relativa tem o efeito de provocar uma inconsciente *diminuição da percepção de abuso ou violência*.

O choque social de saber que um parlamentar tenha sofrido uma violência sexual é notavelmente maior do que a notícia de final de página contando que uma humilde empregada doméstica, moradora nos confins do subúrbio, foi violentada quando chegava em casa.

O mesmo crime, o mesmo fato, a mesma violência têm valores sociais diferentes dependendo de quem comete e de quem sofre. Os meios de comunicação retratam essa atitude da sociedade, porém, possuem o notável poder de acentuá-la, desde pelo efeito "manchete", até pela dedicação de espaço no noticiário.

A ideia de que os meios de comunicação apenas refletem o que se passa na sociedade não é absolutamente correta. A rua das influências tem mão dupla e, com o poder de que hoje dispõem, os meios de comunicação podem se orgulhar de exercer uma influência da qual nenhuma outra instituição é capaz.

5.3 AS INSTITUIÇÕES DE EXCLUSÃO

> *Existe a lógica do encarcerado, a lógica do mais forte, do líder positivo ou negativo da massa carcerária. A massa carcerária tem leis próprias ... leis pessoais, leis da sobrevivência, leis da malícia do crime.*
>
> (Ademar Silva de Vasconcelos – Juiz da Vara de Execuções Penais de Brasília, 2013).

Instituições de exclusão são aquelas criadas, mantidas e desenvolvidas para separar, da sociedade, grupos de indivíduos cujos comportamentos manifestos não condizem com as normas predominantes. Estes indivíduos são a elas incorporados e nelas mantidos, em geral, de maneira compulsória.

Elas recebem pessoas de todas as classes sociais; acentue-se, entretanto, a existência de mecanismos que evitam ou dificultam a inclusão de determinados grupos de indivíduos (em função de notoriedade, influência política, poder econômico, por exemplo) e que favorecem o oposto, isto é, promovem a inclusão de outros grupos de maneira preferencial (por exemplo, o conhecido binômio discriminatório e preconceituoso "pobre e negro"). Tais instituições estariam a serviço de um pensamento baseado em teorias menos críticas e mais conservadoras.

Entre as instituições de exclusão destacam-se as prisões, as entidades para aplicação de medidas socioeducativas a adolescentes infratores, as que acolhem crianças e adolescentes em situação de rua ou que sofreram negligência, maus-tratos e abandono, as instituições psiquiátricas e outras. Em todas elas, é possível observar o viés social de seus usuários. O fim a que se destinam confunde-se com a ratificação de uma sociedade desigual.

Elas não constituem entidades *uniformes* em seus procedimentos; em vez disso, diferenciam-se de acordo com a população recolhida e outros fatores específicos. Podem ser, por exemplo, grandes ou pequenas; com variadas formas de estabelecer a segurança e a disciplina; transitórias ou "*definitivas*" etc.

Neste tópico não se aprofunda no estudo de uma ou outra instituição específica. Em vez disso, o olhar flutua periscópico com o objetivo de pontuar aspectos relevantes, do ponto de vista psicológico, tanto para os internos como para aqueles que com eles se relacionam profissional ou afetivamente.

Asseveram Mangini e Lourenço (2019) que, para as pessoas sob custódia legal, a prisão é o local em que habitam por um período de suas vidas e onde se espera delas que satisfaçam todas as regras e normas de condutas estabelecidas pela instituição, pelas leis e pelos gestores da política pública de controle da criminalidade. Para aqueles que ali trabalham, e que, muitas vezes, também passam uma boa parte de suas vidas, é o local de onde tiram, em larga medida, os proventos que lhes possibilitarão existir de determinada forma.

Vale ressaltar a análise do renomado antropólogo Erving Goffman (Canadá, 1999), que realizou estudo sobre as instituições totais, assim denominadas aquelas em que os indivíduos devem realizar todas as suas atividades e com a qual, de certa forma, criam uma relação de dependência.

Refere o autor que a conquista da própria identidade é uma das mais importantes conquistas do ser humano. Consiste na descoberta de si mesmo. No fenômeno da prisionalização, cria-se um estigma, o qual se desenvolve desde que o indivíduo ingressa na instituição; ali, gradualmente, ocorre a perda do *eu*, com profundas modificações na carreira moral e nas crenças relativas a si mesmo. Goffman elenca as seguintes características que contribuem para que isso aconteça:

a) realização de todas as atividades dos condenados segundo um esquema obrigatório, como um conjunto de regras impostas;

b) processo de admissão na instituição pautado por uma codificação própria do sistema (números, impressões digitais);

c) despojamento dos bens pessoais;

d) participação em atividades cujas consequências simbólicas são incompatíveis com sua concepção de "eu";

e) arquitetura própria do lugar, com banheiros sem portas, celas abertas, sem direito à privacidade;

f) exposição a companhia forçada;

g) submissão a exames e vistorias em seus pertences e no próprio corpo.

Nesse contexto, o isolamento torna-se quase impossível. Na comunidade fechada, o que perturba os indivíduos não é a solidão, mas a vida coletiva. A adaptação à vida prisional sempre implica em uma desadaptação à vida livre, segundo o filósofo, sociólogo e jurista Alessandro Baratta (Itália, 1933 – Alemanha, 2002) (1990).

Em que pese a *expertise* da ciência psicológica nas relevantes ações de saúde e reintegração social empreendidas no interior das prisões, a atuação da psicologia na interface com o direito na execução penal dá-se inicialmente em meados do século passado, com a colaboração da primeira para perscrutar o comportamento criminoso, com o objetivo de fornecer subsídios para a compreensão deste comportamento e sua criminalização.

Com o advento da Lei de Execução Penal, Lei nº 7.210 de 1984, explicita-se o papel da psicologia nessa interface, qual seja, o de atuar no âmbito da execução da pena, analisando e classificando os condenados para fins de individualizá-la. Ocorre que, por inúmeros motivos (que não são objeto deste estudo), esse objetivo não foi atingido.

Entretanto, ainda que em vigor tal diretriz legal, na prática, o papel designado à psicologia restringe-se à realização de avaliações para fins de progressão na execução penal, o que repercute no modo como se dá essa interface.

Para René Kaës (1991, p. 93), enquanto estrutura fechada, a instituição produz todos os elementos inerentes aos sistemas fechados: a repetição dos comportamentos, o aumento da burocracia (a multiplicação das normas, dos procedimentos, das convenções, e as suas consequências: a ausência de iniciativa, a necessidade de segurança e de fuga das responsabilidades, assim como a habilidade para contornar regras e para a preservação do funcionamento). E, no fim das contas, a tendência radical ao aumento da entropia e, portanto, à desorganização e a morte.

Ao Direito interessa conhecer o apenado para analisar seu pedido de benefício. Nesse diapasão, cabe ressaltar a recomendação do Conselho Federal de Psicologia a respeito da atuação da psicologia no sistema prisional, problematizando a elaboração de prognóstico criminológico de reincidência, a aferição de periculosidade e o estabelecimento de nexo causal a partir do binômio delito-delinquente, aspectos que não se constituem em construtos psicológicos. Além disso, a produção de documentos escritos, para subsidiar a decisão judicial na execução de penas e medidas de segurança, não pode ser realizada pela(o) psicóloga(o) que atua como profissional de referência para o acompanhamento da pessoa presa, em quaisquer modalidades, como atenção psicossocial, atenção à saúde integral, projetos de reintegração social.

5.3.1 Um breve olhar social

O crime produz sentimentos de vingança pública, alerta Winnicott (1990, p. 128); a lei surge para dirigir, limitar e tornar segura a ação dos que a implementam, para que a emoção negativa que o comportamento desperta não se torne causa de prejuízo ainda maior para a sociedade.

Ao mesmo tempo em que castiga, poupa o criminoso da cegueira que o ódio impõe. Sem isso, não haveria como conter a escalada de violência.

Entretanto, a sociedade reage, à sua maneira, a essa função da lei e das instituições; uma das maneiras como o faz é pela *economia social da exclusão*. Isso se manifesta em todas as instituições e torna-se particularmente grave naquelas que se destinam ao acolhimento de crianças e adolescentes, porque estes constroem, nessa etapa, valores, crenças e esquemas de pensamento que os acompanharão por toda a vida.

"Ao pobre destinam-se recursos pobres, de terceira categoria, que não dão aos internos condições de competição no mercado de trabalho. Ao estigma de pivete acrescenta-se o de incompetente", criticam Azevedo e Guerra (1989, p. 33), há décadas, sem que a situação tenha evoluído e desenhando um quadro que retrata o processo de exclusão de maneira geral. Isso reforça o círculo vicioso da criminalidade e acentua o risco potencial do efeito "iatrogênico" das instituições.

Por meio delas, acentua o psiquiatra argentino José Bleger (1922-1972), a sociedade "coloca fora de si e trata [esses indivíduos] como se não lhe pertencessem" (1989, p. 68); o indivíduo vê-se condenado a incorporar-se a um grupo novo e, até então, estranho.

A sociedade percebe as instituições de exclusão através de uma aquarela com diversas cores; as tintas da piedade e da raiva, do medo e da indignação, da curiosidade e da aversão compõem a paleta emocional cujo colorido emoldura concepções que oscilam entre o ideal e o romantismo e contribui para o desconhecimento de suas realidades.

Tanto isso acontece que as reações de pais e mães que veem um ou mais de seus filhos encaminhados para essas instituições são as mais variadas e, às vezes, paradoxais, considerando--se que, a despeito de todas as deficiências que uma entidade possa apresentar, casos há em que a criança ou o adolescente encontra, ali, melhores condições de vida, inclusive sob o ponto de vista afetivo, do que encontraria no "lar" – um eufemismo utilizado, às vezes, para designar um espaço de convergência de horrores impensáveis.

Veja-se o caso seguinte.

Caso 21 – Janaína, promíscua e saudosa

Denúncias de vizinhos levaram Janaína, mãe de oito filhos de pais diferentes, a perder a guarda dos filhos mais novos. Os três mais velhos já não residiam com a mãe (um estava preso) e os outros três, com idades entre dez e quinze anos, obtinham o sustento da casa (porém, existiam queixas de furtos e suspeitas de tráfico de drogas em relação a eles). Comprovou-se que, no "lar", um casebre insalubre, imperava a violência. Ali, os dois menores permaneciam todo o tempo, até serem retirados pelo Conselho.

Janaína foi advertida pelo Conselho Tutelar, porque seus dois filhos mais novos, de três e seis anos de idade, efetuaram tentativas de fugir da entidade à qual foram recolhidos, para retornar à casa da mãe. Constatou-se que ela, ao visitá-los, induzia-os a esse comportamento. Sabia-se, também, que a mulher permanecia com a mesma vida irregular: alternava companheiros, bebia muito, brigava com a vizinhança.

Advertida, Janaína compareceu à Defensoria Pública e solicitou ajuda para reaver os dois filhos, sem os quais "não conseguia viver" e que "precisavam do carinho da mãe". Alegava que os mais velhos aprenderam "a se meter em encrencas no abrigo de menores"...

O que leva esta mulher a tentar recuperar a posse dos filhos?

Uma possível interpretação é que ela seja movida pelo que se costuma denominar "síndrome do pequeno poder", em que a pessoa se satisfaz com a prática persistente, continuada, perversa e indefinida de pequenos atos, em que demonstra poder (pela via do sofrimento) sobre outras, em geral, crianças. Entretanto, há de se considerar as privações que a própria mãe poderia estar sofrendo.

O primeiro aspecto a ser observado ao se tratar de instituições de exclusão é o estético. A arquitetura constitui um elemento-chave.

5.3.2   A arquitetura e o espírito

O nosso traje se torna uma parte de nós.

(Fernando Pessoa, 2006, p. 414)

Deve-se a Winston Churchill preciosa observação, feita durante as discussões a respeito da reconstrução do parlamento inglês, destruído pelos bombardeios alemães durante a segunda grande guerra: "*nós construímos os nossos edifícios, e os edifícios moldam o nosso espírito*".

As instituições são, em primeiro lugar, *edificações*. Os espíritos dos que nelas se encontram refletem, em alguma medida, suas arquiteturas. Celas ou dormitórios, corredores, refeitórios, instalações, pátios, muros, postos de vigias compõem um contexto estrutural que impregna as visões daqueles que ali se encontram. Esses ambientes substituem lares, casas e praças, espaços e horizontes.

Muitos acreditam que a instituição degrada a condição de vida do indivíduo a ela recolhido. É preciso refletir a esse respeito. Se existem aqueles acostumados ao amplo e ao belo, ao confortável e luxuoso, há os egressos de outros tipos de prisões disfarçadas de liberdade; eles provêm dos vãos das pontes, das margens fétidas de córregos, de espaços exíguos onde muitos se aglomeram sob zincos e lajes nuas. Por mais assustador e paradoxal que possa parecer, o impacto da transformação estética não apenas encontra-se longe de ser uniforme, como não é sempre tão negativo quanto possa parecer, ainda que as instituições padeçam de condições mínimas adequadas para agasalhar seus internos e que se deva buscar, sempre, a liberdade plena.

Dada a desigualdade social, as más condições de vida dos cidadãos desfavorecidos, e o superlativo bem-estar dos seus opostos na pirâmide social, pode-se inferir a distância entre os impactos desse visual sobre esses públicos. Para alguns, pode significar até mesmo uma melhora estética; para outros, o mergulho do céu para o inferno.

A transformação estética, confirmando a hipótese enunciada por Churchill, contribui para transformar radicalmente a visão de mundo. O novo espaço representa uma nova *figura*, uma formação intermediária, como refere o professor emérito de psicologia e psicopatologia da Universidade Lumière de Lyon, René Käes (França, 1936) (1991, p. 33), aludindo ao espaço psíquico do sujeito singular e o espaço psíquico constituído por seu agrupamento na instituição. As instituições, enquanto sistemas culturais, simbólicos e imaginários, apresentam-se, portanto, como conjuntos englobantes visando imprimir a sua marca distintiva sobre o corpo, o pensamento e a psique de cada um de seus membros (ibidem. p. 79).

Trata-se de um mundo novo, limitado e delimitado. Torna-se indispensável que existam diversas ações que neutralizem essas restrições para promover a mudança espiritual – ou o esforço terá sido em vão no sentido de se obterem transformações comportamentais e cognitivas.

Um dos elementos notáveis nesse processo é a *linguagem*.

5.3.3 Linguagem: a recriação do indivíduo

O indivíduo leva para a Instituição sua *linguagem*, construída na rua, no trabalho e no lar e, eventualmente, em experiência anterior no próprio sistema de exclusão ou com egressos desse sistema.

O que o acolhe? Além das exterioridades do edifício, logo de início a *linguagem da instituição*. Submete-o nova codificação, novos símbolos, novas acepções para palavras velhas, novas palavras para velhas acepções e novas palavras para novas coisas.

De maneira similar à que aconteceu durante o início de sua infância (os períodos sensório-motor e pré-operatório), procede-se a internalização dessa nova linguagem, que lhe permitirá a comunicação no novo ambiente.

Está criada a base para que o *novo tipo de pensamento* se consolide: de um lado, a imagem física, da arquitetura e da decoração; de outro, a linguagem que viabiliza o pensar.

A partir daí, os conteúdos do social e do indivíduo iniciam uma batalha, nem sempre silenciosa, em que surge o confronto entre o que chega e o que está. Dessa batalha resultará *um novo humano*. As qualidades e defeitos do sistema de exclusão definirão o ganho ou a perda (para o indivíduo e para a sociedade) que essa transformação acarretará. Isso acontece quando o indivíduo passa a participar de qualquer tipo de instituição "mais ou menos" fechada: religiosa, militar ou de exclusão, para citar exemplos bem conhecidos.

O indivíduo promove, pois, desde seu ingresso, uma integração entre a sua linguagem anterior e a linguagem do novo meio. Entre os fenômenos marcantes relacionados com a aquisição de linguagem encontram-se:

> ➢ a incorporação de inúmeros vocábulos até então desconhecidos, com significados próprios e vinculados ao novo meio; a apreensão desse rico vocabulário marca uma diferença entre os "de dentro" e os "de fora";
>
> ➢ a construção de novos tipos de *pensamentos*, intrinsecamente associados à nova estrutura de linguagem; construções consideradas "lógicas" são abandonadas e substituídas por outras, condizentes com a estrutura linguística aprendida.

O sistema prisional talvez seja a instituição na qual o aspecto da linguagem é mais emblemático. Palavras e expressões facilmente incorporadas pelos que chegam garantem-lhes a sobrevivência nesse mundo paralelo. Termos como "bonde", "irradiado" e "pipa" assumem novos significados e ocupam o espaço do diálogo nas inevitáveis trocas que preenchem o vazio dos sentimentos não expressados.

Com isso, ficam estabelecidas as condições para que o indivíduo consiga se situar dentro do campo de forças existente. Qualquer tentativa de alteração nesse campo de forças, que venha a ser promovida pelo que ingressa, tenderá a gerar violência como forma de defesa dos que ali se encontram. Surgem as lutas pelo poder.

5.3.4 O novo campo de forças: o poder do grupo

No interior do sistema de exclusão, que tira o indivíduo de uma sociedade e coloca-o em outra, modifica-se radicalmente o campo de forças.

Se vetores familiares, empregatícios, legais e outros compeliam-no, agora surgem novos elementos: o *grupo de colegas* e o *grupo de comando* e, em conformidade com a perspectiva mais convencional da teoria de Maslow, a busca da *segurança* e da *sobrevivência* representam a motivação inicial. Mais tarde, elementos afetivos poderão tornar-se dominantes.

Os dois grupos, o segundo legalmente constituído, o primeiro fruto da informalidade, buscam o domínio do que chega. Com perspicácia, Mangini (2008, p. 100) observa que "o controle social não formal é mais eficaz no controle de condutas indesejadas, quer sejam delitos ou não, mas condutas que de alguma maneira colocam em risco a manutenção e o equilíbrio do grupo". E continua, mais adiante, afirmando que "a desaprovação do grupo se revela muito mais real, coercitiva e imediata" (MANGINI, 2008, p. 100).

De fato; o grupo formal e legal, pela racionalidade e pela legalidade; o outro, valendo-se do carisma, da cooptação e do medo, com a inegável vantagem da proximidade física. Aquele mais distante, o outro compartilhando a intimidade. Entre o próximo e o virtual, o indivíduo fixa-se naquele capaz de atingi-lo diretamente, por motivos óbvios, inclusive como reação ao caráter eminentemente repressivo da instituição.

Admitindo, pois, a opção pelo grupo de colegas, surgem forças que contribuem para:

➢ manter o indivíduo no grupo;
➢ assegurar a transformação de linguagem, para assumir aquela que melhor o identifica com os colegas e que será adicionada ao repertório;
➢ estabelecer a liderança.

A primeira dessas forças é, justamente, *a força do líder*, alimentada pelo grupo. O líder origina, mantém e desenvolve o grupo. Seu poder deriva de várias fontes. Três delas destacam-se: a econômica, a física e o carisma.

O líder corrompe e compra vantagens. Pode acenar com benefícios futuros, no "mundo externo"; ou favorecer interesses do lado de fora.

Outra fonte de poder é de natureza física. O líder possui força ou cerca-se de pessoas capazes de exercê-la em benefício dele.

O carisma resulta de qualidades do líder, intelectuais (por exemplo, a inteligência, a capacidade de articular suas ideias, de argumentar e de convencer) e interpessoais (empatia, habilidades de relacionamento), que lhe consolidam a posição de comando. A liderança carismática não admite contestação e exerce a autoridade, se necessário, pela força, para chegar ao seu objetivo ou confirmar sua posição.

A segunda força notável é a *coesão*. O grupo desenvolve relação de fidelidade, inicialmente ao líder, depois ao grupo em si. A força de coesão aumenta quando os integrantes evidenciam que ela lhes confere benefícios e diferenciais em relação aos colegas que não participam do grupo. O aumento da coesão do grupo fortalece a liderança e, com isso, se estabelece um mecanismo de *feedback ou retroalimentação.*

Ciente desse poder, o grupo o utiliza para explorar outros grupos mais fracos e indivíduos que não pertencem ao grupo. A participação e a fidelidade podem tornar-se tão forte, tão arraigada, que terá continuidade fora da instituição. Daí não se estranhar que esta funcione como uma *faculdade do crime (como se diz na linguagem popular)*, onde se aprendem técnicas e linguagens, e se conquista o direito de participar da rede de confiança que mantém viva a estrutura organizada da delinquência.

Pertencer a um campo de forças traz consequências importantes.

a) o indivíduo, conforme já apontado, assume a linguagem do grupo. Paralelamente, assimila os comportamentos que o distinguem: gestos, maneirismos, posturas, indumentária, símbolos. Isso acontece pela força de *modelos* e de *condicionamentos*;

b) o indivíduo passa a compartilhar os *valores* do grupo. Surgem mecanismos de defesa que justificam os comportamentos fortalecedores dos valores, com o objetivo de evitar possíveis dissonâncias cognitivas;

c) as *expectativas* alteram-se para se tornar condizentes com os objetivos do líder e do grupo ou, na inexistência destes, ajustadas à nova visão de mundo que a incorporação à Instituição propiciou;

d) modifica-se a *estrutura de crenças*. O indivíduo se torna outro, tanto mais quanto maior for o poder do grupo e/ou a internalização dos elementos citados.

Quando a instituição atua na perspectiva da interação social e tem sucesso em transmitir os valores sociais para esse indivíduo, o resultado tende a ser favorável. Reconheça-se, contudo, a dimensão dessa tarefa, considerando-se as dificuldades que as instituições atravessam, a quantidade e a diversidade da população nelas recolhida e a praticamente ausência de programas que promovam o necessário intercâmbio entre elas e a sociedade.

A transformação em sentido contrário aos interesses da sociedade, por outro lado, é facilitada por motivos óbvios.

Em relação à prisão, o criminologista Alessandro Baratta (1999) afirma que não se pode conseguir a reintegração social do sentenciado através do cumprimento da pena, entretanto, se deve buscá-la *apesar* dela, e, continua, "tratamento e ressocialização" pressupõem uma postura passiva do detento e ativa da instituição, já o entendimento da reintegração social requer a abertura de um processo de comunicação e interação entre a prisão e a sociedade, no qual os cidadãos reclusos se *reconheçam* na sociedade, e esta, por sua vez, se *reconheça* na prisão.

Não se quer dizer, com estas considerações, que o indivíduo que chega à instituição é *amorfo*, sem vontades, comportamentos e atitudes em relação a ela e a seus integrantes. Ele exerce um efeito de transformação, em geral, muito pouco significativo em relação ao que experimenta; pode, entretanto, tratar-se de um novo líder e, quando isso acontece, produzirá transformações na entidade que o acolher.

Poderá, por exemplo, ser uma pessoa de notável poder econômico. Terá, então, a seu lado, um grande aparato legal que lhe assegurará distinções. Ou trará a fama de grandes ações de delinquência que lhe granjearão a admiração e o respeito, por antecipação, dos que ali se encontram. Outras existirão que encontrarão um ambiente adverso, propenso a lhe infligir penalidades superiores àquelas que a sociedade teria o direito de praticar dentro das limitações legais.

Nesse *cabo de guerra* – de um lado, a instituição com seus mecanismos de repressão e socialização (em que pese a ambivalência destes termos); de outro, os excluídos, com seus valores e objetivos próprios – participam outros atores:

➤ os familiares, que mantêm vínculos afetivos e econômicos com os internos;

➤ amigos e interessados nos excluídos;

➤ os que trabalham na Instituição, dela recolhem seus proventos e que, portanto, dela também dependem.

Essa complexa relação encontra-se associada às transformações das *fronteiras* entre os sistemas e subsistemas em interação.

5.3.5 As antigas fronteiras: limitações às trocas

O indivíduo está dentro, porém, as fronteiras do antigo sistema em que se acomodava avançam além dos muros, para incluir seus familiares e amigos.

"É muito natural", alerta Winnicott (1990, p. 49), "que as pessoas precisem ver e estar perto daqueles a quem amam, e preocupar-se com eles". Há um emocional que desconhece os limites e obstáculos e solicita o contato.

Aos que permanecem fora, dominam o temor e a dúvida; é importante e necessário manter as fronteiras dotadas de alguma permeabilidade, por meio de comunicação limitada e seletiva.

Mais grave do que a distância física pode ser o distanciamento psíquico, resultante da transformação das pessoas que permanecem fora das instituições:

> - crianças desenvolvem-se e mudam radicalmente; um bebê, em pouco tempo, começa a andar, a falar, adquire habilidades, deixa um estágio do pensamento para estabelecer-se em outro;
> - um idoso cheio de energia, em poucos anos, pode apresentar profundas mudanças de comportamento, seja pela lentificação própria da idade, seja pelo surgimento de doenças degenerativas;
> - os *eventos do ciclo vital* se sucedem; uma filha contrai matrimônio; um filho separa-se; um neto torna-se adolescente; o adolescente torna-se adulto;
> - o cônjuge assume novas responsabilidades e compromissos e, ainda que se mantenha fiel, adquire nova visão de mundo que afeta suas crenças e comportamentos. Uma esposa dependente aprende, por exemplo, a dirigir o lar.

Não deve causar surpresa o fato de o excluído experimentar maior propensão a uma estagnação no desenvolvimento psicológico decorrente tanto da falta, quanto da pobreza e monotonia dos estímulos que recebe; se não regride, pode não evoluir, o que também significa um dano. Suas reações ante as mudanças dos familiares e conhecidos podem variar de grande satisfação à depressão por se sentir desnecessário, vendo-os superar, sem sua ajuda, os obstáculos.

O que se encontra externo pode idealizar o interno e vice-versa; o ideal, um dia, sofrerá o impacto do real. O resultado é uma *síndrome de readaptação*, para quem fica e para quem volta. As pessoas precisarão se (re)conhecer e não necessariamente isso acontecerá de maneira simples e automática.

Caso 22 – O homem de Severina

Severina, uma de tantas mulheres de apenados, percorre a via-sacra interminável da fila de espera em dia de visita. Ela, comum nesses casos, mantém-se fiel ao parceiro e alimenta-se da crença de que "o seu homem sairá". A face revela a sobrecarga de trabalho (cuida dos que se encontram fora, zela pelo que está dentro).

Com muita dificuldade – não compreende as falas, não entende os escritos nos papéis – procura acompanhar o destino do seu homem. O advogado nem sempre tem tempo... difícil por telefone... estreito o espaço do pobre... tênue a luz no fim do túnel.

> Uma ponta de orgulho sobressai no corre-corre dos seus dias, quando o alcaguete a visita "apenas para ver se tudo está em ordem". Seu homem a deseja! Severina declara que nada melhor do que sexo na prisão – que se dane a revista íntima.
>
> O pessoal do bairro olha-a meio de esguelha. "Mulher de preso." Mas ela sabe que muitas a invejam por seu homem; determinada, prepara comida, roupa, cigarro e parte para a fila.

Guimarães e outros (2006, p. 50) tecem importantes considerações a respeito de como se processam as complexas trocas entre presos e familiares. A inexistência de fronteiras entre o eu, o outro e a instituição, "em total ausência de privacidade... devassa a intimidade e gera estigmas".

A ausência de privacidade e as vicissitudes próprias do sistema carcerário proporcionam um outro viés igualmente pernicioso que leva agentes públicos e sociedade a tratar os familiares na mesma medida com que tratavam aqueles que cumprem pena.

Há muito tempo debate-se a revista realizada a cada dia de visita nas unidades prisionais, nos familiares, em seus pertences e seus corpos. Preliminarmente, estabelece-se a desconfiança e o descaso. Percebe-se que essas pessoas cumprem também uma pena e que tal revista não garante óbice àquilo que se quer evitar.

O Núcleo Especializado da Situação Carcerária da Defensoria Pública do Estado de São Paulo relatou em seu *site* a insignificância do procedimento: apenas 0,013% dos celulares apreendidos em unidades prisionais do Estado encontravam-se em poder de visitantes. Evidencia-se a inocuidade da revista.

Por outro lado, no Estado de Goiás, a partir de 2011, foi eliminada a revista íntima vexatória para visitantes de unidades prisionais, o que se seguiu em vários estabelecimentos penais nos últimos anos.

Há, também, o risco do rompimento unilateral da fronteira. O que fica transforma seu subsistema (linguagem, pensamentos, crenças, valores) e busca outras soluções para uma nova visão de mundo; o que foi retirado fica à mercê dessa decisão e, quando retornar ao "sistema anterior", encontrará, talvez, fronteiras pouco ou menos permeáveis e reativas ao seu reingresso.

Estas dificuldades não constituem um vaticínio, mas devem fazer parte das preocupações dos gestores das entidades de exclusão e da sociedade em geral para conseguir a reintegração social do indivíduo.

5.3.6 Valores, crenças e esquemas de pensamento

Pode-se argumentar que as transformações nas crenças do indivíduo não seriam substanciais porque, se ali se encontram, deve-se ao fato de que sua estrutura de crenças já o tornava, do ponto de vista psíquico, excluído de alguma forma, ou a sociedade já o excluíra.

O impacto da exclusão servirá, possivelmente, para confirmar essa diferença e um novo alinhamento, uma ressignificação, será mais devida ao medo do que à aceitação das crenças socialmente corretas.

Há o contra-argumento, entretanto, de que se trata de um período em que o indivíduo terá a oportunidade de refletir e reconsiderar.

Independentemente de suas crenças, os *esquemas* de pensamento sofrerão transformações inevitáveis porque os estímulos provenientes do ambiente serão modificados. O novo ambiente exigirá alteração substancial nos padrões de resposta; se a agressividade, por exemplo, era a resposta preferencial, aqui terá que ser limitada para não aumentar ainda mais suas consequências negativas e transformar-se em violência.

Guimarães e outros registram (2006, p. 54) o papel da religião que, muitas vezes, evidencia "a possível transformação ocorrida com o preso, podendo servir como redutor da penalidade e obtenção de benefícios jurídicos para o apenado, embora possa significar a passagem de um tipo de controle social para outro" e teria "o poder de transformar a experiência e imprimir novos sentidos, por meio dos processos imaginários, redefinindo o lugar dos sujeitos e do crime".

Aaron Beck, apud Rangé (1995a, p. 90), considera que um dos esquemas de pensamento mais fundamentais de um indivíduo é o de *domínio pessoal*, em que o *trabalho* constitui um dos seus componentes principais. É evidente que esse esquema sofrerá um dano profundo, porque o indivíduo se encontrará desprovido do acesso ao ambiente e às atividades em que costumeiramente demonstrava o domínio pessoal. Caso ele não promova uma substituição eficaz desse esquema, haverá inevitável prejuízo ao psiquismo.

O dano ao esquema de domínio pessoal segue uma trajetória que pode ser descrita, simplificadamente, como a seguinte:

> ➢ ao ser recolhido à instituição de exclusão, o indivíduo perde, de imediato, a chance de manter-se reconhecido como especialista naquilo que fazia, porque se afasta de cursos, trocas de experiências e deixa de executar as tarefas por meio das quais granjeou reconhecimento... Quando sair, dificilmente recuperará a mesma posição. Perderá economicamente e verá seu *status* reduzido ou anulado;

> ➢ associado a esse fato, o indivíduo perde o domínio do uso do tempo; suas rotinas (boas ou más) são abandonadas e ele tem que substituí-las, de imediato, por outras; o ajuste físico tem impacto psíquico;

> ➢ à perda de perícia o indivíduo adiciona a compreensão da inutilidade de seus conhecimentos anteriores; os valores *de fora* são nulos ou quase nulos;

> ➢ de maneira geral, desaparece o espaço privado e este tem que ser reconstruído com artifícios psicológicos, criando um isolamento virtual; se não há essa adaptação, o indivíduo experimenta brutal redução de sua fronteira psicológica, com perda da individualização;

> ➢ quanto maior for essa perda, tanto mais os valores, crenças e esquemas de pensamento serão os do grupo; o percurso pode resultar na completa simbiose, com flagrantes prejuízos para o indivíduo.

O que resta, ao fim deste quadro? A resposta que se solicita das instituições é a *preservação do domínio dos sentimentos*. Se isto não acontecer, a pena da exclusão será a despersonalização do sujeito, a perda da individualidade. O resultado prático é o empobrecimento do "eu" e, talvez, a não aceitação dos valores socialmente considerados como válidos e a consolidação de uma personalidade com características antissociais marcantes que, mais tarde, poderão refletir-se em outros comportamentos negativos.

Ainda que estes não venham a significar novos delitos, poderão representar uma disposição reduzida ou inexistente de praticar atos construtivos do ponto de vista social, o que representa uma perda para a sociedade, principalmente se aliados a condicionantes sociais, culturais e econômicos que reforçam a exclusão.

A questão crucial que se coloca, portanto, é: o que fica por trás dos comportamentos dos que são recolhidos às instituições de exclusão? Quais são as emoções e sentimentos que os alimentam? O que motiva essas pessoas?

São questões que precisam ser pesquisadas por administradores, profissionais do direito, psicólogos e sociólogos, em busca de respostas para a complexa equação da reinserção na sociedade. Afinal, o objetivo maior que pode dirigir uma Instituição de Exclusão é *tornar-se desnecessária* ou, no mínimo, superar seu grande dilema: *uniformizar* ou *criar individualidades, com respeito à subjetividade de cada um.*

Mangini (2008, p. 102) aponta esse paradoxo existencial, uma eterna espada de Dâmocles sobre a gestão dessas entidades: de um lado, conviver com o equívoco de tratar a todos da mesma maneira, promovendo soluções homogeneizadas e pasteurizadas destinadas ao relativo fracasso; de outro, buscar a difícil aceitação da diversidade e arriscar ações com respeito à Lei de Execução Penal, que reza pela individualização da pena (LEP, artigo 5º).

O dilema agrava-se porque, na instituição, "o indivíduo ... expõe mais mecanismos de defesa para garantir sua sobrevivência e sua identidade" (MANGINI, 2008, p. 107). É óbvio que ele perceba, no grupo que o acolhe – o informal, constituído por seus pares – a tábua de salvação, ainda que esta o conduza a um destino ainda pior.

Nada se comentou a respeito daquele que já conhece os meandros da Instituição e a ela retorna. O desafio da reinserção será acentuado com a nova exclusão e as estruturas institucionais disponíveis em nada contribuem para reduzi-lo.

Aquele que, em uma primeira vez, chegou anônimo, retorna etiquetado, socialmente rotulado; espera-se que atue para confirmar o rótulo.

Trata-se, pois, de romper um círculo vicioso e, para isso, "*é preciso tratar os desiguais sociais desigualmente*" (*Falando sério*, 2008, p. 9) – desafio extraordinário, considerando-se o atual funcionamento das entidades de exclusão.

Para agravar ainda mais a dificuldade da reinserção do indivíduo na sociedade, há de se considerar que esta funciona em conformidade com uma complexa estrutura de princípios e valores coerentes entre si. O delinquente agride tal estrutura e, por esse motivo, recebe a pena da exclusão temporária.

Retornar à sociedade compreende, pois, não a simples obtenção da liberdade formal, mas também a reabilitação, para que o indivíduo se torne parte ativa e cooperativa sob a ótica da mesma sociedade com a qual não conseguiu conviver no passado.

Ocorre que a reabilitação, como o termo sugere, significa "habilitar novamente", ou seja, pressupõe que, em algum momento no passado, o sujeito foi habilitado e, por motivos diversos, acabou escapando a essa condição.

Na situação contemporânea, contudo, importante parcela da população não comunga de tais valores e princípios. Uma parte, pequena, mas, ainda assim, numerosa, dessa parcela participa da população prisional e, em relação a ela, o desafio vai muito mais além da reabilitação, pois, como bem destacou o psicólogo Stanton Samenow (EUA, 1941) em entrevista à Revista *Veja* (6-11-2013, p. 22):

> *Reabilitação é restaurar alguém ou algo para que retorne a um estágio anterior construtivo, como uma casa que passa por uma reforma. Mas, no caso desses criminosos, não havia nada antes. Não há, portanto, o que reabilitar. Temos de construir do zero: habilitar.*

De fato, em alguns casos, são indivíduos nascidos e criados em ambientes nos quais a vulnerabilidade é a regra, mas há outros em que, mesmo gozando dos privilégios sociais e econômicos, delinquem. Noções de propriedade, direitos, direito à vida, à integridade e outras são absolutamente estranhas a tais indivíduos, que desfrutam de um universo particular, desconhecido e hostil àqueles que compõem o restante da sociedade. Por outro lado, no mesmo diapasão, nota-se pouca receptividade da sociedade para acolher o egresso das instituições totais, personificando neste tudo o quanto deseja excluir.

Filmografia

Advogado do diabo, O	1997 – Taylor Hackford	"Crime de colarinho branco". Trabalho e relacionamento familiar. Transtorno emocional. Vitimização.
Julgamento final, O	1991 – Michael Apted	Corrupção e ética jurídica. Relacionamento familiar.
Lavador de almas, O	2006 – Adrian Shergold	História real do carrasco Albert Perrepoint. Discute pena de morte e dilemas morais.
Marcos do silêncio	1996 – Anjelica Huston	Violência doméstica. Abuso sexual.

Exercícios

➢ O instigante filme O *advogado do diabo* traz em seu enredo dilemas vividos por profissionais do mundo jurídico. O item 5.1.2 remete à emoção que pode permear a atuação desses profissionais. Identifique aspectos relacionados ao personagem principal e o modo como ele se deixa influenciar pela emoção.

➢ A filmografia, assim como a música e peças publicitárias, contribuem, em certa medida, para a efetivação da violência contra a mulher. Veja a seguir alguns indicativos dessa afirmação e discuta em grupo sobre esse fenômeno e a evolução do conceito dos papéis sociais de gênero.

– "*Mesmo que um homem consiga divertir-se com sua namorada ou noiva, na verdade ele não irá gostar de ver que ela cedeu*" (Revista Querida, 1954);

– "*O lugar de mulher é no lar. O trabalho fora de casa masculiniza*" (Revista Querida, 1955);

– "*A desordem em um banheiro desperta no marido a vontade de ir tomar banho fora de casa*" (Jornal das Moças, 1945);

– "*Se ele te bate é porque gosta de ti, pois bater-se em quem não se gosta, eu nunca vi*" (Amor de Malandro – Francisco Alves);

– "*Com tanta roupa suja em casa você vive atrás de mim. Mulher foi feita para o tanque, homem para o botequim*" (Mulher não manda em homem – Grupo Vou Pro Sereno);

– "*Taca bebida depois taca pika e abandona na rua. Só surubinha de leve*" (Surubinha de leve – MC Diguinho).

Temas para reflexão e debates

➢ **O DESAFIO DE JULGAR (item 5.1.1)**

O cotidiano social provoca a todos com inúmeros comportamentos, potencialmente sujeitos a conflitar com valores e princípios até então sacralizados.

A história comportamental dos indivíduos e grupos faz parte da matéria-prima com a qual se elaboram os estatutos legais. Estes, portanto, refletem percepções de um passado, enquanto os comportamentos ajustam-se, transformam-se, modificam-se segundo as percepções do presente ou antecipações de um futuro idealizado ou desejado.

No ato de avaliar e interpretar a realidade dos fatos, os julgadores, em todos os níveis, encontram-se na situação de fazê-lo estando imerso em um *estado da arte* legal, quando os agentes atuam em um *estado da arte* social, que afeta profundamente suas concepções.

Esses "estados da arte" confrontam-se nas muitas instâncias do processo. Surgem questões relevantes: como ajustar esses diferentes estados um ao outro? Qual é o significado disso para o que julga e para o que é julgado? Como o tempo do processo pode afetar as pessoas que se encontram no tempo prático e premente de seus conflitos?

➢ JULGADORES E VÍTIMAS (itens 5.1 e 5.2)

Fato corriqueiro: *veredictos antecipados* nas manchetes dos diversos meios de comunicação, explícitos ou implícitos nos estilos de divulgação.

Para isso, concorre a *linguagem* utilizada na divulgação dos pretensos fatos – invariavelmente, de forma relativamente limitada, tanto pela imposição da ritualística que cerca as apurações como pela dificuldade inerente ao procedimento jornalístico, que se desenvolve *a partir de um evento* e *limitado à periferia dos acontecimentos*, na grande maioria dos casos, além de, invariavelmente, buscar o sensacionalismo que vende a notícia.

Uma vez estabelecido o veredicto da mídia, absorvido de imediato pela sociedade desprovida de outras informações que não aquelas divulgadas, desenvolve-se um clima de expectativa pela confirmação do pré-julgamento, embutido naquele veredicto. Cria-se, pois, um *estado de espírito* em relação ao caso.

Questiona-se, então, o possível impacto desse comportamento midiático sobre os operadores do Direito. Reforça-se essa percepção de que tal impacto é real e possui poder, pelas decisões ágeis e contundentes, amplamente divulgadas, a respeito de acontecimentos que envolvem personalidades e alguns casos "eleitos" como especiais pelos canais de comunicação.

➢ CONTEÚDOS INTRAPSÍQUICOS (item 5.1.4)

Retome-se a importância do autoconhecimento para o julgador. Três elementos combinam-se para influenciar a percepção das pessoas envolvidas: a vaidade, o apego ao poder e a ideologia.

Combinam-se de diferentes formas, em natureza e intensidade, podendo prejudicar a autocrítica e, portanto, seu comportamento e julgamento.

➢ VALORES, CRENÇAS E ESQUEMAS DE PENSAMENTO (item 5.3.6)

A resposta que se solicita das instituições é a preservação do *domínio dos sentimentos*. Se isso não acontece, a pena da exclusão será a despersonalização do sujeito, a perda da individualidade... talvez a não aceitação dos valores socialmente considerados como válidos.

Cabem as seguintes questões: que domínio é esse? Quais sentimentos o permeiam? Como isso se manifesta nos diferentes extratos da sociedade? Qual o grau de liberdade de que desfrutam os indivíduos fora da prisão?

6
UM OLHAR SOBRE O DELINQUENTE

Este capítulo foca a pessoa do *delinquente*. Investiga-se o que representa o ato de delinquir sob a ótica daquele que o pratica. Em seguida, trata-se da gênese desse comportamento.

Evidencia-se que a decisão de delinquir não é "sempre individual" (*Falando sério*, 2009, p. 7). Para ela concorrem muitos e complexos fatores socioculturais, além daqueles estritamente ligados ao sujeito.

O capítulo encerra-se com a apresentação de algumas situações especiais, seja pela incidência, seja pelo efeito multiplicativo.

6.1 DELINQUÊNCIA E PRAZER

Pode-se associar o ato de delinquir ao prazer psicológico de seu exercício? As considerações seguintes propõem uma reflexão a respeito dessa questão, que não deve ser considerada quando se trata da recuperação do delinquente. Caso a resposta seja positiva, existem mecanismos, como a sublimação e o deslocamento, entre inúmeros que podem ser empregados, a respeito dos quais o instrumental teórico apresentado proporciona diversas possibilidades de aplicação.

Além dessa indagação, outras podem ser formuladas a respeito da gênese da delinquência. A respeito delas serão também apresentadas algumas hipóteses.

6.1.1 O prazer na dor do outro

Notícias de tragédias injetam adrenalina nas horas iniciais do cotidiano de milhões de leitores, ratificando ao inconsciente de cada um a sublime satisfação de que, mais uma vez, escapou ao sorteio na loteria do infortúnio. Prazer que se completa com notícias semelhantes no noticiário da noite.

A civilização evoluiu tentando excluir o *sangrento* do cotidiano das pessoas, contudo, nem de longe avançou na neutralização de comportamentos que ocasionam profunda dor aos semelhantes, principalmente quando estes se ocultam no anonimato, por exemplo, nos crimes administrativos (constitui um exercício de imaginação acreditar que os rigores da ética esfacelada bastam para conter a prática de um pequeno desvio de verba, que ocasiona sofrimento em alguém que ficará desprovido de um pouco provável benefício).

Vários fenômenos contribuem para que a dor do Outro seja percebida, inconscientemente, como irrelevante ou prazerosa.

Um deles relaciona-se com a *percepção*; ela oculta-se no colorido geral dos acontecimentos. Outro fenômeno, também ligado à percepção, diz respeito à *habitualidade*, que banaliza os eventos costumeiros. A mente desenvolve *mecanismos de defesa* para eliminar o dano ao psiquismo; o habitual desaparece. Aqui se trata da *síndrome do mendigo da porta da igreja*. No seu eterno papel de chaga exposta à espera do *band-aid* da caridade, acaba invisível na escadaria, como se fizesse parte do patrimônio.

Muitas situações, entretanto, relacionam-se com fenômenos emocionais complexos, como aquelas em que o indivíduo *agride para fazer sofrer*; o sofrimento do outro constitui a expiação de uma culpa (pai ou mãe bate até fazer chorar e assegura-se que a falha cometida na educação foi exorcizada pelas lágrimas da criança).

Há o risco potencial de que o assassinato de uma criança seja consequência de conduta excessiva dessa natureza. A morte *não era* o objetivo, contudo, a precária resistência da vítima desencadeia a fatalidade, à maneira do que acontece em muitos suicídios, quando a pessoa se arrepende, porém, enfraquecida, já não consegue reagir.

O prazer na dor do Outro pode, também, refletir uma característica de personalidade antissocial, em que o indivíduo agride a sociedade, representada pelo objeto da raiva; o agredido não passa de *coisa*; o prazer de agredir contrabalança a frustração de não poder destruir; eventualmente, chega à fatalidade.

Não se deve desprezar, também, dois tipos de fenômenos que se encontram associados a tais comportamentos: o *condicionamento* e a *observação de modelos*.

O condicionamento deriva da exposição a situações similares desde a infância, que ensinaram o indivíduo a obter vantagens (reforço positivo) a partir de comportamentos de agressão. A criança descobre que, provocando dor, física ou psicológica, na mãe, no pai, em irmãos, conquista o objeto de seus desejos (por mais exóticos ou ingênuos que pareçam); com a repetição das experiências, condiciona-se a provocar dor, antes mesmo de aventar outros tipos de estratégia. O condicionamento também ocorre quando o *sistema familiar* se relaciona de modo a privilegiar a dinâmica da repressão.

Aguinaldo, o agressor covarde do caso 27 (que será visto no Capítulo 7), pode ser um exemplo desse tipo de indivíduo. Agride pelo prazer de agredir, de perceber a dor física e psicológica da vítima. Sua história pessoal, seus antecedentes e atividades contarão muito a esse respeito.

A imitação de modelos acontece nas situações em que alguma pessoa significativa, ou mesmo uma referência midiática, causava dor em outras pessoas e conseguia benefícios com essa estratégia perversa. A criança observa e replica o comportamento; mais tarde, condiciona-se a praticá-lo.

Esse prazer – ocasionar dor – encontra-se presente em inúmeros comportamentos ligados ao ato de delinquir; outros há, entretanto, que também concorrem para ele.

6.1.2   O gozo na violência

O gozo na violência distingue-se da situação anterior pelo fato de o indivíduo experimentar prazer com *a violência em si*, ainda que ela não necessariamente resulte em dor de outras pessoas e o indivíduo nem mesmo se interesse, caso ela ocorra, em avaliar sua intensidade e extensão. A violência é o objetivo, observado com facilidade nos transtornos de personalidade, como a psicopatia.

A estratégia socialmente aceita é a sublimação (mecanismo de defesa do ego), como no esporte radical, praticado solitariamente ou não. Nesse caso, há um impulso violento direcionado para comportamentos socialmente aceitos (uma escalada, um mergulho em profundidade, um voo em asa-delta etc.).

Diversos fatores contribuem para que a violência se transforme em objeto de gozo.

O condicionamento constitui fator marcante: o indivíduo, continuamente submetido a experiências em que a violência constitui o diferencial (no lar, na escola, no lazer), com o tempo integra-a ao seu *esquema de comportamento*; o cérebro desenvolve padrões de respostas para estímulos violentos e o indivíduo comporta-se de maneira não apenas destinada a responder a tais estímulos, mas, também, a provocá-los.

Submetido a ambientes não violentos, este indivíduo mostra desconforto; seu organismo ressente-se da falta de estímulos com os quais encontra-se acostumado.

Essa situação é perceptível entre alunos irrequietos, quando se tenta forçá-los a aulas que exigem reflexão, em situação estática e silenciosa. Ela encontra-se presente entre ex-detentos e crianças em situação de rua. A violência torna-se lugar-comum e proporciona sensação de segurança. Ela integra uma *linguagem* que lhes proporciona identidade e sentido de pertencer a um grupo distinto.

A observação de modelos atua no mesmo sentido. O indivíduo desenvolve repertório estereotipado e automático de comportamentos violentos porque, no meio em que vive, esta constitui a linguagem de comunicação dos formadores de opinião.

Os condicionamentos e a observação de modelos reforçam-se mutuamente para criar um indivíduo que não distingue o comportamento violento dos demais; não percebe quando e quanto o pratica, nem que se sente satisfeito, aliviado, ao praticá-lo. A habitualidade, contudo, reduz a satisfação presente *em cada ato*. A solução passa a ser intensificá-los, em quantidade e qualidade, até que a violência se torna praticamente contínua – funciona como a droga: quanto mais se ingere, mais é necessária para manter o mesmo efeito.

"Nas famílias nas quais existe violência física as relações do agressor com os filhos-vítimas se caracterizam por serem uma relação sujeito-objeto", assinalam Azevedo e Guerra (1995, módulo 3, p. 17). O *objeto* aprenderá com a violência que recebe e a repetirá com *outros objetos*: as pessoas que com ele interagirem. Desenvolve-se, pois, um processo de objetivação dos relacionamentos que se propaga.

Esse "gozo na violência" adquire inúmeras manifestações:

- ➢ indumentária e decoração refletem a opção comportamental;
- ➢ a pessoa cerca-se de símbolos que evocam a violência, ainda que não se disponha, em um primeiro momento, a praticá-la sistematicamente; eles aparecem nos decalques dos vidros dos veículos, em tatuagens e outros elementos;
- ➢ o indivíduo procura o convívio de pessoas violentas; idealiza-as e torna-as modelos de referência;
- ➢ esportes, condicionamento físico e outras atividades são escolhidos e conduzidos de maneira a exteriorizar o desejo de violência; quando adequadamente praticadas, o indivíduo consegue conviver em harmonia com as normas sociais (sublimação); entretanto, são conhecidíssimas as "explosões emocionais" que produzem comportamentos extremos: assassinato no trânsito, direção perigosa, crimes passionais, espancamento de filhos etc.

O gozo não se limita à violência física, mas estende-se à psicológica, que possui nuances particulares nos relacionamentos conjugais, familiares e do trabalho.

6.1.3 O gozo na violência psicológica

A violência psicológica, comum nas relações familiares, profissionais e sociais, pode ser mal compreendida por observadores que não a experimentaram ou tiveram contato apenas superficial com pessoas que a relataram, sem se aprofundar na compreensão da sua gravidade.

O físico prevalece, na percepção, sobre o psicológico porque, muitas vezes, esta violência pode surgir de modo sutil e assumir diversas formas de expressão, com a humilhação e o autoritarismo. As características diferenciadoras da violência psicológica devem ser compreendidas para que se entenda sua importância e a extensão dos danos que pode ocasionar.

O indivíduo que desenvolve o gozo pela violência psicológica predispõe-se a aplicá-la com requintes que se aperfeiçoam ao longo do tempo, por vários motivos.

Um deles é a descrença, entre quem não compreende o dano sofrido pela vítima, de que os relatos são, de fato, reais. Muito comum entre casais, quando um ou outro cônjuge fala a respeito do seu sofrimento, surgirem comentários do tipo "você imagina coisas", "ele (ou ela) jamais faria isso, conheço-o(a) muito bem", "acho que você deveria procurar um psicólogo"...

A descrença reiterada leva a vítima a duvidar da própria dor e desenvolver sentimentos de culpa ("será que sou eu quem está destruindo nosso casamento?"), que se acentuam quando o outro cônjuge é pessoa muito apreciada e respeitada no círculo de relacionamentos do casal.

Caso 23 – Reclamando em berço esplêndido

Audrey, moça de rara beleza, casou-se, após rápido namoro, com um formoso médico recém-formado, Sérgio, de idade próxima à dela, cobiçado por nove entre dez de suas colegas.

Iniciou-se, então, longo e tormentoso suplício psicológico. Já nos primeiros dias, Sérgio declarou-lhe que não via sentido em ela dar início, naquele momento, à faculdade com que tanto sonhava. Deveria aguardar um pouco e depois decidiriam. Audrey sofreu, chorou e conformou-se. Passou a se dedicar ao lar – este, de fato, montado com todos os luxos e requintes, o que deixou extremamente felizes os pais de Audrey. "Ela encontrou um maridão", diziam.

O sofrimento, porém, não terminou por aí. Todos os dias, Sérgio inspecionava a limpeza da casa e colocava exigências mais e mais descabidas (ele mesmo não manifestava qualquer tendência a excesso de higiene). Passou a ofender a esposa, cada vez que encontrava algo que escapasse a seu critério de asseio.

Depois, vieram as roupas. Audrey sempre se vestiu com esmero e segundo os ditames da moda. Sérgio passou a restringir suas compras (não gozavam de problemas financeiros) e, pouco a pouco, a limitar suas idas a supermercados e lojas. Mais tarde, passaram a escassear as visitas a amigos e familiares.

O resultado é que, após cinco anos de casada, Audrey percebeu-se prisioneira do próprio lar. Iniciaram-se crises obsessivas e compulsivas e, mais tarde, sinais de depressão. Quando, após dez anos de inferno conjugal, conseguiu coragem para abandonar o marido e refugiar-se com parentes, dava sinais de tendências suicidas. Foi muito recriminada pelos pais, que a percebiam reclamando em berço esplêndido. O marido acusou-a de abandono do lar.

Sérgio, dotado de requintes de perversidade, experimentava indiscutível prazer com o sofrimento psicológico de Audrey. O acompanhamento do caso permitiu identificar o caráter evolutivo das pressões psicológicas, minando as resistências da pessoa agredida.

Com isso, o prazer de fazer sofrer aumenta quando o agressor percebe o agredido sem referências, sem noção do que lhe acontece, como e por quê. Veja o leitor que, neste capítulo, não se analisa em profundidade o comportamento da vítima, seus possíveis ganhos secundários, mecanismos de defesa, condicionamentos e outros fatores que possam, até mesmo, contribuir para o comportamento do agressor.

A violência psicológica torna-se ainda mais prazerosa quando o agressor *sabe* que a dor provocada apresenta uma *permanência* que se prolonga muito além do alcance da flagelação física; um simples telefonema pode desencadear uma crise; a *lembrança* de um sarcasmo, uma ameaça, uma ridicularização podem continuar a martelar impiedosamente a mente do agredido por tempo indeterminado (isso se acentua ainda mais quando se trata de pessoa obsessiva, que fica ruminando o suplício, como aconteceu com Audrey, no caso 23).

Nos conflitos entre casais e entre trabalhadores e chefias, ela ganha relevância porque uma das partes, em geral, conhece pontos de fragilidade da outra, revelados pela convivência, e vale-se deles à exaustão. Quanto mais avança na violência, tanto mais fácil torna-se praticá-la, porque as resistências do agredido se enfraquecem mais e mais. No assédio moral (FIORELLI; FIORELLI; MALHADAS, 2015), isso se manifesta de inúmeras maneiras, conduzindo a graves enfermidades na vítima, além dos prejuízos ao patrimônio e sociais.

Nestes tópicos iniciais, aventou-se a questão de que o delinquente possa ser um indivíduo que se satisfaz pelo sofrimento do outro ou que, simplesmente, aprecie a prática da violência, a percepção da dor.

É preciso, pois, investigar a origem desses comportamentos, os motivos pelos quais o indivíduo se dispõe a correr os riscos de praticá-los. Pode-se aventar que, em geral, vários microfatores concorrem para a conduta ilícita, como afirma Pablos de Molina, ao definir o conceito de criminologia, quando se refere ao necessário estudo do delito, do delinquente, da vítima e do controle social do comportamento delitivo. Ao ressaltar que estes são os objetos do estudo da criminologia, evidencia a necessidade de conjugar fatores individuais aos sociais.

6.2 A GÊNESE DA DELINQUÊNCIA

Nesta seção, abordam-se hipóteses a respeito dos fatores que contribuem para que um indivíduo venha a delinquir.

6.2.1 Predisposição genética

A hipótese de fatores genéticos associados ao comportamento criminoso tem sido aventada e investigada ao longo dos tempos; contudo, ainda que alguns achados indiquem essa possibilidade, não há comprovação efetiva nesse sentido.

"Lund observou que a proporção de delinquentes condenados por delitos graves é maior entre aqueles cujos pais também foram delinquentes", registram Gomes e Molina (1997, p. 208); contudo, o efeito-aprendizagem e o contexto social em que o indivíduo se desenvolve constituem variáveis possivelmente determinantes no comportamento. Os mesmos autores assinalam, por outro lado, que "o delinquente psicopata representa um percentual muito reduzido no total da população delinquente" e que "a maior parte dos infratores da lei é surpreendentemente normal" (Gomes; Molina, 1997, p. 229).

Autores como o psicólogo e psicanalista Sidney Shine (2000), pós-doutor pela Universidade de São Paulo, sugerem que a prevalência de psicopatas é maior na população carcerária do que na população clínica. Hare sustenta que a prevalência de psicopatas na população carcerária seria de 15% a 20%, enquanto na população em geral é em torno de 1%. Ainda assim, concluem Gomes e Molina, "a conexão entre a enfermidade mental e o crime é muito débil" (1997, p. 229).

Algumas objeções são relativamente óbvias:

> é possível que pessoas com determinadas condições mentais sejam susceptíveis de escolher *modelos de conduta* inadequados com maior facilidade; fossem outros os modelos, não cometeriam crimes;

> essas mesmas pessoas podem escolher situações e comportamentos mais favoráveis ao comportamento delituoso; elas se *expõem* mais e, portanto, cometem mais crimes;

> pode-se supor que as pessoas que convivem com tais indivíduos os tratam de maneira diferenciada e podem estabelecer condições de relacionamento que se transformem em estímulos indiretos à prática criminosa.

Essas pessoas, em outros ambientes, não encontrariam motivos, modelos ou oportunidades para os atos criminosos, e se comportariam da mesma forma que as demais pessoas.

Compreende-se, pois, que para os modelos de aprendizagem social, "a aquisição de pautas e modelos criminais se concretiza por meio de um processo de aprendizagem evolutivo, que se baseia na observação e imitação do comportamento delitivo alheio", concluem Gomes e Molina.

Dessa conclusão aproximam-se Fernandes e Fernandes (1995, p. 117), quando assinalam que *"parece irrecusável que existe uma contribuição genética para quase toda forma de comportamento. Mas não é absolutamente verdadeiro que o comportamento específico dos seres humanos seja determinado apenas geneticamente. As potencialidades são genéticas em sua origem. ... O talento musical herdado não basta para formar um músico".*

6.2.2 O "efeito rodoviária" ou a geografia do crime

É inegável a geografia do crime que historicamente circunscreve os terminais de transporte de passageiros por todo o Brasil, com raras exceções. A rodoviária tradicional traz em seu âmago a expectativa do transitório, o anonimato confortável da multidão que se desloca – a perspectiva de "não ser flagrado em pecado"; esse desenho físico, econômico e social abre espaço para inúmeros comportamentos inadequados, porque a potencial vítima encontra-se fragilizada, não sabe bem onde está, precisa ir para algum lugar, não tem amigos no local, quer cuidar dos pertences, tem fome e sede.

A Escola Ecológica de Chicago (EUA, década de 1930), uma das correntes teóricas em criminologia, problematiza o fenômeno criminal a partir da perspectiva de que o ambiente é disfuncional, tendo dois conceitos-chave que se relacionam ao item em comento: desorganização social e alta taxa de migração.

O outro lado dessa moeda é a multidão de oportunistas que praticam um *voyeurismo* do roubo, que se aproveitam do monopólio comercial da prestação de serviços, que se estabelecem nas imediações para a exploração do sexo mais degradante. No meio disso, a população trabalhadora e honesta faz seu dia a dia de turismo e negócios, e pratica a arte de não ver o joio enquanto passeia no trigal.

Essa invisibilidade ratifica a banalidade do crime e consolida a percepção de impunidade. Um aval indireto para pequenos delitos.

Utilizado aqui para fins de analogia (afinal, as rodoviárias perderam, há muito tempo, o privilégio de se constituírem no reduto, por excelência, dessa criminalidade desprestigiada), o "efeito rodoviária" persiste, modernizado, com novos nomes e tecnologias.

Essa geografia perversa multiplicou-se para incluir bares, boates e inúmeros outros locais, frequentados por pessoas de todas as classes sociais, onde sexo, droga e violência compõem o coquetel amargo do delito. O espaço que propicia o condicionamento para a prática do crime deixa de ser os cantos escuros de ruas mal iluminadas e praças esquecidas, para encontrar acolhida nos locais confinados que embotam o psiquismo.

O processo existente nesses locais, do ponto de vista neuropsicológico, pode ser descrito aproximadamente como se segue:

> ➢ o indivíduo recebe estímulos que ultrapassam os limiares superiores de percepção; o cérebro atua defensivamente e "desliga" alguns mecanismos mentais, embora isso não evite os danos físicos (por exemplo, ao sensível tímpano);
>
> ➢ o pensamento organizado torna-se impossível porque o cérebro se vê forçado a se concentrar na resposta aos estímulos violentos, que exigem rituais corporais complexos que absorvem a capacidade mental do indivíduo (trata-se do fenômeno figura e fundo);
>
> ➢ os movimentos tornam-se profundamente estereotipados; o indivíduo passa a obedecer os comandos dos que conduzem os espetáculos e perde a condição de refletir a respeito dos acontecimentos; torna-se presa fácil de convites, seduções e estímulos inadequados; o cérebro limita-se a assegurar os mecanismos de sobrevivência;
>
> ➢ estabelece-se o isolamento virtual; a multidão comprimida representa um êxtase e um deserto afetivo; a interação torna-se cada vez mais difícil, até a impossibilidade.

O resultado é que uma parcela significativa dos participantes acaba afetada.

A geografia do crime, diga-se, é democrática. Não há classe social ou tipo de indivíduo que lhe seja imune, preferido ou preponderante. Variam os meios, que se ajustam aos limites sociais, culturais e econômicos – estes, sim, implacáveis.

6.2.3   O lar: condicionamentos e modelos

Winnicott, notável estudioso do comportamento infantil, aponta, com perspicácia, que *"uma criança normal ... usa de todos os meios para se impor... põe a prova seu poder de desintegrar, destruir, assustar, manobrar, consumir e apropriar-se. Tudo o que leva as pessoas aos tribunais (ou aos manicômios) tem seu equivalente normal na infância, na relação da criança com o próprio lar"* (WINNICOTT, apud BELMONT, 2000, p. 45).

De fato, no lar instalam-se as bases de crenças, valores e fundamentos dos comportamentos de cada indivíduo, que se refletirão, mais tarde, em condicionamentos positivos ou negativos em seus relacionamentos interpessoais.

A dinâmica familiar apresenta influência no modo como o indivíduo irá se relacionar com o meio, inclusive em questões envolvendo atos ilícitos. Essa influência manifesta-se:

> ➢ pela aprendizagem de *valores* inadequados ao convívio social saudável; a criança ouve o pai ou a mãe falar da corrupção que comete, do cheque sem fundo que

emite, da dívida que não paga, e acredita que esses procedimentos fazem parte da arte singular de "levar vantagem em tudo";

> pelo condicionamento em inúmeros comportamentos, conforme já comentado;

> pela observação de modelos – o pai, a mãe, irmãos mais velhos, parentes próximos – cujos comportamentos não condizem com os paradigmas da ética, para dizer o menos.

Quando os pais, na expressão de José Martins Filho, ex-reitor da Unicamp, "terceirizam a criança", abrem-se as portas para as dependências químicas: o cigarro, o álcool e as drogas (Benedito D. Nunes, em depoimento para a revista *Educação*, publicação do jornal *Cruzeiro do Sul* em setembro de 2010). Sob essa ótica, é essencial que se distinga a intervenção de terceiros no apoio aos cuidados rotineiros da "terceirização afetiva", uma realidade que se manifesta nos atendimentos psicológicos de crianças e adolescentes privados dos vínculos afetivos básicos que se espera do relacionamento familiar.

Porém, além do lar, outros elementos contribuem para a formação dos valores morais e éticos, notadamente quando a presença dos pais se torna mais e mais escassa junto aos filhos. Dessa maneira, os valores que eles poderiam e deveriam transmitir podem ficar comprometidos e seus espaços ocupados por outros, recolhidos de fontes externas. Entre estas, destaca-se a *escola*.

6.2.4   A escola e a infância

A escola desempenha um papel fundamental no desenvolvimento humano; em tese, configura-se em ambiente de aprendizagem e de vivências emocionais. É um espaço significativo para o desenvolvimento de habilidades sociais, na medida em que se pretende que crianças e adolescentes interajam e compartilhem experiências com seus pares e com os profissionais que lá atuam. A escola (colegas e professores) tem suficiente influência para criar valores ou modificar aqueles que a criança traz do ambiente familiar. Se os pais são omissos ou ausentes, existirão colegas mais próximos que conquistarão importante lugar como modelos de comportamento. Na adolescência, poderão desempenhar o papel de heróis da juventude.

Nada, contudo, retira do lar o privilégio da formação inicial dos comportamentos, principalmente nas fases iniciais de desenvolvimento. Entretanto, comportamentos e conhecimentos são *acumulativos,* e negar a importância das influências posteriores aos primeiros anos representaria negar a capacidade adaptativa do ser humano.

O *social* se impõe sobre o estritamente biológico. O fato de viver em sociedade confere a esta notável poder sobre o indivíduo e, seja por força do todo, seja pela de pequenos grupos dos quais participa, as influências iniciais sofrem relativo enfraquecimento (ou, no mínimo, uma contextualização) no início da idade escolar.

A extensão em que isso acontecerá está diretamente ligada ao fenômeno das *fronteiras* entre subsistemas do complexo familiar. Em famílias muito coesas, onde os relacionamentos são *fusionais*, com graves prejuízos à individualidade, prevalecerão os valores e comportamentos adquiridos no lar; quando as famílias são mais abertas e permeáveis, permitindo a cada integrante desenvolver plenamente a individualidade, as influências da escola, dos novos amigos (e, mais tarde, dos colegas de trabalho), ganharão em importância.

Infelizmente, é também na escola que violências podem ser produzidas ou reproduzidas. Apresentando-se físicas, psicológicas ou outras (é possível falar em violências no plural), às vezes sutis e camufladas nos conflitos cotidianos, que podem eclodir de modo surpreendente.

Às múltiplas características e funções das escolas acrescente-se que é igualmente nesse *locus* que muitas crianças e adolescentes reconhecem o espaço para reportar violências intrafamiliares (ainda que de forma velada), encontrando nas professoras e demais profissionais o acolhimento para tentar romper com ciclos de abusos e violação de direitos.

Aliás, ressalte-se, a lei determina que "casos de suspeita ou confirmação de castigo físico, de tratamento cruel ou degradante e de maus-tratos contra criança ou adolescente devem ser obrigatoriamente comunicados ao Conselho Tutelar da respectiva localidade, sem prejuízo de outras providências legais, conforme se lê no art. 13 do Estatuto da Criança e do Adolescente, responsabilizando de modo específico os dirigentes de estabelecimento de ensino fundamental, conforme o art. 56 do mesmo diploma legal".

6.2.5   A adolescência: o crítico momento da transição

Diversos fatores contribuem para tornar o adolescente mais vulnerável à prática de atos infracionais, em comparação com o que acontece em outros períodos da vida. Alguns já foram comentados no Capítulo 5, quando se estudaram as principais características do desenvolvimento psicossocial que cerca essa etapa da vida.

Três fenômenos, entretanto, destacam-se. O primeiro deles é a *vulnerabilidade do adolescente às mensagens que induzem à violência e à transgressão*. Filmes e desenhos (do tipo *Sin City*) constituem exemplo marcante. Os símbolos, repletos de frases e faces carregadas de raiva e agressividade prestes a explodir, demonstram o funcionamento desse processo perverso.

O segundo fenômeno consiste na *percepção de falta de espaço no mundo adulto*. As perspectivas futuras exigem um preparo psíquico que a base parental, escolar e social deveria proporcionar. As defesas pessoais, ainda em estruturação, considerando-se a peculiar fase do ciclo vital, podendo levá-lo a apresentar timidez e dificuldade no enfrentamento das exigências do meio.

Se o olhar de pais, mães e profissionais da educação é de reprovação, de susto ou de medo, são esses olhares que vão formando a percepção de continente às suas demandas. O adolescente realiza uma contabilidade de suas chances em relação aos desafios e, aparentemente, descobre um passivo descoberto. Ansiedade e revolta são frágeis capitais de giro para cobri-lo. Não há caminho seguro, nem suporte afetivo; drogas e heróis que acenam com vitórias fáceis trazem conforto emocional.

O terceiro fenômeno é o marcante *poder do grupo*. O grupo deixa de ser mero conjunto de rapazes ou moças com atividades escolares comuns para transformar-se em um *time*, uma *equipe*, capaz de modificar a *essência dos comportamentos do indivíduo* e marcá-lo por toda a vida. Esta equipe diferencia-se pelo *componente afetivo*, que fortalece a coesão em torno dos sentimentos compartilhados (VERGARA, 1999, p. 149).

O ingênuo e elementar grupo de colegas dos primeiros anos de escola evolui, portanto, para transformar-se em sofisticada equipe de relacionamento, à medida que seus integrantes passam, em conjunto, a:

> ➤ descobrir os próprios corpos, seus novos desejos, as transformações que experienciam; suas novas percepções;
>
> ➤ desenvolver novas compreensões de mundo, de relacionamentos sociais;
>
> ➤ dar um sentido à sexualidade que desponta e se consolida;
>
> ➤ estabelecer objetivos para a vida;
>
> ➤ arriscar-se em atividades não de todo *autorizadas* pelos pais e responsáveis;
>
> ➤ compartilhar segredos; estabelecer cumplicidades.

Surge entre eles poderoso contrato psicológico de fidelidade, celebrado inconscientemente e que reflete esse estado de cumplicidade.

Por isso, muitas amizades da adolescência ficam para toda a vida. Ainda que se separem geograficamente, esses jovens guardam consigo lembranças memoráveis daquele tempo e não faltam motivos para Roberto Carlos escrever, na canção "Jovens Tardes de Domingo", que *"o que foi felicidade, me mata agora de saudade"*.

Se a equipe, o *time*, une-se em torno de comportamentos inadequados do ponto de vista legal ou social, cada integrante terá forte propensão a incorporá-los a seu repertório, ofuscando, assim, os valores inicialmente transmitidos (e, em geral, apenas pretendidos) pelos pais.

6.2.6 O grupo na instituição de exclusão

Quando o indivíduo se torna delinquente e é recolhido a uma *instituição de exclusão*, ele irá, agora de maneira mais ou menos compulsória, incorporar-se a grupos já existentes, onde, na visão de Bleger, os indivíduos enquanto tais não têm existência e entre os quais opera uma transitividade permanente (*apud* KÄES, 1991, p. 61).

Na mesma perspectiva, Bleger continua:

> *uma identidade particular que nós podemos chamar de identidade grupal sincrética e que se apoia não sobre uma integração, sobre uma interação de regras de nível evoluído, mas sobre uma socialização na qual esses limites não existem; cada um daqueles que vemos de um ponto de vista naturalista como sujeitos ou indivíduos ou pessoas não tem identidade enquanto tal mas sua identidade reside na sua filiação ao grupo.*

O poder dessa filiação é tal que, quanto maior for o grau em que ela acontecer, "*maior será a identidade grupal sincrética*" (BLEGER, *apud* KÄES, 1991, p. 66).

Essa situação de "troca de identidade individual pela grupal" transforma-se em um clímax do desenvolvimento do indivíduo quando se trata de

> dependentes ou simbióticos, que utilizam o grupo como um local para o exercício dessa mesma dependência e tentam estabelecer suas identidades por meio da identidade grupal, percebida esta como a identidade mais completa que atingiriam no curso de seu desenvolvimento.

A gangue é o exemplo dramático, revivendo a saga dos Mosqueteiros, "um por todos, todos por um". Nela, os integrantes encontram estabilidade e suporte afetivo; trocam a incerteza que a sociedade proporciona, pela confiança no resultado (ainda que idealizado) coletivo.

As vantagens do grupo, mais ainda da equipe, emocionalmente, são inúmeras. A sociedade cobra o desempenho individual; a equipe desempenha coletivamente; desde que exista fidelidade, a falha ou o sucesso pertence a *todos*.

Para merecer esse conforto psíquico, os integrantes enfrentam a sociedade; passam, entretanto, a conviver com o desafio de preencher as expectativas do próprio grupo, cujas regras precisam aceitar e defender. *Tudo tem seu preço.*

Além dessa dificuldade, de origem externa a cada indivíduo, existem outras de origem interna:

> ➤ os resquícios de valores e crenças presentes na bagagem psíquica encontram-se marcados e não são simplesmente descartados; surgem, nesse confronto, *dissonâncias cognitivas*, cujas consequências são reconhecidas;
>
> ➤ nem todo integrante possui total competência para dar conta das tarefas e sacrifícios que a equipe impõe.

Pode-se afirmar que o grupo ou equipe constitui um fator-chave para iniciar o indivíduo na prática do delito e, mais tarde, para mantê-lo nessa condição. O momento crítico em que isso acontece, com muita frequência, é a adolescência, por se tratar de uma fase do ciclo vital em que todos os valores e comportamentos são atualizados e ressignificados.

Se a equipe conduz a comportamentos inadequados, bastaria então *mudar de equipe*. Isso, entretanto, constitui um desafio tão grande quanto *mudar de personalidade*. Bleger (*apud* KÄES, 1991, p. 69) sugere essas questões quando afirma que

> *a dissolução ou uma tentativa de mudança de uma organização pode produzir diretamente uma desagregação da personalidade; não por projeção, mas em razão direta do fato de que o grupo e a organização são a personalidade dos seus membros. Assim se explica a grande frequência das doenças orgânicas graves entre os recém-aposentados.*

A prisão, segundo este enfoque, coloca o indivíduo em uma situação complexa sob a ótica de pertencer a um grupo, porque na instituição de exclusão será compelido a integrar uma nova equipe, eventualmente em oposição ou concorrente da anterior.

Ao ingressar na instituição de exclusão, o indivíduo abandona a *sociabilidade por interação*, característica das pessoas que obedecem às regras gerais; ela é substituída pela *sociedade sincrética*, que desempenha o papel de estabelecer, manter e aumentar a distância em relação à outra; os *piores* confrontam os bons e compreende-se a vaidade com que exibem seus currículos criminosos, tanto maior quanto piores os delitos. Além disso, fica patente o fenômeno da prisionalização.

O sucesso de uma equipe depende do desempenho de cada integrante; contudo, não há *equipe* sem uma liderança eficaz.

6.2.7   A liderança: o efeito do modelo

Equipes de delinquentes (as gangues, por exemplo) possuem líderes. Sem estes, o conjunto não se constitui e nem se mantém coeso.

Não interessa, para as finalidades deste texto, um aprofundamento no conceito de liderança, cujo estudo detalhado o leitor encontra em Fiorelli (2006). Alguns aspectos relevantes a serem considerados pelo leitor são os seguintes:

> ➤ o *estilo* da equipe é notadamente determinado pelo líder; os integrantes tendem a replicar seus comportamentos, tanto mais quanto mais carismática for a base de sua liderança;

> a *coesão* da equipe é tanto maior quanto mais forte for a liderança; esse comportamento aparece com muita clareza na coesão das equipes esportivas – muitos treinadores obtêm sucesso mais pela integração do que pela excelência de suas orientações técnicas;

> os *objetivos* do líder e os da equipe tendem a se confundir e, quanto maior for a integração em torno deles, tanto mais eles se tornarão o objetivo de cada integrante.

Para o bem ou para o mal, o papel do líder é crucial. Há líderes que conquistam as mentes dos liderados e os conduzem à salvação; outros, à ruína. O leitor encontra demonstração do poder da liderança no antológico filme *Águias em chamas*, em que o comandante recupera a autoestima de um desorientado e desmoralizado conjunto de pilotos.

Os resultados para a sociedade podem ser devastadores quando a equipe é conduzida por uma liderança messiânica e representada por uma personalidade antissocial, disposta aos piores atos (terrorismo, sequestro, tráfico de drogas, perversões sexuais etc.). Esse tipo de atuação é conhecido e flagrante em movimentos políticos e religiosos. Suicídios coletivos de pessoas ligadas a seitas são exemplares.

Os líderes antissociais são hábeis para manipular grupos de dependentes ou simbióticos, acenando-lhes com segurança, vidas idealizadas neste mundo ou em outros e constroem realidades virtuais que os mantêm unidos em torno de castelos de areia.

6.2.8 Os microfatores externos

Se, de um lado, existe o indivíduo *propenso* à prática de delitos, por inúmeras razões, de outro, evidenciam-se indiscutíveis *estímulos à delinquência*. Alguns, sistematicamente apontados, permanecem negligenciados.

Esses estímulos, eminentemente de fundo social, têm origem no núcleo familiar e na sociedade em geral; caracterizam-se pela diversidade e extrema complexidade de neutralização.

São exemplos de microfatores externos negativos o abandono escolar precoce, a exposição a ambientes em que se consomem produtos etílicos e substâncias psicoativas abusivamente, a instabilidade profissional dos pais, o desemprego, más condições socioeconômicas, a migração excessiva com pouca vinculação à vizinhança, entre outros que serão analisados a seguir.

A *falta de limites durante a infância pode se constituir* em um estímulo à delinquência. Ainda que ela não se traduza, mais tarde, em atitudes criminosas, pode conduzir a comportamentos inadequados ou disfuncionais do ponto de vista da boa convivência social. Constituem exemplos disso o estudante que interrompe a aula com o celular tocando, o profissional que se atrasa e tumultua os trabalhos, o cliente que faz exigências descabidas, o cidadão que se sente no direito de usufruir regalias em relação aos demais etc.

Também para isso concorre a ideia de educação liberal, que permite tudo em troca de nada e gera indivíduos incapazes de dividir benefícios e compartilhar dificuldades, a essência da boa convivência.

Uma das consequências mais graves da falta de limite é a *incapacidade de ter empatia com o próximo*. Estrutura-se uma personalidade com fortes características antissociais (em sentido amplo) ou, no mínimo, com escassa consciência social, levando o indivíduo a crer que *tudo é possível*, que *os outros não possuem direitos*. O exercício dessa superioridade justifica-se pelos meios disponíveis: força, poder econômico, carisma, sedução etc.

Outro fator de grande significado para estimular a prática de delitos é a *expectativa de impunidade (seja ela formalmente instituída ou não)*, desenvolvida a partir da observação da realidade. A criança já percebe, pelas conversas, pelas notícias, que pessoas cometem as mais variadas violações e pouco ou nada lhes acontece; isso se agrava quando, em seu ambiente de convivência, encontram-se indivíduos que se vangloriam de feitos condenáveis (para dizer o menos), menosprezam outras pessoas e ridicularizam os mecanismos de controle social.

Pouco a pouco, ela desenvolve a *crença* de que a punição pelos delitos não se aplica a todos e que, assumidos certos cuidados, poderá praticá-los com risco calculado.

A confirmação dessa crença nas primeiras incursões pelo terreno pantanoso da prática delituosa fortalece-a e aumenta a ousadia.

Há pessoas que detêm *poderes* (sociais, institucionais) ou que se percebem seguras para delinquir dentro de sua área de atuação, como exemplifica o caso seguinte.

Caso 24 – Corrupção antidroga

Foi como se a espada de Dâmocles, finalmente, tivesse caído sobre sua cabeça, rompendo os fios que há séculos a sustentavam.

Orestes, casado, pai de quatro filhos, funcionário público há 12 anos, encarregado do setor de compras de uma repartição pública, descobriu que seu filho mais velho era dependente de drogas e que vinha sofrendo ameaças de traficantes em consequência de dívidas contraídas.

Dono de excelente reputação, Orestes viu sua imagem perante superiores e colegas desmoronar rapidamente; tornou-se mal-humorado, passou a descumprir prazos, os documentos que sempre foram produzidos de maneira impecável mostravam-se falhos e obrigavam a contínuas revisões.

O estresse familiar deslocou suas atenções para o drama vivido pelo filho, fazendo-o debater-se entre alternativas de ação que o torturavam cada vez mais por não saber o que fazer.

Sentindo-se na obrigação de ajudar o filho, sem recursos financeiros suficientes, propôs a um fornecedor que ele considerava de sua confiança o pagamento de determinada quantia para obter favorecimento em uma licitação próxima.

Foi denunciado e o que parecia um purgatório passageiro transformou-se em autêntico inferno de Dante, onde se viu rodeado por Cérberos em uma travessia sem fim.

O estresse profundo, ocasionado pela situação para a qual se encontrava totalmente despreparado, mais a esperança de não ser descoberto, desencadearam o comportamento de Orestes. A *heroização do malfeitor* constitui outro importante fator de estímulo.

Induzida pelos meios de comunicação de massa, a heroização consiste em conduzir o transgressor ao estrelato, em uma condição de especialidade à qual pessoas comuns jamais teriam acesso. O malfeitor-herói torna-se modelo para muitos; o apelo motivacional de alguns minutos de fama, ainda que passageira, possui o condão de retirar o indivíduo do anonimato daqueles que edificam a vida comunitária. Por que não tentar?

Contextualizando

A tristemente célebre cobertura da celebração do casamento de famoso chefe de tráfico de drogas do Rio de Janeiro representa exemplo paradigmático desse fenômeno. Quando tradicionalíssima escola de samba entrega à noiva uma placa de Honra ao Mérito, quando a Televisão bra-

> sileira dedica ao evento um espaço precioso em sua programação ("no dever de bem informar"), quando o requinte da festa é retransmitido para todo o Brasil, fica estabelecido que importam os objetivos, e não os meios, em um acinte aos trabalhadores que regateiam o preço do salgadinho e da cerveja para acompanhar o bolo de noiva feito com carinho pela vizinha.

Outro estímulo notável é a absolvição, em geral tida como certa, daqueles que praticam a corrupção, principalmente os que detêm cargos públicos. No mesmo diapasão soam os aplausos a governantes, empresários e profissionais da política que pouco ou nada fizeram para demonstrar o equívoco de acusações a eles dirigidas. Quando esses profissionais se perpetuam em seus cargos ou são consolados com missões de desagravo pelos amigos detentores do poder, a população recebe estímulo para enveredar pelos mesmos caminhos.

Isso, quando não se trata de endeusar aqueles que, após atrocidades, colocam as vestes brancas do arrependimento e solicitam nova acolhida pela sociedade. "*O condenado se tornava herói pela enormidade de seus crimes largamente propalados, e às vezes, pela afirmação de seu arrependimento tardio*" (FOUCAULT, 1987, p. 55).

A ficção é pródiga em apresentar o "bandido bom herói", o moderno Robin Hood, que prodigaliza sofisticado esquema de apoio a famílias carentes em troca de fidelidade e conivência; com isso, alimenta-se o paradoxo do conflito entre o *legal e ruim* e o *ilegal e bom*. O que se encontra do lado do "bem", deixa-se corromper e é cego às necessidades da população carente; os do lado do "mal" batizam, alimentam, pagam a escola, suprem necessidades físicas e afetivas.

Esse quadro contém as cores do *paradoxo da ilegalidade contemporânea*, estruturada em cima de um suave cinismo social, por meio do qual:

> ➤ o homem, o empresário, conduz o negócio, burla os impostos, embute contrabando em seus contêineres etc.;
>
> ➤ a mulher participa de atividades beneficentes; conquista reconhecimento pela bondade ao distribuir fartos recursos aos carentes;
>
> ➤ no final do ano, ganham menção honrosa pelos méritos sociais;
>
> ➤ ele faz discurso (no clube, nas reuniões da igreja) a respeito da importância de se lutar contra os desequilíbrios (tudo isso entre duas notas fiscais, uma fria e outra congelada).

O delinquente contempla esse longa-metragem do cinema social. Ele vê pessoas de respeito mergulhadas na doce prática de adquirir material contrabandeado, de partir em aventurosas viagens com mochilas vazias, de alimentar barracas de camelôs e inúmeros outros procedimentos que se multiplicam pela extraordinária criatividade da prática delituosa.

As teorias que objetivam estudar o fenômeno da delinquência, baseadas em modelos sociológicos, indicam alguns caminhos que cruzam as vertentes mais individuais com aspectos extraídos da sociedade.

Diversas teorias surgiram nessa corrente. Em sua maioria, contemplam o delito como fenômeno social, identificando fatos que levam a uma propensão ao cometimento de crimes, tais como abandono escolar, alcoolismo dos genitores, más condições sociais, deterioração dos grupos primários, desenvolvimento em lar substituto, alta mobilidade e perda de raízes, crise de valores.

Uma das teorias – a Anomia – pretende expressar a crise, a perda da efetividade e o desmoronamento das normas e valores vigentes em uma sociedade, como consequência de um acelerado desenvolvimento econômico, e que a conduta irregular é normal – sem ela, a sociedade seria pouco desenvolvida.

Outra teoria que vale destacar – Conflito – pressupõe a existência na sociedade de uma pluralidade de grupos e subgrupos, que apresentam discrepâncias em suas pautas valorativas, ou seja, cada um possui seu próprio código de valores que nem sempre coincidem com os dominantes.

Já a Aprendizagem Social pressupõe que o comportamento individual se acha permanentemente modelado pelas experiências da vida cotidiana.

O Etiquetamento surge na década de 1970, e considera a reação social em função da conduta desviada e entende que o mandamento abstrato da norma penal se desvia substancialmente quando passa pelo crivo de certos filtros altamente seletivos e discriminatórios que atuam guiados pelo critério do *status* social do infrator.

6.2.9 Papéis

Distinguem-se três papéis diferentes e complementares entre os delinquentes: o fomentador, o agente e o conivente.

O *fomentador* lidera o grupo ou atua só. Mantém as mãos limpas enquanto os demais as maculam nas práticas proibidas; prefere o risco virtual ao físico; homem-aranha, trabalha com teias nas quais envolve as moscas operárias, sem se enredar. Aparece para dar o bote. Não se incomoda com o anonimato.

O *agente*, na atuação em grupo, inclui a absoluta maioria dos que enveredam pelo caminho do delito. Se ao primeiro corresponde a personalidade antissocial, ao segundo ajusta-se a dependência, a instabilidade emocional, a falta de iniciativa. Depende do primeiro, cuja liderança aceita e reconhece.

O *conivente*, representado pelo cidadão comum, assume atitudes que vão de ignorar a dar cobertura. A convivência manifesta-se, ainda, no piscar faróis na rodovia para denunciar a presença do policial rodoviário na missão de coibir excessos e aplicar a lei; na vergonha de exigir a nota fiscal; enfim, em inúmeras situações que indicam esse comportamento de *benevolência* em relação aos delitos. Ela decorre, também, do *medo* de se defrontar com o delinquente, consequente à sensação de vulnerabilidade ante a pouca efetividade da segurança pública a curto ou longo prazo.

O delinquente percebe esse estado de coisas e adquire a crença, fundamentada, de que poderá dele beneficiar-se.

6.2.10 Crime e consequência

Sem a pretensão de esgotar o tema, mas a título de exemplo para discutir a aplicação da legislação penal, no que concerne à pena aplicada e à efetividade desta, têm-se alguns comentários a respeito de determinados tipos de crime.

Dos mais comuns, o **crime da fraude** ganha o estímulo da complacência e desperta curiosos mecanismos de defesa, manifestos em comentários do tipo:

"O crime da fraude deve ser visto como fator de sobrevivência. Quem não faz 'quebra'."

A preservação do negócio e a salvação dos empregos que proporciona constituem a ladainha típica que nutre o mecanismo de defesa psicológico que estabiliza o psiquismo do fraudador.

Há sempre, também, um caminho da absolvição pela via rápida da caridade. Faz parte desse curioso sincretismo religioso-político-social. Curiosamente, o mesmo indivíduo que advoga o relaxamento para o crime de fraude pode solicitar maior rigor contra o crime de sangue.

Os *crimes da violência*, principalmente aqueles cometidos no reduto do lar (em que a vítima, exaurida, tem sua rotina desorganizada e, não raras vezes, é ela quem sai de casa para preservar a vida), têm grande importância pela ocultação. Incluem o incesto, a agressão física ou moral, a rejeição e a negligência. Sabe-se da criança mantida presa no quarto ou atada ao pé da cama, do idoso deixado à míngua, da costela fraturada da dona de casa; histórias sussurradas ao pé do ouvido que alimentam fofocas de familiares e vizinhos; os murmúrios do encobertamento preservam honras e interesses e impedem a aplicabilidade da lei.

Os *crimes de sangue*, contudo, parecem agredir mais os sentimentos: há certa repulsa em se acobertar o que tirou a vida de alguém, principalmente crianças. Isso, entretanto, em conformidade com o tradicional caleidoscópio de paradoxos que forma o comportamento social brasileiro, não vai muito além de indignações pontuais contra este ou aquele indivíduo em casos específicos com que a divulgação choca a opinião pública; rapidamente, o *status quo* retorna, a rotina se instala.

Esse estado de espírito contemporâneo, de convivência relativamente complacente com a criminalidade e com o extraordinário custo social que ela representa, repete o alerta de Foucault a respeito, do final do século XVIII (1987, p. 72): "*uma crise de ilegalidade popular*".

O preconceito se encarrega de colocar um rótulo geográfico nos acontecimentos. Pensa-se nos lares das periferias, nas favelas, nos bairros onde o proletariado se empilha em espaços exíguos sob as lajes descobertas do casario eternamente a concluir. Esquece-se de que o joio viceja nos trigais dos bairros exclusivos, de entrada seletiva, cercados de muros, guaritas e ruas monitoradas.

A mão que reprime, a justiça que condena, também padecem de miopia sociogeográfica; mostra-se mais eficaz quanto pior for a condição econômica dos identificados na prática dos delitos, como explicitado anteriormente na teoria do "etiquetamento". Essa constatação inclui, significativamente, um desequilíbrio de penalidade para os diferentes tipos de ilegalidade, conforme já apontava Foucault (1987, p. 75).

Não sem motivos. Enquanto *furto e roubo* sugerem a presença de pessoas das classes sociais mais humildes e que se presumem menos dotadas intelectualmente, semialfabetizadas e marginalizadas na hierarquia social, reservam-se as suspeitas sobre *fraudes* de todos os tipos para o *homem branco, rico e respeitável*, o que se acentua ainda mais nos sagrados nichos da gestão pública e do aparato legislativo.

Essa percepção viciosa faz com que as pessoas "naturalmente" percebam comportamentos indicadores de delitos que se ajustam às suas crenças arraigadas a respeito dos prováveis praticantes. Uma mentira que veste Armani não passa de um lapso de memória ou uma inocente confabulação que Freud explica, enquanto o esquecimento daquele que veste a roupa já surrada pelo tempo, receptador de autopeças no popular desmanche da periferia, é visto como uma estratégia ingênua para burlar a polícia e falsear o testemunho.

A punição, contudo, seria uma força redutora do estímulo para delinquir. Se a intimidação resultante atingir um nível satisfatório (o que não é sinônimo de maior rigor penal), acredita-se que o indivíduo desista e busque soluções socialmente ajustadas. Isso, nem sempre, segue uma lógica cartesiana, explicam Gomes e Molina (1997, p. 119):

> a pena pode ser imprescindível, porém, ..., estigmatiza o infrator, desencadeia a sua "carreira criminal", consolidando seu *status* de "desviado" e faz que se cumpram fatal-

mente as sempre pessimistas expectativas sociais a respeito do comportamento futuro do ex-punido (*self-fulfilling-profhecy*).

Segundo os autores, a eficácia da pena depende de diversos fatores, entre os quais:

- ➢ a *severidade*; deve ser considerada significativa ou não produzirá efeito sobre o comportamento; a multa de trânsito irrisória constitui um exemplo conhecido;
- ➢ a *rapidez com que é aplicada*; a demora na aplicação torna-a progressivamente irrisória ou pouco conectada, do ponto de vista psíquico, com o evento causador; existe a *perda da emoção do momento* e o *enfraquecimento do efeito prático*;
- ➢ a *probabilidade de que ocorra*; tem a ver com a já comentada expectativa da impunidade.

Beccaria (*apud* SANTOS, 2002, p. 56), observa que a intimidação como prevenção para a ação criminosa funcionaria mais em crimes onde cabe **reflexão** (crimes econômicos, crimes ecológicos), mas não em crimes **espontâneos** (crimes violentos, por exemplo).

Isso se explicaria pelo poder da *emoção*: a hiperexcitação torna proeminentes as *figuras* (relação figura-e-fundo) que desencadeiam poderosos sentimentos negativos; o indivíduo deixa-se dominar e emite comportamentos impensados e inesperados. A falta de uma estrutura coerente e consolidada de crenças e valores contribui para a fragilidade do autocontrole; outras vezes, o *excesso de rigidez* (o fanatismo, por exemplo) conduz à explosão de comportamentos.

Qualquer que seja o caso, contudo, a *certeza* da punição, para alguns, é o principal argumento a favor da pena, que pode ser a reclusão ou pena alternativa à prisão; a *expectativa da não punição* estimularia a tentativa, tanto mais quanto maiores forem a disposição do indivíduo para aventurar-se nessa "roleta russa" e a divulgação de insucessos do mecanismo repressor.

O efeito da pena também está diretamente relacionado com as *condições de vida do sujeito*. Enquanto para alguns a reclusão a uma cela apertada, sem direito de ir e vir, possa parecer a antecâmara do inferno, para outros isso pouco difere do ambiente sórdido em que vive, sem perspectivas e desprovido de afeto digno de nota. Além disso, poderá encontrar no novo meio alguma forma de compartilhamento do sofrimento, redução de cobranças, garantia de sobrevivência (comida assegurada, por exemplo) e outros fatores muito pessoais (liderança, poder), que lhe tornem essa opção apenas mais uma entre outras igualmente inadequadas; ainda assim, o que se observa é que a conquista de abrigo e alimentação em detrimento da liberdade não demonstra ser uma opção absolutamente sedutora.

O risco ao se avaliar o impacto de uma penalidade é fazê-lo sob a ótica de uma sociedade relativamente bem estabelecida, para a qual a dimensão da pena parece substantiva, esquecendo--se de que há uma sociedade marginalizada, sem direitos e expectativas.

Na seara das intervenções nos casos de incidência criminal, outras estratégias podem ser adotadas, como as penas alternativas à prisão ou a Justiça Restaurativa. O paradigma desta última indica, como o próprio nome diz, a restauração das relações, prescindindo da punição. No entanto, é um instituto que encontra forte resistência nos meios mais conservadores.

Assim, ao adotar-se a corrente que prega o recrudescimento das penas, como a Teoria das Janelas Quebradas e o Direito Penal do Inimigo, propostas por Keling e Wilson e Jakobs, respectivamente, aponta-se na direção de políticas públicas punitivas e repressivas, construção de estabelecimentos prisionais e judicialização da vida. Porém, se a perspectiva é mais progressista, como no Direito Penal Mínimo e no Abolicionismo Penal, arroladas por Baratta, Zaffaroni e Wacquant, cria-se espaço para a Justiça Restaurativa, estimulando-se a exposição dos sentimentos e interesses relativos ao processo (sucessão de fatos) e a participação ativa de cada uma das pessoas envolvidas em um conflito criminal. Não se tem como evitar o confronto pretérito, mas se procura administrar as sensações experimentadas por cada uma das partes em direção à pacificação da lide e, consequentemente, à não reincidência criminal.

6.2.11 A banalização do crime

A prática criminal sempre existiu; ela parece fazer parte do cotidiano social; contudo, modifica-se acompanhando as transformações da sociedade. Diversos fatores fazem, por exemplo, com que ela ocupe notável espaço na economia contemporânea.

Não se pode acusar de casual a derivação para o crime dos filhos de criminosos; seria ingenuidade supor que não houvesse um preparo e um despertar da motivação para dar continuidade a ações cujos resultados sociais e econômicos foram satisfatórios para seus praticantes.

O *crime profissional* goza de predicados reconhecidos – mas não declaradamente – por substancial parcela da população, entre eles:

> a *eficiência*:
>
> O criminoso profissional não atua randomicamente; não corre o risco de atacar o transeunte capaz de se defender, de invadir a residência "errada", de combinar a comissão com algum responsável por obras e depois ter que brigar por ela; ele evita o sangue e a violência gratuitas. Mãos limpas balançam os turíbulos nas procissões de penitência.

> a aura da *especialidade*:
>
> As pessoas apreciam serem "cuidadas" por especialistas, do hospital ao posto de gasolina; o criminoso não faz exceção; não são poucas as vítimas que relatam, com uma ponta indisfarçável de orgulho, que tiveram a sorte de serem sequestradas por um especialista, não correndo (portanto) qualquer perigo. Vão os anéis...

> a *invisibilidade*:
>
> Não há motivos para se esconder ou evitá-lo, porque ele não se mostra; atua como a mão invisível da natureza e torna-se parte da vida. Tem a vantagem de não incomodar no cotidiano, como o faz o ladrão barato que rouba o sono e transforma a vida em constante preocupação com a segurança.

> a *seletividade*:
>
> Ele busca produtividade; sua reconhecida perspicácia o leva a atuar de modo seletivo, valorizando cada minuto de sua obra. Do tipo "assaltante do trem pagador", torna-se estrela e conquista espaço invejável na sociedade que o acolhe – um ícone dentro da mediocridade do crime comum. Quando a mídia o ratifica, é a glória.

A sociedade opta pela confortável solução de ignorá-lo e evita o risco da luta quixotesca contra um inimigo invisível do qual ignora o formato, as dimensões e apenas avalia o poder. Acreditando que os danos provocados por esse tipo de crime encontram-se democraticamente distribuídos entre todos, que seus efeitos se farão sentir em pessoas que, "no fundo", precisam dividir seus bens, que eles constituem apenas um pequeno imposto a mais, opta-se por *nada fazer*.

6.2.12 Efeito-divulgação

Os meios de comunicação constituem vilões naturais nesta história, pela prática corriqueira de *dar publicidade excessiva e indevida aos dramas populares*. Ao fazê-lo, provocam diversos tipos de efeitos sobre a audiência (sempre carente de observar o sofrimento alheio, um suave mecanismo de defesa psicológico), para os quais concorrem os fenômenos de percepção.

A execração pública de pessoas, expostas ao ridículo do gozo de terceiros, maximizada pela exploração impiedosa e insensata do acontecimento, torna-se uma *commodity da mediocridade*. A dor, física e/ou psíquica, ao perder a excepcionalidade, banaliza-se.

Kucinski (2002, p. 43) sugere que "as revistas semanais operam também como usinas ideológicas dos conceitos e preconceitos da classe média". Elas desempenham o importante papel de criar a *percepção* que amplos setores da população adquirem da violência, do crime, da impunidade, da corrupção. Também desenvolvem um imaginário em torno de estilos de vida, que conduzem a muitas aspirações desprovidas de senso de realidade.

A falência dos *valores morais*, entretanto, não se esgota na monotonia ideológica das mensagens de revistas: ela encontra poderoso reforço nos programas de televisão, principalmente em novelas e programas de auditório, cujos diversos quadros podem promover:

> ➢ sistemática e intencional *desvalorização do ser humano, tratado como objeto de consumo;*
>
> ➢ *sugestão de valores despidos de interesse social e voltados para o egocentrismo;*
>
> ➢ sutil disseminação de técnicas de violência física e, principalmente, psicológica;
>
> ➢ modificação dos costumes sem que esta aconteça com a legítima apreciação pela sociedade; as inovações refletem o estado de espírito, os valores e os interesses dos autores, diretores e produtores, nos mais diversos campos (político, sexual, étnico, religioso etc.).

Esses efeitos agravam-se quando as mensagens vêm travestidas de pretensa seriedade, utilizando recursos subliminares que provocam enorme impacto, principalmente naquelas pessoas com menor habilidade de crítica. O ensinamento é acolhido diretamente nos lares e passa a fazer parte do que Jung chamaria de "inconsciente coletivo".

Considerando-se que o grande fenômeno da comunicação de massa dos últimos 50 anos, excluída a internet, foi a televisão, e a surpreendente degradação de costumes experimentada pela sociedade no mesmo período, é difícil não se estabelecer uma correlação entre esses fatos.

A *divulgação insensata* contém mensagens de grande efeito psicológico e impacto sociológico, tais como:

> ➢ a transmissão da percepção de que as vítimas, de fato, *merecem* dedilhar seu rosário de sofrimentos.
>
> São incontáveis os casos em que são apresentadas como menos dotadas, ignorantes, mal-intencionadas, ingênuas, emocionalmente instáveis etc. Seus desempenhos em tela, nos mais lamentáveis programas de televisão, constituem o atestado indiscutível de suas limitações e defeitos;
>
> ➢ as pessoas de mau caráter conquistam seus momentos de fama e muitas das falhas que cometem podem ser interpretadas como lapsos de comportamento circunstanciais.
>
> Dependendo da intenção do noticiário, ao malfeitor imputa-se uma imagem de vítima da sociedade e se induz o pensamento de que suas falhas podem ser facilmente sanadas. Outras vezes, é tratado como um ser perverso, irrecuperável, estabelecendo-se um pré-julgamento que estigmatiza;
>
> ➢ o malfeitor é gratificado pela *ampliação do prejuízo causado à vítima.*
>
> Maneiras maliciosas de mostrar os acontecimentos têm o condão de promover o delinquente à condição de *intelectual do crime*, conduzindo os expectadores a se

irmanar a ele na busca do sucesso. Surge o fenômeno da heroização, comentado anteriormente. *O Dia do Chacal* explora essa transformação na percepção; ao final, já não se sabe se o Chacal deve ou não ter sucesso na sua missão de assassinar o presidente da República (este, sem nenhum atrativo especial);

➢ não há motivo para se deixar levar por valores morais elevados.

São muitos os produtos de comunicação que induzem o leitor, o telespectador, ainda que de maneira subliminar, a acreditar que na vida real o melhor é "levar vantagem" sobre os outros, que merece ganhar mais quem pode mais.

Essa mensagem perversa ganha força quando quem a divulga veste a roupagem de defensora da legalidade e da ética, que conquista por meio de uma ou outra matéria de impacto relatando os "desmandos dos poderosos".

Todo esse paciente trabalho de destruição do tecido social contém os vírus de um processo de *"coisificação do outro"*. Visto como *coisa*, a pessoa não merece nem atenção, nem cuidado, nem respeito.

O efeito-divulgação ganha importância crucial quando focaliza delitos de grandes proporções. A esse respeito, Gomes e Molina (1997, p. 82) alertam que, "*do ponto de vista político--criminal, parece importante que não se magnifiquem episódios delitivos isolados*".

6.3 SITUAÇÕES ESPECIAIS

Aqui se incluíram as seguintes:

➢ a delinquência ao volante, por sua extraordinária incidência e pelos incalculáveis prejuízos sociais e econômicos acarretados;

➢ a delinquência praticada pelo atleta, no exercício de sua atividade, presenciada por torcedores e retransmitida, muitas vezes, com alcance nacional e mundial;

➢ a delinquência do torcedor, que tem o atleta como modelo e atua, em geral, em grupo;

➢ a tortura, pelo horror que representa;

➢ a agressão sexual, por sua incidência e pela dificuldade de identificação.

6.3.1 A delinquência ao volante

O volante do (principalmente) automóvel parece convidar significativa parcela da população à prática de variados tipos de delitos, desde a "fila dupla para pegar a criança na escola" até o homicídio, passando pela direção perigosa, pela condução em estado de embriaguez e outros.

Os delitos associados à condução de veículos possuem colorido especial e merecem tratamento à parte, porque:

➢ *ocorrem de maneira generalizada.*

Impressiona a quantidade de infrações cometidas, produzidas por pessoas que, fora do volante, apresentam comportamentos que pouco ou nada têm a ver com os que manifesta quando dirigem. O volante torna-se ícone da transgressão socialmente tolerada;

Cap. 6 • UM OLHAR SOBRE O DELINQUENTE | **183**

> *a infinidade de infrações torna literalmente impossível detectá-las e puni-las.*

O condutor do veículo perde a *expectativa de ser identificado* e, mais ainda, *de ser punido.* Ele *sabe* que o número de agentes encarregados de detectar e punir filas duplas nas ruas é insignificante; que o excesso de velocidade não pode ser medido sem radar; que não existem policiais do trânsito em quantidade suficiente para identificar lâmpadas queimadas e itens de segurança em falta ou vencidos nos veículos etc.;

> *o condutor de veículo encontra uma identidade comportamental com inúmeras outras pessoas.*

Modelos que ele reconhece *também praticam delitos.* Funciona um *princípio inconsciente de isonomia...*;

> *é impossível não observar o mau comportamento de autoridades.*

Elas são vistas dirigindo perigosamente, de maneira irresponsável, cometendo variadas infrações e, além disso, utilizando-se de seus poderes para proteger filhos, cônjuges e parentes quando estes cometem crimes no trânsito; isso faz com que a população em geral desenvolva a percepção para a existência da impunidade e ou do *direito a ela*;

> *existe indiscutível conivência de amigos e familiares em relação aos crimes praticados no trânsito.*

Mesmo quando há homicídio, a tendência é a ocultação e, sendo impossível, a busca de atenuantes; esta certeza também confere um suporte emocional que contribui para fortalecer a crença na impunidade; exemplo emblemático aconteceu na cidade de Sorocaba, em 2014, quando, segundo noticiou a mídia, um indivíduo, vindo de uma "balada", bêbado, atropelou e matou cinco pessoas, além de ferir com gravidade várias outras; a promotoria, surpreendentemente, classificou o crime como *culposo*, à época, sob a alegação de que o cidadão teria dormido ao volante;

> *nas grandes cidades, as distâncias tornaram-se um desafio.*

O modelo urbano conduziu ao distanciamento entre lar, escola e trabalho, no espaço e no tempo, o que acentua a tendência à condução imprudente; além disso, a situação caótica do trânsito produz fenômenos relacionados com a perda de percepção de detalhes (relação figura e fundo, entre outros) que facilitam a redução da atenção e promovem um dirigir estereotipado, quase que mecânico, que não funciona em situações inesperadas;

> *o reduzido espírito de cidadania e a "coisificação" do outro tornam o pedestre um atrapalho na via pública.*

Pedestres (e outros condutores) não passam de concorrentes em busca de um espaço restrito; o veículo torna-se uma *bolha emocional* onde o indivíduo foge do purgatório que o circunda; qualquer estímulo proveniente desse ambiente é percebido como invasão e provocação a ser rechaçada;

> As campanhas pela direção responsável e respeito às leis de trânsito ainda esbarram e se confundem com as inúmeras omissões das mesmas autoridades que as propõem.

Um destaque especial merece a *publicidade* que cerca o automóvel, estimuladora desse estado de coisas; ela baseia-se no binômio *velocidade* e *sedução*. Condução audaciosa, conquista sexual e sucesso compõem uma receita de bolo repetida à exaustão. A imagem de segurança e conforto é reservada para uma classe seleta e requintada de clientes.

Em um país de ruas congestionadas e estradas esburacadas, o mínimo a se pensar a respeito do estímulo às arrancadas, às ultrapassagens e ao excesso de velocidade (responsável pela criação de uma *figura* em torno dessa imagem tão arriscada quanto nociva) seria que a propaganda roda na contramão do possível e estaciona em lugar proibido para a cidadania.

A produção cinematográfica de Hollywood, que tem o dom de transitar entre a máxima criatividade e a impensável estupidez, acrescenta lenha na fogueira da construção dessa percepção distorcida do conceito de dirigir, por meio da indefectível *perseguição impossível em alta velocidade através de ruas repletas de pessoas* em filmes de ação.

Em síntese, uma complexa estrutura sociocultural proporciona ingredientes para o caldo de crenças relacionadas com a condução imprudente e irresponsável. Esse *doutorado* de delinquência no trânsito se completa pela força do *condicionamento*. O indivíduo adquire os hábitos de dirigir perigosamente, em alta velocidade, estacionar em qualquer local etc. O volante aumenta o peso do pé e reduz o respeito ao próximo. A volta para a normalidade civilizada não se consegue com uma simples marcha-a-ré nos comportamentos.

6.3.2 O atleta delinquente

Aqui, refere-se, principalmente, ao jogador de futebol (embora o mesmo raciocínio aplique-se a atletas em geral e, por extensão, a celebridades), sobre o qual recaem as atenções da maior parte da população.

O crime cometido por esse atleta possui grande importância sob a perspectiva da *prevenção*, devido ao papel de *modelo* que desempenha entre torcedores. Da mesma maneira que o esporte constitui notável válvula de escape para a agressividade, com relevantes casos de jovens que haviam se envolvido com o crime e, via treinamento esportivo, alteraram a rota de suas vidas, também pode representar a porta para o crime, quando suas estrelas demonstram falhas de caráter e de comportamento.

Nilo Batista (1990, p. 160), professor de Direito Penal, denomina "crime" a violência explícita e injustificada no campo de futebol, que se realiza sob a complacência das autoridades presentes e das torcidas.

O autor a diferencia da prática do esporte *autorizada e estimulada* e considera que lesões dela decorrentes são socialmente aceitáveis; em outras palavras, existe lesão, mas não há a infração. A questão colocada é: "*violado o regulamento, a conduta será criminosa*" (BATISTA, 1990, p. 161).

E continua: "quando o jogador *abandona as regras da competição* e visa *inequivocamente a atingir a integridade corporal do adversário*, o que temos é o crime previsto no artigo 129 do Código Penal".

De fato, o procedimento agressivo, intencional, não depende do local nem das circunstâncias para ser considerado como tal e abrir exceções a essa interpretação é inaceitável sob qualquer aspecto. No caso do atleta, é inegável que o impacto do comportamento ultrapassa o limite das regras esportivas para produzir reflexos significativos do ponto de vista social, pois:

> ➢ *o expectador aprende que pode cometer violência.*
>
> Vê-se isso no campo de futebol e, mais ainda, nos detalhes da câmera lenta e do *zoom* da televisão, em que o gesto de agressão covarde é reprisado com todos os detalhes. O jogador que pisa, maldosamente, no ventre do adversário caído pisa também no respeito ao próximo, no comportamento civilizado, na compreensão e na paz. Um gesto aparentemente simples traz inúmeros desdobramentos. O juiz que releva a agressão, tacitamente, declara que concorda com ela.

Não são casos esporádicos. Um único ato criminoso, reproduzido para milhões de expectadores, abre precedentes, ratifica estratégias de atuação e se multiplica dos grandes estádios para os pequenos campos de várzea, celeiro do futebol amador, para as quadras dos ginásios esportivos de escolas e empresas e assim sucessivamente;

➢ as tímidas punições dadas nessas situações no contexto esportivo ampliam a expectativa de *impunidade,* já comentada em outros pontos.

Muitos atos são tolerados sob a alegação de que se trata de "esportes de contato". Quando o tribunal esportivo produz punições simbólicas, confirma para os torcedores o baixo valor da integridade do ser humano;

➢ *não são poucos os treinadores e dirigentes que incentivam a agressão como estratégia para obter resultados, ainda que medíocres, quando suas equipes não possuem o gabarito técnico mínimo para enfrentar seus adversários.*

São notórios os casos de "jogadores caçados" pelos adversários e conhecidas as equipes que apresentam índices de faltas elevados em comparação com as demais etc.

Em síntese, o atleta-delinquente constitui uma realidade, o professor (mais ou menos involuntário) do torcedor-delinquente.

6.3.3   O torcedor-delinquente

Trata-se aqui, especificamente, da "torcida organizada" na pior concepção. Da mesma maneira que grupos de pessoas unem-se para promover a alegria e a confraternização, outros têm por objetivo extravasar a raiva contra eles mesmos e contra a sociedade. Formam gangues com um objetivo acessório: o jogo. A situação-padrão encontra-se, também, no futebol.

Só, o torcedor-delinquente pouco faz; sua coragem emana do grupo, que possui símbolos identificadores e gritos de luta. No anonimato das arquibancadas, na multidão da rua, praticam violência, conduzidos por seus líderes.

Quando o grupo de luta se encontra com um grupo rival, a pancadaria torna-se inevitável. Ao organizar uma barreira humana entre os grupos às portas do Estádio Municipal do Pacaembu, na capital paulista, em conflito que antecedeu a disputa entre duas equipes com grande número de torcedores, um coronel da Polícia Militar resumiu as dimensões da beligerância: "tudo bem, tudo bem, foram apenas as agressões normais", e deixou no ar a pergunta, não explorada pelos jornalistas: quais seriam as "não normais"?

O círculo se fecha com o retorno dessa violência para as arquibancadas, de onde os grupos pacíficos são desalojados.

Batista (1990, p. 163) coloca, com precisão, a pergunta: "*como explicar para o cidadão que, na porta do botequim repetiu no peito do torcedor adversário a mesma tesoura voadora que seu ídolo desfechara em campo, que ele está sendo preso por um crime que não é crime quando praticado pelo ídolo?*". Não apenas no botequim, mas na boate, na sala de aula, no estacionamento do supermercado...

O modelo inicia o comportamento; a aprendizagem o consolida; ideias mal adaptadas geram um esquema de pensamentos que desencadeiam a violência. Valores frágeis, princípios mal estabelecidos; personalidades instáveis, dependentes; níveis de pensamento pouco evoluídos. Tem-se aí um quadro psicológico para explicar esses comportamentos e injetar adrenalina nas veias do crime.

A violência, cultuada no campo de futebol, na imprensa, no cinema e na TV, transforma-se em *valor*, principalmente para o adolescente que não dispõe da arte ou da técnica, mas possui a força.

O futebol, enquanto esporte, mais uma vez, ilustra com perfeição essa transformação de valor que a sociedade experimenta: enquanto na década de 60 louvava-se a competência de Ademir da Guia, denominado "o bailarino", pelo carinho artístico com que fazia a bola deslizar pelos gramados, em cuidadosa coreografia conjugando habilidade, técnica e senso estético, hoje louva-se o jogador que "destrói as linhas adversárias"; aceita-se como herói qualquer colecionador de cartões vermelhos e amarelos, desde que produza resultados.

6.3.4 As tenazes da tortura

No calvário do crime, talvez as cruzes mais altas devam representar a *tortura*. Essa palavra evoca o crime de natureza política, os sombrios porões de inquisidores institucionalizados – memórias de tempos incertos e sombrios.

A *tortura*, entretanto, continua presente e modernos Torquemadas (Espanha, 1420-1498) envergam outras vestes.

De um lado, no ambiente doméstico, encontra-se na criança atada ao pé da cama ou da geladeira; na mulher, no filho ou na filha marcada a ferro; na privação da liberdade de ir e vir; nos atos mais comezinhos da mediocridade humana que promovem o dano psíquico que o tempo não cauteriza sem longo processo de estabilização emocional.

As delegacias das mulheres colecionam histórias de maridos torturadores, em que o cônjuge desempenha o papel de *coisa* para descarregar rancores, frustrações, inseguranças e falta de valores.

No lar, convive-se com requintes da tortura. Surge, então, a incômoda questão: *por que alguém tortura?*

A *tortura* difere da violência "habitual", em que se trocam agressões: a vítima encontra-se implacavelmente sob o domínio do torturador nessa Inquisição moderna, consolidada e aceita como inerente à vida contemporânea (pelo menos, assim sinalizam as tímidas medidas para contê-la).

Os torturadores dividem-se em dois grupos distintos: os *institucionais*, que constituem desvios em relação aos papéis preconizados para aqueles que desempenham as funções de repressão e prevenção do crime, e os *intencionais*, que empregam *a tortura como um fim em si mesma*, uma vez que ela não aumenta nem a eficiência nem a eficácia da ação em direção ao objetivo do crime.

Entre os institucionais encontram-se agentes e reclusos de entidades de segregação social (penitenciárias, hospitais penitenciários e outros). Os intencionais incluem os torturadores domésticos, os ativistas profissionais (por exemplo, os que comandam ações de natureza política) e, especialmente, os sequestradores.

Caso 25 – O torturador de idosos

Ganhou dimensões nacionais a descoberta do torturador de idoso na cidade de Taguatinga (março de 2008).

O indivíduo, contratado como cuidador de um senhor de 84 anos de idade, com Alzheimer e Parkinson e impossibilitado de se locomover por complicações da diabetes, diariamente arremessava o idoso na cama, batia-lhe com o chinelo, lançava a urina coletada sobre sua face.

A família suspeitou do comportamento do cuidador e instalou uma microcâmera no quarto, conseguindo filmar as cenas de tortura e documentar os horrores praticados pelo indivíduo.

São necessárias pesquisas científicas para aumentar os conhecimentos a respeito do que move e quais são as características de personalidade desses indivíduos. Muitas questões merecem atenção:

- ➤ até que ponto o torturador *institucional* também é *intencional*? Em outras palavras: aquele que procura a instituição não o faz porque encontra uma maneira socialmente mais protegida para exercer a prática da tortura? Este, sim, seria o moderno Torquemada.

- ➤ a tortura *gratifica* o torturador? De que maneira ocorre essa gratificação? Não prevalecem sentimentos de culpa? Existem outros sentimentos que o movem à prática da tortura (desprezo, repulsa, raiva, vingança etc.)?

- ➤ quais são os pontos comuns nas *histórias pessoais* desses torturadores? Ocorreram traumas? Quais foram os modelos que os inspiraram?

- ➤ como esses indivíduos se comportam quando fora do ambiente em que praticam a tortura? Como se sentem *antes, durante e após* as práticas? Na situação relatada no caso 25, é notável a dissociação entre o *comportamento* e a *fala* do torturador; nesta, ele denota uma profunda preocupação com a qualidade de vida do idoso!

A compreensão da personalidade do torturador possui interesse científico e social. Há aquele indivíduo que, de alguma forma, *supera* sua tendência a infringir dor e sofrimento a outras pessoas; por que alguns, que reúnem todo o perfil sociopsicológico para assim se comportar, não o fazem? Aqueles que se transformam em torturadores estarão condenados a esse comportamento enquanto encontrarem meios para isso?

Vale lembrar que o Brasil firmou em 1969, e ratificou em 1989, a Convenção Americana contra a Tortura e Outros Tratamentos ou Penas Cruéis, Desumanas ou Degradantes, cujo texto encontra-se em <www.pge.sp.gov.br/centrodeestudos/bibliotecavirtual/instrumentos/degrdant.htm>.

6.3.5 O agressor sexual

São marcas do agressor sexual a falta de noções de limites e de senso crítico. Não desenvolveu uma sexualidade saudável; muitas vezes, em consequência de ter sido vítima de violência sexual na infância ou na adolescência. Pode, ainda, ter suas origens em pessoas (em geral, homens) covardes, impotentes e sexualmente imaturas, que veem na criança uma forma de dar vazão a sua energia sexual.

Sua percepção da vítima é a de um indivíduo vulnerável, o que representa um mecanismo de defesa útil para justificar-lhe a ação. Não existindo comprovação física (teste de DNA, por exemplo) ou testemunhal, não hesitará em negar o fato ou buscará transferir a culpa para a vítima, a qual acusa de sedução.

A compreensão do que move o agressor sexual pode ser complexa, como no caso seguinte.

Caso 26 – A filha de Godofredo

Godofredo apreciava uma visita periódica ao bar, que funcionava anexo à padaria do bairro. Ali conheceu C.M., que sempre lhe pedia uns trocados e uma pinga. Segundo Godofredo, recusados. Entre uma conversa fútil e outra, C.M. tornou-se conhecedor da rotina de Godofredo e de sua família, que residia nas proximidades.

Uma noite, por volta das 22 horas, quando a filha de 16 anos de Godofredo retornava para casa, C.M. interpelou-a próximo do portão; encostou um objeto em seu corpo, dizendo que se tratava de roubo e que, se ela gritasse, ele entraria na casa e mataria todos. Abraçou-a e forçou-a a acompanhá-lo até um matagal próximo, onde a estuprou. Mais tarde, já preso, foi examinado por perito que atestou sua higidez mental. No depoimento, tentou fazer crer que se encontrava bêbado e incapaz de ereção. Durante as entrevistas, ficou patente que o réu demonstrava profundo e infundado ódio em relação a Godofredo.

Impossibilitado de atingir fisicamente o pai, o estuprador deslocou a raiva para a filha – atinge-o por via indireta, psicológica. Com isso, obtém um ganho secundário ao dar vazão a sua perversão sexual.

Especial interesse tem a agressão sexual dirigida a crianças e adolescentes, tratada sob o título "pedofilia", no Capítulo 3, e mais adiante, sob o título "incesto", no capítulo seguinte, dedicado ao estudo da violência.

Um caso que ganhou notável repercussão, protagonizado por pessoa de reconhecido prestígio na localidade em que reside: o indivíduo recolheu meninas, menores de idade, às margens de uma rodovia; foi observado, denunciado e detido. Nessa ação, destruiu sua respeitabilidade, colocou a família em situação extremamente delicada e arruinou a imagem pessoal.

O que leva um indivíduo, com a vida consolidada, a adotar tal comportamento e se expor de maneira tão imprudente? Não se trata de um agressor sexual, se comparado com C. M. no caso 26. Contudo, não deixa de ser um comportamento com notório teor de agressividade.

Por outro lado, um forte conteúdo sociopsicológico, se não o "avaliza", ao menos atenua a interpretação do acontecimento. Inúmeros depoimentos sugeriam surpreendente complacência: "afinal, as meninas não passavam de prostitutas"! Desconsidera-se a garantia de direitos a crianças e adolescentes e transfere-se à vítima a responsabilidade da ação delinquente.

A atuação profissional junto ao ofensor sexual é bastante complexa e exige sensibilidade dos profissionais envolvidos, tanto da área jurídica, quanto da área da saúde. A respeito do tema, escrevem Mangini, Lima e Abreu (2019) que o trabalho com ofensores sexuais não difere das bases psicológicas utilizadas para atendimento a qualquer pessoa em sofrimento, mas tem contornos diferenciados quando é necessário realizar uma intervenção específica. Se nos casos de crimes contra o patrimônio, por exemplo, se observam influências sociais mais pronunciadas, nos casos de crimes sexuais, componentes psicológicos se mostram atuantes e fazem importante interface com aspectos sociais e culturais, tais como os relacionados a questões de gênero e masculinidade e à cultura que privilegia o patriarcado.

Filmografia

Dia do Chacal, O	1973 – Fred Zinneman	Heroização do criminoso: o poder do carisma.
Inacreditável	2019 – Susannah Grant	Violência sexual e revitimização.
Vidas sem rumo	1983 – Francis Ford Coppola	Conflito entre classes sociais. Marginalização e preconceito.

Temas para reflexão e debates

➢ **O GOZO NA VIOLÊNCIA (item 6.1.3)**

Uma poderosa mídia encarrega-se de demonstrar que o prazer se encontra ou pode encontrar-se associado à prática da violência.

O martelar contínuo do culto à violência traz o *condicionamento*. O indivíduo condiciona-se, em primeiro lugar, a aceitá-la, de tal maneira que, conscientemente ou não, busca oportunidades de assisti-la. Os "esportes" em que as pessoas se mutilam constituem exemplo.

Esse fenômeno permeia a sociedade. Quais suas consequências? Como isso evoluirá? Até que ponto exigirá crescentes recursos para reprimir excessos e possibilitar a vida pacificada na sociedade? Como o gozo com a violência provoca o afastamento social?

A banalização da violência física constitui uma porta para a violência psicológica? Ou esta antecipa-se àquela?

➢ **DELINQUÊNCIA (item 6.2)**

Um dos aspectos inquietantes relacionados com a gênese da delinquência é a *tolerância* com os pequenos delitos que permeiam o cotidiano da população.

Existe uma percepção generalizada de que um delito:

a) de pequena proporção é "aceitável";
b) praticado por muitos é ainda mais tolerável.

De um lado, atuam os *mecanismos psicológicos de defesa do ego*, eficazes em imprimir a competente absolvição pelo delito e suas consequências; de outro, a *relação figura e fundo,* por meio da qual se empresta invisibilidade a tais comportamentos.

Outros importantes aspectos psicológicos contribuem para validar e cronificar os comportamentos dessa natureza.

Uma questão que se apresenta é o *tratamento jurídico* a ser dado a esses comportamentos, de tal maneira que os benefícios psicológicos que os mecanismos indicados propiciam sejam substituídos por outros, socialmente mais adequados e inibidores dessas ações.

➢ **A ADOLESCÊNCIA: O CRÍTICO MOMENTO DA TRANSIÇÃO (item 6.2.5)**

Reporte-se ao fenômeno da *percepção de falta de espaço no mundo adulto.*

Um instrumento que, supõe-se, possibilita ampliar o espaço individual é o WhatsApp (também outras redes, como Instagram, TikTok, Facebook e Twitter. Por meio dele, o indivíduo conecta-se, a qualquer momento, com pessoas nos mais distantes pontos do Planeta! O círculo de amizades, em tese, mantém-se próximo por meio desse instrumento.

Contudo, ao mesmo tempo que une, o WhatsApp revela-se um instrumento de controle. O jovem dependente de um líder de equipe passa a lhe prestar contas do que faz, eventualmente, sem o perceber. Daí se questionar se a ferramenta é, de fato, uma ampliadora de fronteiras.

➢ **A LIDERANÇA E O EFEITO DO MODELO (item 6.2.7)**

Quando se pensa em liderança, não há como desconsiderar o extremo, em que ela se torna messiânica, a ponto de provocar suicídios em massa, ou incitar comportamentos de automutilação, como os que se tem notícias nas redes sociais.

Há, também, fatores relacionados à geração de lideranças e à ampliação de seus poderes sobre os liderados: a tecnologia.

Esta tanto pode acentuar como dificultar o fortalecimento de uma liderança – religiosa, política ou de qualquer natureza.

De um lado, a tecnologia abre canais para a concorrência. Por outro lado, facilita a dominação.

Essas questões encontram-se estreitamente ligadas às características de personalidade do público-alvo, entre outros fatores.

➢ **CRIME E CONSEQUÊNCIA (item 6.2.10)**

Remete-se ao texto "Efeito Demonstração" (FIORELLI, 2016), assim resumido: "As decisões da Justiça ocasionam diversos efeitos. Elas podem dissuadir, estimular, punir; podem provocar sentimentos de segurança, revolta, arrependimento, compreensão, dúvida, receio, certeza. Tudo isso de maneira complexa e, simultaneamente, em poucas ou muitas pessoas. Seguramente, elas **sempre** ocasionam algum tipo de impacto social. À Lei somam-se a cultura e o costume, pilares sobre os quais a sociedade funciona".

O texto alerta para o fato de que as consequências de um crime vão além dos indivíduos e grupos diretamente envolvidos, para incluir imponderáveis parcelas da sociedade, dependendo de como transcorre o julgamento, da extensão e do impacto das decisões da Justiça, de como as pessoas percebem satisfeitas suas expectativas quanto a tais decisões e de quanto a decisão poderá estimular (ou não) a repetição do fato.

7
ESTUDO DA VIOLÊNCIA

Os muros e as grades nos protegem do nosso próprio mal.

(*Muros e grades.* Humberto Gessinger)

Este capítulo traz uma análise da *violência* enquanto comportamento cada vez mais presente nas relações interpessoais de todos os tipos, em todos os lugares, na sociedade brasileira.

As ações humanas, complexas por sua natureza, devem ser analisadas sob a ótica de quem as pratica, dos estímulos internos e externos que as motivam e, também, de acordo com o contexto em que ocorrem. Há comportamentos que se manifestam pela livre vontade do agente, que, consciente e deliberadamente, opta por assim fazê-lo; outros, originam-se em complexas conexões provenientes de estados emocionais e de componentes orgânicos que escapam à deliberação do indivíduo. O que os caracteriza são as circunstâncias em que acontecem; assim, não é possível analisar qualquer comportamento humano desvinculado do contexto.

Procura-se manter o foco nas concepções da psicologia – que trata do indivíduo – porém, estabelecendo agora um elo com as questões sociais. Neste capítulo, portanto, a pessoa encontra-se inserida em um contexto sem, entretanto, se adentrar nas teorias sociológicas.

7.1 IMPACTO DA VIOLÊNCIA SOBRE A SOCIEDADE

Pessoas que tiveram a oportunidade de visitar lugares onde a violência é apenas ocasional espantam-se com a diferença na qualidade de vida.

Já de início, transparece o extraordinário investimento comunitário e social para conviver com a violência, que destrói recursos essenciais que poderiam e deveriam ser canalizados para áreas nobres (educação e saúde, por exemplo).

A sociedade violenta desenvolve um aparato tecnológico, material e humano para lidar com a violência e, pouco a pouco, a manutenção e o desenvolvimento desse aparato incorporam-se à vida. Para ele destina-se substancial parcela dos orçamentos (por exemplo, o custo de segurança embutido no valor dos serviços bancários, no preço dos alimentos, nos impostos etc.) públicos e privados.

Desenvolve-se um círculo vicioso: a luta contra a violência torna-se atividade de sobrevivência e os que integram esse processo trabalham não apenas para conter a violência, como também para defender suas atribuições, aperfeiçoá-las e perpetuá-las.

Não há como dissociar a *delinquência* da *violência*, pois todo ato de delinquir contém uma expressão dela, ainda que indolor do ponto de vista físico, invisível e simbólica. É significativo que a maior parte das ações destinadas a contê-la contemplem esse tipo de manifestação.

Entretanto, a violência contra a ética ou contra a moral não perde seu estatuto porque não ocasiona fraturas em pessoas; ela provoca rupturas na frágil epiderme das crenças, dos valores, dos fundamentos da convivência social. Uma análise em profundidade – que foge ao escopo deste livro – revelaria que a violência física é o resultado indesejado da violência contra a ética e contra a moral.

O fato de a violência contra a ética e contra a moral ocupar um espaço secundário nas preocupações de gestores da sociedade tem reflexos sociais e psicológicos que merecem profunda reflexão e, não apenas isso, ações objetivas.

7.2 AGRESSIVIDADE E VIOLÊNCIA

> *Meninos de rua, delírios de ruínas*
> *Violência nua e crua, verdade clandestina*
> *Delírios de ruína, delitos e delícias*
> *A violência travestida faz seu trottoir...*
>
> (*Muros e grades*. Humberto Gessinger)

Costumeiramente empregam-se os termos *agressividade* e *violência* como sinônimos (por exemplo, costuma-se dizer que "fulano é violento" quando a pessoa apresenta postura intimidatória, ainda que sem agredir física ou psicologicamente seus interlocutores). Cabe, entretanto, distingui-los.

Segundo Mangini (2008, p. 95), "a agressividade traz em si algo de força combativa, comportamento adaptativo e instinto de vida"; trata-se, pois, de uma *característica de personalidade*, à medida que se manifesta no comportamento *habitual* do indivíduo. Verifica-se na pessoa (muitas vezes percebida como irritante, desagradável) que defende com grande ênfase seus interesses, que vai além do comportamento habitual, a ponto de intimidar os que com ela concorrem, contudo, sem transgredir regras legais ou sociais e mantendo o respeito à integridade física e psíquica dos demais.

Entretanto, continua Mangini (2008, p. 96), "quando ela não está relacionada à proteção de interesses vitais, está mais próxima do conceito de violência, que traz em si a ideia de destruição, do investimento destrutivo entre seres da mesma espécie quando outras vias de solução poderiam ser empregadas". A violência contém, pois, a marca da agressão física e ou psíquica e ultrapassa o aceitável legal ou socialmente.

Indo além, Mangini destaca que a "agressividade é inerente a todo ser humano, garante a sobrevivência e a disposição para vencer obstáculos. Já a violência apresenta-se quando a pessoa não conseguiu canalizar a agressividade para atividades produtivas e denota desestabilização dos mecanismos contensores, impulsividade e baixa tolerância a frustrações" (2008, p. 96).

Caso 27 – Agressão no trânsito: Aguinaldo, o valente

João, 27 anos, vendedor autônomo, foi ao *shopping center* levar seus dois filhos para um passeio dominical. Lá chegando, encontrou dificuldade para localizar uma vaga para seu veículo; finalmente, surgiu uma que lhe parecia adequada; manobrou o veículo e rapidamente a ocupou.

Há poucos metros dali, havia um veículo parado, sinalizando a intenção de ocupar a mesma vaga. O segundo veículo era conduzido por Alex, 19 anos, e seu irmão Aguinaldo, de 20 anos, os quais já estavam lá há algum tempo.

Alex manobrou seu veículo de modo a bloquear a passagem de João e seus filhos; ato contínuo, saiu do carro e foi "tirar satisfações com João", o qual, surpreso com essa atitude ríspida, uma vez que não havia percebido sua intenção de ocupar aquela vaga, procurou compreender a situação e comunicar-se de modo cordial.

Entretanto, Aguinaldo, que também já havia saído do carro, não lhe deu tempo para explicações. Quebrou-lhe o nariz com um soco na face.

O comportamento do agressor demonstra impulsividade; quando alguma emoção negativa o domina (raiva, por exemplo), experimenta imediata regressão a estágios primários do desenvolvimento psicológico e prevalecem o egocentrismo e o narcisismo. Não há direitos para o outro. A *expectativa de punição inexistente ou insignificante* funciona como motivador para que o indivíduo não desenvolva qualquer autocontrole.

Observe-se como este comportamento reflete-se sobre as crianças, que recebem diversas mensagens a respeito da violência:

> - sentimento de *insegurança* em relação ao convívio social; pessoas passam a ser percebidas como potenciais agressoras;
> - perda do *sentido de proteção* que a família, em especial o pai e a mãe, lhes proporcionam; se o pai pode ser ferido sem que nada aconteça, o que não poderá acontecer com elas, mais frágeis e indefesas?
> - *ideias paradoxais* a respeito de valores como o respeito ao próximo, a convivência pacífica etc. A percepção de que um comportamento civilizado recebe a recompensa da agressão é inexplicável para o pensamento lógico de uma criança.

Não há como se tratar de agressividade e violência sem considerar o *contexto social e cultural em que o ato se insere*. O comportamento apenas "agressivo" em um contexto pode ser considerado "ato de violência" em outro e vice-versa. Em uma família onde tapas e gritos acompanham os argumentos, somente atos extremamente violentos serão percebidos como tais; em outra, onde palavras de carinho representam a tônica e gestos de afeto pontuam as interações, elevar a voz pode soar como desproposidado e amedrontador.

Essa relativização ditada pelos fatores socioculturais que cercam as manifestações de agressividade e violência pode ser representada pela Figura 1, onde se indica que existe um elemento de transição na interpretação de qualquer ato para classificá-lo como violento.

Agressividade   Violência

Figura 1   *Transição entre agressividade e violência.*

A figura sugere que não existe um marco divisório nítido e objetivo entre comportamentos agressivos e violentos. A *interpretação* do que seja agressividade ou violência depende do *contexto sociocultural e legal* e de quem a recebe. Essa interpretação não é fixa; transforma-se da mesma maneira que os costumes se modificam.

Quanto mais um comportamento situa-se à esquerda na representação, tanto mais será considerado social e legalmente legítimo na defesa de interesses de quem o emite; quanto mais se afasta dessa posição, mais será percebido como violência merecedora de contenção e/ou punição.

A importância de se diferenciar claramente agressividade e violência relaciona-se com a *reação da sociedade*. O comportamento violento deve ser coibido, se possível preventivamente, porque seus efeitos serão presumivelmente deletérios à vista dos que o receberem; assim, compreende-se que se deva excluir do convívio social aquele que mata por prazer. A mesma preocupação não encontra justificativa quando se trata do indivíduo que pratica violência contra outro dentro de um contexto de construção, lenta e sistemática, de ódio recíproco, que se esgota na realização mesma do ato de violência (considerando-se, também, que outras pessoas da sociedade não correm o risco de ser igualmente vitimizadas).

Há muito a ser pesquisado a respeito da *origem* e das condições que levam à *manifestação* do comportamento violento. Não há um posicionamento unânime, contudo, aponta-se para a tendência geral de conjugar aspectos pessoais e sociais.

A observação, ainda que não cientificamente sistematizada, sugere que esse comportamento não está, necessariamente, atrelado à característica de personalidade agressiva. Há pessoas vistas como *agressivas* que nunca se tornam *violentas*. Outras, aparentemente "dóceis", socialmente *corretas*, ciosas cumpridoras da lei, cometem atos de violência inesperados. Portanto, é complexa a relação entre violência e personalidade, tudo indicando que diversos fatores individuais, sociais e culturais conduzem à sua prática.

Viana (1999, p. 225) assinala diversas formas pelas quais a violência se manifesta, e que dependem de:

> - características da vítima (mulher, negro, criança etc.);
> - características dos agentes (policial, delinquente, vigilante etc.);
> - local onde ocorre (campo, cidade, escola, rua, instituição etc.);
> - forma como se realiza (simbólica, sexual, física);
> - objetivos (repressão, contenção, educação, punição);
> - motivações inconscientes (reação, vingança, recreação, conquista etc.).

Não há como se tratar de violência sem considerar essas diferentes formas de manifestação e as múltiplas condições de contorno que cercam cada uma delas.

7.3 COMPORTAMENTO AGRESSIVO: UMA VISÃO TEÓRICA

Ainda que o comportamento agressivo não se transforme, necessariamente, em violência, a *convivência* com a agressividade facilita a evolução do primeiro em direção ao segundo. Para isso, concorrem vários fenômenos, já antecipados no capítulo dedicado às abordagens teóricas, entre os quais se destacam os seguintes.

a) Mecanismo de defesa inconsciente

Winnicott (1999, p. 102) sugere que a agressão pode ser percebida como reação à frustração. Na impossibilidade de ver realizado seu desejo, o psiquismo reage e desloca a energia para a agressividade. Trata-se, pois, de *mecanismo de defesa,* por exemplo, na forma de *deslocamento* ou *sublimação* (caso 7 e caso 12).

b) Descarga de energia psíquica

Winnicott também sugere que a agressividade constitui uma fonte de energia do indivíduo; a intenção de realizar algo se manifesta de maneira mais ou menos violenta (caso 8).

A mesma linha de pensamento encontra-se em Adler, que vê a busca pelo poder como algo inerente ao comportamento saudável, sendo a agressividade apenas uma *forma* como ela se manifesta; dentro de limites, considera-se perfeitamente aceitável.

c) Fenômeno da percepção

Já sob uma perspectiva gestáltica, a agressividade pode resultar da percepção inadequada dos comportamentos emitidos; o indivíduo não discrimina os detalhes que diferenciam um comportamento agressivo de outro socialmente adaptado; ao praticar reiteradamente os primeiros, estes acabam constituindo-se na figura em sua percepção; ante qualquer estímulo, constituem a resposta de eleição.

O indivíduo proveniente de um meio onde tais comportamentos são corriqueiros percebe--os como normais e desejáveis; não os discrimina de outros igualmente adequados (caso 1, caso 10 e caso 27).

Exemplo dessa realidade traz o Mapa da Violência: jovens de 15 a 29 anos, pobres, moradores de subúrbios, convivem com a maior parte dos homicídios (<www.mapadaviolencia.org.br>). Essa população perde a percepção da presença da violência e das maneiras aceitáveis de se reagir às agressões e provocações. Banalizada, a violência incorpora-se aos relacionamentos.

De maneira similar, a percepção influencia na *discriminação* de *estilos* de comportamentos. O caso clássico, já analisado por muitos estudiosos, são os "desenhos do Pica-Pau", caracterizados pela violência gratuita e continuada. As experiências conduzidas demonstraram que as crianças que os assistem, e não contam com outros tipos de estímulos na mesma proporção, mostram--se ansiosas e agitadas, envolvem-se em brigas e comportam-se de modo mais violento do que aquelas que assistem a desenhos que pacificam e tranquilizam.

A percepção de violência também é afetada pelos *traços,* pela *estética* do que é visto. O cérebro absorve essa estética e desencadeia comportamentos compatíveis com ela. Diversas medidas foram realizadas por organizadores de espetáculos e por estudiosos, indicando que a observação de imagens que remetem à violência (ainda que não praticada intensamente segundo o *estilo pica-pau*) também provoca ansiedade e desequilibra, de diversas formas, o organismo.

Os efeitos desses estímulos não são de longa duração, contudo, pela exaustiva repetição, constroem uma nefasta percepção voltada para a violência. No mínimo, predispõem o sujeito para ser vítima de condicionamentos e modelos socialmente inadequados.

d) Condicionamento operante por reforço positivo

O comportamento pode ser aprendido. O indivíduo apresenta um comportamento agressivo ("a criança chora para ganhar um doce"); consegue o que quer ("a mãe dá o doce"); ela volta a agredir pelo mesmo ou por outro motivo ("generaliza o comportamento") e obtém novamente sucesso. Torna-se cada vez mais agressiva.

A criança recebe um poderoso condicionamento operante por reforço positivo; incorpora-o ao seu repertório; generaliza o comportamento e, com o tempo, aprende a refiná-lo. Por generalização do comportamento, desenvolve novas estratégias que, na ausência de *limites*, poderão evoluir para a prática de gestos de agressividade mais elaborados, até chegar à violência que se integrará ao seu repertório (caso 1, caso 10 e caso 11).

O contracondicionamento funciona e pode ser encontrado em esportes e atividades radicais, conforme já mencionado anteriormente, por meio das quais o indivíduo encontre a mesma gratificação sem conflitar com a sociedade.

e) Aprendizagem pela observação de modelos

Lares e escolas são instituições onde ocorrem violências. Trata-se, aqui, do conceito de aprendizagem social formulado por Bandura, no qual são determinantes os *modelos*.

A observação dos comportamentos dos modelos tem muito a ver com os resultados aventados pela Figura 1. A criança e o adolescente aprendem o que é considerado mera agressividade ou violência com seus modelos: pais, colegas de escola, ídolos da adolescência. A partir daí, comportar-se-ão para repeti-los, para estar "à altura deles".

Entretanto, "mesmo as experiências não vividas pessoalmente são trazidas à tona em detalhes pela mídia, ou seja, a exposição às drogas, gangs, armas, problemas raciais, atividades terroristas, e mesmo os desastres naturais. Esses eventos geram, ao mesmo tempo, o medo e o costume com a violência, prejudicando a visão de um mundo seguro", assinalam Dlugokinski e Allen, apud Antoni e Koller (2002, p. 85-86).

Não se trata de simples cópia dos eventos da mídia. Trata-se de algo mais profundo, ligado à motivação.

f) Efeito motivacional

A glorificação da violência e de pessoas que praticaram atos violentos, intensamente veiculada pela mídia, desenvolve a percepção para os benefícios da violência na conquista de *status*, um fator motivacional de alto nível segundo a hierarquia de Maslow.

O autêntico massacre dos sentidos promovido pelos inúmeros filmes e séries de TV regados a sangue e atrocidades, os jogos eletrônicos aceitos pelas melhores famílias para apaziguar a necessidade de afeto de suas crianças, a impossibilidade acústica dos bailes, a coreografia que confunde ousadia com violência e desprezo pelos valores humanos constituem exemplos da coleção de vírus de violência que os meios de comunicação inoculam no cotidiano das pessoas.

A isso se somam as mensagens dos noticiários, dos jornais e revistas, e o caldo da violência escorre pelas passarelas da sociedade, para ser servido em doses insuspeitas até mesmo pelo mais cuidadoso transeunte.

O resultado varia entre a aceitação e a propensão à busca de métodos similares para os mais variados objetivos. Aquilo que foi força de expressão de um simpático líder da juventude, ao "entrar na rua Augusta a 120 por hora", incorpora-se ao receituário comportamental na busca da glória efêmera que é o resultado do ato violento: os três minutos para ler a notícia.

g) Transformação de valores

Os efeitos motivacionais não seriam tão extensos se os valores sociais constituíssem uma "junta de dilatação" para suportar os impactos desse convite brutal.

Entretanto, isso não acontece, seja na visão freudiana de superegos frágeis, seja na percepção de um inconsciente coletivo focado no aqui e agora do consumo inconsequente e das relações pautadas pelo imediatismo do "ficar", ou na concepção de uma nova estrutura familiar diversificada e pluralizada, em que a construção dos valores não encontra nem tempo nem espaço pela absoluta falta de convergência de interesses parentais.

Os valores passam a ser, senão incômodos, meras curiosidades acadêmicas, preocupação de intelectuais, o que, para a grande maioria da população, não traz resultados práticos, de acordo com a urgência do "ficar".

Os valores transformam-se para acolher a violência. Quando ela faz parte dos comportamentos socialmente aceitáveis para os mais diversos fins – inclusive a preservação da vida – desenvolve-se um processo mórbido em que o homicídio constitui o pico mais visível de um *iceberg*. Neste, a linguagem, a estética e os mais diversos hábitos combinam-se para compor o cotidiano de agressividade ao qual se encontra sujeita significativa parcela da população.

Buscam-se poesias nos grafites. A violência que levou Picasso a cubificar suas produções retrata a inconsistência dos valores que permitem à sociedade encontrar espaço para o ócio criativo e a acolher o próximo – este, tão distante quanto incômodo. Ao mesmo tempo em que se propagam as mais diversas tentativas de inclusões sociais, enfraquecem os tecidos da solidariedade – a ponto de qualquer avanço, tímido e atrasado, ser saudado como uma conquista.

Valores, comportamentos e linguagem estimulam pensamentos que conduzem à prática da violência (caso 8, caso 10, caso 11 e caso 12).

h) Expectativas

Os mecanismos de detecção, punição e neutralização dos comportamentos violentos disponíveis na sociedade variam entre o precário e o inexpressivo. Mangini (2008, p. 99) é incisiva: "a impressão que se tem é que, apesar de todo o aparelhamento legal, aquele que burla as regras não sente especial controle e certeza de punição".

As teorias em torno da *expectativa* (Murray, Allport) para promover a motivação funcionam, nesta situação, de maneira perversa. O indivíduo comporta-se de modo inadequado e sabe que nada acontecerá; o "nada acontecer" constitui um reforço positivo vital para fortalecer a expectativa de impunidade (caso 1, caso 4, caso 8, caso 24, caso 26, caso 27 e caso 29).

Esta breve visão teórica (outros enfoques poderiam ser empregados) encontra-se longe de esgotar as possibilidades. Todas as perspectivas podem ser integradas de maneira sistêmica, incorporando elementos altamente instigadores, como os momentos do ciclo vital, as fronteiras entre sistemas e subsistemas e tantas outras que a evolução do pensamento social e psicológico revela.

As visões teóricas da Psicologia não se contradizem; em vez disso, reforçam-se e permitem compreender os fenômenos sob diferentes óticas.

7.4 VIOLÊNCIA NA FAMÍLIA

Um alicerce histórico sustenta a estrutura da violência familiar; construído desde os primórdios da Humanidade, ele provém do *"reconhecimento da violência como forma natural de se afirmar a autoridade do chefe da família e como meio de educar as crianças"* (ALDRIGHI, 2006, p. 199).

A violência na família apresenta muitas faces, entre elas:

- ➤ o assédio moral;
- ➤ a violência física;
- ➤ a violência psicológica;
- ➤ a violência contra a criança, o adolescente e o idoso etc.

Existem diversas maneiras de se encarar essa prática, conforme já se viu no estudo do comportamento do delinquente e da vítima; sempre, contudo, surge um denominador comum: a dificuldade para identificá-la quando acontece.

Além dessa dificuldade, outro aspecto da violência familiar merece destaque: a agravante geral determinada no Código Penal (art. 61), nos casos de violência cometida contra ascendente, descendente, irmão ou cônjuge, e ainda, com abuso de autoridade ou prevalecendo-se de relações domésticas, ou contra a mulher ou, ainda, contra criança, maiores de 60 anos, enfermos ou mulher grávida.

Sem prejuízo de legislações específicas, como a Lei nº 11.340/2006, o legislador cuidou de garantir uma agravante geral para esses casos, em que o sujeito passivo do tipo penal, geralmente, coabita com o sujeito ativo, tornando as intervenções mais complexas. Nesse diapasão, fazem-se necessários uma ação multiprofissional e um olhar singular para cada demanda apresentada.

Sugere-se, ainda, a leitura da Lei nº 14.344, de 2022, que cria mecanismos para a prevenção e o enfrentamento da violência doméstica e familiar contra a criança e o adolescente, nos termos do § 8º do art. 226 e do § 4º do art. 227 da Constituição Federal.

7.4.1 Violência psicológica e violência física

A violência psicológica é aquela por meio da qual a capacidade da vítima de se opor *a qualquer violência* reduz gradativamente, ao mesmo tempo que ela se torna predisposta a outros tipos de violência. Conti (2008, p. 166) observa que a violência psicológica é facilitada por estratégias diversas empregadas pelo agressor, tais como o uso de substâncias.

Os sofrimentos físicos, incluindo-se aqui os de natureza sexual, entretanto, atraem as maiores atenções por motivos históricos e socioculturais (ainda que suas consequências, muitas vezes, nem de longe se aproximem da extensão e da gravidade daquelas resultantes do sofrimento psíquico).

Isso acontece, também, porque os sofrimentos físicos produzem achados que extrapolam o âmbito do privado, para se expor à sociedade, seja quando do registro de Boletins de Ocorrência, seja pelo diagnóstico clínico no atendimento por profissionais de saúde, quando não há como ocultar as evidências. Ainda assim, os casos de violência familiar são subnotificados às autoridades e desvirtuados nos consultórios de saúde, quando o hematoma proveniente da agressão se transforma em sinal de uma queda despretensiosa.

A violência familiar, praticada pelo pai contra a mãe e vice-versa, tem características especiais quando dirigida para as crianças e os adolescentes, o que será visto logo adiante. A violência praticada *entre* os cônjuges transmite aos filhos uma aprendizagem geral sobre os métodos de exercê-la e desenvolve uma percepção de que tais comportamentos são válidos como forma de relacionamento interpessoal – afinal, não possuem outras referências. Por assimilação dos comportamentos dos modelos, provavelmente serão por eles internalizados e praticarão, no futuro, a violência que aprenderam com os pais.

É digno de se observar, segundo Aldrighi (2006, p. 212), a dificuldade da sociedade em aceitar a violência da mulher contra o homem, embora o inverso seja muito mais prevalente. Para isso concorre o paradigma social e cultural de poder, engendrando-se uma subestimação da incidência desse tipo de violência: "maridos agredidos são tópicos para anedotas ou são submetidos ao ridículo". Assim, o homem não procura a proteção policial ou os meios de punição da violência por vergonha.

Em todo contexto de violência no âmbito familiar, envolvendo quaisquer das figuras parentais, a miúdo, o manto nada diáfano do silêncio encarrega-se de ocultá-la. Prevalecem-se seus autores da privacidade, da presença nem sempre perceptível de sinais externos, e dos sentimentos de vergonha e resignação daqueles que a sofrem, muitas vezes de fundo estritamente cultural. Centenas de músicas e anedotas populares encarregaram-se de disseminar essas concepções.

Uma das formas de violência psicológica é o assédio moral.

7.4.2   O assédio moral na família

A violência na família inclui o sofrimento psicológico (ALDRIGHI, 2006, p. 202), como o causado pelos comportamentos de *assédio moral*.

O assédio moral é uma modalidade de sofrimento psicológico por meio da qual um dos cônjuges provoca profundo dano ao outro, a ponto de desencadear doenças físicas e psíquicas graves e prejudicar-lhe o desempenho no trabalho, no lazer e no cumprimento de suas atribuições no lar. Fiorelli, Fiorelli e Malhadas (2015), em *Assédio moral: uma abordagem multidisciplinar*, mostram de que maneira as ações de assédio moral podem se tornar uma *estratégia* para a provocação da separação.

Tratando especificamente desse tema, Malvina Ester Muskat (2005) enfatiza que os lares são os laboratórios onde se aprende a violência. A importância do assédio moral começa a ser compreendida pela sociedade e torna-se evidente a relação entre o assédio moral na família e no trabalho e vice-versa. Essa relação mútua é também extensamente estudada por Fiorelli, Fiorelli e Malhadas (2015).

7.4.3   Violência contra o idoso

A violência pode ser canalizada contra uma pessoa da família – sendo comum, neste caso, o *idoso*, particularmente na forma de negligência e violência psicológica. Para isso contribui:

➢ o estresse de cuidar por longo tempo de pessoa física e psicologicamente dependente;

➢ o custo econômico de prover esses cuidados e a medicação que os acompanha;

➢ a falta de perspectiva de término desse período de dedicação;

➢ a colocação em segundo plano de projetos familiares;

➢ a dificuldade para manter uma vida conjugal regular, pela interferência do próprio idoso ou pelas exigências que o cuidado requer;

➢ o surgimento de conflitos com um ou mais integrantes da família (por exemplo, criança ou adolescente) que se vê preterido pelas atenções parentais.

Esse complexo estado de coisas provoca o surgimento de situações carregadas de emoção capazes de desencadear comportamentos contraditórios entre os cuidadores. Desequilíbrios emocionais são frequentes, acompanhados de ansiedade, depressão e outros transtornos. Também se verificam transtornos mentais com o falecimento do idoso, surgindo sintomas de *estresse pós-traumático* porque o cuidador, de repente, perde suas próprias referências.

É difícil, por outro lado, qualificar a negligência praticada contra o idoso porque seu organismo, vulnerável, constitui frágil vitrina exposta às vicissitudes dos relacionamentos. Uma falência de qualquer natureza (crise de hipertensão, desequilíbrio glicêmico) pode ser ocasionada por um lapso de procedimento, involuntário, dos cuidadores, ou por simples fatalidade atribuível à natureza.

O estilo da relação dos pais com os mais idosos constitui, também, um modelo de conduta para os filhos. Estes, no futuro, tenderão a repetir o que viram e aprenderam. O afeto é uma carência universal, mas sua prática pouco ou nada tem de instintiva.

Dentro do campo da violência familiar, o que mais chama a atenção é a violência contra a criança e o adolescente.

7.4.4 Infância e violência doméstica

Amar é facultativo. Cuidar é dever.

(Ministra Nancy Aldrighi, 3ª Turma do STJ – 2012)

A importância dos cuidados e proteção às crianças e aos adolescentes recomenda um aprofundamento deste tema, sem dúvida "extenso, grave, desigual e endêmico" (Azevedo; Guerra, 2005, módulo 1, p. 8).

A gravidade dessa violência acentua-se pela diversidade com que é praticada, compreendendo a física, a sexual, a psicológica, a fatal e a negligência (Azevedo; Guerra, 2005, módulo 1, p. 9), destacando-se que apenas uma pequena fração das violências é denunciada.

No quadro da violência contra a criança, importa compreender seu desenvolvimento, as consequências para a criança e as possibilidades de recuperação dos danos.

a) Desenvolvimento

À espessa cortina da ocultação some-se a dificuldade da criança em externar o que acontece com ela. Em geral, faltam-lhe palavras adequadas para relatar suas aflições (CONTI, 2008, p. 84) e a forma que o psiquismo mais encontra para denunciar o sofrimento físico e psicológico costuma ser as *modificações de comportamento*, que se revelam bruscas, aparentemente sem motivos ou inconsistentes com as experiências anteriores.

Essa forma simbólica de pedir socorro requer atenção de pais e professores; os primeiros podem não ser os melhores observadores quando eles mesmos provocam os sofrimentos; já os educadores, quando em condição de dar uma atenção mais próxima à criança (o que não acontece em muitas escolas), devem estar atentos aos indícios da violência contra ela.

Essa violência atinge o ponto fraco da miséria humana, pois "75% dos que se aproveitam de ou estupram crianças são membros da família, homens bem conhecidos pela criança" (Azevedo; Guerra, 1989, p. 88).

Cirillo e Di Blasio (*apud* AZEVEDO; GUERRA, 1989, p. 27-28) tecem consideração a respeito da gênese da violência contra a criança, associando-a ao *conflito conjugal*, segundo uma concepção sistêmica. Para esses estudiosos, na família em que há violência contra a criança, existe, em uma primeira fase, um conflito conjugal explícito; nela, a criança desempenha papel de *expectadora*.

Tratando do tema violência intrafamiliar contra crianças e adolescentes, Falcke (2020, p. 298) refere que as "perícias psicológicas que avaliam competências parentais (...) devem ampliar o foco para além da avaliação das características de personalidade e saúde mental dos pais, buscando compreender também os aspectos de interação pais-filhos, assim como levar em conta a rede de apoio da família no exercício da parentalidade". Desse modo, aspectos como permeabilidade de fronteiras e intercâmbio da família com outros atores se mostram potentes como fatores de proteção.

No entanto, em uma possível segunda fase, a criança posiciona-se ao lado de um dos pais; essa escolha acontece de maneira espontânea ou por indução, a partir de estímulos recebidos, que a levam a optar. Deve-se lembrar que, principalmente nas etapas iniciais do desenvolvimento cognitivo, a criação de preferências ocorre de diversas maneiras, pois a criança, facilmente condicionável, poderá confundir afeição com recompensas. Isso se acentua quando um dos progenitores assume o papel de disciplinador, enquanto o outro proporciona apenas "coisas agradáveis", como passeios, doces e brinquedos.

A existência desse subsistema dentro do sistema familiar evolui para um "fechamento de fronteiras", a terceira fase, na qual a criança passa a demonstrar comportamento hostil em relação a um dos cônjuges; ela toma a defesa daquele com o qual se aliou e manifesta essa decisão, por exemplo, na forma de negação de afeto, o que acentua o conflito.

Em uma quarta fase, a criança passa a instigar a violência e, com isso, dependendo de características comportamentais de quem se sente prejudicado ou rejeitado, atrai para si a violência do cônjuge mais forte, quando se alia ao mais frágil.

Importa, portanto, entender a dinâmica das relações para compreender como os comportamentos se estabeleceram, cronificaram e ou evoluíram e, também, para identificar a melhor maneira de atuar para modificá-los.

b) Consequências da violência para a criança

Segundo Assis e Avanci *apud* Azevedo e Guerra (2005, módulo 1, p. 13,14), os adolescentes que sofreram maus-tratos familiares quando crianças:

> *sofrem mais episódios de violência na escola;* existe uma atração: acostumados a comportamentos violentos, aproximam-se com mais facilidade daqueles que o praticam, com os quais experimentam identidade de postura e linguagem, acentuada por outros fatores como a indumentária, tatuagens, símbolos;

> *vivenciam mais agressões na comunidade;* repete-se o fenômeno; estas crianças, naturalmente, tendem a frequentar ambientes favorecedores da violência; e

> *transgridem mais as normas sociais,* fechando um círculo de violência.

Esses mesmos adolescentes:

> *vivenciam menor apoio social;* suas características físicas e comportamentais pouco ou nada favorecem para que ele se manifeste espontaneamente; em vez disso, frequentemente são percebidos como elementos de risco e geram comportamentos defensivos;

> *possuem autoestima mais baixa*, decorrente, além da própria violência, da percepção de exclusão;
> *têm uma representação de si mais depreciativa*, que acentua a redução da autoestima e escava ainda mais o fosso que os separam da "sociedade do bem";
> quando vivenciam violência psicológica, têm menor capacidade de resiliência, isto é, de seguir em frente a despeito das adversidades. Possivelmente, isso se relaciona com o fato de que as cicatrizes psíquicas tendem a ser mais indeléveis do que as físicas.

A extensão das agressões contra crianças e adolescentes é palidamente avaliável pela seguinte relação de achados, recolhidos de inúmeros casos que escaparam à ocultação sistemática que as famílias promovem de seus desequilíbrios:

VIOLÊNCIA CONTRA A CRIANÇA – UM QUADRO DE HORRORES

- surras com objetos ou com a utilização de socos e pontapés;
- espancamento, até a fratura de ossos, quebra de dentes, traumatismo craniano;
- arremesso contra móveis e paredes;
- aprisionamento sem condições de higiene e com restrição a água e alimentação;
- proibição de vida social e de realização de atividades escolares, levando a uma exclusão profundamente dolorosa para a criança;
- provocação de ferimentos, com ou sem tortura, em órgãos sexuais e ânus; em meninos, encontra-se a prática de amarrar o pênis para impossibilitar a micção.

Adicione-se a isso o *tratamento em situações de relacionamento*. A criança ou adolescente sofre humilhações contínuas; é designada por termos pejorativos e colocada em situações profundamente constrangedoras, prisioneira de um contexto perverso do qual não consegue furtar-se. Essa estratégia de danificar psicologicamente é conduzida com requintes e aniquila a motivação para a vida.

A tortura, destacam Azevedo e Guerra (1989, p. 41), ocorre pela *negligência afetiva* e pela *rejeição afetiva*. Na primeira, a falta de calor humano, a negação do afeto; na segunda, a depreciação e a agressividade; esse conjunto compõe uma receita de dominação e de coisificação da criança (Azevedo; Guerra, 1989, p. 46). Percebida a criança como *coisa*, o tratamento desumano se justifica na percepção doentia daquele que pratica a violência.

O dano psicológico acentua-se pelo caráter *paradoxal* dos castigos. Não há relação entre *ato* e *sofrimento*; a criança recebe a violência sem ter emitido comportamentos que a justificassem (se é que seria possível supô-los); essa *mensagem paradoxal*, extensamente estudada pelo antropólogo e cientista social Gregory Bateson (Inglaterra, 1904 – EUA, 1980) e sua equipe, na Universidade de Palo Alto, Califórnia (estudo do *duplo vínculo*), conduz a danos cerebrais gravíssimos, que incluem a psicose e outros transtornos profundamente incapacitantes (confronte-se os estudos de Watzlawick, Beavin e Jackson, em sua clássica obra, 1973). A criança apanha *quando faz* e *quando não faz*. Não há saída.

Obviamente, em uma parte dos casos a vítima de danos físicos vai a óbito, por não resistir aos ferimentos.

Todas as indicações levam à conclusão de que os casos conhecidos de violência doméstica contra a criança e o adolescente constituem apenas uma parcela menor da totalidade. Há um manto de silêncio e cumplicidade em torno da violência.

Caso 28 – G.: à espera de um milagre

Nascida em família de precária situação socioeconômica, excluída desde cedo da escola, G. atravessou a infância entre maus-tratos e surras gratuitas, recebidas de pai e mãe bêbados. Aos doze anos, foge para a rua.

O acolhimento, pela via da droga e da prostituição. Outras formas físicas e psíquicas de violência. No estupro, a iniciação.

G. elegeu, rapidamente, a droga como anestésico; paga – e bem – por ela. O corpo tornou-se a estratégia; consome-o enquanto a pratica.

Em suas ilusões, relata a imagem de um bebê, *o seu bebê*... Rapidamente, definha entre a dependência e as doenças. Aos dezesseis anos, exibe-se envelhecida à beira da rodovia. Melhor assim: disfarça a idade.

G.: nota dissonante na ilusória harmonia da sinfonia social. "Não passa de uma prostituta", repete a ladainha míope do preconceito. Nasce e morre anônima, descartável. A violência doméstica encontra-se na gênese desse percurso (Andrade e Nunes, 2009).

Um caso particular, que merece cuidadosa reflexão, é o *comportamento punitivo com finalidade educativa*, adotado por significativa parcela dos pais (senão pela maioria – uma investigação difícil porque a obtenção de respostas confiáveis em um questionamento mostra-se altamente improvável), também denominado de delinquência profilática.

Se, de um lado, existem legislações que tentam coibir esse comportamento, por outro lado, existem aspectos sociais e culturais a serem observados e considerados.

Do ponto de vista da criança que recebe uma punição física leve, sem nenhuma consequência orgânica, deve-se considerar que a *percepção* de ter sofrido violência depende do microssocial, do grupo próximo e, principalmente, da família.

A percepção de violência também tem a ver com a *excepcionalidade* do ato. Praticado continuamente, mostra-se ineficaz e, ao mesmo tempo, indica um mecanismo de defesa dos pais que, sem disposição para educar, optam pela ação física para demonstrar que "fizeram sua parte". Obviamente, quanto maior a *frequência* de qualquer forma de punição, menor será seu efeito sobre o punido, em conformidade com as teorias do condicionamento.

A punição sistemática indica um problema não solucionado *entre os pais, com os pais*. O filho ou a filha refletem, por seus comportamentos, que existe algo a ser resolvido *na* e *pela* família.

c) Uma situação diferenciada: a criança com necessidades especiais

Encontra-se em Viviane de Azevedo Guerra (1995, p. 30, 31), doutora em Serviço Social pela PUC-SP, uma análise dessa pungente situação, em que a autora destaca os seguintes aspectos:

> ➢ *a violência como parte da vida dessas crianças*; muitas vezes, confinadas no lar, elas não possuem outras referências que não aquelas proporcionadas por seus cuidadores;

- a percepção de que elas são diferentes e isso avalizaria o tratamento diferenciado, inclusive pela menor possibilidade de se autodefenderem; a própria falta de referências dificulta a tomada de consciência e contribui para tornar a violência um ingrediente do contexto;
- a maior dificuldade dessas crianças de relatar os acontecimentos; em algumas, a dificuldade é motora (articulação da fala comprometida); em outras, intelectual;
- "há muita relutância em se acreditar que qualquer pessoa pode perpetrar violência contra crianças com necessidades especiais"; a idealização dos pais dessas crianças, como pessoas naturalmente dedicadas, faz com que eventuais queixas ou sinais passem desapercebidos ou sejam confundidos com meros caprichos;
- há dúvidas se seus testemunhos possam ser confiáveis;
- as oportunidades de tratamento para o problema, nestes casos, tornam-se ainda mais restritas, pois não é tarefa simples encontrar um local que as acolha condignamente. Além disso, muitas vezes, ainda que com sofrimento, a criança desenvolve relação de dependência psicológica para com um dos pais e a separação pode implicar em reação extremamente violenta, chegando a óbito.

d) O incesto

É oportuno assinalar, por mais grotesco que possa parecer, que não existe unanimidade em relação ao repúdio à prática do incesto.

A respeito do assunto, encontram-se referências em Conti (2008, p. 24). A autora registra artigo da revista americana *Time*, com argumentos *pró-pedofilia, e é possível encontrar na internet extensa lista de ativismo pedófilo (a qual não se pretende reproduzir)*.

Forma de expressão da violência doméstica, o incesto esconde-se no "*black out*" de silêncio com que as pessoas escondem o mal que alimentam em seus lares. Diversas características dessas famílias são marcantes e assinaladas por Azevedo e Guerra (2005, módulo 3, p. 10).

Uma delas é a maneira erotizada como o afeto recebe expressão entre os integrantes do grupo familiar. Esse comportamento propicia um condicionamento que se impõe desde os primeiros momentos de vida das crianças e não é sem motivos que os relatos brutais de incesto ocorrem já com crianças em seus primeiros meses de vida.

Também se observa nessas famílias o papel de *objeto* que um cônjuge atribui ao outro. O poder masculino se estabelece em torno do objetivo de satisfação sexual do homem e subsiste a crença, construída no núcleo familiar ou assimilada já antes de sua formação por seus integrantes, de ser esta a condição de normalidade para seu funcionamento. Essa crença encontra fundamentação em valores socioculturais arraigados na família, no grupo social e mesmo na região em que habitam, e em condicionamentos construídos desde os primeiros relacionamentos, quando foram postas à prova.

O tipo de incesto mais relatado é o de *pai – filha*; a descoberta acontece, em geral, pelo comparecimento da criança ao atendimento médico, porque as condições anatômicas desse relacionamento podem levar a gravíssimos ferimentos, mutilações, ou à gravidez.

À mulher-objeto nada mais natural e simples do que compartilhar essa condição com a filha; talvez, daí, a escassez de relatos a respeito do incesto do pai dirigido para o filho... algo a se refletir.

Cap. 7 · ESTUDO DA VIOLÊNCIA | 205

O sistema de normas informais que conduzem o complexo familiar, que pode incluir pais, filhos, parentes próximos e outros agregados (não são poucos os casos de mulheres com mais de um companheiro e homens com mais de uma companheira), compõe uma estrutura hierárquica favorável ao comportamento incestuoso. A, ainda, concepção machista de sociedade a que todos vivenciam trata de reforçar essa ideia. Não é incomum que um pai agrida a filha por seu comportamento em público, considerando-o inadequado/sexualizado, e em casa abuse sexualmente dela, o que, além dos danos físicos, pode impactar na constituição da subjetividade. Dois pesos, duas medidas.

A visão sistêmica é bastante útil na compreensão do *processo incestuoso*. Os limites entre subsistemas são imprecisos; fronteiras ultrapermeáveis roubam aos indivíduos a identidade e o sistema maior revela-se amorfo, indefinido quanto a seus valores e objetivos. Essa disfunção no núcleo familiar expande-se para incluir núcleos próximos, incorporando avós, tios e outros parentes dentro de um complexo onde experimentam uma convivência de todo condenável.

Essas fronteiras, excessivamente permeáveis a estímulos provenientes do próprio sistema, mostram-se, entretanto, pouco permeáveis para trocas com o exterior. Normas, procedimentos, comportamentos, valores da sociedade são rechaçados e não produzem efeitos relevantes. Os segredos internos se fortalecem pela própria durabilidade e acentuam a cumplicidade de todos em torno de sua manutenção. O elemento que o determina é a hierarquia familiar, em que o poder é exercido, antes de tudo, pela força. (O filme *Pai Patrão*, de 1977, apresenta o drama no interior da família patriarcal e a luta pela independência, uma tentativa de rompimento de fronteira.)

A sofisticada, complexa e, ao mesmo tempo, rude e brutal configuração das relações recomenda que a intervenção abranja todo o sistema familiar, ou seus resultados serão tímidos porque sempre existirão pessoas dispostas a apoiar, ocultar e reforçar os comportamentos incestuosos. Não se trata de romper uma *corrente*, em que basta atuar em determinado elo, mas de desestruturar uma *rede*, cujos múltiplos sustentam os liames.

A identificação do incesto passa por *acreditar na criança*. Não se trata de algo banal, pois, à criança, principalmente às mais novas, falta *vocabulário* para expressar o horror ao qual estão expostas (conforme já comentado quando se tratou da violência de maneira geral). Além disso, e não se trata de exceção, os pais podem ser agradáveis, educados, de bom relacionamento social; o próprio horror da situação torna mais difícil acreditar que pessoas com tais características possam praticá-lo.

Há, pois, uma tendência a *não acreditar que semelhante coisa possa estar acontecendo*, da mesma maneira que a sociedade acredita com relutância que gentis sacerdotes ou excelentes profissionais possam exercer a pedofilia com a virulência demonstrada em inúmeros processos.

A relutância em crer no indesejável constitui um mecanismo de defesa do psiquismo, um fenômeno de percepção amplamente estudado, conforme se indicou no capítulo dedicado às teorias.

A identificação da violência sexual requer uma ação multidisciplinar porque o tratamento deve ser dirigido à família – afinal, todos se encontram, de alguma maneira, envolvidos no processo. As questões são sensíveis e complexas; nem sempre é possível ou recomendável o afastamento da criança, sua colocação em alguma instituição de proteção ou sob cuidados de parentes. Um ato de proteção pode ser mal interpretado por ela e gerar sentimento de culpa. A esse respeito, sugere-se a leitura de Mangini, Lima e Abreu (2019), em que os autores relatam interessante experiência de Justiça Restaurativa na execução da pena em casos de violência sexual intrafamiliar.

De maneira geral, reconhece-se que "os distúrbios sexuais são constantes em adultos que sofreram abuso sexual na infância ou adolescência" (CONTI, 2008, p. 85) e compreendem uma ampla, complexa e dolorosa gama de inibições, incapacidades, comportamentos inadequados. Podem evoluir para a perversidade, indicando assim a extensão do dano à personalidade. Efeitos sobre a autoestima podem ser devastadores.

O acompanhamento por longo período é fundamental, principalmente porque a violência sexual contra a criança ou adolescente não transparece de imediato; quando descoberta, já terá sido praticada por muito tempo. O caráter evolutivo da violência pode levar a vítima a não desenvolver a noção do abuso a que é ou foi submetida. E, ainda, porque as consequências provocadas na vítima não são só as imediatas, como mencionado no item 4.4.3.

Não há diagnóstico simples, muito menos solução imediata e elementar. A disponibilidade de uma rede de suporte social para a vítima é de grande importância e, ao mesmo tempo, dificultada, porque a violência sexual estigmatiza.

A psicoterapia indicada é a familiar, além de um suporte específico e singular para a vítima, sempre quando necessário. Algumas questões a respeito do tratamento psicoterápico são de grande relevância, segundo Furniss, *apud* Azevedo e Guerra (2005, módulo 3, p. 46, 47):

➢ deve-se avaliar as vantagens e desvantagens de terapeutas masculinos ou femininos, conforme as características dos envolvidos;

➢ a psicoterapia não assegura a prevenção de novos abusos ou garante a mudança psicológica do abusador; acreditar que o padrasto ou o pai "transformou-se" porque realizou algumas sessões de terapia é condenar a vítima a novos riscos;

➢ o tratamento psicoterapêutico para toda a família é fundamental e pode ser considerado pelo tribunal na análise da situação. É importante que não se superestime o *poder* da psicoterapia em promover transformações nas pessoas, mas se considere a importância desse espaço terapêutico;

➢ o psicoterapeuta deve ser cuidadosamente escolhido para essa missão; "trabalhar com violência sexual incestuosa não é tarefa que possa ser assumida por qualquer terapeuta" (Azevedo; Guerra, 2005, módulo 3, p. 52).

7.5 WWW.VIOLÊNCIA.COM

A Internet constitui um avanço tecnológico altamente paradoxal porque, ao mesmo tempo, abre para seus usuários as portas para o que há de melhor e o que há de mais execrável no comportamento humano.

Os mecanismos de comunicação sempre tiveram o seu "lado mau", sua face oculta, uma espécie de Dr. Jekill e Mr. Hyde modernos. O citado editorial do *Jornal Cruzeiro do Sul*, de 7 de maio de 2023, detalha a questão.

Metaforicamente, a Internet é a "estação rodoviária virtual": o navegante, o internauta, "livre da censura local", encontra-se disposto a experimentar as seduções da rede mundial. Esse viajante, julgando-se hábil e esperto, torna-se vítima dos "malandros do *ciber*espaço". Assim como foram tristes e folclóricas as histórias envolvendo sexo, drogas e dinheiro em torno das prosaicas rodoviárias, também a Internet propicia semelhantes narrativas, repetindo muitas características daqueles locais de passagem.

Por meio dela, combinam-se encontros; tem-se acesso ao sexo imaginário, idealizado, livre de censuras; realizam-se negócios, da compra de bugigangas a complexas transações financeiras.

A Internet, contudo, diferencia-se da rodoviária porque não é privilégio de adultos e não goza de uma distância física real das pessoas que a utilizam. Enquanto os males das rodoviárias confinam-se na geografia próxima, as mazelas da Internet ganham realidade no âmago dos lares e escritórios, muitas vezes à revelia dos seus responsáveis, especialmente quando consideradas a *deepweb* e a *darkweb*.

Ela também traz consigo uma transformação fantástica proporcionada pela sua *linguagem* típica, inovadora, desafiadora e que conclama o "internauta" a se deixar levar por esse novo e instigante mundo, em troca de alguns vírus, números de cartões de crédito e a exposição de sua intimidade.

À maneira das cascavéis, atrai pela sonoridade do guizo e pode matar pelo veneno que inocula. Mais do que a televisão, a Internet pode ser o guichê onde se compra o ingresso para o infortúnio ou o caminho para a felicidade. A televisão, passiva, deixa apenas ao expectador a decisão de permanecer com ela; a Internet, ativa e sedutora, dá menores chances de se exercer essa opção, porque romper com ela equivale a interromper um contrato psicológico por meio do qual a pessoa recebe o bem mais precioso que todos buscam: o afeto.

Nas conversas virtuais, nas trocas de imagens, nos grupos de interesses comuns, nos sítios do prazer fácil esse contrato ratifica-se e incorpora-se à vida dos signatários. A Internet é um meio "vivo", que respira o oxigênio de milhões de dedos que a manipulam e que multiplica seus donos no espaço e no tempo. A Internet é pura magia.

Do seu lado mau extrai-se o sumo da violência. O convite à droga, a encomenda do crime, a sedução que leva o jovem em busca do pedófilo e vice-versa, a invasão de arquivos pessoais, o roubo e a orquestração de sequestros frequentam a rede. Com um agravante: não se trata mais da delinquência local, porque os agentes e pacientes podem se encontrar em locais insuspeitos – a Internet é global. A Internet tem o poder de inserir o indivíduo no mundo e, também, de afastá-lo da vida.

Mais do que nunca, é crucial a presença dos pais e educadores junto às crianças para exercer a proibição dos *jogos* que glorificam a violência (onde a criança "mata" ou "agride" virtualmente centenas de pessoas) e coibir o acesso aos sítios que difundem as perversões ligadas à droga, à pornografia infantil e à prática de comportamentos profundamente danosos à sociedade. A Internet, como a água, dá a vida, mas também afoga.

7.6 AS MUITAS FACES DA VIOLÊNCIA

O destaque dado à violência na família, em particular, contra a criança e o adolescente, tem seu fundamento pelo fato de se constituir no embrião da violência social de maneira geral. Estas, entretanto, desabrocham das mais diversas maneiras, em um atestado da criatividade humana quando se trata da prática do mal. A violência ganha, então, inúmeras denominações.

A violência surge no *latrocínio*, na *briga por motivo fútil*, na *vingança* refletida ou irrefletida, no "crime de paixão", na agressão física contra conhecidos e desconhecidos, na direção perigosa e ou assassina.

Ela toma conta do cotidiano, travestida de comportamentos acintosos, desafiadores, desrespeitosos; leva os mais pacíficos à evitação ou à fuga. As torcidas organizadas dos jogos de futebol constituem paradigmas dessa transformação social.

A violência prospera dentro do círculo vicioso de sua gestação:

> ➤ aprendem-se comportamentos violentos por observação;
>
> ➤ copiam-se comportamentos de *heróis* na TV e demais contextos midiáticos de divulgação e tenta-se reproduzi-los;

➢ inúmeras atividades sociais são dirigidas para estimular e produzir violência, sob o olhar apático das possíveis entidades repressoras, multiplicando os focos de geração dos comportamentos inadequados;

➢ amplia-se a *economia da violência,* cujo produto midiático é de baixo custo e promove o consumo dos germens dos comportamentos que engendra;

➢ as praças, pontos de encontro, tornam-se locais perigosos; nas ruas, inevitáveis, as pessoas transformam-se em indefesos alvos móveis. Há sempre algo para o fotógrafo de ocasião.

A síntese desta visão psicossocial da violência pode ser feita com uma única recomendação. Em vez de se investir exaustivamente na investigação, em profundidade, de cada tipo de comportamento violento (criminoso ou não), busquem-se estratégias para *implantar comportamentos não violentos,* para uma cultura de paz. Estes deslocarão aqueles, por meio de fenômenos da percepção e de mecanismos de defesa inconscientes. Os novos esquemas mentais darão conta do recado.

Destaque-se, em conformidade com a perspicaz observação de Conti (2008, p. 162) que *"a violência não é, muitas vezes, meio de se chegar a um objeto; ela se converte no próprio fim, em si mesma: busca-se a violência pela violência".*

Essa percepção reforça a tese de que é imprescindível que se promova um *deslocamento,* para que os esquemas mentais que desembocam no comportamento violento sejam modificados para incluir outros que conduzam ao comportamento pacífico. Assim, troca-se a *violência pela violência* pela bem mais cômoda e socialmente ajustada *paz pela paz.*

7.7 HOMICÍDIO

A violência culmina no homicídio – sua expressão máxima.

A literatura encarregou-se de atribuir, historicamente, um certo charme ao homicídio. Três grandes motivadores (sede de poder, desejo sexual e fanatismo) justificavam o assassinato de pessoas, em grande ou pequena escala. O fanatismo religioso perdeu força. Na maior parte dos cultos, razões econômicas movem pastores e parcela dos fiéis – a propaganda dessas instituições evidencia isso.

A flexibilização dos relacionamentos, a crescente falta de afetividade nas relações conjugais, a fragilidade dos vínculos e as razões econômicas persistem!

Surgem, entretanto, outros dois poderosos motivadores para o homicídio.

Um deles, de rosto indefinido, não corre o risco de inspirar romances elegantes e sofisticados. Ganha vulto o *homicídio por motivo banal* – uma discussão no trânsito, uma palavra mal colocada, excesso de barulho, briga de criança, vaga de carro na garagem do edifício e por aí vai. A banalidade, de infinitas faces, esgota-se nela mesma. Ao final da ação criminosa, o indivíduo só possui uma explicação: "não sei o que deu em mim"; com inusitada frequência ouve-se "parecia uma pessoa tão equilibrada".

A abundância de advogados competentes para transformar *dolo* em *culpa* contribui severamente para jogar lenha nessa fogueira de violência e morte. A sociedade espanta-se e, ao que indicam as estatísticas, adapta-se e adere a esse perigoso jogo, em tudo condizente com a escalada da violência, assinalada em tópicos anteriores.

Obviamente a repressão desse tipo de comportamento não se faz por via policial, ainda que o aprimoramento das técnicas e estratégias de repressão constitua remédio apontado por muitos. Trata-se de uma ferida *social de natureza epidêmica*, cujo tratamento solicita um processo de vacinação em massa, capaz de erradicar os (muitos) vírus que a ocasionam, entre eles:

- ➢ frágil percepção da distinção entre *certo e errado*;
- ➢ conceitos frágeis de *responsabilidades e deveres*;
- ➢ desconsideração aos *direitos do próximo* e da fantástica *diversidade humana*;
- ➢ falta de compreensão da importância de se buscar soluções simples para problemas simples;
- ➢ reduzida aceitação dos próprios erros etc.

No cerne desses elementos encontra-se uma educação polarizada para a competição, a auferição de vantagens a qualquer preço, o imediatismo. Indivíduos *comandados pelo prazer* tornam-se ilhas de irritabilidade, incapazes de perceber que a vida em sociedade requer sucessivas concessões e, até mesmo, a aceitação de pequenas humilhações para evitar transtornos maiores. A isso se denomina "civilização".

Ao homicídio por motivo banal alinha-se o uso abusivo de drogas, sobretudo das ilícitas. Seus *operadores* (o fornecedor, o distribuidor e o traficante) conjugam sede de poder e riqueza com a esterilidade espiritual típica das *personalidades antissociais*. Para essas pessoas, a sociedade resume-se a *objeto de prazer*, a ser continuamente devorado. O domínio que o tráfico exerce em algumas comunidades e/ou grupos sociais denuncia esse poder e a fragilização dos laços sociais.

Não mais nos referimos a indivíduos ocultos em locais remotos ou atuando furtivamente. O moderno operador da droga vive nos mesmos lugares em que residem as demais pessoas – de modestas residências de subúrbio às mais sofisticadas mansões. Desses pontos, munidos de tecnologia e liderando poderosas redes de influência, comandam o crime. A parcela da sociedade que não compactua com tais práticas assiste apática, ou apenas clamando por punições, aguardando a ação da Justiça.

O operador da droga atua como o parasita que se agarra à árvore, nela incrusta suas raízes e lhe suga a seiva até esgotá-la. Seguramente, a maior parte das mortes violentas de jovens encontra-se associada ao *processo* de produção, distribuição e venda de tais substâncias psicoativas. Mortes essas, acentue-se, geograficamente rotuladas: jovens moradores de subúrbios.

Se o fornecedor da droga não perdoa, aquele que realiza o tráfico também não pode perdoar, e aí se estabelece o processo mórbido, que leva o consumidor ao extremo de retirar a vida de terceiros – o desespero para saldar o compromisso resulta tanto da necessidade psicofisiológica de dar continuidade ao suprimento quanto do medo de ser punido (até com a vida) pelo não pagamento. Emparedado entre as tenazes desse processo, o drogadicto mata para não morrer.

Outro aspecto importante a ser considerado, e que diz respeito exclusivamente aos profissionais do Direito, são as *interpretações* dos fatos relacionados com homicídios. Encontram-se, em casos paradigmáticos, amplamente noticiados, sinais de inexplicável complacência para com aqueles que cometem hediondos crimes. Por exemplo, não há como ignorar o efeito sobre a população de interpretações como a adotada, em tese, pelo promotor que considerou *culposo* um atropelamento em que muitas vidas foram ceifadas, sob a alegação de que o indivíduo – dirigindo embriagado – simplesmente dormiu ao volante e, portanto, não se encontrava consciente do que fazia! Tal tipo de interpretação representa um aval para comportamentos semelhantes e agride a lógica mais elementar. Se reformada, é de grande importância que esse fato receba divulgação similar, com o objetivo de reverter o dano potencialmente causado.

Quando a cortina da Justiça encobre a atrocidade, o povo percebe-se excluído do proscênio do teatro social, à mercê de um *script* impiedoso sob uma direção desumana. Os efeitos psicológicos estendem-se à comunidade próxima e fortalecem sentimentos de suspeita e insegurança em relação à Justiça.

Os mesmos fatores que alimentam a violência, apontados nos tópicos anteriores, também aquecem a chama dos homicídios. Contudo, ela queima em locais específicos – entre jovens, de poucos recursos, moradores de subúrbios – porque neles, além da violência que fermenta naturalmente, medram as raízes da droga e da vulnerabilidade social, devastadora, impiedosa.

 Filmografia

Cidade de Deus	2002 – Fernando Meirelles	Violência. Diferenciação pela linguagem. Influência de modelos sobre os comportamentos e expectativas. Liderança e coesão da equipe.
Experiência, A	2001 – Oliver Hirschbiegel	Contundente experiência com seres humanos confinados em uma prisão experimental. Poder e humilhação.
Marcos do silêncio	1996 – Anjelica Huston	Violência doméstica. Abuso sexual.
Minority Report	2002 – Steven Spielberg	Prevenção ao delito. Investigação. Repressão.
Sin City	2005 – Frank Miller e Robert Rodriguez	Filmagem baseada na *graphic novel* homônima. Indução à violência com sórdidos requintes.

 Exercícios

> A violência é tema recorrente na filmografia. O filme *A experiência* proporciona o exercício dos sentidos e sentimentos que ela desperta. O capítulo 7 auxilia a compreender o fenômeno. É possível identificar por meio desse filme aspectos relacionados ao condicionamento por reforço positivo, analisando as contingências proporcionadas pelos proponentes da "experiência".

 Temas para reflexão e debates

> **ASSÉDIO MORAL NA FAMÍLIA (item 7.4.2)**
>
> A presença do assédio moral na sociedade encontra-se longe de estar dimensionada e compreendida.
>
> Por um lado, ainda há pouca pesquisa sobre o tema. De outro, a *gestão de pessoas*, corriqueiramente, acentua a competitividade, sem a mesma ênfase aos comportamentos éticos. No interior da selva administrativa que caracteriza incontáveis organizações, o relacionamento pessoal saudável não recebe a necessária prioridade.
>
> Existe um processo de realimentação entre os comportamentos de assédio moral na família e nas organizações: onde são aprendidos e reforçados.

➢ WWW.VIOLÊNCIA.COM (item 7.5)

A informação a respeito da violência é ubíqua. Nas revistas, jornais escritos, falados ou visualizados, ocupa espaços preferenciais e torna-se impossível furtar-se a tomar conhecimento das ocorrências. Os meios de comunicação incumbem-se, por um lado, de maximizá-las; por outro, de omitir detalhes – muitas vezes – substanciais e elucidativos.

Nas funções mentais superiores estudaram-se possíveis reações do organismo – uma delas, para proteção da mente, consiste em *colocar tais informações em um fundo indiferenciado* (leia-se: *banalização*). Um poderoso mecanismo psicológico de defesa, que enseja ao indivíduo locomover-se – no trabalho, no lazer – *sem medo* e minimizar o impacto desses fatos; mas que, também, o torna menos sensível à dor e ao sofrimento próprio e alheio. Por meio da banalização, o viver assume condição de normalidade, *de serenidade e paz*.

Respeito ao próximo é requisito de uma sociedade civilizada, assim, reforça-se a importância de limites na expressão dos desejos individuais em nome de um bem comum e da convivência social.

Sem esse valor, o indivíduo frustra-se continuamente e se predispõe ao conflito. Seus interesses seriam sempre prioritários. Entretanto, "ninguém pode" quando cada um "tudo pode".

O continuado desenvolvimento tecnológico cria, em cada indivíduo, a percepção ilusória de poder e independência; por outro lado, a sociedade torna-se cada vez mais pluralizada e globalizada. O exercício na diversidade e a consideração por todos os modos de ser são as chaves para harmonizar a convivência.

8
PSICOLOGIA E DIREITO CIVIL

Este capítulo trata de alguns temas selecionados no campo do direito de família:

- ➤ perícia psicológica e assistência técnica;
- ➤ formação e rompimento de vínculo familiar;
- ➤ casamento e separação;
- ➤ paternidade e reconhecimento de filhos;
- ➤ interdição e sucessões; e
- ➤ adoção.

Em todos eles, é de grande relevância a consideração de fatores emocionais e outros aspectos psicológicos que afetam os envolvidos nos conflitos. São inúmeras as situações em que as questões de natureza psicológica acabam sendo determinantes para as decisões, tanto do ponto de vista estritamente legal, como sob a ótica do bem-estar dos envolvidos.

8.1 INTRODUÇÃO

No campo do direito de família, são reconhecidas as contribuições da psicologia jurídica, propiciando maior compreensão da personalidade dos atores envolvidos, do desenvolvimento da dinâmica familiar e social e dos contornos e arranjos familiares.

Piato, Alves e Martins (2014) realizaram interessante revisão bibliográfica a respeito do conceito de família e concluíram que:

> Com a diversidade de configurações familiares emergentes observou-se a impossibilidade de se elaborar um conceito único e fechado para o significado de família. Mas, com o estudo, viu-se que a família deve ter alguns critérios, tais como: proporcionar segurança física e psicológica a seus membros, cumplicidade, intimidade e reciprocidade. Esses critérios, aparentemente amplos demais, são os mais necessários para um relacionamento familiar que seja construtivo para todos os seus integrantes.

Por outro lado, Romanelli (*apud* CHAVES, 2006, p. 55), afirma que, embora as relações entre esposo e esposa, pais e filhos tenham se transformado, a ponto de algumas análises apontarem a redução do significado da família no processo de socialização, a família, qualquer que seja sua composição, continua a ser importante, sobretudo pelo papel de transmitir a subjetividade, relacionada ao *controle* e à *expressão dos sentimentos*.

O conceito de família tem evoluído ao longo do tempo e varia de acordo com a cultura, a sociedade e as perspectivas individuais. No passado, uma família era frequentemente definida como uma unidade composta por um casal heterossexual e seus filhos biológicos. No entanto, atualmente, a compreensão do que constitui uma família se expandiu e se tornou mais inclusiva.

Atualmente, abrange uma variedade de estruturas e arranjos, reconhecendo a diversidade de relacionamentos e vínculos afetivos existentes. Além das famílias tradicionais compostas por um casal e seus filhos biológicos, também são consideradas famílias monoparentais, famílias reconstituídas (com pais e filhos de relacionamentos anteriores), famílias adotivas, famílias homoparentais (com casais do mesmo sexo criando filhos), famílias multigeracionais (com várias gerações vivendo juntas) e famílias escolhidas (baseadas em laços de amizade ou relacionamentos não consanguíneos).

Além disso, a concepção de família também reconhece a importância das relações de cuidado e apoio que vão além dos laços de sangue. Pessoas que não têm laços consanguíneos podem formar uma família através de laços afetivos, como amigos próximos ou membros de comunidades escolhidas, que oferecem suporte emocional e prático. A diversidade familiar é cada vez mais valorizada e respeitada, reconhecendo que o importante é o bem-estar e a felicidade das pessoas envolvidas nas relações familiares, independentemente de sua configuração. É nesse campo que as representações sociais dos aspectos mais íntimos se expressam. Nele emergem situações envolvendo conflitos que não conseguem solução no âmbito individual. Evidencia-se um sistema de valores e relacionamentos que implica em conflitos e disputas (separações, divórcios, dissolução de união estável, violência doméstica, guarda de filhos, entre outros) que, esgotadas as possibilidades de pacificação pelas partes, necessitam do judiciário e, muitas vezes, de uma atuação interdisciplinar, para chegar a algum tipo de solução.

Caberá ao profissional do Direito, especialmente ao advogado, a delicada tarefa de transpor os sentimentos pessoais das partes para a linguagem jurídica, de modo que a queixa inicial, carregada de emoção, possa caber na técnica processual.

Segundo o juiz de direito Dr. Antonio Fernandes da Luz (*in* audiência pública sobre banalização nos casos de interdição judicial), o modo de atuação do promotor e do juiz do crime é completamente diferente daquele com que trabalham os que atuam na área de família:

> *Na área de família, trabalhamos com matérias refinadas, ou seja, com emoções. Não podemos afirmar que as pessoas sentem emoções de forma igual. Elas podem ser sentidas de forma completamente diferente em relação ao mesmo caso.*

Assim, em Direito de Família, um caso, uma ação, uma decisão poderão servir de referência para outras situações similares, porém, não será suficiente para a total elucidação de ocorrências futuras, uma vez que as emoções e afetos subjacentes a cada relação devem ser compreendidas à luz daqueles diretamente envolvidos no conflito.

Di Loreto (2004, p. 178) refere que, além das relações diretas, ou seja, das relações bi pessoais entre sujeitos e objetos, estão presentes as imagens de cada um, refletidas pelo outro. O filho vai formando a imagem e funções parentais a partir das imagens de quem é o pai para a mãe e vice-versa. As vias reflexas evidenciam excepcional influência psicológica exercida indiretamente pelo "outro". O "outro" não é aquele em si mesmo, mas aquele que cada um tem na cabeça; portanto está presente em todas as redes de relações triangulares, como são as relações familiares.

8.2 PERÍCIA E ASSISTÊNCIA TÉCNICA

A interface entre direito e psicologia fica bastante evidente no direito de família; entre outras intervenções, é conhecida a atuação do psicólogo em perícias envolvendo guarda de filhos, regulamentação do direito de convivência, abandono afetivo e outras questões que circulam nesse cenário.

A importância da perícia psicológica fundamenta-se na possibilidade de estudar a dinâmica familiar e as interações entre os membros daquela família. A análise psicológica realizada, pelo processo de psicodiagnóstico (que pode incluir entrevistas, leitura dos autos, observação e testes psicológicos), tem por objetivo trazer aos autos elementos que auxiliem o magistrado na decisão e tem por corolário o bem-estar das pessoas e a prioridade nos direitos de crianças e adolescentes.

Mudanças sociais, alteração na representação de papéis sociais e no funcionamento familiar são um desafio às ciências humanas, por seu dinamismo e consequências pessoais e jurídicas.

A atuação do psicólogo difere bastante no psicodiagnóstico clínico com fins terapêuticos e na perícia judicial, conforme análise representada no quadro a seguir, realizada pela Professora Lidia R. F. Castro (2003).

Diferenças entre psicodiagnóstico clínico e perícia psicológica		
	Psicodiagnóstico Clínico	**Perícia psicológica**
Objetivo	Questões que angustiam os pais da criança	Auxiliar do juiz em processo judicial
Procura	Espontânea	Convocação das partes
Encerramento	Faculdade de findar o procedimento quando assim o entenderem	Devem submeter-se até o fim do processo psicodiagnóstico
Veracidade	Não há interesse em mentiras ou dissimulações	Dissimulação e mentira de forma consciente com a intenção de ganhar a causa ou de livrar-se de uma punição
Sigilo	As informações ficam restritas a quem procurou o atendimento	As informações fazem parte de um processo, que podem até contribuir na criação de jurisprudência, modificando não só a situação imediata das partes envolvidas, mas transformando a coletividade
Apresentação dos resultados	Prontuários de pacientes com anotações diversas conforme a linha teórica adotada	Laudos que obedecem a rigor ético e técnico, com diagnóstico e prognóstico

A atuação dos peritos encontra-se disciplinada no art. 156 e seguintes do Código de Processo Civil, destacando-se:

Art. 156. O juiz será assistido por perito quando a prova do fato depender de conhecimento técnico ou científico.

Acrescente-se que a atuação do psicólogo como perito e assistente técnico no poder judiciário encontra-se especificamente disciplinada na Resolução CFP nº 008/2010 (Disponível em: https://site.cfp.org.br/legislacao/resolucoes-do-cfp/. Acesso em: 23 jul. 2019).

A resolução, entre outras determinações, veda a presença simultânea do assistente técnico no momento da avaliação realizada pelo perito e vice-versa; veda também, ao psicólogo, que atue, simultaneamente, como psicoterapeuta das partes em litígio e como perito ou assistente técnico de pessoas atendidas por ele.

Ressalte-se que o juiz não estará adstrito ao laudo pericial, conforme determina o Código de Processo Civil:

> Art. 479. O juiz apreciará a prova pericial de acordo com o disposto no art. 371, indicando na sentença os motivos que o levaram a considerar ou a deixar de considerar as conclusões do laudo, levando em conta o método utilizado pelo perito.
>
> (...)
>
> Art. 480. O juiz determinará, de ofício ou a requerimento da parte, a realização de nova perícia quando a matéria não estiver suficientemente esclarecida.

Tratando-se de laudo pericial, deve-se assinalar a importância do extremo cuidado dos profissionais psicólogos ao elaborá-lo e da necessidade de o juiz (e outros profissionais da justiça) analisar o laudo sob uma perspectiva sistêmica.

Esse cuidado se impõe porque, nas entrevistas necessárias à sua elaboração, o psicólogo estará diante de pessoas em litígio, propensas a comportamentos extremos na defesa daquilo que consideram seus interesses e, muitas vezes, com o franco objetivo de simplesmente obter vantagens em relação a seus oponentes, ainda que isso possa prejudicar outros envolvidos. Simulação e má-fé convivem, costumeiramente, com o desejo de vingança e, no transcurso da batalha jurídica, esse prato estará provavelmente quente o suficiente para queimar os lábios daqueles que nele buscam alimento.

Além dos peritos, podem atuar no processo os assistentes técnicos, indicados pelas partes, e, ainda, o assistente técnico da promotoria (este mais raro). O trabalho realizado pelo assistente técnico reforça o *princípio do contraditório*, significando que as partes poderão fornecer provas, testemunhas e discutir qualquer etapa da prova conduzida pela perícia.

A perícia psicossocial, em geral, é realizada por técnicos (psicólogos e assistentes sociais), funcionários do próprio fórum, constituindo-se, portanto, em peritos do juízo. Há casos, porém, em que o juiz pode encaminhar para outros peritos de sua confiança. A perícia ainda pode ser solicitada pelo representante do Ministério Público ou pelos advogados das partes.

Shine (2003, p. 68) diz que a prova pericial aparece como meio de suprir a carência de conhecimentos técnicos de que se ressente o juiz para a apuração dos fatos litigiosos. Estes nem sempre são simples, de forma a permitir sua integral revelação ao juiz, ou sua inteira compreensão por ele, através apenas dos meios de prova que são as testemunhas e documentos. O autor alinha-se ao modelo de distinguir *perícia* de *julgamento*. Ao psicólogo cabe o papel de ampliar o conhecimento que se tem de uma dada situação-problema (SHINE, 2003, p. 248).

O mesmo autor, na obra citada, referencia os limites de atuação do perito e o necessário enquadre técnico, com respeito às normas e procedimentos legais e à ética profissional.

8.3 PROCESSOS DE FORMAÇÃO E ROMPIMENTO DO VÍNCULO FAMILIAR

O conceito de vínculo é elemento central no reconhecimento de família, qualquer que seja sua composição; é importante, pois, que seus membros se identifiquem e se reconheçam como integrantes de um mesmo núcleo.

No cenário da interface da Psicologia com o Direito de Família, o vínculo, em geral, se debruça no âmbito da parentalidade e não no da conjugalidade (embora muitos conflitos ocorram porque ex-cônjuges estão impregnados de suas histórias pessoais e conjugais), e a verificação de possíveis negligências no exercício da parentalidade se faz necessária.

Mata, Silveira e Deslandes (2017) conduziram um estudo a respeito do conceito de negligência no âmbito familiar e concluíram que há rótulos acusatórios e omissões graves em relação às configurações familiares, o que torna a tarefa psicojurídica mais delicada.

Atente-se para as mudanças culturais que provocam reflexos na dinâmica familiar. Deve-se buscar o papel que cada um representa na família e, também, seu significado em um contexto em que há convergências e divergências de interesses e de responsabilidades.

Com a inserção cada vez maior da mulher no mercado de trabalho e a assunção de responsabilidades familiares (no aporte material e emocional) tendo de ser compartilhada pelo casal, é possível afirmar que os papéis de cada membro familiar não têm contornos nítidos e bem definidos, sendo função da família como um todo zelar por seus integrantes.

Da mesma maneira que os papéis se tornam difusos, o conceito de *família* solicita, cada vez mais, relativização correspondente.

No contexto contemporâneo, a *estabilidade* e a *intensidade dos laços afetivos* entre seus integrantes ganham relevância, em lugar da exclusiva consanguinidade ou dos papéis tradicionalmente atribuíveis a cada um deles, tamanha a variedade e a complexidade das estruturas de convivência que se desenvolvem.

Por outro lado, ainda que a composição familiar não siga, atualmente, o padrão típico da sociedade patriarcal, ainda comporta seus mitos, que influenciam a plasticidade com que se abre a novos arranjos, ao mesmo tempo em que recebe marcante influência da economia e cultura midiática, refletida em conflitos, limitações, desejos, fantasias e relações clandestinas e subterrâneas.

Trata-se da família que pode adotar contornos mutáveis e difusos; para Corrêa (1993), a família patriarcal, baseada na manutenção da propriedade e de interesses políticos, bem como na constituição de um núcleo homogêneo, onde predominavam a dominação masculina, a submissão da mulher, o casamento entre parentes e a negação das diferenças, foi, ao logo do tempo, substituída pela família conjugal moderna, na qual predomina a satisfação de impulsos sexuais e afetivos. E, talvez por isso mesmo, a família continue a ser importante, sobretudo porque inclui a transmissão da subjetividade relacionada ao controle e à expressão dos sentimentos.

Vale ressaltar que a formação de vínculos afetivos se dá em um processo, segundo um *continuum*, que envolve afeto, corresponsabilidade, tolerância, segurança, entre outros aspectos. É evidente que crianças e adultos são mais felizes e podem desenvolver melhor seus talentos quando se sentem seguros e protegidos.

Além desses aspectos positivos, o processo de formação de vínculos inclui outros negativos, que podem levar a frustrações, mágoas e ressentimentos, que permeiam por muito tempo a vida conjugal (como nos casos de Marilda e Celso, caso 2, ou de Amália e Haroldo, caso 13) e que podem culminar na dissolução da união.

Os vínculos formam-se a partir de referências internas e externas, de aspectos conscientes e inconscientes. Cada família tem dinâmica própria; o que é bom para uma não necessariamente funcionará em outro grupo familiar. Na privacidade do lar, são forjados *mitos familiares*, traduzidos pela união de crenças, valores e tradições compartilhadas pelo grupo e que têm função organizativa, tanto para o funcionamento deste, quanto nas relações com o meio exterior.

Correa (1999) refere-se ao poder dos *mitos familiares* convicções partilhadas e "aceitas *a priori*", apesar de seu caráter de irrealidade. O conteúdo do mito tem uma dimensão de sagrado ou tabu; ele não pode ser questionado, para que se mantenha a homeostase do grupo e se evite que ele se deteriore ou corra riscos de destruição.

Assim, o mito poderia transferir para a mãe a culpa de qualquer desequilíbrio mental de um de seus membros. Entretanto, se é um erro fundamentar-se no mito, ou seja, culpabilizar a mãe, esse erro não deve ser substituído por outro que é o de ignorar toda a rica dinâmica familiar e o reconhecimento do extraordinário papel que o inconsciente paterno/materno vai ter na estruturação do psiquismo dos filhos e na organização da própria dinâmica específica do grupo familiar.

Observam-se tais aspectos com especial riqueza na mediação de conflitos familiares.

8.3.1 Colusão

O conceito de colusão, criado pelo psiquiatra Jürg Willi (Suíça, 1934), refere-se ao jogo inconsciente que se desenvolve desde a eleição do parceiro e se aprofunda na relação conjugal.

Ao longo da convivência, quando as expectativas nela implícitas não se concretizam, surgem conflitos e frustrações, raiva, mágoa e infelicidade. O cônjuge passa, então, a cobrar do companheiro a "promessa" de outrora.

Ambos depositam no outro a esperança de verem curadas suas próprias lesões e frustrações da infância e adolescência; querem a libertação de temores e culpas provenientes de relações anteriores. Assim, ao analisar a conjugalidade, devem-se considerar o psiquismo individual e a dinâmica familiar.

Na concepção do filósofo Gilles Deleuze (França, 1925-1995), o desejo que une as pessoas expressa a manifestação construtiva de um conjunto. O que deseja o faz dentro de um contexto, que compreende mais do que o cosmético, o superficial, mas inclui um complexo que compreende comportamentos, pensamentos manifestos e até mesmos sonhos e ideais do cônjuge.

Mais tarde, se esses conteúdos não forem compartilháveis, farão parte do cinzel que talhará as rupturas dessa complexa escultura binária que é a vida a dois.

Silva (2003, p. 57) assevera que não se pode pretender que o conceito de colusão abarque definitivamente todas as explicações a respeito das relações conjugais. O que se estabelece aqui é um modelo teórico, que busca entender o que acontece por trás dos litígios levados ao judiciário.

O problema não reside na simples repetição de antigos sentimentos, mas sobretudo na incapacidade para tolerar e regular esses sentimentos; os cônjuges podem acreditar que o comportamento do outro é muito pior do que o é na realidade, uma vez que estarão em jogo seus próprios ressentimentos.

Assim, como revela Bleger (1989), o conflito é inerente às instituições (familiares, empresariais, prisionais, educacionais etc.), o que define a patologia não é sua presença, mas a incapacidade de lidar com ele. Nas relações familiares, muitas vezes, a busca da solução judicial é o único caminho encontrado para seu enfrentamento; um caminho que não necessariamente colocará fim ao mesmo. Isso se observa analisando-se casos de disputa de regulamentação de visitas de filhos, realizadas anos após a separação, em que se evidencia a colusão.

O casal ignora as próprias motivações e recorre a mecanismos de defesa, como racionalização e projeção, para lidar com os conflitos. Constroem, assim, uma relação menos genuína; ao apontarem as dificuldades, eclodem os conflitos que levam à angústia e à separação.

Bowlby (1988, p. 98) afirma que o casal pode vir a buscar na família que constituíram a satisfação de necessidades pessoais e sociais que são, por sua própria natureza, impossíveis de serem atendidas no casamento. Nessas circunstâncias, os laços familiares ficam, por assim dizer, sobrecarregados com uma "carga" para a qual não estão preparados, e não é de se surpreender que algo semelhante a um "curto circuito" ocorra com frequência.

8.4 CASAMENTO E SEPARAÇÃO

Utiliza-se o termo *separação* para indicar processos de rompimento de vínculo familiar; em sentido lato, refere-se às modalidades jurídicas de separação, divórcio e dissolução de união estável.

A respeito do poder familiar, o Código Civil estabelece, em seus artigos 1.630 a 1.638, que este será exercido por pai e mãe; havendo, porém, divergências quanto ao exercício do mesmo por qualquer um ou ambos, poderão recorrer ao juiz para solucionar o desacordo.

O poder familiar compreende a criação e educação dos filhos segundo parâmetros ditados por aquele núcleo familiar, bem como representá-los ou assisti-los, conforme sua idade, nos atos da vida civil. A legislação ainda especifica que o pai ou a mãe que constitui nova relação conjugal não perde o poder sobre seus filhos, devendo exercê-lo sem interferência do novo parceiro(a).

Saliente-se que este poder não é ilimitado, cuidando o legislador de preservar a identidade, dignidade e a vida de crianças e adolescentes em relação ao poder familiar. Assim, aludem os artigos seguintes do Código Civil:

> Art. 1.637. Se o pai, ou a mãe, abusar de sua autoridade, faltando aos deveres a eles inerentes ou arruinando os bens dos filhos, cabe ao juiz, requerendo algum parente, ou o Ministério Público, adotar a medida que lhe pareça reclamada pela segurança do menor e seus haveres, até suspendendo o poder familiar, quando convenha.
>
> Parágrafo único. Suspende-se igualmente o exercício do poder familiar ao pai ou à mãe condenados por sentença irrecorrível, em virtude de crime cuja pena exceda a dois anos de prisão.
>
> Art. 1.638. Perderá por ato judicial o poder familiar o pai ou a mãe que:
>
> I – castigar imoderadamente o filho;
>
> II – deixar o filho em abandono;
>
> III – praticar atos contrários à moral e aos bons costumes;
>
> IV – incidir, reiteradamente, nas faltas previstas no artigo antecedente;
>
> V – entregar de forma irregular o filho a terceiros para fins de adoção.
>
> Parágrafo único. Perderá também por ato judicial o poder familiar aquele que:
>
> I – praticar contra outrem igualmente titular do mesmo poder familiar:
>
> a) homicídio, feminicídio ou lesão corporal de natureza grave ou seguida de morte, quando se tratar de crime doloso envolvendo violência doméstica e familiar ou menosprezo ou discriminação à condição de mulher;
>
> b) estupro ou outro crime contra a dignidade sexual sujeito à pena de reclusão;
>
> II – praticar contra filho, filha ou outro descendente:
>
> a) homicídio, feminicídio ou lesão corporal de natureza grave ou seguida de morte, quando se tratar de crime doloso envolvendo violência doméstica e familiar ou menosprezo ou discriminação à condição de mulher;
>
> b) estupro, estupro de vulnerável ou outro crime contra a dignidade sexual sujeito à pena de reclusão.

Segundo a mesma legislação, o poder familiar extingue-se pela morte dos pais ou do filho; pela emancipação; pela maioridade; pela adoção ou ainda por decisão judicial no caso de pai ou mãe incidir reiteradamente no abuso de autoridade, faltando com seus deveres de pais ou, ainda, arruinando o patrimônio dos filhos.

A destituição do poder familiar refere-se a maus-tratos e direitos negligenciados ou descumpridos. Em geral, as demandas chegam ao Judiciário depois que todas as instâncias familiares falharam ou se instalou um quadro grave em relação à integridade da criança ou adolescente.

Infelizmente, desfechos críticos do ponto de vista psicológico podem decorrer dessas situações.

Ao Estado também cabe zelar para que todos os membros da família tenham seus direitos respeitados. Assim, a Constituição Federal estabelece que:

> Art. 227. É dever da família, da sociedade e do Estado assegurar à criança, ao adolescente e ao jovem, com absoluta prioridade, o direito à vida, à saúde, à alimentação, à educação, ao lazer, à profissionalização, à cultura, à dignidade, ao respeito, à liberdade e à convivência familiar e comunitária, além de colocá-los a salvo de toda forma de negligência, discriminação, exploração, violência, crueldade e opressão.

Além dos diplomas legais anteriormente citados, há no Código Penal a previsão de conduta criminal envolvendo a violação destes deveres:

> Art. 136. Expor a perigo a vida ou a saúde de pessoa sob sua autoridade, guarda ou vigilância, para fim de educação, ensino, tratamento ou custódia, quer privando-a de alimentação ou cuidados indispensáveis, quer sujeitando-a a trabalho excessivo ou inadequado, quer abusando de meios de correção ou disciplina.

Ainda em relação aos direitos dos filhos e na hipótese de violação destes, reza o ECA – Estatuto da Criança e do Adolescente, em seu art. 23, § 2º, que a condenação criminal do pai ou da mãe não implicará a destituição do poder familiar, exceto na hipótese de condenação por crime doloso, sujeito à pena de reclusão, contra outrem igualmente titular do mesmo poder familiar ou contra o próprio filho ou filha.

A tutela jurídica é necessária exatamente para salvaguardar os direitos e garantir a punição daqueles que desrespeitarem tais direitos.

Silva (2003, p. 10) afirma que muitas pessoas buscam o judiciário com a esperança de que o poder decisório do juiz resolva seus problemas emocionais. Ocorre, porém, uma *transferência da responsabilidade* para a figura do juiz, buscando nele solução mágica e instantânea para todos os conflitos.

É a busca da resolutividade, sem enfrentamento do real conteúdo emocional, o que, se enfrentado, levaria à independência das partes e a reais possibilidades de crescimento pessoal frente à situação, contudo, com assunção de responsabilidade.

Relações conjugais trazem momentos de maturidade e imaturidade, de felicidade e prazer, mas também momentos de crise e incertezas, que não se restringem ao relacionamento dual, têm reflexos na pessoa dos filhos e, muitas vezes, na produtividade de cada um dos envolvidos.

Muszkat (2005, p. 28) refere que em situações de conflito interpessoal ambos os sujeitos, frustrados em seus interesses, podem, por sentir-se incompreendidos e injuriados, vir a se tornar opositores irreconciliáveis; ao mesmo tempo, é por meio desses constrangimentos que se constrói a noção de um Eu individual e singular.

Nas relações de continuidade, é especialmente produtivo e desejável que os conflitos sejam levados à Mediação, alternativa não adversarial de solução, e explicitados junto ao mediador, um terceiro que orienta e facilita a busca de soluções *pelos envolvidos*. Esta prática vem sendo proposta nos tribunais de todo o país, com sessões de mediação judiciais e extrajudiciais e ganha especial interesse na área de família.

No Capítulo 11, dedicado ao encerramento, faz-se uma apreciação, sob o ponto de vista psicológico, das diferentes formas de tratamento dos conflitos: julgamento, arbitragem, conciliação e mediação.

8.4.1 Casamento

O Código Civil, no artigo 1.511, diz que "*o casamento estabelece comunhão plena de vida, com base na igualdade de direitos e deveres dos cônjuges*".

Esta comunhão plena pode estar eivada de interesses pessoais, conscientes ou não (conforme se apontou a respeito da colusão). Os direitos e deveres não internalizados satisfatoriamente pelas partes, além das implicações emocionais e práticas, podem resultar em situações altamente prejudiciais, como a violência doméstica.

Vale ressaltar valiosos tópicos concernentes ao tema, extraídos do Código Civil:

Não podem casar:

- ➢ ascendente com descendente;
- ➢ afins em linha reta;
- ➢ adotante com quem foi cônjuge do adotado e o adotado com quem foi cônjuge do adotante;
- ➢ irmãos e colaterais até o terceiro grau;
- ➢ adotado com o filho do adotante;
- ➢ as pessoas casadas;
- ➢ o cônjuge sobrevivente com o condenado por homicídio ou tentativa de homicídio contra seu consorte;
- ➢ e aqueles que não atingiram a idade núbil.

Não devem casar:

- ➢ o viúvo ou a viúva do cônjuge falecido, enquanto não se resolver a partilha de bens;
- ➢ a viúva ou a mulher de casamento nulo, até dez meses depois;
- ➢ o divorciado enquanto não homologado o divórcio e decidida a partilha de bens;
- ➢ o tutor ou curador e seus descendentes, ascendentes, irmãos, cunhados e sobrinhos, com a pessoa tutelada ou curatelada, enquanto não cessar a tutela ou curatela.

Assim, observa-se uma série de disposições legais quanto às possibilidades de união, bem como quanto aos ritos e procedimentos que devem ser observados, o que mostra a preocupação do legislador ao disciplinar a matéria, em busca de assegurar o pleno desenvolvimento do ser humano, alicerçado na família.

Da mesma forma, cuidou o legislador de disciplinar os casos em que o casamento é nulo ou anulável, destacando-se os seguintes:

- ➢ É nulo o casamento contraído pelo enfermo mental sem discernimento.

Este aspecto pode ser objeto de perícia psiquiátrica e/ou psicológica, uma vez que, conforme a enfermidade mental, o indivíduo pode ter comprometida sua capacidade de crítica e manifestação da vontade (vide detalhes sobre a saúde mental no Capítulo 3); assim, necessitará de um curador para representá-lo.

> É anulável, por vício de vontade, pelo incapaz de manifestar de modo inequívoco o seu consentimento e, ainda, se houver erro essencial sobre a pessoa (quanto a sua identidade, honra, boa fama, prevalência de doença física e/ou mental), que torne insuportável a vida em comum, ou desconhecimento de que o cônjuge praticou crime.

8.4.2 União estável

A reforma do Código Civil cuidou de regulamentar a prática nas situações em que as relações familiares não se constituem de forma unicamente contratual formal e por um núcleo formado exclusivamente por pai, mãe e filhos como unidade indissolúvel, suportada até algumas décadas.

Chaves (2006, p. 56-57) relata que é quase impensável "deixar de lidar com divórcios, recasamentos, famílias monoparentais, casais homossexuais, fertilização *in vitro*, violência doméstica, doenças sexualmente transmissíveis, abuso sexual e outras questões desafiadoras".

Os modelos de família multiplicam-se: monoparentais, recasamentos com filhos de ambos os cônjuges, recasamentos com apenas filhos de um dos cônjuges, ambos os cônjuges divorciados, apenas um deles divorciados, "cada um na sua casa", retorno à casa dos pais etc.

Assim, trata o Código Civil no artigo 1.723:

É reconhecida como entidade familiar a união estável entre o homem e a mulher, configurada na convivência pública, contínua e duradoura e estabelecida com o objetivo de constituição de família.

A guarda dos filhos e o exercício do poder familiar devem respeitar, neste caso, o mesmo disciplinamento concernente ao casamento formal.

8.4.3 Dissolução e rompimento do vínculo familiar

O Código Civil traz em seu artigo 1.579 que "*o divórcio não modificará os direitos e deveres dos pais em relação aos filhos*".

A separação implica em fim da conjugalidade e não da parentalidade. Essa conjugalidade há muito pode ter sido perdida, ainda que não formalmente reconhecida. Há casos em que o ex-casal continua a viver sob o mesmo teto, porém, cada um dedicando-se às próprias atividades, sem compartilhar sentimentos, decisões e ações. Muitos casais chegam às vias judiciais quando já não há qualquer convivência, mas, simplesmente, coabitação.

Gottieb (*apud* CEVERNY, 2006, p. 88) aponta que "*não existe divórcio que seja bom para os filhos. Ele pode somente ser ruim ou menos ruim*". A separação seria vista como uma traição à ideia de que os pais viverão eternamente juntos.

Para alguns casais, a "união" perdura mesmo após a separação, a qual não representa um termo final no relacionamento daquele casal. Nas varas de família, o fim do relacionamento conjugal deve ser entendido não só como um drama judicial, mas também como uma situação que envolve aspectos afetivos e emocionais fortemente marcados, ainda que não expressamente denunciados pelas partes.

Nos processos de separação, juízes, promotores e advogados ficam especialmente em evidência nas relações formadas no processo, uma vez que as partes, outrora compartilhando da intimidade, agora "conversam" através do processo e de seus representantes legais.

Este fato pode levar o litigante que se sente prejudicado com a decisão (um conveniente mecanismo psicológico de defesa) a atribuir a seus representantes a perda "na batalha jurídica". O mesmo acontece em relação ao juiz (que é considerado um "mau juiz" porque não soube ver o seu ponto de vista).

Além dessa perspectiva emocional, que implica o rebaixamento da autoestima e da auto-confiança, com reflexos importantes para a dinâmica familiar e para os filhos, é cabível pleitear indenização por dano moral relativamente a determinados aspectos como ofensas morais ou o dever de alimentos.

O desembargador Jones Figueirêdo Alves (2008) afirma que a possibilidade de indeni-zação entre os cônjuges por dano moral, em face de ofensas capazes de afetação aos direitos de personalidade do outro, ou mais precisamente por dano à honra, decorre da teoria da res-ponsabilidade civil em direito de família e da aplicabilidade dos preceitos da responsabilidade civil no casamento (ou na própria união estável) e em sua dissolução, diante do princípio de que, havendo ação lesiva, praticada por um dos cônjuges (ou conviventes) contra o outro, com a ocorrência de danos morais ou materiais, surge o direito do ofendido à reparação, tal como ocorre nas demais relações familiares.

À decisão dos pais relativamente à separação, segue-se outra decisão importante: *como contar aos filhos?*

É essencial que sejam comunicados sobre a decisão, porque isso se traduz em respeito à dignidade de cada um deles. Em geral, seja qual for a idade, já existe por parte dos filhos uma percepção acerca do relacionamento dos pais, de seus conflitos e dificuldades.

Ainda que não conscientemente, ou explicitamente, os filhos participam das discussões que precedem a separação propriamente dita. Mesmo em se tratando de crianças pequenas, o ideal é que sejam comunicadas, respeitando-se a fase do ciclo vital em que estiverem.

Conforme o que é comunicado e as circunstâncias da comunicação familiar, expõe-se os filhos a uma carga de culpa frente à situação gerada pelos adultos. Por isso, a comunicação deve ser feita com cuidado e de maneira adequada.

É melhor que a notícia seja dada por ambos, pai e mãe, do que numa relação dual; a experi-mentação da triangulação é sempre desejável, uma vez que pai e mãe necessitam comunicar seus sentimentos, evitando que aquele que noticia seja o único responsável ou que aproveite o momento para desqualificar o outro, facilitando o espaço para o aparecimento da alienação parental.

É importante que fique evidente, para a criança, que a separação ocorre por razões ligadas aos pais, zelando-se para que filhos não desenvolvam sentimentos, por meio dos quais se sintam responsáveis pelo conflito ou pela tomada de decisão da dupla parental.

Na separação, observam-se diversas figuras a se intercambiar ao longo do processo; algumas se manifestam explicitamente, outras, em atitudes e comportamentos que deixam implícitos os reais interesses das partes.

Assim, juiz e advogado podem ter de lidar com litigantes representando diversos papéis, consciente ou inconscientemente. As pessoas em conflito podem manifestar comportamentos exacerbados, exatamente pela situação litigiosa.

Há o cônjuge manipulador, que irá articular os fatos e a própria audiência de modo a atrair para si as atenções que deseja.

O vitimizado que, em termos de relações de gênero, evidencia-se sobremaneira nas situações relativas à violência doméstica.

O cônjuge dependente economicamente muitas vezes poderá ceder em aspectos fundamentais imaginando que com isto poderá garantir a manutenção de suas necessidades básicas. Há também o dependente afetivo, que cede a uma separação consensual imaginando, assim, ganhar as atenções do parceiro e a possibilidade de reatar a convivência apenas suportada, mas não compartilhada plenamente.

Nas separações e divórcios não consensuais, com frequência, observa-se uma interminável batalha por direitos que cada um supõe ter ou que luta para manter, buscando na "letra fria da lei" a solução para os conflitos emocionais que emergem na relação.

Observe-se que, neste cenário, o papel do advogado deixa de ser somente o de buscar uma solução jurídica para o conflito, ou, em separações litigiosas, defender a posição e o interesse da parte que o contratou, para compreender, naquela situação específica, as vicissitudes próprias do momento e das condições que cada pessoa apresenta em relação às decisões que devem ser tomadas, em especial, quanto aos filhos do casal, garantindo o superior interesse desses.

A psicanalista Mara Caffé (2003, p. 91) relata que, conforme suas observações, o casal que enfrenta a situação de separação conjugal litigiosa disputando entre si os direitos sobre os filhos apresenta frequentemente, em suas manifestações no âmbito da perícia, a ausência do reconhecimento mútuo do lugar de pai e de mãe, cada um em relação ao outro. As funções do cuidado e educação dos filhos, bem como o estabelecimento de condições e limites adequados ao crescimento deles, ficam prejudicadas neste contexto de não reconhecimento. Como consequência, os filhos nem sempre são reconhecidos no lugar de crianças, não se estabelecendo a suficiente consideração de suas necessidades e direitos.

No âmbito das perícias, observa-se frequentemente que o modo peculiar de formular seus problemas não permite aos periciandos encontrar as soluções a partir do próprio grupo familiar. Esta é, ao que tudo indica, uma das razões pelas quais os pais recorrem ao litígio judicial, em busca de limites e decisões à situação de sofrimento e aos impasses nos quais estão mergulhados.

Muitos casais são resistentes em suportar perícias e avaliações a respeito de guarda de filhos e direito de convivência, uma vez que tais procedimentos, ainda que necessários para a compreensão global da situação, representam não só uma demora na solução do litígio, que é conduzido no "tempo do processo, do judiciário" e não necessariamente no "tempo dos litigantes e seus conflitos", como também a exposição de todos os envolvidos a seus próprios conflitos. A perícia tem o condão de explicitar a dinâmica familiar e, desse modo, faz o papel de um possivelmente incômodo espelho, capaz de colocar à luz o que se oculta no psiquismo.

Castro (2003) analisa que ganhar um processo judicial muitas vezes representa um vazio pela falta de integração que estes processos judiciais tenham com as vivências afetivas de quem os propõe. À medida que cessa o processo, acabam as oportunidades de extravasar suas pulsões para fora de si.

8.4.4 Filhos: disputa de guarda e regulamentação de visitas

Ao disciplinar a guarda de filhos, o Código Civil (alterado pela Lei nº 13.058/2014) determina que:

> Art. 1.583. A guarda será unilateral ou compartilhada.

§ 1º Compreende-se por guarda unilateral a atribuída a um só dos genitores ou a alguém que o substitua (art. 1.584, § 5º) e, por guarda compartilhada a responsabilização conjunta e o exercício de direitos e deveres do pai e da mãe que não vivam sob o mesmo teto, concernentes ao poder familiar dos filhos comuns.

§ 2º Na guarda compartilhada, o tempo de convívio com os filhos deve ser dividido de forma equilibrada com a mãe e com o pai, sempre tendo em vista as condições fáticas e os interesses dos filhos:

I – (revogado); (Redação dada pela Lei nº 13.058, de 2014)

II – (revogado); (Redação dada pela Lei nº 13.058, de 2014)

III – (revogado); (Redação dada pela Lei nº 13.058, de 2014)

§ 3º Na guarda compartilhada, a cidade considerada base de moradia dos filhos será aquela que melhor atender aos interesses dos filhos.

§ 4º (VETADO).

§ 5º A guarda unilateral obriga o pai ou a mãe que não a detenha a supervisionar os interesses dos filhos, e, para possibilitar tal supervisão, qualquer dos genitores sempre será parte legítima para solicitar informações e/ou prestação de contas, objetivas ou subjetivas, em assuntos ou situações que direta ou indiretamente afetem a saúde física e psicológica e a educação de seus filhos.

Já o artigo subsequente destaca os deveres parentais e a importância da guarda compartilhada, colocando-a como norte para as decisões sobre as responsabilidades dos pais em relação aos filhos, indicando que o juiz poderá basear-se em orientação técnico-profissional ou de equipe interdisciplinar, que deverá visar à divisão equilibrada do tempo com o pai e com a mãe.

Depreende-se, assim, a importância de um trabalho interdisciplinar que conjugue aspectos jurídicos e psicossociais, para bem subsidiar a decisão que venha a ser tomada. A situação pode indicar, ainda, que a convivência e o diálogo entre pai e mãe se tornaram impraticáveis ou nenhum dos dois apresenta condições suficientes para os cuidados com o filho. Nesses casos, o juiz poderá deferir a guarda a outra pessoa que revele compatibilidade com a natureza da medida, considerados, de preferência, o grau de parentesco e as relações de afinidade e afetividade.

A diversidade e a informalidade dos arranjos nos relacionamentos conjugais tornam a decisão mais complexa. Uniões voláteis, intimidade multicompartilhada, compromissos pessoais firmados por impulsos e conveniências momentâneas somam-se à facilidade da separação. Sucedem-se novos relacionamentos; na paixão de um a semente da angústia de outro...

Nesse teatro do transitório, aos filhos resta a esperança de algum acolhimento afetivo. Designado diretor de cena, ao juiz cabe determinar a forma como a guarda será exercida, se por pai, por mãe, compartilhada, ou, ainda, atribuída a um terceiro, que revele compatibilidade com a medida, quando o juiz verificar que o filho não deve permanecer sob a guarda do pai ou da mãe (Código Civil, art. 1.584, § 5º). Surgem questões pungentes: Quem compartilha? Como imprimir praticidade à decisão? Como assegurar-lhe o cumprimento?

É extremamente difícil prever comportamentos; não são incomuns acusações de violências ou de ofensas sexuais perpetradas por aquele que ficou com a guarda (ver item 3.4.10 a). Uma avaliação cuidadosa diminui a chance de que isso venha a ocorrer, contudo, as pessoas modificam seus comportamentos de maneiras imprevisíveis.

Compreende-se, pois, a grande dificuldade de se atribuir a guarda a terceiros, quando não há qualquer tipo de ocorrência anterior, envolvendo o progenitor, que possa sugerir essa alternativa.

Por outro lado, algumas vezes, na disputa judicial, é a *partilha de bens* que ganha especial destaque no litígio; outras vezes (não raras), a luta pela guarda dos filhos, que ficam na berlinda ante a batalha travada pelos pais, reflete a busca de maior poder.

O profissional do direito, na qualidade de magistrado, membro do Ministério Público ou advogado, que atuar no direito de família, se deparará inúmeras vezes com situações que envolvem poder familiar, em sentido amplo, não se restringindo ao poder familiar como elencado na lei.

Muszkat (2005, p. 47) afirma que é impossível compreender e manejar conflitos sem um exame mais rigoroso da correlação de poderes presentes na dinâmica das relações entre as partes litigantes. E, baseada nas ideias foucaultianas, a autora desenvolve as seguintes considerações:

- ➢ o poder nunca é exterior ao sujeito... ele se exerce a partir das relações que são desiguais;
- ➢ reconhecendo a interioridade, ele é posto em ação por intermédio de uma forma comunicacional (verbal ou não verbal) que define a relação;
- ➢ o poder é relacional, é construído mutuamente e deve sempre ser reconhecido pela outra parte;
- ➢ o poder é interdependente, surge da dependência mútua de recursos; se uma das partes tiver poder absoluto sobre a outra, não haverá conflito;
- ➢ a dependência de recursos pode ser concreta, simbólica, idealizada ou fantasiada e necessita de constante reconhecimento... o efeito do poder por meio do consentimento é muito mais eficaz do que o obtido pela força;
- ➢ o poder gera uma força oposta, ao determinar a conduta do dominado, uma inevitável força contrária, uma resistência;
- ➢ o discurso do poder se reforça pela repetição, tornando-o tanto mais forte quanto menos puder ser questionado.

As questões envolvendo o poder de um cônjuge sobre o outro, ou a disputa de poder entre ambos, podem evidenciar-se de maneira perversa na disputa de guarda de filhos.

A Constituição Federal afirma no artigo 227 (citado anteriormente) que é dever de todos, família, Estado e sociedade, a proteção à criança, ao adolescente e ao jovem.

Pela abrangência e importância do dispositivo constitucional, fica sobejamente demonstrado que, em uma separação, o cuidado do legislador, do profissional do direito e de possíveis peritos e assistentes técnicos envolvidos deve guiar-se pela proteção de todos os envolvidos na disputa judicial, especialmente crianças e adolescentes.

Conforme mencionado no tópico sobre dissolução da união, para o casal que tem filhos a guarda deve ser discutida e estabelecida no momento da separação, seja consensual ou litigiosa. Neste momento delicado, as decisões são tomadas, em geral, em um contexto permeado por conflitos, danos e culpas.

Para a pediatra e psicanalista francesa Françoise Dolto (1989, p. 21), na vida da criança há referenciais de *continuum* de corpo, de afetividade e social. Se, quando o casal se separa, a criança pode permanecer no espaço em que os pais tinham sido unidos, a situação do divórcio ocorre de maneira muito melhor para a criança; esta somente poderá fazer o trabalho efetivo de compreender o divórcio, se é muito pequena, quando permanece no mesmo espaço, na mesma escola, mantendo vínculos que representam referenciais para ela. Referida autora leciona ainda que, até os quatro anos, existe uma dominante: a da necessidade da presença da mãe. Isto toma especial relevância quando se trata de bebês em fase de amamentação.

Ressalte-se que o afastamento da criança de tenra idade do cuidador primário pode representar o rompimento de um importante vínculo que a afetará em seu desenvolvimento, assim, não há arranjos prévios ou padrões previamente estabelecidos legalmente que deem conta da diversidade que o campo apresenta; cada caso deve ser analisado com a singularidade que lhe é peculiar.

Vale ainda referenciar os ensinamentos do britânico John Bowlby (1982, p. 43). Segundo o autor:

➢ durante os primeiros meses de vida, o bebê aprende a discriminar uma certa figura, usualmente a mãe... depois dos seis meses de idade, aproximadamente, o bebê mostra suas preferências de modo inconfundível;

➢ durante a segunda metade do primeiro ano de vida, e a totalidade do segundo e terceiro, a criança está intimamente ligada à sua figura materna, o que significa que fica contente com sua presença e aflita com sua ausência;

➢ após o terceiro ano, o comportamento de ligação é suscitado um pouco menos prontamente do que antes.

Questão recorrente em processos judiciais nessa esfera é a possibilidade de pernoite da criança com o genitor descontínuo (geralmente o pai); não há uma "receita" que se ajuste a todos os casos; as solicitações devem ser analisadas e envolvem reflexões como idade da criança, grau e nível de afinidade parental e necessidades especiais, entre outros fatores. Os fenômenos e solicitações devem sempre ser analisados à luz da realidade vivenciada por cada família, uma vez que, com os novos arranjos familiares e a inserção da mulher no mercado de trabalho, não raras vezes, são os pais (homens) que exercem o papel de cuidados intrafamiliares.

De modo similar, é necessário analisar individualmente a possibilidade de manter irmãos com o mesmo cônjuge ou de colocá-los separadamente com pai e mãe. O ideal é que todos os filhos possam partilhar, indiscriminadamente, da companhia, afeto, cuidados e atenção de pai e mãe. As consequências da carência paterna são tão graves quanto as da materna.

O papel de ambos é fundamental, trazendo e consolidando, por meio da convivência, referenciais e valores que formam o arcabouço da personalidade dos filhos.

Segundo Aberastury e Salas (1984, p. 76), no período dos 6 aos 12 meses, o papel do pai é importantíssimo. A carência de contato com o pai, sobretudo de um contato corporal cotidiano com ele, deixa um déficit. O pai continua tendo muita importância em toda a vida do filho, especialmente nas conexões deste com o mundo externo.

A *guarda unilateral*, outrora denominada exclusiva, ocorre quando apenas o pai ou a mãe mantém a criança em seu lar, podendo ser deferidas visitas para aquele que não detém a guarda, garantindo a este a supervisão dos interesses dos filhos.

Na *guarda alternada*, criticada antes mesmo da alteração legal de 2008, ocorre uma divisão entre pai e mãe em relação às responsabilidades com os filhos e consequentes mudanças periódicas destes para a casa de cada um dos pais. Esta alternância pode implicar em dificuldades de adaptação, não apenas ao lar físico, como também às relações parentais e sociais.

Tal arranjo, muito criticado por juristas e psicólogos, pode dificultar a referência de um lar, de valores, e prejudicar a construção de hábitos estáveis, principalmente no caso de crianças pequenas, que necessitam de um *continuum* espacial. Além disso, pode desenvolver na criança uma percepção *objetal*, em que ela se vê transferida de um ponto a outro mecanicamente.

Alterações legais (Lei 13.058, de 2014), disciplinando a *Guarda Compartilhada* facultam a pai e mãe o equilíbrio na convivência com os filhos, impondo responsabilidades mútuas nos direitos e deveres. Busca-se evitar prejuízos à criança pela descontinuidade de lar e de convivência; transforma-se o *poder* em *dever* familiar.

Embora a legislação contribua para fomentar o convívio da criança tanto com o pai, quanto com a mãe, e isto pode ser verificado nos dados do IBGE[1], o instituto da guarda compartilhada ainda não atingiu a excelência desejada, pois, a intenção do legislador em preservar direitos e garantir cuidados parentais tem esbarrado em entraves práticos, após o deferimento ou decisão que estabelece a Guarda Compartilhada, já que muitos casais não mantêm diálogo e impõem restrições de convívio, atribuindo ao filho uma rotina que mais se parece com a temida guarda alternada.

Para facilitar o diálogo entre pai e mãe e criar um contexto favorável ao reconhecimento e assunção de responsabilidades conjuntas relativamente ao bem-estar dos filhos, é desejável que se utilize a estratégia da conciliação ou da mediação (especialmente esta última), nos casos que envolvem guarda de filhos.

Reconhecendo a importância da convivência de criança ou adolescente com seus familiares, a Lei 12.398/2011 alterou o artigo 1.589 do Código Civil para incluir o Direito de Visita dos Avós, já reclamado em muitas ações judiciais e que não encontrava respaldo legal, contando apenas com a sensibilidade do julgador. Com esta alteração busca-se garantir, para avós e netos, a possibilidade de convívio, muitas vezes comprometida pelas disputas perpetradas por pais e mães que, não raro, "disputam seus filhos" como troféus, ocasionando-lhes profundos prejuízos emocionais.

> Art. 1.589. O pai ou a mãe, em cuja guarda não estejam os filhos, poderá visitá-los e tê--los em sua companhia, segundo o que acordar com o outro cônjuge, ou for fixado pelo juiz, bem como fiscalizar sua manutenção e educação.
>
> Parágrafo único. O direito de visita estende-se a qualquer dos avós, a critério do juiz, observados os interesses da criança ou do adolescente.

O Código Civil, no artigo 1.632, refere-se às relações entre pais e filhos com o fim da união conjugal:

> A separação judicial, o divórcio e a dissolução da união estável não alteram as relações entre pais e filhos senão quanto ao direito, que aos primeiros cabe, de terem em sua companhia os segundos.

É neste cenário da disputa pela guarda e dever de visitas que pode aparecer a alienação parental.

---

[1] A atribuição de guarda compartilhada vem aumentando desde 2014, quando foi sancionada a Lei nº 13.058, que prevê a aplicação dessa modalidade de guarda como prioritária nos casos em que ambos os genitores estejam aptos a exercer o poder familiar. No país, o número de registros de guarda compartilhada quase triplicou entre 2014 e 2017, passando de 7,5% dos casos de divórcio de casais com filhos menores para 20,9%, de acordo com as Estatísticas do Registro Civil, do IBGE. Disponível em: https://www.anoreg.org.br/site/2019/03/12/ibge-pais-dividem-responsabilidades-na-guarda-compartilhada-dos-filhos/. Acesso em: 29 ago. 2019.

8.4.5 Alienação parental[2]

O importante não é apenas o que se faz, mas o *modo* como a ação é praticada.

A alienação parental é tema polêmico por si só (não há evidências científicas consistentes), assim como a lei que a disciplina (Lei 12.318, de 2010) e que pretende proteger adolescentes e crianças, especialmente estas últimas, por sua vulnerabilidade perante o mundo adulto e o sistema de justiça, muito mais pela via punitiva do que conciliatória.

Nas ações resultantes de conflitos do mundo adulto, muitas crianças se acham envolvidas por estarem vivenciando situação de conflito ou por serem colocadas como "objeto" de disputa entre os adultos. Nada que já não existisse antes mesmo de a expressão "alienação parental" ganhar espaço no mundo jurídico.

Tal expressão foi consolidada no estudo do psiquiatra Richard Gardner (EUA, 1931), segundo o qual, a alienação parental consiste em programar uma criança para que ela odeie um de seus genitores sem justificativa, por influência do outro genitor com quem a criança mantém um vínculo de dependência afetiva e estabelece um pacto de lealdade inconsciente.

Importante salientar que não se trata de um constructo psicológico e, também, de ponderar que, nos conflitos familiares, especialmente nos casos de separação litigiosa, dificilmente "um só lado" está certo. É um contexto de culpas, perdas e danos mútuos, como referido anteriormente.

Crianças, em especial, possuem significativa habilidade para comparar detalhes dos comportamentos e das falas e identificar paradoxos; para lidar com eles, desenvolvem mecanismos de defesa; isso, entretanto, não evita danos ao aparelho psíquico, que se refletirão, mais tarde, em dificuldades na adolescência e na vida adulta.

Comportamentos ambivalentes e ansiosos prejudicam o desenvolvimento das crianças, já desde bebês, quando são mais sensíveis e mais atentas aos significados de expressões faciais, tons de voz e gestos do que os adultos. Assim, um casal pode, facilmente, transmitir aos filhos, ainda que de tenra idade, "a guerra" existente entre eles, e continuar a reproduzi-la mesmo após a separação.

A alienação parental pode, entretanto, ser praticada por pessoa bastante presente no núcleo familiar (algo muito comum; é significativa a proporção de famílias em que tio, tia, sobrinho, sobrinha, avô, avó, residem com os cônjuges e seus filhos). Nessa situação, evidenciam-se insinuações do tipo "... vou contar para você uma coisa que seu pai fez, mas fica entre nós, tá?!".

As consequências para a criança, em geral, indicariam sintomas como depressão, incapacidade de adaptar-se aos ambientes sociais, transtornos de identidade e de imagem, desespero, tendência ao isolamento, comportamento hostil, falta de organização, sentimento de culpa e, em algumas vezes, abuso de drogas, álcool e suicídio.

A lei especifica a importância da realização do laudo psicológico, mas cabe a este profissional lançar seu olhar técnico e crítico sobre a situação. Assim é importante observar:

---

[2] Remetemos o leitor a dois importantes documentos a respeito do tema:
a) Conselho Federal de Psicologia (Brasil). Debatendo sobre alienação parental: diferentes perspectivas. Brasília: CFP, 2019. Disponível em: https://site.cfp.org.br/wp-content/uploads/2019/11/Livro-Debatendo--sobre-Alienacao-Parental-Diferentes-Perspectivas.pdf. Acesso em: 16 jun. 2023.
b) Nota do Conselho Nacional dos Direitos da Criança e do Adolescente – CONANDA – a respeito do tema. Disponível em: http://www.conselho.crianca.df.gov.br/wp-content/uploads/2018/10/Nota_0548496_Nota_Publica_sobre_a_Lei_de_Alienacao_Parental_FINAL.pdf. Acesso em: 16 jun. 2023.

- as consequências de alterar a situação existente, quando as acusações se mostram tendenciosas e são usadas pelo profissional do direito de modo a desqualificar adultos significativos na vida da criança;
- o tempo, inimigo atroz dos casos de família, devido à necessidade de providências imediatas que preservem a integridade física, psíquica e ou patrimonial dos interessados, recomenda a escuta atenta, ampla, em profundidade, desprovida de preconceitos, de crenças pessoais a respeito da situação e das pessoas envolvidas e de pré-julgamentos;
- são conhecidos os casos de advogados que incentivam, muitas vezes por um estilo de conduta desenvolvido ao longo de anos, a litigância, desconhecendo a extensão dos danos ocasionados;
- a alienação parental não se resume a este ou àquele cônjuge: ela também pode ser praticada por avós ou outros membros da família, principalmente quando estes apresentam relacionamento próximo e frequente com a criança.

O profissional da psicologia, ao realizar uma perícia ou atuar na mediação de conflitos, assim como o operador do direito, deve ter em evidência esses aspectos, nem sempre manifestos, uma vez que na disputa pela guarda dos filhos podem estar latentes características que objetifiquem os filhos. Buscar o equilíbrio entre as partes contribui para minimizar essa possibilidade, como ilustra o caso seguinte.

Caso 29 – A raiva de Mario Sergio

Miriam separou-se de seu esposo, Mario Sergio, com quem era casada há sete anos. Desse relacionamento nasceram os filhos Caio e Manoela, seis e três anos, respectivamente. Na separação consensual, foi acordado que Mario Sergio ficaria com a guarda de ambos os filhos do casal e que as crianças teriam direito a visitar a mãe quinzenalmente, pernoitando na casa desta.

Seis meses após esse acordo, Miriam inicia novo relacionamento com Paulo, permitindo que este more consigo e compartilhe plenamente a convivência com seus filhos.

Mario Sergio, então, procura um advogado pleiteando modificação na regulamentação das visitas, alegando que suspeita de maus-tratos por parte do novo companheiro de Miriam; solicita que as visitas dos filhos sejam supervisionadas.

Buscando a veracidade dos fatos, ficou demonstrado no processo judicial que Mario Sergio, descontente com o novo relacionamento de Miriam, passou a agir de modo a distanciar os filhos desta, levando-os a firmar uma imagem negativa da mãe, com sérias consequências para todos.

Há inúmeros aspectos intersubjetivos que se evidenciam nos conflitos conjugais levados aos tribunais; aqueles que defendem a existência da alienação parental indicam como situações frequentes, por exemplo:

- *"Cuidado ao sair com seu pai, ele quer roubar você de mim."*
- *"Sua mãe abandonou vocês."*
- *"Seu pai não se importa com você."*

> "Seu pai só quer comprá-lo com tantos presentes, na verdade, não se importa com você."
> "Sua mãe é uma desequilibrada."
> "Só podia ser filho de um FULANO." (Agride o pai e destrói a autoestima da criança.)

Ocorre que muitas vezes tais situações têm sido banalizadas e colocadas de modo inapropriado no grande "guarda-chuva" da alienação parental. Muitas relações perduram, no sentido mais negativo e dolorido, mesmo após a separação judicial ou de fato (mais uma vez, reporta-se à importância da mediação nos conflitos familiares).

Alguns pais e mães transferem para a relação do filho do casal com o outro cônjuge seus próprios medos e frustrações, mágoas e adversidades. Raros pais e mães conseguem comunicar ao filho a situação do modo mais límpido e imparcial; também raras vezes, encontra-se mãe (ou pai) que, tendo sofrido com as ausências do lar, do então cônjuge, com as noites de espera e vigília, consegue falar ao filho sobre a ausência do pai (ou da mãe) sem passar suas próprias frustrações, ponderando, por exemplo, que: *"você estava esperando o papai e ele não veio, pode ter tido algum inconveniente, algum problema de última hora, você gostaria de telefonar ao papai e falar com ele?"*

Essa postura requer amadurecimento pessoal e, em relação ao outro, o reconhecimento das possibilidades e potencialidades da relação parental com o cônjuge ausente, o que nem sempre é possível ao ex-casal; a situação algumas vezes se resolve quando ambos iniciam nova relação conjugal e se libertam, ainda que em parte, dos vínculos do passado.

Bowlby (1988, p. 140) afirma que, de início, a criança não consegue admitir nenhum defeito em seus pais; posteriormente, começa a oscilar entre a defesa e a crítica... mais tarde, a criança é capaz de assumir um ponto de vista menos preconceituoso, vendo a mãe ou o pai como uma pessoa com limitações e também com virtudes; ao elaborar seus sentimentos contraditórios e violentos de forma a alcançar uma visão mais sensata e racional, a criança deixa de ser tão vulnerável aos possíveis ataques parentais e uma vítima de ligações irracionais ou inadequadas com o pai ou a mãe.

Na guarda de filhos e regulamentação de visitas, as decisões devem ser criteriosas o suficiente para amenizar possíveis danos, já fatalmente implicados no processo de separação, além de ter como fundamental o superior interesse da criança. Veja-se o caso seguinte:

Caso 30 – A lei acima da criança?

Casal divorciado, criança, ainda bebê amamentada no seio materno, fica sob os cuidados da genitora, garantido o direito de visitas ao pai, em acordo judicial.

Durante o período de três anos, o pai não visitou o filho, recebendo notícias esporádicas deste por telefone.

Recentemente, procurou a mãe exigindo as visitas do filho, com pernoite deste em sua casa. Diante da negativa da mãe, procurou um advogado para exigir seus direitos assegurados no acordo.

De posse do termo de acordo, o advogado assegura-lhe seus direitos. Diante da indagação do pai: e se a criança não quiser vir comigo?, o advogado menciona o instituto da busca e apreensão de menores previsto em lei.

Considerando a idade da criança e o tempo que o pai ficou distanciado e ausente, será que este arranjo de pernoite da criança na casa do pai é o melhor? Estaria a mãe cuidando para o restabelecimento gradual do contato entre pai e filho? Ao usar o mecanismo da busca e apreensão, garante-se, com uma medida coercitiva, o convívio entre pai e filho?

Busca e apreensão de filho requer muita parcimônia, cuidados e critérios em sua determinação, principalmente quando a criança não se encontra em situação de risco, sugerindo-se que, na medida do possível, seja evitada, pois, em geral, trata-se de medida agressiva (em sentido amplo, não se evidenciando em violência física, mas imprimindo fortes contornos de violência simbólica), com sensíveis consequências para todos os envolvidos, mais marcadamente para as crianças, que percebem na força pública, na figura da autoridade, o extremo conflito a que chegaram seus pais.

Na disputa judicial, ex-casais trazem como característica o fato de ainda estarem envolvidos na dor, na desilusão e na raiva pelo fracasso da relação. Observe-se que estes sentimentos podem estar presentes, ainda que de maneira velada, o que não significa que suas consequências deixarão de se fazer sentir.

A sentença judicial visa solucionar conflitos, que podem persistir apesar dela. A linguagem jurídica, nem sempre acessível às partes, tem o propósito de interpretar sentimentos e transformá-los em palavras no processo. Os juízes julgam as condutas humanas e buscam dirimir os conflitos baseados na lei; a interdisciplinaridade com a psicologia jurídica auxilia a revelar motivações e comunicações latentes de um indivíduo em determinada ação, como nos conflitos familiares e a elucidar a dinâmica relacional das pessoas envolvidas no conflito.

Reveste-se de elevada complexidade o papel do juiz. Na fala do alienante, o culpado é sempre "o outro" (o cônjuge, o ex-cônjuge, um parente bastante presente, um avô, uma avó). Percebe-se que, na ânsia de atingir o desafeto, fere-se a criança. A preservação da criança fica tanto mais dificultada quanto maior a demora na realização da perícia e solução do processo. Torna-se pungente a situação em que se comprova a falsidade da denúncia, muitas vezes após longo trâmite, com inimagináveis prejuízos psicológicos para a criança e para a parte denunciada. Como reparar o dano de uma alienação que se arrastou durante anos?

O juiz recebe a história já filtrada pelo relato dos fatos, mas, eventualmente, maximizada pela disputa e pela visão maniqueísta apresentada por cada uma das pessoas envolvidas no conflito. O advogado a recebe distorcida pela emoção do cliente e procura apresentá-la de modo mais racional ao processo. O apoio técnico do psicólogo (que analisa a dinâmica familiar) e do assistente social pode constituir o elemento essencial para uma decisão criteriosa.

É relativamente comum, no adolescente, o sentimento de culpa ao perceber o dano causado ao pai ou à mãe que sofreu a alienação, por sentir-se utilizado como instrumento de vingança, causando profunda dor e humilhação na pessoa amada. Tal sentimento pode conduzir a tratamentos médicos e psicológicos de custos elevados (não apenas da criança, mas também da pessoa que sofreu a alienação), que constituem dano patrimonial. Em muitas situações, o dano moral mostra-se notório, pelo prejuízo ocasionado no círculo de relacionamento, também cabendo a reparação.

A interface entre a psicologia e o direito nas varas de família, quer na compreensão e leitura que o magistrado faz do processo, quer nas perícias psicológicas, fica evidente quando a busca da solução judicial perpassa pela representação simbólica que o rompimento da relação conjugal traz para as partes.

Observe-se a plausibilidade da hipótese de a pessoa que pratica a chamada alienação parental desconhecer que emite esse comportamento. Ela pode tê-lo aprendido de diversas formas, desde criança e ao longo da vida, e considerá-lo dentro de padrões de normalidade, posto ser esse o seu estilo de relacionamento interpessoal.

Trata-se de levar essa pessoa a experimentar novas formas de se comunicar, dominar outra linguagem para expressar seus sentimentos e desejos. Possivelmente, sem orientação especializada, persistirá comunicando-se de modo inadequado, com prejuízo para todos os envolvidos. Bom seria se houvesse mais divórcios colaborativos!

8.5   PATERNIDADE E RECONHECIMENTO DE FILHOS

O psicólogo, em conjunto com a equipe de servidores da vara de família, pode atuar em projetos de estímulo ao reconhecimento da paternidade e maternidade responsável. A importância do nome de família e a presença da figura paterna asseguram reconhecimento psicológico, social e jurídico.

Assim, não basta o assentamento do nome do genitor no registro do filho. A assunção da paternidade responsável é fundamental para o desenvolvimento emocional da criança, com a prática dos deveres materiais e afetivos inerentes à relação pai e filho.

Aberastury e Salas (1984, p. 82) referem que há pais que não perdem o contato afetivo com o filho, porém, não podem desfrutar da paternidade porque não sentem o filho como próprio.

Os mecanismos pelos quais isso é sentido podem ter suas raízes não somente na pessoa do pai, suas atitudes e emoções, mas em todo o processo que levou à união com a mãe de seu filho e o tempo de ausência em uma relação que teria permanecido dual (mãe – filho).

Em alguns casos, o exame de DNA toma grande importância, pois ante a incerteza sobre a veracidade da paternidade muitos homens não sentem qualquer inclinação para assumi-la, mesmo que tenham admitido o filho legalmente.

É pacífico o entendimento de que a paternidade não se resume à prestação de assistência material. As emoções que unem pais e filhos são fundamentais no desenvolvimento emocional, social e cognitivo destes últimos. O pai que, apesar de prestar assistência material, abandona afetivamente o filho prejudica-o sensivelmente.

A esse respeito é possível encontrar decisões judiciais que visam minimizar o sofrimento, transformando em pecúnia aquilo que se deve afetivamente. A oferta de amor, carinho, cuidado e proteção é algo imaterial e se constitui em direito subjetivo. Negligenciá-la, portanto, pode provocar reflexos muito importantes no desenvolvimento da criança, configurando-se o dano moral subjetivo.

A Justiça, verifica-se em inúmeras decisões, abraçou o reconhecimento da "paternidade socioafetiva", a qual valoriza os laços afetivos, não se apoiando exclusivamente no conceito genético e biológico da paternidade.

Quando pai e filho ou filha, por exemplo, preservam laços afetivos, manifestos no nítido desejo de comungar da companhia recíproca, cumpre aos responsáveis e às autoridades criar condições favorecedoras das intenções legítimas dos envolvidos.

8.6   INTERDIÇÃO E SUCESSÕES

Áreas do direito civil que requerem, invariavelmente, uma intersecção entre as ciências que cuidam da saúde mental e o direito, uma vez que levam ao judiciário reflexos de relações familiares e sociais e da condição pessoal dos envolvidos. São questões delicadas, que expõem a família, seus mitos, urgências e necessidades.

Em *sucessões* busca-se verificar a capacidade para *testar*, avaliando se o autor do testamento tem condições de administrar seus bens e reger sua própria vida.

Em geral, faz-se uma busca inicial pela esfera cognitiva. Na entrevista com seu cliente, o advogado poderá buscar aspectos que indiquem a necessidade de perícia (psiquiátrica e/ou psicológica), indagando-lhe inicialmente a respeito de temas objetivos e cotidianos, tais como:

- com quem vive o cliente;
- como são suas relações com os demais membros familiares;
- se ele acredita que pode prejudicar alguém com sua decisão a respeito da sucessão;
- se acredita que alguém deseja prejudicá-lo.

O advogado pode, inclusive, investigar se o interessado já fez testamento anterior e pesquisar sobre tratamentos psíquicos pregressos. Conforme assinala Myra y López (2007, p. 265), não basta indagar se um sujeito quer realmente fazer um determinado testamento, mas deve-se averiguar se este desejo é determinado por motivos psíquicos considerados normais, tendo preservadas adequadamente a capacidade de memória, atenção e pensamento e a capacidade de compreensão e crítica.

Nas situações envolvendo *interdição*, é a perícia psiquiátrica e/ou psicológica que atesta a (in)capacidade do indivíduo em gerir sua própria vida, necessitando-se de curador para representar a pessoa interditada nos atos da vida civil.

O psicodiagnóstico elaborado pelo psicólogo visa fornecer elementos relevantes sobre a dinâmica da personalidade, as funções mentais superiores e o nível mental, com o objetivo de levar ao processo elementos técnicos que subsidiem a decisão judicial. Geralmente, as avaliações são conduzidas por profissionais da medicina, tendo na psicologia importante aporte teórico--metodológico.

Até a reforma do Código Civil em 2002, eram considerados incapazes os *loucos de todo o gênero*. Com as alterações trazidas no atual Código Civil, a pessoa com transtorno mental só será considerada incapaz se existir uma patologia que interfira diretamente em seu discernimento ou na sua manifestação de vontade.

Assim, ressalta-se o cuidado com que o operador do direito deve tratar a questão, evitando que pessoas com sintomas indicativos de conflitos emocionais sejam automaticamente rotuladas como pessoas com transtorno mental e tenham seus direitos restringidos.

Essa preocupação ganha relevância porque se observa gradual mudança no perfil dos atores envolvidos nos processos de interdição judicial. Outrora frequente nas classes sociais mais abastadas, visando a defesa do patrimônio; atualmente, também ligada a classes sociais menos favorecidas, relacionando-se ao fenômeno atitudes familiares que buscam benefícios concedidos pelo governo, os quais devem ser independentes da interdição.

Importante ainda ressaltar que a interdição é um processo que pode ser revisto, pois nem mesmo a sentença judicial deve perdurar para todo o sempre, se condições para sua reavaliação se apresentarem, com o objetivo de devolver ao sujeito sua cidadania, autonomia e possibilidade de exercitar plenamente seus direitos e deveres.

8.7 ADOÇÃO

Muitas obras têm tratado deste tema, ora analisando aspectos jurídicos, ora psicológicos, ora sociais, ou, ainda, abarcando uma visão multidisciplinar, como geralmente requer o fenômeno.

Não é objetivo deste livro detalhar as influências e consequências do abandono de crianças e adolescentes; cabe, porém, observar que em um processo de adoção adotante e adotado devem receber atenção especial do judiciário.

Tal necessidade evidencia-se na Lei nº 12.010/2009 (lei da convivência familiar e comunitária) e suas alterações posteriores, como a Lei nº 13.509, de 2017, que disciplina a adoção e aperfeiçoa a legislação. De um lado, busca-se contemplar aspectos legais e processuais; de outro, garantir os direitos da criança e do adolescente em consonância com o ECA e os aspectos psicossociais descritos no decorrer deste capítulo. Visa à proteção integral e prioritária de crianças e adolescentes, percebidos como titulares de direitos e reafirma a excepcionalidade da adoção, assim levada a cabo somente após esgotadas todas as possibilidades de manutenção na família de origem ou família extensa.

A interface entre direito, psicologia e serviço social neste campo são fundamentais. A atuação da equipe interprofissional dá-se desde o momento do rompimento do vínculo familiar, seja pela destituição do poder familiar, seja pela internação em entidade ou programa de acolhimento familiar, onde a criança ou adolescente deve permanecer por no máximo dois anos, salvo comprovada necessidade. Estabelece a reavaliação dessa situação no mínimo a cada seis meses; dessa maneira, reafirma-se o caráter transitório da institucionalização.

A oitiva da criança e do adolescente nesta situação deverá sempre ser privilegiada, assim como preconiza o § 1º do art. 28 do ECA:

§ 1º Sempre que possível, a criança ou o adolescente será previamente ouvido por equipe interprofissional, respeitado seu estágio de desenvolvimento e grau de compreensão sobre as implicações da medida, e terá sua opinião devidamente considerada.

A preocupação do legislador estende-se ao(s) adotante(s). A previsão legal anterior cuidava do cadastro dos interessados que deveriam satisfazer os requisitos legais e contar com ambiente familiar adequado; já a nova lei especifica a adoção de cadastros estaduais e nacional de interessados e a preparação psicossocial, conforme se observa no art. 50 do mesmo diploma legal:

§ 3º A inscrição de postulantes à adoção será precedida de um período de preparação psicossocial e jurídica, orientado pela equipe técnica da Justiça da Infância e da Juventude, preferencialmente com apoio dos técnicos responsáveis pela execução da política municipal de garantia do direito à convivência familiar.

§ 4º Sempre que possível e recomendável, a preparação referida no § 3º deste artigo incluirá o contato com crianças e adolescentes em acolhimento familiar ou institucional em condições de serem adotados, a ser realizado sob a orientação, supervisão e avaliação da equipe técnica da Justiça da Infância e da Juventude, com apoio dos técnicos responsáveis pelo programa de acolhimento e pela execução da política municipal de garantia do direito à convivência familiar.

§ 5º Serão criados e implementados cadastros estaduais e nacional de crianças e adolescentes em condições de serem adotados e de pessoas ou casais habilitados à adoção.

Segundo Silva (2003, p. 104), nem todas as crianças a serem adotadas passaram necessariamente por uma situação concreta de abandono; há casos em que os pais ou responsáveis legais dão o consentimento perante o juiz para que seja colocada em outra família, ou até solicitam que isso seja feito[3]; outras vezes, os pais desaparecem ou morrem, ou são acusados de negligência, privação, abusos e maus-tratos para com as crianças e adolescentes, o que pode culminar em processo que sentencia a destituição do poder familiar.

Vale ressaltar da legislação referenciada no ECA – Estatuto da Criança e do Adolescente – o seguinte:

> Art. 41. A adoção atribui a condição de filho ao adotado com os mesmos direitos e deveres, inclusive sucessórios, desligando-o de qualquer vínculo com pais e parentes, salvo os impedimentos matrimoniais (...)
>
> Art. 46. A adoção será precedida de estágio de convivência com a criança ou adolescente, pelo prazo máximo de 90 (noventa) dias, observadas a idade da criança ou adolescente e as peculiaridades do caso.

O mesmo artigo prevê que:

> § 1º O estágio de convivência poderá ser dispensado se o adotando já estiver sob a tutela ou guarda legal do adotante durante tempo suficiente para que seja possível avaliar a conveniência da constituição do vínculo.
>
> § 2º A simples guarda de fato não autoriza, por si só, a dispensa da realização do estágio de convivência.
>
> § 2º-A. O prazo máximo estabelecido no *caput* deste artigo pode ser prorrogado por até igual período, mediante decisão fundamentada da autoridade judiciária. (Incluído pela Lei nº 13.509, de 2017)
>
> § 3º Em caso de adoção por pessoa ou casal residente ou domiciliado fora do País, o estágio de convivência será de, no mínimo, 30 (trinta) dias e, no máximo, 45 (quarenta e cinco) dias, prorrogável por até igual período, uma única vez, mediante decisão fundamentada da autoridade judiciária.

Importante destacar que a adoção é medida irrevogável, conforme se destaca no referido diploma legal:

> Art. 39. (...) § 1º A adoção é medida excepcional e irrevogável, à qual se deve recorrer apenas quando esgotados os recursos de manutenção da criança ou adolescente na família natural ou extensa, na forma do parágrafo único do art. 25 desta Lei.

Tais diretrizes legais expõem aspectos fundamentais relativamente ao vínculo que se deve formar entre adotado e adotante, a rigor, pais e filhos, devendo, inclusive, valer para estes casos tudo o quanto foi colocado a respeito de filhos nos tópicos anteriores.

Ocorre, porém, que a *adoção*, saliente-se, trata-se de um *processo*, uma vez que ela não decorre de um único ato; ela envolve desde a destituição do poder da família de origem até o período de convivência e a finalização com a ordem judicial e modificação nos assentamentos do registro de nascimento da criança ou adolescente.

Tal processo pode arrastar-se por meses, ou até mesmo anos, em que se confundem as dores do abandono e as carências do adotando com as expectativas e desejos dos adotantes.

---

[3] A respeito da assistência às mães que manifestem interesse em entregar seus filhos para a adoção, veja a referida Lei nº 13.509/2017, art. 2º.

As avaliações social e psicológica realizadas pelos profissionais auxiliares do juízo são fundamentais para conhecer o perfil do adotante.

Na análise social, o perito pode realizar entrevistas e visitas domiciliares que objetivam verificar as relações sociais do adotante, seu modo de vida, social e profissional, bem como as condições em que vive. Já a análise psicológica objetiva verificar as subjetividades envolvidas na decisão de adotar e o significado que a vinda da criança ou do adolescente tem para o adotante.

O estudo psicossocial está previsto em diversos artigos do ECA. No tocante à adoção, a equipe interprofissional deverá realizar:

- entrevistas com os candidatos a pais adotivos;
- entrevistas de acompanhamento com os adotandos;
- acompanhamento com os pais que entregarão seus filhos à adoção ou que estão em vias de perder o poder familiar;
- trabalho de aproximação gradual entre os candidatos e as crianças, mediante o estágio de convivência, no qual, caso os candidatos já tenham filhos, estes devem ser incluídos no processo.

O acompanhamento psicológico é essencial para verificar, entre outras questões:

➢ quais as fantasias do casal adotante em relação ao adotado e a expectativa em transformá-lo naquela figura;
➢ quais os perfis do adotante e do adotado;
➢ ideias e sentimentos sobre o processo de adoção.

Além disso, ressalte-se a importância do acompanhamento das crianças e adolescentes, conforme reza o art. 197-C, § 3º do ECA:

> "É recomendável que as crianças e os adolescentes acolhidos institucionalmente ou por família acolhedora sejam preparados por equipe interprofissional antes da inclusão em família adotiva".

Especialmente quando já rompido o vínculo com a família de origem, a demora pode trazer graves consequências ao processo da adoção (atente-se para a intensa vulnerabilidade a que as crianças estarão expostas), tanto para a criança que permanece institucionalizada, quanto para a pessoa que idealiza a adoção, podendo ocorrer mudanças, nesse período, em seu relacionamento e sua condição econômica, por exemplo.

Paiva (2004) refere que todos os atores implicados num processo de adoção, pais biológicos, candidatos a pais e as próprias crianças ou adolescentes, ficam muito expostos a elementos de suas histórias pessoais e de suas experiências subjetivas, associados a situações de perdas, lutos, abandonos e rejeições.

Ainda em Paiva encontramos outras referências (SPITZ, 1979; BOWLBY, 1981) que enfatizam os danos da privação precoce, abandonos, perdas ou rupturas na formação da identidade e no desenvolvimento da personalidade, embora sentimentos de abandono, ansiedade de perda e separação não sejam exclusividade daqueles que vivem a condição de adotados.

Para Dolto (1989), quando a criança adotada expressa sentimento de rejeição, conflitos ou sintomas, em geral, isso estará mais relacionado com a família adotiva e com a forma como lhe falaram sobre a adoção. O modo como se dá a filiação não é determinante para a formação da personalidade, mas sim o modo como se dão as relações intrafamiliares.

Daí a importância de a legislação estabelecer análises prévias ao ato de adoção, bem como o referido período de convivência; soma-se a isto a equiparação do adotado ao filho biológico em todos os aspectos, buscando eliminar qualquer distinção entre ambos.

Cabe, por derradeiro, mencionar que nas configurações familiares contemporâneas a adoção tem ganho novos contornos. Um exemplo é a adoção por homossexuais, em que devem ser considerados todos os indicadores teóricos e práticos já aludidos em relação aos filhos biológicos, uma vez que a formação da personalidade se dá à luz das relações familiares, quaisquer que sejam seus arranjos. Nesse sentido, indica-se interessante artigo da desembargadora Maria Berenice Dias (que pode ser acessado em <http://www.mariaberenice.com.br>), em que a autora defende o conceito de que *família* é um vínculo de afeto e que casamento, sexo e procriação deixaram de ser os elementos identificadores da família.

 Filmografia

Babá quase perfeita, Uma	1993 – Chris Columbus	Dificuldades que envolvem a separação e o quotidiano da guarda de filhos.
Festa de família	1998 – Thomas Vinterberg	Conflitos familiares.
Guerra dos Roses, A	1989 – Danny de Vito	Conflitos em torno do divórcio. Ódio e vingança.
Kramer vs Kramer	1979 – Robert Benton	Valores familiares. Diferenças de percepções. Crise pessoal e crise do casamento. Guarda de filhos.
Meu pai, eterno amigo	1984 – Paul Newman	Conflito de personalidades. Diferenças de visão de mundo. Dificuldades de comunicação intergeracional.
Pai patrão	1977 – Paolo e Vittorio Taviani	Família patriarcal. Relacionamento pai e filho. Busca da independência.
Segredos e mentiras	1996 – Mike Leigh	Adoção. Preconceito. Relações familiares. Ocultação. Aparências.
Tudo sobre minha mãe	1999 – Pedro Almodóvar	Moralismo. Relações familiares. Preconceito.
Umbrella (curta-metragem)	2011 – Helena Hilario e Mario Pece	Acolhimento institucional e empatia.

 Exercícios

> As disputas que permeiam muitos dos rompimentos conjugais constituem litígios que tramitam na Justiça com elevada frequência. Identifique no filme *A guerra dos Roses* questões relativas à união e à separação conjugal (item 8.4).

 Temas para reflexão e debates

> **CASAMENTO E SEPARAÇÃO (item 8.4)**

A legislação especifica que (a)o nova(o) parceira(o) não deve interferir na educação de filhos da união anterior. Contudo, ainda que os filhos não convivam regularmente com a(o) nova(o) parceira(o), existem limitações de natureza psicológica para essa regulamentação e, também, práticas, ditadas pelo bom senso. Por exemplo, a(o) nova(o) parceira(o) pode ter competências que favoreçam, sob diversos aspectos, a educação desses filhos.

> ## PATERNIDADE OU MATERNIDADE AFETIVA (item 8.5)

As funções paterna e/ou materna vão muito além do reconhecimento formal, como bem se sabe. Funções complexas exigem dedicação, esforço e doação. A pessoa que se dispõe a exercê-las renuncia a conveniências e facilidades da vida, além de previsíveis consequências financeiras.

Elas encontram correspondência em laços emocionais que ligam a pessoa à criança e que constituem o lastro psíquico indispensável ao seu exercício.

Conclui-se que o exercício pleno da função materna ou paterna estará sempre sujeito a fatores relacionados com as percepções da pessoa a respeito do significado da criança em sua vida.

Tais percepções devem ser compreendidas dentro do panorama psicológico em que se inserem os genitores e para isso devem ser consideradas as características dos relacionamentos contemporâneos em que, com frequência, se desenham soluções que se distanciam do conceito tradicional de família, legalmente constituída, habitando sob o mesmo teto e identificada pelo trinômio casamento, sexo e procriação.

> ## PRIVACIDADE (itens 8.3 a 8.5)

Espaço familiar por excelência, a moradia perdeu sua característica diferenciada de "local de isolamento".

Até bem pouco tempo, uma vez recolhida ao lar, a pessoa via limitada sua comunicação com o mundo – o telefone era o único e limitado canal para praticá-la. O mundo penetrava no lar (pelo rádio, pela TV etc.), mas a pessoa pouco se comunicava com o exterior em uma atitude mais passiva diante do veículo de comunicação. A fronteira do lar era *semipermeável*.

Nos dias atuais, graças aos novos equipamentos e meios de comunicação, a troca de informações realiza-se continuamente e o espaço da moradia pouco ou nada se distingue dos demais sob essa ótica.

A fronteira familiar ganha notável permeabilidade graças aos meios de comunicação amplamente disseminados.

Inevitáveis os efeitos sobre os valores, as crenças, as aspirações e os comportamentos dos integrantes do núcleo familiar, com possíveis consequências sobre a unidade e a uniformidade dos conteúdos – características das famílias tradicionais.

9
PSICOLOGIA E DIREITO PENAL

As pessoas não devem diferenciar-se em delinquentes e não delinquentes,
senão em menos ou mais resistentes às tendências delitivas.

(Myra y Lopéz, 2007, p. 278)

9.1 INTRODUÇÃO

Segundo o Prof. Menelick de Carvalho Netto (*in* audiência pública sobre a interdição judicial), o Direito tem um objeto. Esse objeto do direito não é *a conduta humana*, mas a fixação de *um padrão de conduta*.

Para se atingir esse objeto, o Direito necessita deparar-se com a *oposição ao desejável*, isto é, a situação em que ocorre exatamente o contrário do que se preconiza. Assim, é extremamente relevante para o Direito que alguém mate alguém, porque aí ele pode funcionar e mostrar que funciona; entretanto, também é extremamente relevante para o direito que as pessoas habitualmente não se matem; que haja uma previsibilidade bastante plausível de que as pessoas possam sair de suas casas sem uma alta probabilidade de serem assaltadas, mortas, estupradas. O Direito, contudo, não pode garantir que isso não vá ocorrer; se ele existe, é porque isso pode ocorrer.

O Direito, portanto, trata da conduta humana, porém, a norma jurídica não basta para inibir, de modo seguro, os comportamentos indesejáveis.

Na busca desse objetivo, atua em um campo de intersecção com as ciências humanas e de saúde, cujos objetos também focalizam o comportamento humano, embora por outra perspectiva.

A busca da compreensão sobre o fenômeno delitivo vem desde a Antiguidade. Houve momentos em que o delinquente, considerado enquanto tal a partir de uma visão individualista, foi entendido como um ser anormal (por exemplo, na Grécia antiga), o que, em geral, o levava à expulsão do clã.

Na Idade Média, muitos entendiam que o desvio que levava a pessoa a afastar-se das normas sociais era intervenção do demônio. Somente com o advento das ideias renascentistas o Homem começou a ser visto como dono de seu próprio destino e reconduzido à sua condição humana, por conta da abertura de pensamentos própria da época. Nessa fase, há também uma intensa busca em se humanizar as penas e o tratamento dos condenados. Enfatizam-se as causas sociais e econômicas.

Há, porém, até os dias atuais, uma inquietude que move estudiosos, de diversas áreas do saber, a buscar uma explicação para o comportamento criminoso.

O filme *A experiência* (Oliver Hirschbiegel, 2001), inspirado em fato real – o experimento behaviorista conhecido como "O experimento da prisão de Stanford" em 1971 – retrata a incessante busca por esta explicação. Assim como no filme, a experiência realizada na "vida real" foi interrompida antes de seu término, dadas as graves consequências que advêm com a manipulação do ser humano e as variáveis intrínsecas ao confinamento.

Neste capítulo, a convergência entre psicologia e direito sobressai-se para tentar conjugar as teorias psicológicas com as determinações legais, resvalando no fato de que estas últimas são determinadas pela ética social e construídas de acordo com determinantes históricos, sociais, culturais e econômicos.

Essas considerações iniciais trazem uma visão macroscópica; parte-se da premissa de que o entendimento sobre o comportamento criminoso abre um grande espectro teórico, cuja compreensão, com a intenção de inibir a prática delitiva e fomentar políticas públicas que previnam a ocorrência criminosa, solicita uma ampla interdisciplinaridade. Ainda mais porque nenhuma ciência atingiu previsibilidade efetiva do comportamento humano (como retratado no filme *Minority Report,* Steven Spielberg, 2002).

9.2 NOÇÕES DE CRIMINOLOGIA

A criminologia, enquanto ciência, originou-se na segunda metade do século XIX, destacando-se uma etapa pré-científica e outra científica, cujo marco principal é a obra de Cesare Lombroso (Itália, 1835-1906), *Tratado antropológico experimental do homem delinquente.* Apresenta uma visão positivista, criticada já naquela época, de que o comportamento criminoso tem sua origem no atavismo e que os delinquentes são espécies não evoluídas, atribuindo um olhar individual e individualizante ao fenômeno delitivo. Como um corpo, destituído de subjetividade e ignorando que pessoas são seres sociais.

Desde então, muitas teorias e métodos explicativos a respeito do fenômeno delitivo foram surgindo, destacando-se que, atualmente, prevalecem as de cunho social.

A moderna criminologia mostra-se bem mais abrangente e, segundo Garcia-Pablos de Molina (1997, p. 33), é uma ciência

> empírica e interdisciplinar, que se ocupa do estudo do crime, da pessoa do infrator, da vítima e do controle social do comportamento delitivo, e que trata de subministrar uma informação válida, contrastada, sobre a gênese, a dinâmica e as variáveis principais do crime – contemplado este como problema individual e como problema social – assim como sobre os programas de prevenção eficaz do mesmo e técnicas de intervenção positiva no homem delinquente.

Na mesma obra citada, o autor alerta que o crime é um problema da sociedade, nasce na sociedade e nela deve encontrar fórmulas de solução positiva, exatamente porque delinquente e vítima são membros ativos da sociedade. O filme *Como nascem os anjos* (MURILO SALES, 1996) retrata essa face conflituosa, humana e social da criminalidade.

Alguns desses elementos foram estudados ao longo deste texto:

- ➢ a pessoa do infrator;
- ➢ a vítima;
- ➢ as instituições de exclusão, que fazem parte do processo de controle social do comportamento delitivo.

O controle social pode ser formal, representado pelas instituições estatais, desde a investigação até a execução da pena, ou informal, o controle presente na sociedade, que muitas vezes clama pela repressão e o endurecimento do controle formal. A respeito da pena de morte indicam-se dois filmes paradigmáticos: *O lavador de almas* (Adrian Shergold, 2006) e *A vida de David Gale* (Alan Parker, 2003).

O capítulo dedicado ao estudo da violência tratou de uma das facetas relacionadas com o crime. Muitas outras, contudo, existem e a violência foi destacada pela dimensão e pelo impacto que ocasiona sobre a sociedade.

Já a criminologia crítica vem estabelecer novos parâmetros de análise, como paradigmas nas ciências humanas, incluindo pensar na relação dialética existente entre as relações humanas de produção, historicamente construídas, e a criminalidade, enquanto fenômeno igualmente construído a partir dessas relações, essencialmente desiguais.

9.2.1 O fenômeno delitivo

Alertam Lourenço e Mangini (2015) que o estudo sobre o comportamento criminoso segue mais com pontos de divergências do que de convergências, evidenciando duas linhas principais. Uma delas, que elege a pessoa que comete o crime como ator principal e único responsável pela ação criminosa (e suas ramificações) e outra, que aponta na direção oposta, elegendo todo um contexto social, permeado de variáveis que contribuem significativamente para a ocorrência criminosa; e é nessa direção que aponta a teoria crítica, reconhecendo o sistema social como seletivo, excludente e estigmatizante.

O estudo do fenômeno delitivo tem apresentado diversas classificações ao longo da história, ora tratando-o como manifestação individual, ora social, ou, ainda, conjugando-se ambos os fatores. No entanto, a extensa lista de classificações denota a persecução dos doutrinadores em catalogar *tipos delinquentes* que não se definem no cotidiano, uma vez que indicar delinquência somente a partir do autor do fato representa deixar de fora todas as variabilidades sociais.

Apresenta-se a seguir, apenas para fins didáticos, a classificação proposta pelo Prof. Hilário Veiga de Carvalho, citado por Maranhão (1981), que se refere ao indivíduo que comete o crime e às influências para que o ato delitivo ocorra. Nesta classificação, associa-se a origem do comportamento criminoso a dois tipos de fatores: forças do meio e forças intrapsíquicas.

Tem-se, portanto:

- ➤ mesocriminoso: atuação antissocial por força das injunções do meio exterior, como se o indivíduo fosse mero agente passivo; por exemplo, o silvícola;
- ➤ mesocriminoso preponderante: maior preponderância de fatores ambientais;
- ➤ mesobiocriminoso: determinantes tanto ambientais, quanto biológicos;
- ➤ biocriminoso preponderante: portador de anomalia biológica insuficiente para levá-lo ao crime, mas capaz de torná-lo vulnerável a uma situação exterior, respondendo a ela com facilidade;
- ➤ biocriminoso puro: atua em virtude de incitações endógenas, como ocorre em algumas perturbações mentais.

O primeiro e o quinto tipo seriam considerados pseudocriminosos, por faltar ao primeiro o *animus delinquendi* e ao quinto a capacidade para imputação penal. Quanto aos demais, aplica-se o seguinte quadro:

Tipo	Correção	Reincidência
Mesocriminoso preponderante	Esperada	Excepcional
Mesobiocriminoso	Possível	Ocasional
Biocriminoso preponderante	Difícil	Potencial

No capítulo dedicado ao estudo do *delinquente*, observaram-se componentes de origem intrapsíquica, identificáveis na origem do comportamento delitivo. Também foram apresentados fatores que combinam elementos intrapsíquicos com os sociais, tais como:

- ➢ os valores, crenças e conceitos;
- ➢ a cópia e/ou identificação com modelos (pessoas significativas);
- ➢ a influência do grupo ou equipe à qual o indivíduo pertence ou com a qual participa de ações;
- ➢ o condicionamento capaz de produzir comportamentos estereotipados inadequados;
- ➢ emoções extremas, que conduzem a momentos de descontrole em que o indivíduo comete ações fora do domínio consciente, embora responsável por elas.

Viu-se, também, que o comportamento delitivo não pode ser analisado desconsiderando-se dois importantes elementos presentes no campo de forças de quem o pratica:

- ➢ a vítima; e
- ➢ os mecanismos de desestímulo a esse comportamento. Fatores de risco e fatores de proteção.

A vítima participa direta ou indiretamente do comportamento delitivo por meio dos próprios comportamentos, conforme estudado anteriormente. Não basta, em muitas situações, o desejo ou a expectativa do que pratica o delito, mas, também, é necessária a participação da vítima para promover a motivação imediata ou para desencadear o comportamento, seja pelo favorecimento simples, seja por proporcionar a expectativa favorável de sucesso, seja pelo despertar de uma emoção. Entretanto, há que se cuidar para não culpabilizar a vítima, especialmente como ocorre nos delitos contra a dignidade sexual, mas tão somente apontar que o contexto e as relações que nele se dão contribuem para a ocorrência delitiva.

Os mecanismos de desestímulo e controle têm influência direta e determinante sobre as perspectivas de sucesso e sobre as expectativas quanto às consequências do comportamento. Eles afetam, diretamente, a *percepção* do potencial delinquente e combinam-se com todos os elementos anteriores, intra e extrapsíquicos.

Trata-se, pois, de um quadro de extrema sofisticação, ao qual a adoção de classificações simplificadoras ou modelos elementares de causa-e-efeito simplesmente não se aplica.

Ademais, conforme ensinou o Prof. Alvino Augusto de Sá, a abordagem que se faz da motivação criminal é a "pedra de toque" pela qual se diferenciam os mais diversos posicionamentos científicos e ideológicos sobre crime, criminalidade e homem criminoso (FIGUEIREDO DIAS; COSTA ANDRADE, 1997; GARCIA-PABLOS DE MOLINA; GOMES, 1997).

A grande questão aí colocada refere-se à busca de análise e discussão das "causas" do comportamento criminoso, dos motivos pelos quais as pessoas cometem crimes, dos fatores associados à conduta criminosa. Pois bem, observa-se a esse respeito uma evolução do pensamento criminológico, que vai de uma concepção causalista, passa pela multifatorial e chega, por fim, a uma concepção crítica.

Esta última, contrária ao positivismo e determinismo biológico, traduz-se pelo questionamento centrado na crítica aos fundamentos que norteiam o Direito Penal, indagando, por exemplo, por que determinadas condutas são definidas como crime, enquanto outras não, e por que determinados sujeitos são eleitos como criminosos, enquanto outros não, embora tenham praticado a mesma conduta. Com isso, desperta-se a criminologia para um conceito muito mais próximo do social, em detrimento de concepções causalistas.

Assim, também na psicologia, houve uma mudança, conforme assinalam Lane e Godo (1999, p. 11), ao constatar a tradição biológica da psicologia, em que o indivíduo era considerado um organismo que interage no meio físico, sendo que os processos psicológicos (o que ocorre "dentro" dele) são assumidos como causa, ou uma das causas que explicam o seu comportamento. Ou seja, para compreender o indivíduo, bastaria conhecer o que ocorre "dentro" dele, quando ele se defronta com estímulos do meio.

Ao se confrontar as teorias de cunho exclusivamente biológico, busca-se ainda em Lane e Godo (1999, p. 12) a indicação dessa base social: o homem fala, pensa, aprende e ensina, transforma a natureza; o homem é cultura, é história. Este homem biológico não sobrevive por si e nem constitui uma espécie que se reproduz tal e qual com variações decorrentes de clima, alimentação etc. O seu organismo é uma infraestrutura que permite o desenvolvimento de uma superestrutura que é social e, portanto, histórica.

Desse modo, ampliam-se o conceito e a noção de que buscar exclusivamente no indivíduo que cometeu o crime a resposta para a infração significa restringir a um universo individual aquilo que se encontra em constante movimento, em constante interação: o comportamento humano.

Na intersecção entre direito penal e psicologia, isso fica bastante evidente. Em geral, observa-se que a conjunção da história individual com a história social produz o caldo que dá espaço para o surgimento da maioria dos conflitos que chegam aos tribunais.

Não se trata, porém, de descartar a existência de casos em que prepondera a influência do componente biopsíquico, em que o transtorno de caráter pode estar relacionado a um comprometimento da saúde mental em grau elevado, embora não sejam estes os que se encontrem com mais frequência no sistema prisional.

Além disso, mesmo estes devem ser entendidos sob a ótica da saúde e não do sistema penal, uma vez que pessoas nessas condições são consideradas penalmente inimputáveis perante a lei penal, devendo receber, pois, intervenção focada na saúde do indivíduo.

Destaque-se recente resolução do Conselho Nacional de Justiça: Resolução CNJ 487/2023, que institui a Política Antimanicomial do Poder Judiciário e estabelece procedimentos e diretrizes para implementar a Convenção Internacional dos Direitos das Pessoas com Deficiência e a Lei n. 10.216/2001, no âmbito do processo penal e da execução das medidas de segurança.

Há, ainda, que se considerar a extraordinária plasticidade do comportamento humano e sua capacidade de se adaptar às mais complexas e inusitadas situações.

O que fazer, pois, em relação ao fenômeno delitivo?

Sem dúvida, aprofundar-se sobre os fatores que levam ao comportamento indesejado é imprescindível; nesse caso, quantidade e qualidade de informações são igualmente importantes. Tamanha é a diversidade das condições sociais que a obtenção de suficiência estatística em qualquer análise requer uma extensa (e exasperante) segmentação do público-alvo, que leve em conta:

- ➢ faixas etárias;
- ➢ características étnicas;
- ➢ características psicológicas e comportamentais;
- ➢ microssistemas sociais;
- ➢ grupos de atuação;
- ➢ escolaridade;
- ➢ especialidade profissional;
- ➢ fatores de risco e de proteção a que estão expostos;
- ➢ orientações políticas, religiosas etc.

Além disso, é necessário que o fenômeno seja entendido na relação com os desencadeantes dos comportamentos, que compõem outra matriz de fatores.

Observa-se que a visão sistêmica, conforme explicitado no Capítulo 3, oferece uma gama de informações relevantes para este estudo, considerando "sistemas" no plural: família, grupo social, grupo de funcionários da justiça (tanto na fase processual, quanto de execução da pena) etc.

9.2.2 Hipóteses

Diante da abrangência do assunto, cabe ressaltar a importância de não limitar as abordagens a uma visão reducionista, quer pelo aspecto biológico, quer pelo aspecto psicológico ou social. Os estudos acerca da influência do meio vêm ganhando maior destaque, citam-se as dimensões apontadas por Baratta (1990; 1999) e Zaffaroni (1998); por outro lado, estudos sobre o funcionamento cerebral e influências endócrinas algumas vezes recebem proeminência.

Comentam-se, a seguir, duas dessas hipóteses.

a) O crime como resultado da privação

Do ponto de vista das teorias que privilegiam a *percepção*, demonstra-se que a privação tem antes um efeito relativo do que absoluto. Trata-se, aqui, da relação *figura e fundo*. Por outro viés teórico, cita-se o pediatra e psicanalista inglês Donald W. Winnicott (Reino Unido, 1896-1971) que realizou importante estudo sobre a privação, já apontado no capítulo 4.

Se, por um lado, a privação, tanto econômica, quanto afetiva, pode influenciar negativamente no desenvolvimento do ser humano, por outro, encontram-se diversos exemplos na vida cotidiana que indicam a possibilidade de um comportamento adaptativo e resiliente que levam indivíduos a reagir satisfatoriamente, do ponto de vista social, mesmo quando submetidos a ela. Por exemplo, comunidades carentes cuja adesão a comportamentos criminosos é irrelevante ou situa-se dentro dos padrões sociais.

Assim não fosse, um país com imensos desequilíbrios econômicos como o Brasil veria a população que mais padece de privações engolida por um turbilhão de delitos, o que, absolutamente, não acontece.

A situação oposta ratifica essa conclusão; os graves delitos cometidos por indivíduos no outro extremo da cadeia social tanto sinalizam para a veracidade do efeito da percepção sobre os comportamentos como para a evidência de que a privação nem sempre é determinante para o comportamento delituoso.

Além disso, reconhece-se que são inúmeras as vias de solução da privação, que não a delinquência, tais como:

> a elaboração psíquica; influenciada, sobremaneira, pela aquisição de novas habilidades e pelo desenvolvimento cognitivo, para o qual a escola contribui fortemente;

> o deslocamento ou a sublimação, como acontece com o relacionamento amoroso, a dedicação a atividades de alcance social (lucrativas ou não), a prática de atividades prazerosas;

> procedimentos obsessivos estereotipados, socialmente ajustados, como a concentração no trabalho e sua utilização com objeto substitutivo;

> transtornos mentais como a ciclotimia, a distimia, a depressão;

> a drogadição, anteriormente estudada e que pode se constituir em um mecanismo de fuga.

A delinquência, sob esta ótica, pode ser percebida como um mecanismo de reação à privação; eficaz, quando comparada com a drogadição ou o transtorno mental; ineficaz, quando esse mecanismo cronifica-se e acaba por afastar o indivíduo do convívio social satisfatório ou o leva a produzir males que não têm possibilidade de reparação (como o homicídio).

b) O crime como produto do meio

Vê-se, aqui, a delinquência como o resultado inevitável do microssocial. Nega-se ao indivíduo o livre-arbítrio e a possibilidade de percorrer um caminho diferente daquele dos seus pares. A respeito do livre-arbítrio, indica-se o filme *O advogado do diabo* (Taylor Hackford, 1997), em que o leitor identificará, também, o processo de vitimização.

Esta hipótese considera, implicitamente, que:

> os condicionamentos (comportamentos aprendidos do grupo) são de difícil manejo, ainda que o indivíduo tenha a oportunidade de praticar novas convivências.

A esse respeito, durante dez meses, um grupo de formandos em Psicologia, da Universidade Tuiuti do Paraná, observou o comportamento de crianças recolhidas na rua em uma instituição de acolhimento.

Verificou-se a grande dificuldade de alterar os condicionamentos (desde a disposição para dormir no chão, a negativa em praticar a higiene pessoal etc.).

Entretanto, em diversas atividades, verificou-se uma rápida modificação dos condicionamentos; por exemplo, a aceitação de rotinas de trabalho produtivo em que o benefício/custo se mostrava visível e a curto prazo.

A conclusão é que os condicionamentos estabelecidos são fortes, porém, são substituíveis e tudo depende de uma conjugação de fatores, entre os quais, a persistência talvez seja dos mais importantes;

> os indivíduos tornam-se escravos de seus modelos.

No ambiente original, modelos inadequados orientam, comandam e gratificam. Esses modelos, de grande poder sob o ponto de vista emocional, tornam-se pessoas extremamente significativas para os indivíduos, que com eles desenvolvem vínculos afetivos, de fidelidade, extremamente duradouros.

A grande dificuldade encontra-se em proporcionar modelos alternativos.

Na mesma experiência relatada, o novo condicionamento era conseguido porque o modelo, representado pelo líder da instituição, conseguia desenvolver, rapidamente, uma forte relação empática com o público-alvo e demonstrava, por suas ações concretas (não intelectuais), que seus procedimentos eram eficientes para combater as três maiores carências daquela população: o frio, o medo da violência e a fome.

Inúmeras tentativas de recuperação de delinquentes esbarram na dificuldade de oferecer modelos substitutivos que lhes acenem (e cumpram) com vantagens que lhes dispensarão o agasalho emocional do modelo inadequado anterior;

➢ novos modelos surgem, também, através das redes de comunicação. Não há mais necessidade de se experimentar o contato físico ou a proximidade daquele que será eleito como *modelo*.

No mundo virtual, o modelo nem mesmo precisa ter existência física: pode ser um personagem de desenho animado, por exemplo. Os comportamentos desses modelos virtuais (em jogos, por exemplo) estendem-se aos extremos do *bem* e do *mal* e, naturalmente, avalizam as correspondentes reproduções.

Essa questão agrava-se quando se vai além da comunicação pelos sistemas abertos ao público (redes sociais similares ao Facebook). Ao se adentrar no pantanoso terreno da comunicação utilizando os protocolos de acesso direto aos equipamentos, sem qualquer monitoração do ponto de vista ético ou legal, abrem-se os portões para os "monstros do Id": aplainam-se os terrenos para a explosão de insólitos e iníquos desejos e desvios de conduta e de caráter.

Tamanha facilidade presta-se à ação criminosa de alcance individual, por exemplo, em que se exibe o assassinato "ao vivo", e/ou de abrangência coletiva, quando preparam-se ações contra a coletividade, como as de vandalismo e terrorismo.

Prosperam nesse ambiente modelos estimulantes de comportamentos pelos padrões comuns da sociedade. Subjaz a percepção de uma teia de comunicações protetora dos agentes, ensejando-lhes sentimentos de impunidade e invulnerabilidade;

➢ os indivíduos são dominados por crenças inadequadas, perversas, antissociais.

Essas crenças, ainda que possam ter esses rótulos, são aquelas que produziram resultados mais satisfatórios para lidar com os desafios da sobrevivência e/ou para suprir as demandas desses indivíduos.

Elas serão substituídas por outras, desde que estas apresentem vantagens, do ponto de vista psíquico, em relação àquelas.

Essas vantagens devem levar em consideração o nível de maturidade e de pensamento do público-alvo. Não se pode acenar com crenças cuja realização aconteça em um futuro remoto quando o indivíduo apresenta um pensamento operatório-concreto (na concepção piagetiana já apresentada).

A substituição de crenças deve obedecer a uma estratégia de deslocamento gradativo em quantidade e em qualidade. Em quantidade, porque, quanto mais próximo do concreto for o nível de pensamento, mais reduzida será a capacidade de processamento mental; em qualidade, porque os conceitos deverão subordinar-se, em simplicidade e clareza, às possibilidades da *linguagem* desses indivíduos.

A análise dessas hipóteses sugere ao leitor uma linha de avaliação de qualquer outra hipótese reducionista, que pode ser realizada a partir das teorias psicológicas e dos conceitos e propriedades das funções mentais superiores vistos neste livro.

9.3 AS MODALIDADES DE CRIME

A conduta humana é tipificada como crime a partir da ilicitude e materialidade do fato. Antes, porém, da realização do delito, esta ação percorre um caminho subjetivo que vai da leve sugestão interna ou desejo à intenção, decisão e o efetivo cometimento, o qual, não encontrando resistências internas e/ou externas, eclode para o social.

Nesta seção, privilegia-se o enfoque psicológico sobre estas condutas, relembrando que o comportamento humano é dinâmico e em constante interação com os demais.

O *sistema de crenças* coloca justificativas para os comportamentos que escapam à normalidade social. São situações de extrema gravidade, em geral envolvendo grupo significativo de pessoas que se apoiam mutuamente, em suas ações, em torno de motivos relacionados com suas crenças. O denominador comum é a *aderência a valores ou códigos de seus próprios grupos*.

Encontra-se, por exemplo, em pessoas com forte ligação a grupos religiosos, rigorosos e polarizados. Alguns exemplos dão a dimensão do potencial alcance desse tipo de movimento:

- ➢ a Ku-Klux-Klan nos EUA (surgida no Tennessee, em 1865; ativa até 1944, notabilizando-se pelas torturas e linchamentos); ainda mantém simpatizantes;
- ➢ a Inquisição, movimento religioso que protagonizou dezenas de milhares de assassinatos.

A manifestação contemporânea corresponde aos grupos de *skin heads* (que pregam o preconceito contra outros grupos, como, por exemplo, os homossexuais); grupos ultrarradicais de torcidas organizadas; equipes de luta etc.

O ponto central nesses movimentos é a forte liderança, sentimentos de afiliação intensos, simbologia marcante e de grande significado que estimulam a coesão e a perseguição dos objetivos comuns.

Avalia-se que, do ponto de vista de estrutura psíquica, esses indivíduos comungam de sentimentos relacionados a:

- ➢ medo (de perda de benefícios, por exemplo);
- ➢ inferioridade (real ou apenas percebida; presente ou futura);
- ➢ rejeição afetiva (os indivíduos provêm de ambiente emocionalmente instável e/ou de famílias onde não há afeto e cuidados – confronte-se Winnicott no capítulo dedicado a teorias).

Tem especial interesse para o Direito a *intenção* que cerca o ato criminoso, por parte de quem o comete. Sob essa ótica, os delitos dividem-se em dois grandes grupos:

- ➢ o **delito culposo**, que consiste na prática de ato voluntário, porém, com resultados involuntários;
- ➢ o **delito doloso**, em que ocorre ato voluntário com resultado esperado.

9.3.1 Delito doloso

No delito doloso, há evidência da vontade consciente; contudo, a análise, em profundidade, das motivações que levam a pessoa à prática do delito agregará elementos para melhor ilustrar a maneira como essa vontade se expressa.

Em primeiro lugar, é de se considerar que a consciência estabeleça um diálogo com o inconsciente, na avaliação da vantagem de perpetrar o ato. Desse diálogo (desconhecido, obviamente, pelo indivíduo) resultará o mecanismo de defesa que o próprio inconsciente utilizará para justificar-se pelo comportamento.

Entre esses mecanismos, destacam-se:

➢ a projeção: atribui-se a alguém a culpa pelo próprio insucesso ou infortúnio.

Betão (caso 10) justifica a morte de Everaldo porque este lhe roubou a mulher desejada; o outro lado dessa moeda seria reconhecer que ele, Betão, *perdeu* a mulher para outro homem que melhor soube satisfazê-la;

➢ a racionalização: adota-se uma razão para justificar o ato censurável.

Betão explica que alguém em sua posição não poderia ser "passado para trás"; seria uma desmoralização perante a comunidade. Sem dúvida, mas poderia também ser um ato de afirmação, em que ele demonstra não precisar das atenções daquela mulher (caso 10).

O delito doloso encontra fácil justificativa no desequilíbrio emocional: ele se apresenta como a solução que o psiquismo dispõe para dar fim à evolução de um conflito em que o estresse se acumula e precisa de uma válvula de escape. Explode a pólvora ou explode a mente. Esta escolhe aquela.

Em boa parte das situações, o condicionamento surge como uma explicação razoável para o comportamento. Na colisão na rotatória (caso 1), na agressão no trânsito (caso 27), tudo parece indicar que os agressores são dados a comportamentos violentos, à reação impulsiva, inconsciente em sua aparência.

Vistas mais de perto, essas reações não são assim tão impulsivas, porque podem acontecer corriqueiramente em variadas situações que pontuam a vida dessas pessoas. Inúmeras vezes, conhecidos e familiares já lhes sinalizaram a respeito dos problemas desses comportamentos que são mantidos por esses indivíduos.

Conforme se comentou, trata-se de uma "drogadição interna". A mente *se acostuma* com a adrenalina em altos níveis e a solicita. Ou recebe doses extras por meio do mecanismo de sublimação, ou vem a explosão, dirigida ao alvo mais próximo. Não há como debitar essa conta ao passivo do inconsciente.

São dolosos, também, os delitos praticados contra Luciana (caso 3) e contra a filha de Godofredo (caso 26). O primeiro pela oportunidade, o segundo pela raiva temperada com inveja. Os autores, em qualquer caso, poderão alegar a sedução; a expectativa de impunidade, contudo, transparece como um fator ponderável a estimular os comportamentos, da mesma forma que ocorre em diversos outros casos apresentados.

Essa mesma expectativa talvez nem tenha passado pela imaginação da suave Adriana (caso 18), quando engana seus colegas de trabalho. A ganância, nesse caso, aliada à compulsão pela mentira, comandam suas ações. Nada há de inconsciente nisso: a pessoa planeja em detalhes e executa a ação.

Todos os casos apresentados permitem o exercício de avaliar o caráter doloso dos comportamentos. Em alguns casos, o transtorno mental torna-se evidente, como acontece com Davi, aplicando-se a inimputabilidade.

9.3.2 Delito culposo

O Código Penal refere-se a três situações às quais aplica-se a classificação de delito culposo:

➢ a imprudência;

➢ a negligência; e

➢ a imperícia.

O caso paradigmático pode ser o do cirurgião que "esquece" uma ferramenta no interior da cavidade corporal, provocando a morte do paciente, ou do empregado que, contrariado com o que ele interpretou como "injusta determinação do patrão", "se esquece" de trancar a porta da loja e esta é saqueada.

Sob a ótica da psicologia, todas essas situações apresentam interpretações que roubam a responsabilidade das mãos do acaso, para transferi-la, em variados graus, para as mãos do autor – ainda que se reconheça o caráter inconsciente e/ou não desejado do resultado delituoso.

Para ancorar esse raciocínio, será utilizado o caso 20, que envolve três personagens:

a) Wilson, o jovem imprudente;

b) Ivã, o pai negligente; e

c) Neuza, a mãe dependente.

De Wilson, tudo se espera. Das drogas leves às pesadas; dos pequenos delitos aos graves; no final do túnel espera-o, não a luz, mas a escuridão do homicídio, por exemplo.

Nesse percurso, a saga de Wilson encontra-se já diagramada aguardando a arte-final dos acontecimentos. O destino, pacientemente, ajusta o percurso para inserir as vítimas involuntárias – a senhora com a filhinha que aguarda o ônibus e receberá o efeito da derrapada do BMW; ou o aposentado que se livrará da fila mensal pela bala perdida no assalto ao banco ou algo assim.

É preciso desenhar esse percurso. O que move Wilson? A aventura ou a busca do desfecho? Qual desfecho?

Wilson vai colocando depósitos na caderneta de poupança de culpas que acumula (reveja-se o conceito de dissonância cognitiva, no capítulo de teorias). Não há saques. A contabilidade emocional não consegue fechar o ativo dos comportamentos com o passivo dos compromissos.

Se ao observador externo apresentam-se as cores da imprudência, ao analista revela-se a busca da redenção – a "pulsão de morte" de Freud – que se realiza por meio do Outro para voltar para ele mesmo. Não tem a coragem para se enfrentar, mas tem a vantagem de o Outro nada significar para ele. Assim "morre" Wilson, quando sepulta os valores sociais sob as ferragens ou fere-os mortalmente pela via simbólica da hemorragia de um desconhecido e resgata o investimento acumulado.

A defesa de Wilson será paga pelo pai, ainda que nisso ele empenhe tudo o que já angariou. Wilson, o mesmo que roubou dele e dos irmãos as atenções de Neuza, que se tornou o "queridinho da mamãe".

Depois que ele chegou, a família transformou-se. Tudo girava em torno dele. Nada mais se fazia sem que ele não fosse o centro das atenções.

Ivã descuidou da escola. Não prestou atenção quando ele começou, mais tarde, a repetir. Não tinha tempo. Não tinha vontade. Alguém tinha que cuidar dos mais velhos...

Afinal, ele tinha a mãe (que já não era esposa...). Mas, agora, poderia contar com o pai, que não iria abandoná-lo, mesmo distante. Não se rasga a promissória da paternidade.

Neuza, coitada, depois que Wilson nasceu, viveu para ele. Só para ele. Conhecia-lhe os mínimos gestos e desejos. A ele dedicava todas as preces e sofria com seus fracassos.

Como exigir dele o que exigiu dos irmãos? Eles eram mais fortes, mais dedicados aos estudos. Wilson precisava dela, não era uma opção, era um dever de mãe.

O desafio de transformar Wilson em pessoa responsável, que assuma seu papel na sociedade, é monumental. Talvez não seja menor do que o desafio de recuperar Betão, o anti-herói do caso 10.

9.3.3 Delinquência ocasional

Denomina-se "ocasional" o delito praticado por agente até então socialmente ajustado e obediente à lei, que só chegou à ação antissocial respondendo a uma forte solicitação externa (MARANHÃO, 1981, p. 52). Em geral, apresenta uma personalidade ajustada aos padrões típicos, esperados socialmente.

Alguns dos casos aqui apresentados referem-se a esse tipo de comportamento (caso 1, caso 4, caso 7 e caso 27).

Já se tratou aqui da prática de pequenos delitos e de seu impacto na construção de um comportamento rotineiro, principalmente quando a cada delito não corresponde algum tipo de consequência.

Nesse caso, surge o condicionamento para o ato delituoso, cuja remissão torna-se difícil pela frequência com que as oportunidades se apresentarão.

A delinquência ocasional, entretanto, de grande dimensão – como o homicídio – surge como resposta a uma forte emoção e sua repetição torna-se mais improvável pelas características do momento ou do agente (caso 24), considerando-se, ainda, fatores culturais e sociais do contexto.

É improvável que a evitativa Helena salte ao pescoço de outras histriônicas em conversas sociais, pois não há o mesmo elo emocional que a une (ou separa) a sua irmã Carol (caso 7); o mesmo se pode dizer de Betão, na hipótese de que ele, de fato, considerasse aquela jovem a Julieta de sua tragédia contemporânea (caso 10).

Também é pouco provável que o zeloso Orestes se deixasse colocar sob nova espada de Dâmocles após enfrentar os Cérberos de sua desdita. A dimensão do acontecimento torna-se uma autovacina (caso 24).

Essas considerações têm por finalidade reafirmar ao leitor a importância de se dar atenção aos pequenos delitos, porque, pela via da delinquência ocasional, eles podem se tornar a porta para comportamentos delituosos persistentes. Vários estudos apontam que pequenos delitos, que provocam pequenos danos, podem ter uma relação com os delitos de grande repercussão na vida das pessoas.

9.3.4 Delinquência psicótica

Segundo a criminologia tradicional, é assim chamada a prática criminosa que se efetiva em função de um transtorno mental.

Foram apresentados casos exemplificadores dessa situação: o do senhor Davi (caso 17), em que ocorre ilusão, alucinação, esquizofrenia; a da senhora Alice (caso 14), de psicose puerperal.

Diversas psicopatologias podem conduzir a comportamento delitivo, embora se ressalte que estas não são as principais incidências no campo penal. Quando ocorrem, devem ter diagnóstico por especialista e é indispensável que o quadro seja predominante ao tempo da ação.

Uma dificuldade, para essa comprovação, é o tempo transcorrido entre o fato e a avaliação.

Observe-se que é pouco provável que Alice (caso 14) deixe-se surpreender por outra psicose puerperal em uma futura gestação ou que não se tomem providências para que Davi deixe de surpreender extraterrestres em peripécias no planeta (caso 17).

Embora exista baixa incidência de delitos cometidos por pessoas com transtorno mental (a grande maioria dos delitos no Brasil se refere a crimes contra o patrimônio e ao tráfico de entorpecentes e é cometida por pessoas consideradas imputáveis), a delinquência psicótica, muitas vezes, ocasiona grande impacto emocional ao observador porque:

- ➢ há o temor de que o comportamento se repita;
- ➢ não existe um quadro de referências que se possa considerar associado ao comportamento; ele pode ocorrer em outros momentos ou locais, ou não ocorrer novamente;
- ➢ tem-se, também, o temor de que a delinquência psicótica possa ser uma sofisticada simulação.

Ressalte-se que o conceito de medida de segurança está ligado ao de periculosidade e de intervenção por profissional de saúde.

A exposição de motivos do Código Penal assevera:

a medida de segurança, de caráter meramente preventivo e assistencial, ficará reservada aos inimputáveis. Isso, em resumo, significa: culpabilidade – pena; periculosidade – medida de segurança [...] duas espécies de medida de segurança [...]: a detentiva e a restritiva. A detentiva consiste na internação em hospital de custódia e tratamento psiquiátrico, fixando-se o prazo mínimo de internação entre um e três anos [...] a restritiva consiste na sujeição do agente a tratamento ambulatorial cumprindo-lhe comparecer ao hospital nos dias que lhe forem determinados pelo médico, a fim de ser submetido à modalidade terapêutica prescrita.

A espécie restritiva corresponde ao cometimento de crimes menos graves (aqueles puníveis com detenção), e tanto a espécie detentiva quanto a restritiva, que encontram eco na desinstitucionalização, na desinternação progressiva e na luta antimanicomial, devem ser aplicadas sob o manto da Lei 10.216/2001, lembrando que recente resolução do CNJ, comentada anteriormente, determina a aplicação da Lei da Reforma Psiquiátrica em qualquer caso envolvendo pessoas inimputáveis.

9.3.5 Delinquência neurótica

Na delinquência neurótica, a conduta delitiva é encarada como uma manifestação dos conflitos do sujeito com ele mesmo. O que incomoda o psiquismo reflete-se no ato, com a finalidade inconsciente (total ou parcial) de punição. Trata-se, pois, de uma delinquência sintomática.

A punição serve para aplacar um sentimento de culpa de outra origem (o conflito primário). É, por exemplo, a delinquência de Guguinha.

Maranhão distingue "neurose" de "personalidade delinquente", conforme o quadro seguinte.

Neurose	Delinquência
Conflito interno	Aparentemente sem conflito interno
Agressividade voltada a si	Agressividade voltada à sociedade
Gratificação por meio de fantasias	Alívio de tensões internas por ações criminosas
Admissão dos próprios impulsos e reconhecimento dos erros	Atribuição de seus impulsos ao mundo exterior
Desenvolvimento de reações emocionais positivas	Desenvolvimento de defesas emocionais
Superego desenvolvido	Superego desarmônico
Comportamentos socialmente ajustados	Comportamento dissocial (desconsideração para com os códigos sociais)
Reação à passividade e dependência com sofrimento, mas admitindo a situação	Tentativa de negar a passividade e a dependência com atitudes agressivas
Caráter "normal"	Caráter deformado (dissocial)
Perturbações psicossomáticas menos frequentes	Perturbações psicossomáticas mais frequentes

9.3.6 Delinquência profilática

O agente entende que evitará um mal maior e não revela remorso; por exemplo, a eutanásia.

Nas situações anteriormente citadas, em que grupos atuam movidos por poderosas crenças comuns, pode haver a interpretação de que suas ações tenham a genuína missão de profilaxia social.

Se essa compreensão (eventualmente) não passa pelos líderes, que se aproveitam dos benefícios econômicos dos movimentos, não se estranhe de que seja percebida como real por substancial parte dos liderados. Isso, entretanto, não significa que as fragilidades psíquicas e a personalidade antissocial não constituam elementos predominantes nesses indivíduos, entre outros.

As questões que envolvem a delinquência profilática são de grande complexidade e devem ser analisadas com estreita observância dos aspectos sociais e culturais que sobre ela exercem influência determinante.

Elas podem, por exemplo, no caso de violência doméstica, em que pai ou mãe infligem severos castigos aos filhos, resultar de um procedimento já convencional na história familiar, pelo qual os progenitores mesmos passaram. Não praticar esse tipo de procedimento significaria, sob a ótica da família, a não assunção de responsabilidade sobre a educação das crianças.

Contornos diferentes, porém, relacionados, ganham os delitos praticados por justiceiros, presos em cumprimento de penas, e até mesmo por representantes das forças de segurança pública. Sob a ótica da assepsia social, manifestam-se em homicídios, sevícias e torturas. Evidencia-se um tênue limite entre o caráter "pedagógico" que lhes imprimem seus autores, procurando evitar o "mal maior", e um caráter meramente vingativo.

É comum, por exemplo, que em prisões, determinados delitos sujeitem aqueles que os praticaram a também experimentá-los, praticados por outros presos. Por exemplo, o abuso sexual; deve-se cuidar para garantir a integridade física do detento, porque esse tipo de crime, em geral, desperta sentimentos de repugnância e desejo de vingança para os demais sentenciados.

Indo além: há ações a tal ponto não toleradas pela população prisional que o castigo, não havendo nada que o impeça, é a morte daqueles que a praticaram, retomando uma forma antiga de se fazer justiça, a pena de Talião, o "olho por olho, dente por dente". Esse procedimento funciona como uma expiação de culpa, com a qual os sentenciados se redimem, senão perante a sociedade, perante os próprios psiquismos.

9.4   O PROCESSO DE INVESTIGAÇÃO

A investigação do crime constitui um processo por meio do qual apura-se, ou procura-se apurar tanto quanto possível, a realidade dos fatos.

Para a psicologia, deve-se distinguir a realidade objetiva da realidade psíquica, que é a única existente para cada indivíduo; a realidade é aquela apreendida e percebida de modo singular por cada pessoa. Em uma dada situação, pode ocorrer que a realidade objetiva não corresponda a nenhuma das realidades psíquicas dos indivíduos nela envolvidos e, também, que a combinação dessas realidades não resulte na mesma realidade objetiva.

É provável que se estabeleçam mais juízos de valor: situações, coisas e pessoas sofrem influências do modo como cada indivíduo é, pensa e age, afetando sua interpretação fática e, portanto, constituindo uma percepção subjetiva única e pessoal do que de juízos de fatos: descrição objetiva a partir da observação. Acrescentem-se a esses juízos o tempo psíquico (associado à memória) e suas singularidades, e se têm os *retalhos* com os quais os investigadores terão de lidar para tecer a *colcha*.

Disso decorre a importância de diversas medidas relacionadas com o fato criminoso:

- ➢ a preservação da cena do crime;
- ➢ a reconstituição dos acontecimentos;
- ➢ as entrevistas com as testemunhas;
- ➢ as entrevistas com pessoas relacionadas aos protagonistas da ocorrência.

A *preservação da cena* do crime tem a ver com a atividade de coleta de provas e com a *reconstituição dos acontecimentos*. Diversos fenômenos da percepção e da atenção assim o justificam; quando testemunhas e participantes de uma ocorrência reveem o local, os objetos, os sinais do que ali aconteceu, despertam-se conteúdos mnêmicos que podem ter sido suprimidos, ainda que temporariamente, pela emoção que cercou o acontecimento.

Por exemplo, no caso 1, da colisão na rotatória, torna-se impossível a reconstituição do sinistro e as testemunhas e participantes terão que se valer de suas lembranças para contar o que aconteceu. É perfeitamente possível que mesmo a totalidade dos relatos não leve a uma conclusão que se possa considerar completamente fidedigna.

A situação apresentada no caso 27, entretanto, pode ser repetida, porque envolveu apenas dois veículos em situação praticamente estática, sendo pouco relevante a movimentação dos demais que se encontravam presentes ou nas proximidades.

O mesmo pode-se afirmar em relação aos crimes relatados no caso 11, em que Álvaro mata Rosicler na presença de seus colegas de trabalho, ou no caso 10, em que Betão faz o mesmo com Everaldo. As testemunhas, na cena do crime, encontrarão mais elementos para avivar suas memórias e poder lembrar-se de detalhes a respeito de como foi o encontro, o que cada um manifestou, como se encararam, que tipo de reações foram apresentadas etc.

A fragilidade da memória, os fenômenos da percepção e da atenção justificam o amplo cuidado com esse tipo de detalhes.

As *entrevistas* (com criminosos, vítimas, testemunhas) constituem, como já observado anteriormente, um momento peculiar, porque existe o fator emocional sempre presente, capaz de proporcionar inúmeros fenômenos já estudados. Lapsos, bloqueios, modificações de lembranças, confabulações podem estar presentes, e a habilidade do entrevistador permite eliminar ou reduzir essas possibilidades.

A questão da linguagem é sensível entre integrantes de grupos coesos (por exemplo, gangues). O conhecimento de detalhes de suas linguagens melhora o canal de comunicação, porque cria um inevitável (ainda que inconsciente) vínculo entre entrevistador e entrevistado. O desconhecimento, por outro lado, acentua as diferenças e dificulta ainda mais a comunicação.

Daí a importância do domínio de técnicas de entrevista, para evitar que esta ferramenta da investigação se transforme em um fator de alteração da realidade relatada. O Apêndice C do material suplementar apresenta mais informações a respeito de entrevistas e interrogatórios.

Entre os fatores que afetam substancialmente o processo de investigação, e que influenciam os resultados das medidas anteriormente apontadas, sob o ponto de vista da psicologia, destacam-se:

> ➢ o intervalo de tempo entre o fato gerador e o início;
> ➢ a duração de sua realização;
> ➢ a uniformidade dos procedimentos em relação a cada um dos envolvidos que venham a ser investigados;
> ➢ o estilo de relacionamento interpessoal dos que investigam;
> ➢ a divulgação que se dá ao caso;
> ➢ a forma como são realizadas atividades de apoio, como as perícias médica, psicológica e o exame de corpo de delito.

A *memória* e o *tempo* não convivem em harmonia; daí a importância de se realizarem entrevistas, reconstituições da cena e outras providências que possam estar relacionadas com as lembranças, tão logo quanto possível.

A rapidez na realização da investigação pode ser prejudicada, entretanto, pela emoção do momento (ou pela conhecida morosidade com que ocorrem as providências necessárias). Quando esta for demasiadamente intensa, as lembranças também poderão ser prejudicadas por sofrerem influência das comunicações relacionadas com o fato e com os impactos sofridos pelos expectadores das cenas.

É comum que detalhes de um acontecimento venham a brotar depois que a emoção do momento refluiu. O momento imediatamente seguinte pode conter menor quantidade de detalhes do que a mente recuperará após um curto período de calma e reflexão, em que surgem novas imagens.

Entretanto, a demora é extremamente prejudicial. Em primeiro lugar, as testemunhas e os envolvidos poderão ser submetidos a um bombardeio de informações e opiniões capazes de, pela quantidade e intensidade, confundi-los a ponto de não conseguirem distinguir entre o que ouviram e o que viram de fato. Os conflitos de família são repletos desse tipo de ocorrência.

Em segundo lugar, características típicas dos estímulos, como cenas pouco nítidas, rostos mal visualizados, detalhes pouco acentuados poderão receber a influência de outros estímulos e ganhar uma qualidade perceptiva que, em nenhum momento, tiveram. Isso pode conduzir a convicções desprovidas de fundamentos sólidos, transformando indícios em verdades absolutas.

Também se estudou, entre os fenômenos da percepção, a possibilidade de confabulações; ainda que não patológicas, elas poderão ocorrer quando um conjunto de lembranças sofrer pequenos prejuízos decorrentes do lapso de tempo entre o fato e a investigação; a mente, inconscientemente, poderá encarregar-se de corrigi-los empregando um pensamento lógico inatacável, mas nem por isso correto, a fim de preencher as lacunas que a memória apagou.

A *duração da investigação*, se demasiado longa, aumenta o estresse dos envolvidos e contribui para afetar ainda mais a memória.

Além disso, o contato com as pessoas que investigam e com outros envolvidos leva a troca de opiniões, compreensão de expectativas, anseios e temores, aos quais o psiquismo poderá responder por mecanismos de defesa diversos, entre eles o bloqueio conveniente de dados da memória, ou, ainda, fomentar inclinações para este ou aquele caminho.

Exemplo marcante destes aspectos encontra-se na incomunicabilidade do tribunal do júri, em que os jurados são impedidos de se comunicar durante todo o julgamento e até o veredicto final. O artigo 466, § 1º, do Código do Processo Penal afirma que o juiz advertirá os jurados de que não poderão comunicar-se com outrem, nem manifestar sua opinião sobre o processo, sob pena de exclusão do conselho e multa.

Ressalte-se que a maioria dos países que adotam o sistema de júri popular admite a comunicação e o debate entre os membros do corpo de jurados, buscando o consenso. O legislador pátrio, contrário a esse ordenamento, entendeu por bem manter a incomunicabilidade para eliminar a possibilidade de influência de uma personalidade com fortes características de persuasão e liderança sobre os demais.

Cita-se como indicação para aprofundamento do tema, consubstanciado na arte, o filme *A jurada* (Brian Gibson, 1996).

Além desses aspectos, pessoas em idade avançada e crianças são particularmente vulneráveis nessas situações, porque a fantasia, por exemplo, pode ser um mecanismo de defesa facilmente acionável pelo psiquismo.

A demora também pode gerar, como consequência da ansiedade, o desenvolvimento de somatizações e de transtornos psíquicos, como a depressão; todos, de alguma forma, poderão prejudicar a recuperação das lembranças.

Quando várias pessoas participam de uma investigação, um fator a ser considerado é a *uniformidade de procedimentos*; características pessoais dos investigadores influenciam nos resultados (agressividade, empatia, pressa, equilíbrio emocional, sentimentos diversos), porque provocam diferentes reações nos envolvidos, principalmente quando se trata de entrevistas. Nesse caso, o conhecimento e a aplicação uniforme das técnicas têm especial relevância; tão importante quanto saber perguntar é a *maneira* como se formula a pergunta.

Na mesma linha de raciocínio encontra-se o *estilo pessoal* de quem investiga. Aqui se refere ao comportamento que amedronta, coloca à vontade, estabelece relação de autoridade, revela disposição para cooperar ou para punir etc.

As pessoas sob tensão têm as mais diversas reações; algumas refugiam-se nelas mesmas e tornam-se uma barreira à comunicação; outras têm a atenção despertada e os mínimos sinais emitidos pelo interlocutor são captados com precisão, daí a importância do *estilo de relacionamento*.

A *divulgação do caso* constitui outro fator relevante, com um lado social indiscutível; testemunhas, jurados, a própria vítima e mesmo os que se encontram em julgamento são afetados pela dimensão pública do fato que, em geral, incluirá o clamor público baseado não na técnica, mas na emoção, que muitas vezes a mídia explora e facilita a produção de prejulgamentos.

O *quadro emocional* que cerca um acontecimento provoca efeitos em todos os envolvidos e os meios de comunicação mostram-se notavelmente hábeis em ampliá-lo, em inúmeras circunstâncias e direções. Isso se traduz em responsabilidades para os que julgam, os que acusam e defendem, e afeta as interpretações de testemunhas e, até mesmo, dos diretamente envolvidos.

O efeito Hawthorne, já comentado (item 3.2), ganha proporções e acentua-se a representação. Dependendo da característica de personalidade do indivíduo, será esse efeito. Haverá aquele que se intimidará e se tornará mais dependente; outro procurará meios de se livrar do processo sempre que possível; um terceiro utilizará os procedimentos como uma vitrine para se expor.

Esse efeito ganha especial importância nas entrevistas porque, dependendo das características de personalidade, interesses, expectativas e fatores emocionais, existirão consequências sobre o teor das respostas.

A *forma como se realizam os procedimentos* inclui a postura de proximidade que o profissional (investigador, médico, psicólogo, assistente social ou outro perito) adota, a maneira como ele se apresenta, sua gesticulação, as palavras que escolhe, o tom de voz, a atenção concentrada, a fala reflexiva, a escuta ativa.

Isso é importante para todos os envolvidos (inclusive os de má-fé, pois facilita identificá-la) e, em particular, no caso de crianças. Adotar uma postura de proximidade com a criança é fundamental para que se crie uma relação de confiança e acolhedora, ajudando a desfazer a noção que muitas vítimas têm (tanto crianças como adultos) de que, de alguma forma, são culpadas pela violência sofrida.

9.5 PSICOLOGIA DO TESTEMUNHO

Em diversos pontos deste livro, a questão do testemunho já foi abordada, como no caso 3, de Luciana, em que se argumenta a respeito da impossibilidade de se recordar de detalhes de um acontecimento tão traumático, com a riqueza pretendida pelo advogado de defesa.

Distorções na recuperação de informações a respeito de fatos profundamente desagradáveis não devem ser motivo de surpresa. O psiquismo adota mecanismos de defesa para evitar a repetição dos sofrimentos anteriores. Isso foi visto no estudo das amnésias (retrógrada, anterógrada e lacunar).

Viram-se, também, efeitos sobre a memória (e as funções mentais superiores, de modo geral) em pessoas sob efeitos de substâncias psicoativas, em particular o álcool. O uso dessas substâncias pode ocasionar sérios prejuízos para a fixação das imagens e para a recuperação dos conteúdos armazenados.

No estudo da percepção, foi indicada a existência de limites, alguns ligados aos mecanismos fisiológicos (por exemplo, em idosos, pode haver redução da capacidade visual e auditiva; crianças podem ainda não ter aprendido a discriminar inúmeros detalhes e, portanto, não os percebem), outros relacionados com aptidões desenvolvidas (tato, sensibilidade auditiva e visual etc.).

Segundo Myra y Lopéz, o testemunho depende do modo como a pessoa percebeu o acontecimento, conservou-o na memória, de sua capacidade de evocá-lo e da maneira como quer expressá-lo. Isso se manifesta no relato que ela fará dos acontecimentos.

Nessa perspectiva, evidenciam-se no Código de Processo Penal as disposições concernentes ao testemunho, as quais revelam a necessidade legal de se aquilatarem as relações de testemunhas com vítimas e réus, quanto ao grau de parentesco, às relações pregressas entre ambos e à capacidade pessoal (arts. 202, 203, 206, 208, 213 e 217). Apontam-se, ainda, no Código de Processo Civil, os arts. 447 e 448, que disciplinam a prova testemunhal em relação às pessoas incapazes, impedidas e suspeitas.

9.5.1 Relato espontâneo e por interrogatório

É importante fazer uma distinção a respeito do resultado do relato quando este é espontâneo e quando ocorre sob a pressão do interrogatório (Myra y Lopéz, 2007, p. 178).

a) Relato espontâneo

Nesta forma de relato, verificam-se a irregularidade e a incompletude; elementos inúteis são interpolados. A espontaneidade possibilita a falta de objetividade, até mesmo porque o que fala pode não ter consciência do que seja relevante.

Além disso, esse tipo de relato permite, ao que fala, concentrar-se na exposição do que é *figura* em sua percepção; ainda que de grande relevância, uma cena oculta no *fundo* não será trazida à luz, obscurecida pela figura eleita. Os depoimentos conflitantes do caso 1 são exemplos evidentes de como isso acontece.

O relato espontâneo tem, também, o condão de expor as crenças do indivíduo, seus preconceitos e esquemas de pensamento, que a liberdade propiciada pela exposição livre permite aflorar; o inconsciente manifesta-se quando não há censura ou direção obrigatória que cerceie o pensamento.

Fiorelli e Malhadas (2004, p. 104) mostram como isso pode conduzir a resultados inesperados ao relatar um julgamento de ação trabalhista em que o empregador, em seu depoimento, incentivado pelo juiz, expõe livremente suas ideias e percepções com riqueza de detalhes. O indivíduo fala o que quer e diz o que não quer. Sai, consciente de que demonstrou com clareza seu ponto de vista; surpreende-se, tardiamente, com o resultado. Ciladas do inconsciente.

O preconceito, mantido zelosamente sob a tutela do consciente, manifesta-se em frases do tipo "só podia ter vindo desse tipo de gente", "típico de uma mulher descasada" etc. Elas se imiscuem no raciocínio e afloram quando menos o indivíduo espera... então, é tarde.

Por outro lado, o relato espontâneo pode ser prejudicado por uma série de características pessoais do indivíduo, tais como:

> detalhes de personalidade; um indivíduo narcísico poderá fazer do relato um momento de glória e perder-se na busca de se exibir; uma histriônica dará um toque de sedução à fala e poderá comprometer as interpretações e assim sucessivamente; cada característica de personalidade terá sua maneira de se fazer sentir na manifestação do sujeito;

> experiência em expor as próprias ideias; o que pode ser simples exercício de exposição para uns representa suplício para outros, não afeitos a esse tipo de atividade;

> aspectos relacionados com a fonoaudiologia; há pessoas que, sob pressão, gaguejam, trocam sílabas, interrompem a fala, demoram para articular o pensamento etc.;

> dificuldades com a linguagem; não sabendo exatamente como se expressar, escolhem mal as palavras; quando existe um questionamento, este presta-se para referência e orienta a resposta.

b) Relato por interrogatório

Myra y Lopéz (2007, p. 178) observa que "o testemunho obtido por interrogação representa o resultado do conflito entre o que o sujeito sabe, de uma parte, e o que as perguntas que lhe dirigem tendem a fazer-lhe saber".

Vários são os riscos associados ao questionamento.

A emoção leva o indivíduo a preencher lacunas, por meio da confabulação, anteriormente estudada. Além disso, ocorre o *efeito representação* já mencionado, sendo que uma de suas consequências (inconsciente, mas nem sempre) é a inserção de ideias (preconcebidas ou não) para conferir uma aura de validade às respostas que emite.

Fatores sociais e psicológicos combinam-se para influenciar nas respostas. Um erro ou omissão, sugerido por uma pergunta, pode ser percebido como inadmissível, e a testemunha, na busca de ocultá-lo, ratifica uma declaração anterior incorreta, opta pela fuga declarando esquecimento ou escolhe uma saída honrosa, mas incorreta.

As perguntas, além disso, fazem a função de estimular a memória e isso não necessariamente acontece da melhor maneira e na melhor direção, principalmente quando o que questiona não sabe detalhes essenciais do acontecimento e vale-se das respostas para dar continuidade ao interrogatório.

Assim, uma ideia contida na pergunta pode originar uma associação falsa na memória. Por isso, as perguntas "Qual a cor da roupa?" e "A roupa era escura? De que cor?" podem conduzir a resultados completamente diferentes para um mesmo fato.

No caso 1, perguntar:

> Os motoristas estavam dirigindo em alta velocidade? Ou
> A que velocidade os motoristas dirigiam?

pode levar a respostas diferentes.

Mesmo uma pergunta em um segundo nível, do tipo:

> Os motoristas dirigiam a mais de 50 km/h?
> Os motoristas dirigiam em alta velocidade?

também pode resultar em diferentes interpretações.

A pergunta também pode trazer uma lacuna na memória; nenhuma das testemunhas prestou muita atenção à velocidade dos veículos; agora, pressionadas, a memória preenche a lacuna e elas dão opiniões, "pela lógica" (afinal, era uma rotatória, não poderiam estar a mais do que 40 km/h etc.).

Esse tipo de questionamento também pode despertar na testemunha um sentimento de inferioridade por declarar que, simplesmente, não sabia ou não prestou atenção. Ela responde para demonstrar que estava atenta, ou que entendia do assunto.

São perigosas as perguntas que dão uma indicação de uma resposta "melhor" ou "mais correta, socialmente". A testemunha optará por esta sempre que se sentir insegura, em dúvida ou quando queira demonstrar sua aderência àquela forma de pensar ou sentir.

Um dos riscos do relato por interrogatório é que ele deixe de explorar dois aspectos de grande importância, ligados às características da testemunha. (No filme *Doze homens e uma sentença,* encontra-se um fantástico exemplo do quanto isso é importante.)

O primeiro deles é o aproveitamento das competências da testemunha. O especialista em um assunto pode ser capaz de produzir interpretações e explicações que não se encontram ao alcance de outras pessoas (isso já foi comentado no estudo da *percepção* e da *atenção*). O entrevistador deve estar atento a esse aspecto.

No caso 1, se uma das testemunhas fosse um motorista profissional, sua interpretação dos acontecimentos poderia ser diferenciada, mais precisa e rica em detalhes, pelo conhecimento que detém a respeito de condução de veículos.

O segundo é a utilização da experiência de vida da testemunha. Há pessoas que vivenciaram situações e isso lhes permite visualizar nuances dos acontecimentos que passariam desapercebidas por outras. (Mais uma vez, recomenda-se o filme *Doze homens e uma sentença*, em que a vivência da vida na rua, de um dos jurados, é decisiva para interpretar um acontecimento.)

Além das influências da forma do depoimento, é de grande relevância a compreensão dos aspectos emocionais que o cercam.

c) Depoimentos e tendência afetiva

Myra y Lopéz (2007, p. 200 e seguintes) refere-se à inexatidão do depoimento por tendência afetiva, o que sugere cuidados especiais, principalmente nas situações carregadas de grande carga emocional. Ela manifesta-se por meio de diversos tipos de atitudes e comportamentos, como os seguintes.

Identificação com a vítima

A identificação acontece em dois polos opostos.

Em um deles, quando a vítima apresenta fragilidade, grande sofrimento, graves dificuldades econômicas, doenças, deficiência orgânica ou psíquica, com muitos filhos ou quando há grande disparidade de poder (físico, psíquico, econômico) em relação ao delinquente.

No polo oposto, há a vítima *rica*, intelectual, que se dedica a atividade de grande expressão pública (artista, esportista etc.).

A identificação também pode ocorrer por semelhanças de qualquer ordem (mesma formação, crença, opção política, cor, orientação sexual etc.), que podem incluir o fato de ter vivenciado situação similar (a vítima foi agredida pelo marido, a entrevistadora ou a jurada também).

Antipatia com a outra parte

A situação da outra parte desperta ideias preconceituosas. São conhecidos os casos de políticos, artistas e esportistas famosos que tiveram suas carreiras interrompidas quando submetidos à imolação pública em julgamentos tendenciosos.

O caso do lutador Mike Tyson é emblemático. (O filme *A grande esperança branca*, de 1970, explora o tema de maneira pungente, em excelente trabalho de demonstração do processo de arruinar psicologicamente um indivíduo, pela via do preconceito.)

Valor moral

Compreende a defesa de ideais internalizados, que a situação da vítima demonstra terem sido transgredidos. Inclui "restaurar a verdade", "defender o que é justo", "equilibrar a renda", "defender os oprimidos" etc.

Falsas crenças

Inúmeras, povoam o imaginário popular e orientam a forma de interpretar fatos e notícias. Alguns exemplos conhecidos: "policial bate nos mais fracos", "morador de morro é bandido ou ajuda traficante", "todo político é ladrão", "não dá para confiar em empregado", "patrão está a fim de ganhar dinheiro" etc.

9.5.2 Particularidades do testemunho de crianças e adolescentes

Em seções anteriores, já se tratou da complexidade de se entrevistar a criança. A linguagem constitui uma barreira respeitável que precisa de técnica e competência para ser transposta. O desafio é triplo:

> ➢ emitir uma linguagem que a criança entenda;
> ➢ compreender a linguagem que ela utiliza (por exemplo, a forma como ela nomeia os órgãos sexuais); e
> ➢ preservar sua integridade psíquica, não submetendo-a a situação que possa comprometê-la.

Além disso, ao adentrar no universo do crime, a criança torna-se fragilizada, seja na condição de vítima, seja como testemunha (por exemplo, em casos de violência doméstica). Medo e insegurança a acompanham e o ambiente de interrogatório não tem nada para minorar esses sentimentos. A criança fica exposta ao processo de revitimização, exigindo muito cuidado daquele que a ouve.

O desafio é imprimir *credibilidade* ao testemunho da criança (que não deferirá compromisso de dizer a verdade). A imaturidade psicológica e orgânica combinam-se para torná-la *imaginativa* (mecanismo psicológico de defesa) e *sugestionável* (facilidade de receber influência).

Ocorre, contudo, que a questão vai muito além da atenção à faixa etária. A multiplicidade de condições socioeconômicas e afetivas a que se encontram sujeitas crianças e adolescentes favorece a criação de grupos mais ou menos homogêneos, com características diferenciadoras notáveis e importantes.

Assim, há aquela criança ou adolescente *vítima da violência*. Ela se vê surpreendida por um quadro que coloca por terra sua visão de mundo estável, com implicações inúmeras e insuspeitas. Os conteúdos imaginários que proporcionavam estabilidade ao psiquismo dessa pessoa dificilmente serão descritos ou sequer aventados por terceiros, ainda que imbuídos de todo o interesse nessa investigação do inconsciente ou da verdade real e objetiva, como é o caso dos procedimentos inquisitórios do processo penal.

A pessoa, nessa situação, encontra-se extremamente fragilizada e a continuidade do processo de inquirição, em que ela se depara com a missão de depor contra pessoas – pelo menos até aquele momento – queridas, representa uma revitimização e uma *via crucis* que a justiça deve, a todo custo, abreviar. Observa-se que a criança deseja que cesse a violência, mas ao mesmo tempo, não deseja que o pai (ou a mãe) siga para a prisão.

Deve-se também distinguir a vítima da *violência cometida por alguém que coabita* com ela ou por uma pessoa de confiança da família – que, até aquele momento, gozou de seu afeto e sempre teve acesso à sua companhia. A postura dos pais, neste caso, ganha extraordinária relevância.

Outra situação grave é aquela em que a criança ou adolescente *testemunha a violência*. Ela explode no lar, entre progenitores, e coloca-a na incômoda situação de escolher entre um lado ou outro. Por vezes, essa escolha lhe traz gravíssimas consequências físicas e psicológicas. Aqui também há um prejuízo na estabilidade emocional, na falência da perspectiva futura, na fragilização; seu depoimento deverá igualmente cercar-se de cuidados para que os fatos não sejam ocultados pela caleidoscopia do seu mundo, agora, fragmentado.

Seja a criança ou adolescente vítima ou testemunha da violência, a situação ganha diferentes configurações dependendo de:

- a violência originar-se e ou acontecer fora ou dentro do lar;
- essa pessoa conviver habitualmente com situações pontuadas pela violência;
- ela contar em maior ou menor grau com o pálio protetor de um ambiente familiar, na aparência, estável.

Constituem fatores essenciais à compreensão dos efeitos a postura dos familiares e o apoio afetivo que ela venha a receber daqueles que se encontram a seu redor.

Por outro lado, é muito diferente a situação da criança ou adolescente que se depara com um (ou ambos) *progenitor envolvido em comportamentos delituosos*, que sempre se refletiram nas relações familiares.

Pai ou mãe traficam, aliciam menores para atividades ilícitas, praticam contrabando, enfim, possuem uma vida pautada pelo crime. Esta situação tangencia a vida desta pessoa e nela desperta sentimentos variados, que tanto podem ir do apoio irrestrito aos pais, que simbolicamente representam proteção, como a uma convivência forçada, ciente da precariedade dessa situação.

Quando a violência acontece e ela se vê envolvida – no conflito com a polícia ou com outros criminosos, muitas vezes dentro do lar – debate-se com sentimentos paradoxais que se somam à perda de referências. Trata-se aqui de criança ou adolescente que pode nem mesmo contar com uma família extensa em condições de acolhê-la, e a perda de progenitor(es) – por recolhimento à prisão, desaparecimento ou morte – assume especial gravidade, seja pela situação do momento, seja pelas perspectivas possíveis de adoção desta pessoa para acolhimento em famílias substituta.

Outra condição é a daquela criança ou adolescente que, por inúmeros fatores, acha-se *envolvida em atos infracionais*. Ressalte-se que para a criança são previstas medidas de proteção e para o adolescente medidas de proteção e/ou socioeducativas, de acordo com o Estatuto da Criança e do Adolescente.

Esse grupo social apresenta precoce e distorcida maturidade, que implica em prover suas necessidades com os parcos recursos de que dispõe. Ela nada tem e, portanto, nada pode perder, mas perde e muito! Seus medos maiores são o frio, o traficante e a polícia – em ordem situacional.

Suas perspectivas, do ponto de vista de inserção na sociedade para a prática autossustentada de atividades econômicas, mostram-se limitadas e nem deveriam ser suficientemente autônomas, uma vez que cabe à família, à sociedade e ao poder público "assegurar à criança, ao adolescente e ao jovem, com absoluta prioridade, o direito à vida, à saúde, à alimentação, à educação, ao lazer, à profissionalização, à cultura, à dignidade, ao respeito, à liberdade e à convivência familiar e comunitária, além de colocá-los a salvo de toda forma de negligência, discriminação, exploração, violência, crueldade e opressão" (Constituição Federal, art. 227).

Esses diferentes quadros sugerem que o depoimento de crianças e adolescentes deve considerar suas características psicológicas e estas dependem de sua história de vida. Em outras palavras, é imperioso que se respeite a individualidade do depoente.

Do ponto de vista estritamente psicológico, poupar uma criança ou adolescente que tenha sido vítima, por exemplo, de uma ofensa sexual, do constrangimento de se expor a questionamentos que venham a reavivar memórias que somente o esquecimento ou a elaboração destas pode minorar, é louvável e necessário. Entretanto, o depoimento não deve deixar de considerar a história particular de cada criança ou adolescente, para que a linguagem a ser empregada seja ajustada às características cognitivas e psicológicas do depoente.

Ainda que essa escuta possa ocasionar danos – a perfeição, aqui, seria inatingível, dado que um mal maior existe – ela se torna preferível à oitiva pública, sujeita, inclusive, a comportamentos maliciosos de advogados da outra parte, emitidos com o propósito de desestabilizar e desacreditar o depoente. Impõe-se, aqui, o desafio de aprimorar as técnicas de colheita de provas e testemunhos.

Na Lei nº 13.431/2017 evidencia-se a preocupação em preservar o depoente; entretanto, trata-se de assunto tão sensível quanto complexo. Registre-se o alerta de Gisele Câmara Groeninga (em https://www.conjur.com.br/2017-abr-23/processo-familiar-lei-13431-longo--caminho-efetiva-causar-injusticas): "*muitas vezes a tentativa em proteger, e atribuir direitos às vítimas, pode atropelar um primeiro passo a ser dado: o da identificação do problema, suas causas e agentes. Sendo que as peculiaridades da mente infantil e adolescente são complicadores em nada desprezíveis*".

Cabe, ainda, comentar que o *escutador*, que possui a incumbência de traduzir o questionamento para a linguagem do depoente, da forma mais adequada ao universo daquele que está sendo inquirido, há de ser um indivíduo preparado para essa função. Não necessariamente um psicólogo ou um assistente social, vez que o produto do trabalho destes profissionais é diverso da mera coleta de informações ou de uma investigação para a coleta de provas processuais.

Esse preparo não se prende à formação profissional específica, mas à competência para a realização dessa tarefa de traduzir preservando o conteúdo e ajustando a linguagem. Não se trata, pois, de atividade que necessite desta ou daquela formação acadêmica, ainda que algumas aparentem ser naturalmente indicadas para essa missão. Na França, por exemplo, um grupo de policiais é especialmente preparado para esta oitiva, ajustando a linguagem e o acolhimento necessários.

Em 2003, foi implantado, em caráter experimental, o "depoimento sem danos" no sistema judiciário do Rio Grande do Sul, com o intuito de evitar que a criança ou adolescente vítima de abuso sexual passasse por mais de uma inquirição no processo judicial. Nesse procedimento (também citado como "depoimento especial", "depoimento com redução de danos", "escuta protetiva", "escuta especial de crianças e adolescentes"), ouve-se a criança ou adolescente em sala reservada e evita-se o enfrentamento com o acusado e a presença de advogado de defesa, de acusação e do próprio juiz. Por meio de recursos audiovisuais, os representantes da justiça passam as perguntas ao profissional da área psicossocial (assistente social ou psicólogo), o qual fará as perguntas da forma mais adequada ao universo daquele que está sendo inquirido. Com o advento da referida Lei nº 13.431/2017, o procedimento tem sido difundido nos tribunais de todo o país, embora ainda comporte diversos questionamentos, visando o bem-estar da criança.

O papel desse profissional é basicamente de intermediação, e sua aceitação não é pacífica. A objeção por parte dos psicólogos (e de assistentes sociais) é que este não se configura como uma prática psicológica, mas, sim, um instrumental da justiça, e que não necessariamente privará o depoente dos danos decorrentes. Relembrando Freud, a simples transposição de técnicas psicológicas para outro contexto que não o do *setting* não garante que a verdade real seja apresentada, nem garante a integridade psíquica do sujeito, uma vez que se lida com a verdade do paciente.

Não se deve confundir, entretanto, este procedimento – o "depoimento especial" – com uma prática psicológica. As técnicas psicológicas de entrevista podem ser de grande utilidade para lhe imprimir eficácia e eficiência; enquanto técnicas, são empregadas por diversos profissionais em seu cotidiano, afinal, elas não são privativas desta ou daquela categoria.

Os aspectos cruciais do "depoimento especial" encontram-se, pois, relacionados com:

> ➢ a competência daquele que escuta, em promover a comunicação entre depoente e representantes da justiça, preservando os conteúdos e ajustando a linguagem;
> ➢ a habilidade do escutador em estabelecer um ambiente de cooperação, adequado ao estado emocional daquele que depõe, onde a empatia, o respeito, o controle emocional predominem e contribuam para minimizar os danos psíquicos e, simultaneamente, assegurar um depoimento confiável, na medida do possível.

Avaliar consequências de natureza psicológica é sempre tarefa complexa, porque exige acompanhamento de longo prazo e segmentações de público, segundo os rigores da estatística, de elevado custo e sofisticada elaboração.

9.6 CONFISSÃO

A confissão será sempre confrontada com as provas existentes nos autos. Confessar um crime é expor-se voluntariamente à respectiva punição, o que leva a indagar os motivos pelos quais tantos criminosos confessam.

Acredita-se que, para alguns, o martírio da culpa interna é insuportável, portanto, melhor a punição externa do que prolongar a culpa interna. Dessa maneira, o indivíduo livra-se de insuportável *dissonância cognitiva.*

O sentimento de culpa provoca pensamentos, às vezes incômodos ou aterrorizantes; a confissão os elimina. Observe-se que isso somente acontece quando o indivíduo *desenvolve o sentimento de culpa.* Não se aplica, portanto, à pessoa com transtorno de personalidade antissocial, para quem tal sentimento simplesmente não existe.

A confissão também pode estar ligada à estrutura de crenças do indivíduo (religioso, acredita que, fazendo-a, terá o pecado também perdoado). Há, também, a *expectativa* de abrandar o castigo; o crime ocorreu em um momento de descontrole emocional, que o tempo se encarregou de corrigir – a racionalidade leva-o a calcular o benefício de confessar.

Há de se considerar, entretanto, que algumas vezes a confissão é, simplesmente, imposta pela evidência dos fatos.

Existe, também, a confissão falsa, por motivos materiais (pagamento), solidariedade familiar e, nos grupos de grande coesão, por valores morais (confessa para livrar um amigo, um líder etc.).

A confissão falsa também pode estar associada a uma extrema fragilidade emocional; pressionado pelo aparecimento de inúmeras provas incriminadoras, influenciado mesmo pelo próprio advogado, o indivíduo confessa – mais tarde, o verdadeiro culpado aparece para surpresa de todos. O estado emocional pode provocar amnésia lacunar, por exemplo, e o indivíduo fica em dúvida se, realmente, não praticou o ato criminoso.

A tortura também leva a confissão falsa ou verdadeira pela fragilização emocional e física, esta desencadeando aquela e agravando-a ainda mais.

No sistema penal brasileiro, em geral, a polícia está preocupada em determinar o culpado, ou seja, quem praticou o delito, proceder ao inquérito policial e apontar o autor do crime para o juiz.

Só recentemente tem-se investido mais em compreender *por que* o crime é praticado, com a implementação de serviços de inteligência criminal. Nestes, cruzam-se dados objetivos e subjetivos e a compreensão do funcionamento da mente humana se torna muito importante. Esses serviços são fundamentais, pois colaboram, entre outros aspectos, no estabelecimento de políticas públicas para programas de prevenção.

 Filmografia

Doze homens e uma sentença	1957 – Sidney Lumet 1997 – William Friedkin	O filme mostra uma sessão do júri. Mecanismos de defesa, crenças irracionais, figura e fundo, preconceito, condicionamento, liderança, comportamento em grupo (entre outros).
Duas faces de um crime, As	1996 – Gregory Hoblit	Relacionamento advogado-cliente. Doença mental e crime. Simulação. Dupla personalidade.
Coringa	2019 – Todd Phillips	Comportamento criminal.
Entre quatro paredes	2001 – Todd Field	Crime passional. Reação emocional a evento traumático. Crime e castigo.

 Temas para reflexão e debates

> **DOLOSO OU CULPOSO (item 9.3.2)**
>
> A classificação do delito como culposo ou doloso pode ensejar mais de uma interpretação. Uma delas consiste em classificar o delito considerando-se *o fato em si*. O indivíduo atropela e mata. Condutor e vítima não possuem qualquer vínculo precedente. Trata-se de percursos que se cruzaram aleatoriamente e o veredicto é de "homicídio culposo", por não haver a "intenção de matar". Outra interpretação

é levar em consideração o *processo que resultou no fato*, isto é, *inserir o fato dentro de uma sequência de ações*, de um contexto e da lei. No caso do atropelamento com vítima fatal, interessam os antecedentes que o precipitaram. Importa conhecer os comportamentos, da vítima e do condutor do veículo, imediatamente anteriores ao atropelamento, que conduziram à fatalidade. Por exemplo, o indivíduo dirigia em velocidade incompatível com o local e o momento, o condutor estava absorto, havia consumido etílicos, a vítima estava distraída e não observou o semáforo vermelho etc. Observado o *processo como um todo*, incluindo a condução irresponsável que antecede o atropelamento, cabe ainda a classificação de "culposo"?

➢ DELINQUÊNCIA (item 9.3.3)

Um dos aspectos inquietantes relacionados com a gênese da delinquência é a *tolerância* com os pequenos delitos que permeiam o cotidiano da população.

Existe uma percepção generalizada de que um delito:

a) sendo de pequena proporção (um julgamento, sem dúvida, subjetivo daquele que o comete), é "aceitável";

b) sendo praticado por muitos, é ainda mais tolerável.

De um lado, atuam os *mecanismos psicológicos de defesa do ego,* eficazes em imprimir a competente absolvição pelo delito e suas consequências; de outro, a *relação figura e fundo,* por meio da qual empresta-se invisibilidade a tais comportamentos.

Outros importantes aspectos psicológicos contribuem para validar e cronificar os inumeráveis comportamentos dessa natureza.

Uma questão que se apresenta é o *tratamento jurídico* a ser dado a esses comportamentos, de tal maneira que os benefícios psicológicos que os mecanismos indicados propiciam sejam substituídos por outros, socialmente mais adequados e inibidores dessas ações.

➢ INVESTIGAÇÃO (item 9.4)

Dentre os aspectos estudados nesse tema, apontou-se a importância do tempo em relação à memória. Por sua relevância, especialmente em casos que envolvem o depoimento de crianças, refere-se que:

"os resultados sobre as primeiras memórias indicam que, embora as crianças tenham capacidade de recordação episódica desde muito cedo, as recordações não permanecem acessíveis até o desenvolvimento mais organizado da linguagem (...)

os resultados de estudos naturalísticos têm demonstrado que as pessoas recordam mais informações de eventos emocionais, por outro lado, estudos experimentais têm demonstrado que o incremento da memória para eventos emocionais pode ocorrer às custas da perda da qualidade das recordações, que se tornam mais imprecisas (...)

o conhecimento científico acumulado até o momento sugere que a emoção eleva a memória para os aspectos centrais (essenciais) do evento, não ocorrendo o mesmo efeito com os detalhes mais periféricos (específicos) que muitas vezes são fundamentais no âmbito forense" (STEIN, 2010, p. 162).

Os apontamentos demonstram a aridez do tema e a necessidade de estudos complementares.

10
DIREITOS HUMANOS E CIDADANIA

Quanto mais aumentam os poderes dos indivíduos, tanto mais diminuem as liberdades dos mesmos indivíduos.

(Norberto Bobbio)

10.1 INTRODUÇÃO

O estudo (e a efetivação) dos Direitos Humanos interessa a todas as áreas da ciência. Direito e Psicologia são ciências essenciais na análise das questões envolvendo a compreensão dos seres humanos, suas relações e seus conflitos, que extrapolam a intimidade e têm lugar nas lides judiciais. Ambas têm intrinsecamente colocados em seus códigos de ética profissional os valores fundamentais dos Direitos Humanos, que alicerçam a prática profissional. Direitos Humanos constitui uma área do conhecimento em que as questões de natureza psicológica possuem papel determinante na compreensão, estruturação e interpretação dos fenômenos a ela correlatos, conforme se verá adiante.

Optou-se pelos termos *indivíduo* ou *pessoa*, utilizados indistintamente, abandonando-se a noção de "homem", que remete ao estereótipo "homem, branco, heterossexual, de classe média, morador de um centro urbano e adulto", bem como a uma noção de desigualdade, dominação e poder.

Foi precisamente essa noção que dominou a efetivação de direitos e que, posteriormente, foi sendo especificada a partir das convenções e tratados que buscaram equilibrar as relações sociais, como aquelas que tratam especificamente dos direitos das mulheres – *Lei Maria da Penha* (Lei 11.340/2006), dos direitos das crianças e adolescentes – *Estatuto da Criança e do Adolescente* (Lei 8.069/1990), dos direitos dos idosos – *Estatuto da Pessoa Idosa* (Lei 10.741/2003), da população negra – *Estatuto da Igualdade Racial* (Lei 12.288/2010), entre outros.

Dois fenômenos encontram-se, em geral, presentes quando se trata de infração aos direitos humanos: o *preconceito* e a *discriminação*. Ainda que, muitas vezes, esses termos sejam tratados como sinônimos, eles se diferenciam pela forma como as ações a eles correspondentes se evidenciam.

Os preconceitos étnicos e religiosos são exemplos de como a não aceitação da diferença e da diversidade, conduz ao conflito. A marca do preconceito, pois, é a *intolerância*. Seus frutos, amplamente conhecidos, provocam o sofrimento de pessoas e geram as sementes de guerras e atrocidades contra a humanidade, muitas vezes ocultas sob as mais estapafúrdias explicativas. Onde há o preconceito, torna-se difícil, quando não impossível, a convivência com o diferente. Combater o preconceito requer o rompimento com a visão histórica distorcida e a necessidade da eterna efetivação de direitos. *Paz e preconceito são incompatíveis.*

A discriminação evidencia-se no campo da ação concreta, em que necessidades e especificidades de determinados sujeitos são ignoradas, desrespeitadas, invadidas e desqualificadas. Ela pertence, pois, ao campo da *desigualdade* e opõe-se, obviamente, à *igualdade de direitos*. Ao se discriminar alguém, condena-se essa pessoa a um lugar de inferioridade e se lhe veda o acesso a direitos que deveriam ser comuns a todos. Um exemplo é a privação do acesso a direitos, como resultado de desigualdade econômica, consolidando um círculo vicioso de exclusão social.

Este capítulo inicia-se com uma breve apresentação do embasamento legal que cerca o tema, com o objetivo de estabelecer o pano de fundo sobre o qual se estabelece o desenvolvimento teórico. Destaque-se a relação com importantes áreas do saber, entre as quais, a sociologia, a cidadania e a ética, pois não há como abordar Direitos Humanos sem considerar o indivíduo inserido em um contexto social.

Em seguida, desenvolve-se uma visão dos comportamentos relacionados com os Direitos Humanos sob a ótica de algumas linhas teóricas da psicologia. Outras poderiam ser empregadas e a escolha das aqui apresentadas deve-se à preocupação com a didática, não se tratando de preferências pessoais dos autores.

Estas visões teóricas são, em seguida, consolidadas por meio da teoria sistêmica, entendida como conveniente porque Direitos Humanos e Cidadania são conceitos que se consumam no ambiente de relacionamento interpessoal, inerentes, pois, aos sistemas humanos.

10.2 ASPECTOS LEGAIS

Do ponto de vista legal, há diversos caminhos para a efetivação dos Direitos Humanos. Na legislação pátria, cujo principal instrumento é a Constituição Federal (promulgada em 1988), encontram-se as normas que regem e disciplinam as relações humanas e sociais a fim de garantir a aplicabilidade dos direitos humanos. Entretanto, nota-se que tais relações podem envolver cidadãos brasileiros e estrangeiros em conflitos que muitas vezes necessitam de normas consubstanciadas em tratados e convenções internacionais a que se obrigam os países signatários. Tais instrumentos podem ser localizados com certa facilidade em *sites* dedicados aos direitos humanos; em especial, indica-se o do Ministério da Justiça e Segurança Pública.

Ao mencionar Direitos Humanos, afirma-se sua dimensão relacional e subjetiva. A subjetividade manifesta-se no pensamento e nas emoções, produtos da constante interação do ser humano com o ambiente, por meio do relacionamento interpessoal e de tudo o que decorre desse encontro.

Com o objetivo de assegurar a identidade, o exercício da cidadania e o respeito à diversidade, fazem-se necessárias leis e normas que disciplinem essas relações. Assim, há normas específicas, por exemplo, aquelas constantes do Código Penal ou do Código Civil, mas há também normas gerais, que se encontram nas convenções de direitos e são fundamentais para a elaboração de leis ordinárias.

As normas relativas a Direitos Humanos possuem as seguintes características

> **imprescritibilidade:** os Direitos Humanos fundamentais são permanentes, não se perdem por decurso de prazo;

> **inalienabilidade:** os direitos não são transferidos de uma pessoa para outra, quer gratuita ou onerosamente;

> **irrenunciabilidade:** não são renunciáveis. Não se pode exigir de ninguém que renuncie à vida (não se pode pedir a um doente terminal que aceite a eutanásia,

Cap. 10 · DIREITOS HUMANOS E CIDADANIA | **271**

por exemplo) ou à liberdade (não se pode pedir a alguém que vá para a prisão no lugar de outro);

➢ **inviolabilidade:** nenhuma lei infraconstitucional, tampouco autoridade alguma, pode desrespeitar os direitos fundamentais de outrem, sob pena de responsabilização civil, administrativa e criminal;

➢ **interdependência:** as várias previsões constitucionais e infraconstitucionais não podem se chocar com os direitos fundamentais. Antes, devem estar relacionadas e harmonizadas para atingirem suas finalidades;

➢ **universalidade:** os direitos fundamentais aplicam-se a todos os indivíduos, independentemente de nacionalidade, sexo, etnia, credo ou convicção político-filosófica;

➢ **efetividade:** o Poder Público deve atuar de modo a garantir a efetivação dos direitos e garantias fundamentais, usando inclusive mecanismos coercitivos quando necessário, porque esses direitos não se satisfazem com o simples reconhecimento abstrato;

➢ **complementaridade:** os Direitos Humanos fundamentais não devem ser interpretados isoladamente, mas sim de forma conjunta para sua plena realização.

Os direitos nascem das necessidades de cada povo em seu tempo, e da luta empreendida pela sociedade para efetivá-los. Assim como a ética, os primeiros registros de documentos que tinham por objetivo garantir direitos datam da Antiguidade, por exemplo, o Código de Hamurabi (primeiro documento escrito, 1694 a.C.), contudo, os avanços nesse campo foram se consolidando lentamente, acompanhando a evolução política, econômica e tecnológica.

Um exemplo de como essa evolução ocorreu encontra-se no teor da Magna Carta da Inglaterra (de 1215), considerada a primeira constituição da história. Nela, o poder do Rei foi limitado e os cidadãos conquistaram alguns poucos direitos.

Avançando mais um pouco nesse breve histórico, em 1679, a Declaração de Direitos, propositura do Parlamento Inglês, trouxe 16 itens que, entre outros aspectos, apontaram:

➢ o respeito às leis;
➢ o impedimento para que o Rei as altere;
➢ a garantia do não abuso na cobrança de tributos;
➢ a garantia aos súditos para apresentar petições ao Rei;
➢ a ilegalidade de prisões sem motivo definido.

Em 1776, a Declaração da Virgínia, propositura americana, estabeleceu 18 artigos que determinaram, entre outros aspectos:

➢ o direito à vida, à liberdade, à igualdade e à propriedade;
➢ a limitação dos abusos cometidos no poder;
➢ a liberdade de imprensa e de culto religioso.

Após a Revolução Francesa, em 1789, outro instrumento fundamental foi criado, a Declaração dos Direitos do Homem e do Cidadão, proposta pelo povo francês em Assembleia Nacional, composta de 117 itens que, entre outros aspectos, indicaram:

➢ o direito à igualdade;

- ➢ a liberdade de associação política;
- ➢ o direito de soberania da nação;
- ➢ direitos às liberdades individuais sem ferir os princípios legais;
- ➢ que as prisões só poderiam ser efetuadas dentro da lei;
- ➢ o fim das arbitrariedades nas penas privativas de liberdade;
- ➢ o fim dos castigos físicos;
- ➢ o respeito ao credo;
- ➢ o direito à livre comunicação e à propriedade.

O Manifesto Comunista de 1848 e as primeiras constituições já no início do século XX trataram dos direitos do trabalhador. As conquistas, entretanto, não acontecem nem com a mesma intensidade, nem com a mesma qualidade em todos os países.

A principal referência dessas conquistas no século XX, entretanto, é posterior à Segunda Guerra Mundial. As trágicas consequências da guerra conduziram à fundação da ONU – Organização das Nações Unidas, em 1945, e à consolidação da Declaração Universal dos Direitos Humanos, em 1948, que trata de temas básicos e essenciais (o leitor a encontra na íntegra em: <https://www.ohchr.org/EN/UDHR/Pages/Language.aspx?LangID=por>).

É importante destacar que quase a totalidade dos itens da Declaração Universal dos Direitos Humanos foi detalhada em convenções nos anos posteriores, como as que tratam, por exemplo, sobre a discriminação racial, a discriminação contra a mulher, os direitos das crianças e dos adolescentes e o estatuto dos refugiados.

Preconceito e discriminação são basilares quando se trata de descumprir os Direitos Humanos (com importante impacto na saúde mental) e impedir o pleno exercício da cidadania, que, em termos simples, mas muito significativos, pode-se dizer que é *o direito a ter direitos*, na expressão de Hannah Arendt (filósofa política alemã, Alemanha, 1906 – Estados Unidos, 1975).

São o preconceito e a discriminação, possivelmente, duas das principais forças dos movimentos sociais que mais se encontram presentes quando se trata da negação de oportunidades de ingresso ao trabalho, na distinção de remuneração, na preferência por promoções e acessos a cargos e funções, na distribuição geográfica das moradias, no estabelecimento de sistemas de transporte, no acesso à educação, à saúde e tantas outras que justificam o conceito de *cidadania mutilada* de Milton Santos (Brasil, 1926-2001). Trata-se de um exercício de cidadania que se completa no campo dos deveres e se mostra anêmico no campo dos benefícios.

O resultado desse desequilíbrio, sintetiza Mangini (2008, p. 122), encontra-se no "sentimento que o indivíduo vai ter frente a estas questões de pertencimento ou não, de gozo e fruição de direitos ou não, o que poderá produzir ansiedade, carência, frustração e cobrança social dando ao indivíduo sentimentos de estar sendo privado ou contemplado e, assim, produzindo comportamentos mais ou menos ajustados diante da sociedade".

Didaticamente, pode-se dividir o surgimento dos Direitos Humanos nas seguintes *Gerações*:

a) Direitos de Primeira Geração

Derivam do direito natural e tratam de direitos individuais e liberdades civis e políticas, como por exemplo, a liberdade de ir e vir. Na constituição brasileira, identifica-se a garantia deste direito com o instrumento do *Habeas Corpus*.

b) Direitos de Segunda Geração

Derivam das condições sociais; representam uma crítica à desigualdade, por meio da busca de garantir condições sociais e de trabalho mais igualitárias. Tratam, por exemplo, do direito ao trabalho, moradia, segurança, lazer e saúde.

c) Direitos de Terceira Geração

Surgiram principalmente após a Segunda Guerra Mundial e são chamados de direitos dos povos e de solidariedade; por exemplo, a busca da garantia do direito à paz e a um meio ambiente saudável e ecologicamente equilibrado.

d) Direitos de Quarta Geração

Constituem uma preocupação recente, diante da inovação tecnológica e do mundo globalizado e estão relacionados ao Biodireito. Tratam principalmente do direito à proteção e manipulação genética.

Embora encontrem-se algumas distinções conceituais, há indicações de outras gerações de direitos subsequentes que têm como fundamentos *o direito à paz e as relações no mundo globalizado*.

Esta evolução fundamenta-se no modo de pensar e agir da humanidade; o ponto de partida é representado pelos direitos naturais porque, inerentes à pessoa humana, são fundamentais e essenciais, assim, devem ser reconhecidos pelo Estado através de sua ordem jurídica positiva.

A relação seguinte apresenta os principais direitos humanos:

Vida
Integridade Pessoal
Proibição da Escravidão
Proteção à Família e à Criança
Garantias Judiciais
Igualdade Perante a Lei
Acesso ao Judiciário
Liberdade Pessoal
Liberdade de Consciência e Crença
Liberdade de Pensamento e Expressão
Direito de Resposta
Liberdade de Reunião
Direito de Petição
Liberdade de Associação
Direitos Políticos
Direito à Honra e Dignidade Pessoal

Liberdade de Locomoção
Inviolabilidade do Domicílio
Inviolabilidade de Correspondência e Comunicações
Proteção da Maternidade e Infância
Liberdade de Trabalho e Direitos Sociais
Direito à Seguridade Social
Direito à Saúde
Direito à Moradia
Direito à Educação
Ambiente Saudável
Direito dos Povos e Comunidades Tradicionais

Quando se abandonam o pensamento e a visão macroscópicos e se direciona ao microcosmo das relações interpessoais (na família, na escola, no trabalho, nas instituições e entidades dos mais diversos tipos e funções), constata-se que as filosofias que nortearam a construção deste amplo edifício normativo que são os Direitos Humanos encontram-se distante de serem praticadas e efetivadas de modo uniforme.

Notadamente, em um país com as marcantes desigualdades econômicas, com os desequilíbrios de poder e com a diversidade social como o Brasil, os princípios norteadores dos Direitos Humanos esbarram tanto na interpretação e aplicação da lei subsidiária, quanto em aspectos culturais e sociais que confirmam a desigualdade.

Além disso, e este é aspecto central do capítulo, surge o resultado da intervenção do ser humano, que atropela esses princípios por meio de comportamentos e posturas que representam um reflexo da extensão com que os instrumentos legais que disciplinam a matéria são (ou não) cumpridos.

A visão é caleidoscópica. Enquanto grupos sociais apresentam-se ágeis e organizados na defesa de seus direitos, há outros mais vulneráveis que necessitam de políticas públicas especialmente formuladas e efetivadas para eles.

Essa compreensão torna-se ainda mais aguda quando se lança um olhar sobre a situação da criança, do adolescente, da família e dos segmentos estigmatizados da população, amplamente conhecidos.

Acentue-se que, procurar a origem e as causas das violações de Direitos Humanos inclui identificá-las no campo do comportamento microscópico, individual, contextualizado e praticado no cotidiano das relações entre as pessoas; o que quer que aconteça com o organismo vivo, ocorre, antes, com cada uma de suas células, mas se dissemina no coletivo, encontrando-se farta referência a violações institucionais e estruturais.

10.3 A GÊNESE DO DILEMA: ENTRE O SOCIAL E O INDIVIDUAL

Na psicologia, percebe-se o ser humano como um ser *do desejo*, que dirige seus esforços para a *autorrealização*, assumindo crenças e valores ao longo da vida, aprendendo por meio de condicionamentos e observação de modelos, adaptando e ajustando seus conhecimentos para lidar com problemas específicos que o ambiente, continuamente, lhe impõe. Tudo isso acontece dentro de um contexto, em que a pessoa integra um sistema, que a afeta e que, ao mesmo tempo, recebe sua influência.

As muitas maneiras complementares de conceber o desenvolvimento psicológico resumem-se em uma palavra: *individuação*.

Reconhece-se que cada indivíduo é único e que, como tal, deve ser percebido e respeitado. Essa concepção, entretanto, traz consequências teóricas e práticas.

Uma delas é o entendimento de que, *o que satisfaz cada pessoa difere do que satisfaz qualquer outra*. Satisfação pessoal e necessidades individuais são únicas. Trata-se de uma consequência de grande alcance, porque vai de encontro às linhas teóricas que advogam a igualdade de bens e direitos; atingida esta, estará inevitavelmente sepultada aquela.

Em outras palavras, quando todos são tratados como rigorosamente iguais, frustra-se a tendência de todos à individuação e ao equilíbrio no gozo dos direitos; posto isso, o conceito de equidade se revela mais apropriado do que igualdade.

Na mesma linha de entendimento, *os desejos diferem de pessoa para pessoa*. Observe-se que o desejo não pode ser satisfeito de modo definitivo; ele apenas se renova a cada satisfação obtida. Portanto, cada ser humano está continuamente em busca de satisfazer novos desejos e estes, exceto em situações muito excepcionais, não são coletivos; em vez disso, quanto mais se evolui no desenvolvimento psicológico, os desejos tornam-se mais peculiares de cada ser desejante, deixando de simplesmente expressar estereótipos impostos pelos estímulos recebidos do meio.

Sob a "ética do desejo", o pensamento psicológico afasta-se da idealização de uma sociedade que almeja um bem comum, onde todos os desejos pudessem estar igualmente saciados – uma concepção utópica. Assim, a renúncia ao desejo primário e pessoal, em nome da vivência coletiva, pode provocar frustrações que se esgotarão em comportamentos mais ou menos ajustados socialmente, mais ou menos condizentes com as normas gerais de Direitos Humanos.

Contextualizando

O jovem que tem todos os pedidos satisfeitos pelos pais encontra-se em um labirinto sem referências; isso o torna vulnerável a coisas como as drogas e a violência, que poderão, algum dia, envolvê-lo em uma inequação emocional, na qual será engolido pelo próprio desejo. Desrespeita seu próprio direito à vida, em um suicídio insinuante e perverso do qual não se dá conta. Com isso, também afronta o direito à vida de outros que, tantas vezes involuntariamente, colocam-se em seu caminho.

O reconhecimento de que o poder econômico, religioso e/ou político outorga ao indivíduo o dom de obter o que deseja é uma porta para a prática de violação de direitos e práticas como assédio moral e assédio sexual, em que o desejo domina e reduz seu objeto a coisa material, sem vontade própria, com desrespeito à integridade física e psicológica.

A individuação traz consigo, também, outra importante consequência teórica e que a prática ratifica: *cada indivíduo percebe o mundo à sua maneira*. A *figura* de um, ou seja, suas prioridades e aspectos de maior relevância, não coincide com a *figura* de outro; existem diferenças perceptivas que tornam a visão de mundo algo estritamente individual e não compartilhável, ou compartilhável exatamente por meio do exercício nas diferenças.

Esta linha de pensamento leva à conclusão de que não existe a possibilidade de se fazer com que diferentes pessoas percebam o mesmo fenômeno da mesma maneira. Isso vale para os já acontecidos e, com muito mais razão, para aqueles idealizados ou antecipados.

A percepção, construída ao longo da vida pela memorização das experiências, pelos esquemas de pensamento, pelos critérios de seleção dos estímulos, vai edificando a visão de mundo do indivíduo, que será ratificada, modificada e ajustada por suas ações, reações e interações no ambiente em que vive. Assim, os caminhos para o futuro serão desigualmente agradáveis para cada indivíduo, e qualquer tentativa de torná-los igualmente satisfatórios será ineficaz.

Contextualizando

O torcedor que, no final do jogo, despede-se do campo de futebol vandalizando as imediações traz consigo uma percepção de violência muito pessoal e diferente daquela de um jovem que se dedica ao estudo, com o objetivo de capacitar-se profissionalmente. O primeiro pontua seu cotidiano de pequenas violências, praticadas inclusive no relacionamento interpessoal, de tal maneira que aquela realizada nos acessos ao clube constitui um lugar-comum para o qual já não tem percepção, quer do alcance, quer do significado. Não respeita o direito à paz e à propriedade e impõe seu *direito de destruir*, possivelmente estimulado pela baixa perspectiva de que algo de mais grave lhe aconteça. Enquanto age, expulsa da rua o transeunte, prende os moradores nas residências e comete um acinte à ordem estabelecida.

Destaque-se, igualmente, a existência de *estruturas de crenças únicas para cada indivíduo*. Ainda que determinada pessoa acredite que professa a mesma crença de outras, que possui as mesmas preferências a respeito de qualquer tipo de tema, isso não acontecerá. As inúmeras crenças que se encontram por trás dos *esquemas de pensamento* formam um complexo individualizado e é a existência deste complexo, estruturado e consolidado, que caracteriza o indivíduo adulto.

Contextualizando

Grandes crimes contra a pessoa e contra a humanidade surgiram de tentativas praticadas por grupos de indivíduos de impor sua estrutura de crenças a outros. Isso se vê na tortura e nos genocídios, como os praticados nas guerras religiosas, no nazismo, nas perseguições políticas dos regimes totalitários, que se notabilizaram por infringir os mais básicos direitos das pessoas e escreveram as páginas mais sombrias da história da civilização.

Os *comportamentos condicionados*, da mesma maneira que as crenças, podem ser socialmente ajustados ou não. Os primeiros referem-se àqueles que conduzem o indivíduo à obediência à lei e à ação construtiva e cooperativa. Eles são vistos nas pessoas que *agem como devem agir*. Na conceituação de Piaget, anteriormente mencionado, o indivíduo parte da anomia em direção à autonomia, assim, independentemente da existência de mecanismos de coerção ou punição visíveis, respeitam os limites de velocidade, por exemplo, porque sabem que assim devem fazer, não pelo medo de um hipotético radar camuflado pronto a detectá-los.

Os condicionamentos socialmente disfuncionais são aqueles por meio dos quais o indivíduo atua *contra* os dispositivos legais sempre que possível; faz isso de maneira automática. Aqui se enquadram os cidadãos que sinalizam para os demais motoristas que o policial rodoviário se encontra próximo, sem o "prazer da burla", apenas porque se acostumaram a fazê-lo.

Contextualizando

É conhecido o condicionamento de entrar no automóvel e ligar o som em alto volume. A tendência é aumentar cada vez mais o nível de som, porque o ouvido perde a sensibilidade gradativamente e se estabelece um esquema de realimentação: maior volume, menor sensibilidade, maior volume etc. O indivíduo condicionado generaliza o comportamento e invade o direito ao lazer de outras pessoas quando polui praças e parques com um volume sonoro que ultrapassa os limites do comportamento civilizado e incomoda os demais em seu descanso, labor ou lazer.

De particular impacto é o comportamento dos *modelos*. Autoridades (em especial aquelas que ocupam os níveis mais altos de gestão no Poder Executivo, Judiciário e Legislativo) que desrespeitam os Direitos Humanos (e cometem crimes contra toda a coletividade) avalizam uma promissória em branco contra a ordem, a justiça e a liberdade. Isso acontece por via direta, quando suas ações constituem flagrantes ofensas a esses direitos, ou por via indireta, quando protegem, ocultam ou simplesmente perdoam ou favorecem quem os infringe.

A população percebe esses comportamentos e algumas pessoas os copiarão; afinal, essas pessoas exercem, para o bem ou para o mal, querendo ou não, ainda que não o saibam, o papel de modelos. Por outro lado, quando uma autoridade permite a investigação e, se necessária, a punição, a um parente próximo, um cônjuge, um filho ou uma filha, por uma conduta delituosa, ou simplesmente não interfere negativamente no curso da justiça, ela ratifica a importância dos Direitos Humanos e estabelece marcos de orientação para as condutas dos cidadãos.

Contextualizando

Causa grande impacto o conhecimento de que empresários forçam pessoas a regimes de (semi)escravidão (conduta prevista como crime no Código Penal Brasileiro, art. 149), negando-lhes os mais elementares direitos, principalmente quando se sabe a distância social e econômica que separa a vida da vítima da vida dos que dela se aproveitam. A manutenção desse estado de coisas torna esses indivíduos modelos para outros igualmente inescrupulosos.

Também são dignas de notas algumas características de personalidade, em especial a antissocial, representadas por comportamentos que, em essência, negam ao outro o exercício de seus direitos, reduzindo-o a objeto daquele que atua. A tímida reação da sociedade a inúmeros delitos protagonizados por pessoas com essas características (ressalte-se, não se trata de *serial killers*) constitui um estímulo para que outros os repitam ou copiem, acreditando que gozarão dos mesmos privilégios e contando com o mesmo tipo de (não) consequência.

Contextualizando

Quando corrompe, sequestra, tortura, o antissocial ignora os mais elementares Direitos Humanos. Não lhe ocorre a culpa; as vítimas, em sua ótica torpe, merecem sofrer, *é o seu desejo acima de todos os demais*. Destrói a saúde física e psíquica de pessoas, muitas vezes hasteando uma bandeira de moralidade ou de denúncia para ocultar suas reais intenções. É de salientar que, nesse comportamento, o antissocial, conforme comentado anteriormente, com frequência lidera seguidores acríticos por seu carisma e pela eloquência de suas mensagens renovadoras – mera cosmética para ocultar as chagas de um psiquismo perverso, alimentado por uma estrutura social igualmente perversa.

A estrutura de crenças, os condicionamentos, os modelos, as percepções, os desejos são fatores que exercem papéis essenciais no estabelecimento dos sistemas em que se inserem os indivíduos, sobre os quais exercem influência e dos quais também a recebem. A visão sistêmica foi apresentada no capítulo referente às teorias em psicologia e contempla o indivíduo submetido a estímulos externos, provenientes do ambiente, e internos, intrapsíquicos, conforme sugere a figura a seguir:

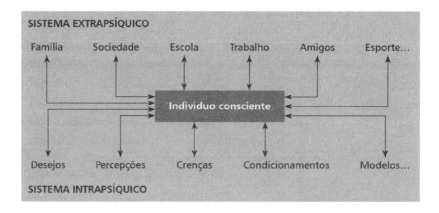

Figura 2 *O indivíduo e o campo de forças*

A figura sugere dois sistemas com uma interface comum, que envolve o *indivíduo consciente*, o sistema *extrapsíquico* e o *intrapsíquico*.

O sistema intrapsíquico contém elementos conscientes e inconscientes. O extrapsíquico compreende todos os estímulos proporcionados pelo ambiente, de origem humana ou não.

Desse complexo, que pode ser compreendido à luz da teoria de campo de forças de Kurt Lewin, anteriormente apresentada, resulta o *comportamento*, objeto de estudo da psicologia. É importante salientar que os vetores que representam os estímulos sobre o indivíduo apresentam duplo sentido: o indivíduo recebe o estímulo e reage a ele; o estímulo afeta o indivíduo e o indivíduo também o afeta.

Esta concepção sistêmica estabelece, pois, um nível de *responsabilidade* para o indivíduo; sua *não reação* significa algo (no mínimo, um reforço) para o estímulo e sua fonte (o que significa que não existe a neutralidade, pois o não fazer também representa uma ação, um comportamento).

A visão sistêmica não é simples porque, além da complexa teia de relacionamentos em que o indivíduo se envolve, existe uma *temporalidade* a ser considerada. O sistema jamais permanece estático: ele se modifica, evolui ou involui, transforma-se, adapta-se ao longo do tempo. O que se vê, em um dado instante, é apenas uma fotografia hipotética, artificialmente estabilizada, porque as relações interpessoais encontram-se em contínua mudança. Como em uma teia, as ligações vão se formando e transformando entre a pessoa e os diversos grupos dos quais participa.

Feito este preâmbulo, com o objetivo de bem segmentar os enfoques, o item seguinte concentra-se no estudo do comportamento humano, sob a ótica da teoria sistêmica, em relação aos Direitos Humanos e à Cidadania.

10.4 DIREITOS HUMANOS E CIDADANIA: UMA VISÃO SISTÊMICA

Vistos sob uma perspectiva sistêmica, os Direitos Humanos permitem diversas formas de análise. O denominador comum entre elas é que a *transgressão aos direitos representa o embrião da criminalidade*, conforme já puderam sinalizar os exemplos anteriormente apresentados.

A visão sistêmica, possivelmente com mais facilidade do que as demais linhas teóricas da psicologia, porque as integra e complementa, permite acompanhar as transformações dos comportamentos na *situação de mudança*.

A mudança gera o conflito e coloca o agente na condição de decidir a respeito de qual tipo de comportamento adotará: o socialmente adaptado e construtivo ou o seu oposto – leia-se, a violação às normas.

Estimulado para gastar a adrenalina que o impulsiona, o jovem pode optar pelo "racha" na avenida ou por uma prática esportiva; incentivado a realizar um negócio ilegal e lucrativo, o empresário tem a chance de desviar seu poder econômico para outro tipo de atividade e assim por diante. Toda ação contém uma decisão e esta, sempre, conduz o agente a infringir ou não um dispositivo dos Direitos Humanos – ainda que isto seja algo que a ele jamais ocorra.

Por definição, toda ação responde a uma necessidade de mudança (desde a mais banal, tal como abrir os olhos ao acordar – uma mudança de estado fisiológico). Toda ação contém um conflito; ao se optar por um determinado comportamento ou escolher uma carreira profissional, renuncia-se a outra e implica em três consequências, sob a ótica sistêmica:

> ➢ uma **comunicação**, trocada com o próprio psiquismo e/ou com o meio; quando estritamente interna, a ação esgota-se e não há a identificação do comportamento; ainda assim, pode ser uma agressão a Direitos Humanos (!): por exemplo, o indivíduo pensa ou revela fatos que induzem ao cometimento de crimes;

> ➢ um rearranjo de **fronteiras**, porque a ação implica na invasão de espaços de outros; pode ocorrer que ela aconteça com a aquiescência desse outro – como acontece quando o supervisor chega para orientar o empregado e invade seu espaço, ou em prejuízo do outro –, como ocorre quando o sequestrador subtrai a pessoa de seu ambiente e a priva de seus direitos;

> ➢ um efeito de curto ou longo prazo sobre a **evolução** dos sistemas afetados, com possível consequência sobre suas crises de ciclos vitais, dependendo da magnitude da ação. Essa consequência, em geral, é ilusoriamente distante: uma falha grave de educação (por exemplo, a impossibilidade de receber um ensino de qualidade) afetará a adolescência e o início da vida adulta, e poderá ser determinante para escolhas que acompanharão (ou perseguirão) o indivíduo por toda sua vida.

Ao longo deste livro, o leitor pôde acompanhar diversos casos em que Direitos Humanos fundamentais (relacionados à saúde, à propriedade, à liberdade individual etc.) foram infringidos.

Em todos eles, evidenciaram-se comunicações trocadas entre os participantes desses casos e entre eles e a sociedade. Quando as autoridades, os advogados, promotores e juízes praticam suas intervenções, eles *comunicam*.

Essa comunicação jamais cai no vazio. Ela estabelece parâmetros e paradigmas que servirão, no futuro, para os mesmos protagonistas e para pessoas que acompanharam os acontecimentos.

O que e *como* se comunica têm enorme importância para as garantias presentes e futuras e um erro lamentável é minimizar a importância dos "*casos pequenos*" ou localizados.

Com sua característica lucidez, o escritor e humorista Millôr Fernandes (Brasil, 1923-2012) estabeleceu a importância desse tipo de comunicação, quando ensinou que "nossa liberdade começa onde podemos impedir a dos outros". A civilização é o processo de restrição de liberdades para poder garantir um mínimo delas. A liberdade desmedida para alguns representa a nula para os demais.

A sociedade funciona por meio de um sistema de comunicações, complexo, atuante, ágil e, com as virtudes e defeitos da Internet, amplo e quase que simultâneo. A fofoca encarrega-se do resto. Por exemplo, quando autoridades, donos de poder econômico, pessoas detentoras de privilégios decorrentes de sua história cultural e social, líderes religiosos e outras celebridades conquistam "liberdades" ou promovem "liberalidades", surgem agressões aos Direitos Humanos que se multiplicam pela força da comunicação e *reduzem os direitos dos que não têm as mesmas regalias*.

Esse fenômeno proporcionado pela comunicação encontra-se por trás da *mutilação da cidadania* já comentada.

A visão sistêmica, contudo, vai além, para indicar que o conteúdo comunicado contém uma espécie de *vírus* que afeta a maleabilidade e a permeabilidade das *fronteiras* entre os sistemas e subsistemas.

Trata-se de um *vírus* de natureza social, por meio do qual o indivíduo reconhece que os direitos que lhe são atribuídos ou negados têm consequências sobre as trocas que podem e ou devem realizar com o meio; assim, ele "encolhe-se" ou "expande-se", vale dizer, luta mais ou menos por seus direitos legítimos, no afã de se adaptar aos conteúdos que lhe são comunicados. Isso tem a ver com as diversas teorias a respeito da motivação, anteriormente estudadas.

Uma consequência dessa contaminação seria a alienação, indo ao encontro do que Karl Marx (filósofo; Alemanha, 1818 – Reino Unido, 1883) considerou como uma *perturbação no sentimento de identidade, um processo em que o ser humano se afasta de sua real natureza, torna-se estranho a si mesmo na medida em que já não controla sua atividade essencial.*

As dimensões das fronteiras psíquicas de um indivíduo são dadas pelo grau de liberdade com que ele pode exercer seus direitos e satisfazer suas necessidades. Imagine-se as dimensões dessas fronteiras para aquele cidadão que se desloca duas ou mais horas por dia para o trabalho, cujos filhos estudam (se o fazem) em uma escola precariamente instalada, entre outras dificuldades cotidianas se comparadas a outro indivíduo cujas facilidades econômicas lhe permitem gozar e fruir de maior bem-estar.

A ampliação de fronteiras, para que cada indivíduo possa contribuir com eficácia e produtividade em direção ao bem próprio e comum, requer a fruição dos direitos que lhe cabem.

Os efeitos sobre a evolução dos sistemas serão marcantes, porque esta, em essência, extrapola uma tendência; não se esperem pontos de inflexão na natureza dos comportamentos, pois o ser humano não se transforma do dia para a noite sem que um trauma (improvável) o obrigue (e, mesmo com ele, em geral, os comportamentos dominantes sofrem poucas alterações).

Assim é que o indivíduo dará continuidade ao que vem praticando e as modificações comportamentais seguirão seu curso. Nos momentos das crises dos ciclos vitais, os comportamentos dominantes se manifestarão com grande intensidade e isso será essencial para definir os padrões de escolha na idade adulta.

Cabe aqui uma retomada dos modelos de motivação, sejam aqueles que aceitam componentes intrapsíquicos mais complexos, como os de Adler e Maslow, sejam os que percebem o indivíduo como um ser do aqui-e-agora, como os de Allport e Murray, mencionados no capítulo 2.

Esses modelos, que incluem as expectativas próximas e/ou futuras e acenam com a *autorrealização* como o estágio mais desenvolvido para o qual o indivíduo caminharia, não prescindem desses dois conteúdos:

> ➢ as comunicações trocadas com o ambiente; e
> ➢ as dimensões das fronteiras psíquicas.

É nesse contexto que se pode falar de *motivação* e, não se estranhe uma troca por algo mais simples e direto, como a *cópia* de um modelo ou o *conforto* de um condicionamento operante que satisfaça as exigências imediatas do psiquismo.

Neste ponto, a visão sistêmica vale-se da percepção de mundo do indivíduo, e sua subjetividade, para circunscrever aquilo que a locuplete. O desejo limita-se ou amplia-se e as expectativas retraem-se ou expandem-se para as dimensões das fronteiras.

O indivíduo que percebe suas fronteiras amplamente elásticas e hiperpermeáveis terá o mundo como limite. Entretanto, quando o limite possui dimensões que a mente não consegue abarcar, é preciso algo, um tônico, que preencha esse grande espaço interior para que a sensação de vazio não se transforme em um torniquete psíquico insuportável.

As interfaces entre as fronteiras individuais trazem os conflitos porque sempre acabam questionadas pelas exigências de mudanças impostas pela evolução de cada sistema. Enquanto algumas encolhem, outras expandem, e os mecanismos sociais representados pelos instrumentos legais são os mediadores desse processo. Esse processo encontra-se muito mais próximo dos microacontecimentos das interações sociais do que se pode imaginar, e o que nelas acontece é definitivo para estabelecer a configuração dos macrossistemas.

Nada mais representativo do que os delitos de menor potencial ofensivo, essas transgressões leves que possuem grande importância quando se trata de estabelecer bases sólidas para o respeito aos Direitos Humanos e ao exercício da cidadania. Os exemplos seguintes encontram-se no cotidiano de todas as pessoas e compõem os miniabusos ou minidanos (expressões utilizadas por Michael Kepp), embriões de violações mais graves:

> ➢ pequenos furtos, praticados em geral nos hotéis, nos clubes, nas empresas, que incluem a "cópia xerox", a xícara, a caneta esferográfica), o uso indevido do veículo da companhia para "uma comprinha rápida no supermercado" etc.;
> ➢ a burla da catraca no ônibus, que faz parte do condicionamento precoce de algumas pessoas;
> ➢ o jeitinho para conseguir um ingresso "de cortesia" no espetáculo promovido pela Prefeitura Municipal (afinal, o povo paga os músicos);

- a "furada de fila" no banco ou no ponto de ônibus, deixando os "menos espertos" aguardando o próximo;
- o excesso de barulho em casa, que incomoda os vizinhos – "eles que se mudem";
- o cão latindo a noite toda para perturbar o sono, que deveria ser reparador, dos moradores próximos;
- o mesmo cão deixando seu rastro de dejetos na calçada (uma forma curiosa de estimular os transeuntes a olharem para o chão e, assim, evitarem os buracos que os donos não mandam consertar);
- o desprezo aos que se reúnem no parque público para ouvir os tímidos e belos sons da natureza, soterrados pelos decibéis sísmicos da música em forma de ruído, que explodem na tarde cálida.

Incontáveis exemplos compõem a galáxia de agressões aos mais diversos direitos elementares de todos os cidadãos. Infelizmente, pela constância, incorporam-se aos comportamentos socialmente tolerados e passam a fazer parte da paisagem urbana. Com isso, fogem ao foco, não constituem "figuras" nas percepções e se institucionalizam como parte do que se denomina "cultura", e que nada mais é do que o reflexo do absoluto desprezo com que se encaram as fronteiras psíquicas e físicas do próximo.

Esse perverso treino em transgressão, alimentado por um sistema social desigual, integra o caminho para delitos mais graves, tornando mais simples a banalização e a prática das violências, homicídios, desfalques, corrupção, sequestro, tortura – enfim, dos crimes de qualquer natureza e que representam, sem exceção, agressões aos Direitos Humanos e à cidadania.

Em síntese, são inúmeras *fronteiras* entre sistemas: do indivíduo com a família, com o grupo próximo, com os colegas de trabalho, com a turma do lazer etc. Todo relacionamento é uma troca *através de fronteiras*, um processo de *comunicação*. A maneira como elas são estabelecidas e como a comunicação acontece é crucial e determinante para a *evolução* do sistema e para a garantia da cidadania.

Filmografia

Julgamento de Nuremberg	1961 – Stanley Kramer	Valores morais. Ética jurídica.
Crianças invisíveis	2005 – Veneruso et al.	Violação de direitos da infância.
Você não estava aqui	2020 – Loach	Perversidade e violação de direitos no mundo do trabalho.

Exercícios

- No filme *O julgamento de Nuremberg*, a trama desenvolve-se apontando graves violações de Direitos Humanos. Conforme o que se estudou neste capítulo, identifique aspectos que possam assegurar a garantia de direitos.

11
ENCERRAMENTO

Este livro encerra-se com uma breve visão dos principais métodos de solução de conflitos, em que se faz a apreciação de cada um deles sob a ótica da psicologia, e algumas considerações em relação à aplicabilidade dos conceitos aqui apresentados às diferentes áreas do Direito.

11.1 INTRODUÇÃO

Vários fatores contribuem para que os seres humanos demonstrem maior habilidade para se *envolver* em conflitos do que para *lidar* com eles:

> ➤ *o conflito em si*: um acidente com feridos, um estupro, uma violência doméstica, um cheque sem fundos são eventos muito diferentes entre si, que requerem providências e estratégias específicas para serem tratados;
> ➤ *características dos envolvidos*: o perfil de cada pessoa afeta a maneira de encarar o conflito e de reagir a ele;
> ➤ *o ambiente sociocultural*: o mesmo conflito será percebido de maneira muito diferente por moradores de uma pequena localidade e moradores de uma grande metrópole, por trabalhadores de uma pequena empresa ou de uma grande Organização;
> ➤ *experiências com conflitos idênticos ou semelhantes*: o divorciado, em relação a outra pessoa que nunca viveu a separação, tem percepção diferente sobre essa separação; o mesmo acontece com quem cometeu um assassinato em relação à pessoa que perdeu, dessa maneira, um ente querido;
> ➤ *urgência, probabilidade percebida de sucesso, limitações legais e outros aspectos*: cada um desses elementos estimula diferentes formas de encarar e buscar solução para um conflito instalado.

Em síntese, a solução de conflitos requer métodos adequados à sua natureza, às características dos envolvidos, às experiências anteriores dessas pessoas e, também, a outros fatores que se combinam para indicar o caminho mais adequado.

São várias as maneiras de buscar solução e cada uma delas causa impactos sobre todos os envolvidos. Todas combinam-se entre si, contudo, para finalidades didáticas, podem ser classificadas em dois grandes grupos:

> ➤ os métodos "informais"; e
> ➤ os métodos "formais" de solução de conflitos.

11.2 "MÉTODOS INFORMAIS" DE SOLUÇÃO DE CONFLITOS

São três os mais utilizados para lidar com os mais diferentes tipos de conflitos.

a) "Nada fazer" (ou "dar tempo ao tempo")

Opção comum para lidar com assuntos culturalmente tabus, incômodos ou delicados, tais como conflitos familiares, preconceito, tráfico ou dependência de drogas. Costuma-se "colocar panos quentes" ou ocultar, na crença de que o tempo se incumbirá de trazer a solução.

> Uma gravidez indesejada de Luciana (caso 3) ou a dependência de drogas de Wilson (caso 20) constituem exemplos típicos.

b) Acomodação

Na *acomodação*, as pessoas solucionam o conflito por seus próprios esforços e iniciativas, sem buscar auxílio de profissionais. As soluções, nem sempre as melhores, costumam ser parciais, suficientes para reduzir as emoções ao aceitável; com isso, evitam-se custos, poupa-se tempo e mantém-se o sigilo.

> O caso 13, de Amália e Haroldo, é paradigmático. É comum que casais se acomodem, em vez de decidirem pela separação. Um administra a solidão, outro se conforma com a TV; ou, ainda, partem para a opção seguinte.

c) Aconselhamento

Buscam-se opiniões de pessoas mais experientes e respeitadas. Pastores, lideranças locais, chefias, supervisores são exemplos conhecidos.

De maneira geral, esses três métodos informais combinam-se: "dá-se um tempo", "tenta-se acomodar com iniciativas nem sempre bem-sucedidas", "pedem-se conselhos". Os autores disponibilizam, mediante solicitação (<jo.fiorelli@uol.com.br>) o texto complementar "Remédios caseiros para a gestão de conflitos."

11.3 MÉTODOS TRADICIONAIS E ALTERNATIVOS

Para as finalidades deste texto, interessam os seguintes:

> ➢ método tradicional: julgamento;
> ➢ métodos alternativos ou MESC – métodos extrajudiciais de solução de conflitos.

Outra classificação também utilizada é a de métodos adversariais e métodos cooperativos. Julgamento e arbitragem são tipicamente adversariais, enquanto conciliação e mediação são considerados essencialmente cooperativos.

11.3.1 Julgamento

Trata-se do método "tradicional" de solução de conflitos para os brasileiros. O Poder Judiciário decide, fundamentado na apreciação dos fatos e na aplicação do direito, em sentença vinculativa para as partes. É um método tipicamente *adversarial*, uma parte perde e a outra ganha; às vezes, ambas perdem.

11.3.2 MESCs – Métodos Extrajudiciais de Soluções de Controvérsias (ou Conflitos)

Os quatro métodos extrajudiciais mais utilizados para a solução de conflitos são a arbitragem, a negociação, a conciliação e a mediação. Observe-se que há nítido estímulo, concretizado pelo CPC (Lei nº 13.105, de 16/03/2015) para a utilização desses métodos, especialmente a mediação e a conciliação, judicial ou extrajudicial, como forma de desafogar a pauta do Judiciário e, também, pelo reconhecimento dos resultados positivos para o apaziguamento das relações entre as partes e o fomento a uma cultura de paz.

Cada um deles apresenta metodologia específica e aplica-se a determinadas situações, não sendo, portanto, genéricos ou universais.

Destaque-se o reconhecimento da conciliação e da mediação, dado pelo Conselho Nacional de Justiça, por meio da Resolução 125, de 29 de novembro de 2010, já nos considerandos, onde se lê:

"a conciliação e a mediação são instrumentos efetivos de pacificação social, solução e prevenção de litígios".

"a organização dos serviços de conciliação, mediação e outros métodos consensuais de solução de conflitos deve servir de princípio e base para a criação de Juízos de resolução alternativa de conflitos, verdadeiros órgãos judiciais especializados na matéria".

Os Tribunais estaduais emitem provimentos para o detalhamento do funcionamento das Câmaras de Mediação e Conciliação sob sua jurisdição, seguindo as diretrizes especificadas na Resolução 125, que estabelece, também, prazos para a instalação das Câmaras, especifica a formação indispensável aos mediadores e conciliadores e dispõe sobre o Código de Ética.

O Conselho Pleno da OAB decidiu estender o sigilo profissional aos advogados que atuam nas atividades de mediação, conciliação e arbitragem, postura que vem ao encontro do estímulo proporcionado pelo CPC para a utilização desses métodos.

ARBITRAGEM

Neste método (também adversarial e disciplinado pela Lei nº 13.129/2015), a decisão cabe a um terceiro, o árbitro, *escolhido pelas partes*. O método aplica-se quando há "cláusula compromissória", ou então o "compromisso arbitral" firmado pelos interessados, nos casos admitidos em lei.

A arbitragem distingue-se, ainda, do julgamento pela justiça tradicional formal, pelo fato de ser um procedimento mais célere e as partes poderem eleger o árbitro. Isso se reflete na *confiança* que este inspira às partes, baseada na *especialidade* que detém sobre determinada matéria e na *idoneidade*, consolidada ao longo de sua vida profissional e pessoal.

NEGOCIAÇÃO

A negociação é, e sempre foi, muito utilizada para lidar com situações de conflito; as perdas e os ganhos de cada parte são colocados na mesa e constituem as cartas com as quais a negociação se desenvolve, com objetivos claramente definidos.

Existe a negociação informal, presente na *acomodação* e, inclusive, no *aconselhamento*. É relevante, contudo, a evolução da negociação formal, em que se destacam os estudos da Universidade Harvard nos Estados Unidos, que criou e aperfeiçoou o chamado "Método de Harvard" (ver FIORELLI, FIORELLI; MALHADAS, 2008, p. 55).

Na atualidade, a negociação profissional aplica-se preponderantemente a temas complexos, em geral envolvendo grandes Organizações públicas ou privadas.

A negociação, por outro lado, está presente nos métodos seguintes, a conciliação e a mediação, como parte integrante da condução dos trabalhos. Ela também pode acontecer no transcorrer da arbitragem ou do julgamento, com a participação de promotores, advogados e árbitros.

CONCILIAÇÃO

Conciliação e mediação constituem métodos *cooperativos* de tratamento de conflitos. Nisso, diferem substancialmente dos métodos formais anteriores.

O objetivo da conciliação é colocar fim ao *conflito manifesto*, isto é, *a questão trazida pelas partes*. O *conciliador* envolve-se segundo sua visão do que é justo ou não; na busca de soluções, interfere e questiona os litigantes. O conciliador, entretanto, não tem poder de decisão, que deve ser tomada, cooperativamente, pelas partes.

Na conciliação, não há interesse em buscar ou identificar razões ocultas que levaram ao conflito e outras questões pessoais dos envolvidos.

Por exemplo, em um acidente de trânsito, limitado a danos materiais, interessa basicamente identificar quem vai pagar a conta e como isso será feito. Não há relação necessária entre as partes, nem anterior e nem posterior à ocorrência. O conciliador procura mostrar as vantagens de um acordo, ainda que com concessões mútuas, para evitar outros tipos de prejuízo (demora, incerteza quanto aos resultados etc.).

MEDIAÇÃO

Na mediação, um terceiro, o *mediador*, atua para promover a solução do conflito por meio do *realinhamento* das divergências entre as partes, os *mediandos*.

Para isso, o mediador explora o conflito para identificar os *interesses* que se encontram além ou ocultos pelas *queixas manifestas* (as *posições*). O mediador não decide, não sugere soluções, mas trabalha para que os mediandos as encontrem e se comprometam com elas.

Reconhecer o *ponto de vista do outro* é fundamental e o mediador empenha-se para que isso aconteça. A pedra de toque é a cooperação e são diversas as técnicas empregadas.

De maneira semelhante ao que acontece na conciliação, a mediação abrange a *negociação assistida*, que faz parte do processo. É fundamental que os participantes aceitem a ajuda do mediador para lidar com suas diferenças (MOORE apud FIORELLI, FIORELLI; MALHADAS, 2008, p. 60).

O marco distintivo da mediação, em relação aos outros métodos, encontra-se na presença dos conteúdos emocionais no desenho do acordo e na perspectiva de que a solução para o conflito não é dada nem sugerida por um terceiro, mas, sim, deve ser identificada pelas pessoas envolvidas no conflito.

Além do disciplinamento trazido pelo Código de Processo Civil, a Lei nº 13.140, de 26 de junho de 2015, regulamenta o instituto da Mediação.

11.4 ASPECTOS PSICOLÓGICOS DOS MÉTODOS DE SOLUÇÃO DE CONFLITOS

Cada um dos métodos elencados afeta, psicologicamente, os participantes: julgadores, advogados, partes envolvidas, testemunhas e outros interessados.

Tem particular interesse, para a psicologia jurídica, como os métodos influenciam as percepções de advogados e clientes.

11.4.1 Julgamento

O juiz representa o poder e, como tal, os envolvidos encontram alguém – a autoridade suprema – para quem delegar a responsabilidade pelos resultados. Estes, "certos" ou "errados", "justos" ou "injustos", já não pertencem às partes, mas ao julgador. O mesmo aplica-se quando há a figura do corpo de jurados, ou ainda dos peritos e assistentes técnicos.

A legislação e o Judiciário representam o conjunto de valores e crenças (uma espécie de "superego", na visão psicanalítica) que justificam os resultados e que indicam o caminho socialmente aceito.

Para o indivíduo com proeminentes características de personalidade dependente, entregar-se à justiça, na pessoa do juiz, significa a confortável situação de encontrar o *poderoso pai* que o protege e que decide por ele.

Se existe um dano psicológico pelo fato de a decisão vir a ser insatisfatória, também há o *ganho secundário* de ter sido cuidado por alguém *maior*, ainda que o tempo do processo não seja o mesmo da urgência de sua necessidade, pois há processos que perduram por anos a fio até que a solução se imponha. Mesmo nesses casos, existe a *racionalização* em torno de ser essa uma situação corriqueira, da qual não há como escapar.

Arriscar-se a uma perda também contém um mecanismo de defesa psicológico notável: a *transferência da culpa* (deslocamento; projeção): "Eu estava certo, mas o juiz errou", ou "o advogado falhou na argumentação".

Por outro lado, encontram-se pessoas que se sentem *inferiorizadas* pelo fato de outros decidirem por elas; outras, ainda, encontram grande dificuldade para aceitar que decisões a seu respeito possam depender de interpretações e do desempenho de quem as represente; há aquelas para as quais a participação em um *ritual jurídico* constitui um autêntico desafio psicológico, principalmente quando percebem que os aspectos secundários chegam ou possam chegar a prevalecer sobre os substantivos.

Isso também acontece e/ou se agrava quando a linguagem da justiça (uma evidência, na maioria das vezes) se distancia cultural e intelectualmente de grande parcela da população que figura como parte nos processos judiciais, comunicando-se somente por intermédio de seus advogados e resignando-se ao contato impessoal.

Sob a ótica do relacionamento interpessoal, o julgamento *não apazigua* – ele contribui para *ratificar a percepção de que a outra parte é inimiga*.

As técnicas de muitos advogados, que não hesitam em apresentar os fatos de maneira, se não distorcida, pelo menos com um colorido e uma forma que favoreçam o cliente, em detrimento do outro, constituem um *reforço* que acentua a adversariedade.

Se, no tribunal, as partes manifestam alguma desavença ao entrar, provavelmente a terão aumentada até o final do processo, o que pode acontecer na esfera trabalhista, cível, criminal e, até mesmo, nas lides envolvendo grandes corporações, em que as questões emocionais se ocultam pelos números e pela aparência de profissionalismo com que os encontros se revestem.

11.4.2 Arbitragem

O efeito psicológico da arbitragem aproxima-se daquele descrito para o julgamento, porém, de maneira atenuada porque as partes são responsáveis, se o desejarem, pela *escolha do árbitro*. Por outro lado, o fato de o árbitro ser um especialista outorga-lhe o *poder de perícia*, de reconhecido efeito emocional, principalmente quando o litigante detém conhecimentos que lhe permitam *reconhecer essa posição*.

A arbitragem reduz o impacto emocional que o ritual da justiça formal estabelece. Isso a torna mais confortável para as pessoas que, por diversos motivos, intimidam-se quando acolhidas nos palácios da justiça. É notório que, ante a presença da autoridade judicial, as partes emudeçam, principalmente quando se trata de pessoas humildes, tanto intelectualmente quanto no relacionamento com os demais.

No julgamento e na arbitragem, os estilos pessoais dos advogados contribuirão fortemente para o estabelecimento do *clima emocional* entre os litigantes. Se empregarem argumentos e táticas voltadas para a provocação, o acirramento do conflito, o aprofundamento do ódio, isso se refletirá no estado de espírito das partes e comprometerá, ainda mais, o relacionamento entre elas.

A postura do advogado, entretanto, refletirá sobre ele mesmo. Aqueles que se habituarem a comportamentos estimuladores da agressividade, por exemplo, tenderão a repeti-los cada vez mais e receberão reforço positivo de seus clientes (obviamente, serão escolhidos por clientes que apreciam esse tipo de comportamento). Levarão esse estilo para suas vidas particulares e, lá, também o terão reforçado.

Advogados que pautarem seus comportamentos pela busca de soluções apaziguadoras também encontrarão reflexos semelhantes em suas vidas particulares e no tipo de clientela com que trabalharão.

11.4.3 Negociação

Na moderna negociação (FIORELLI, FIORELLI; MALHADAS, 2008, p. 55), compreende-se que *negociar não é discutir*; não se confunde com *manipulação* nem exige agressividade; a negociação requer objetivo, determinação e preparação.

Existem, entretanto, aspectos psicológicos que dificultam a negociação direta entre as partes.

É comum que as pessoas se *intimidem*, quando em confronto com outra de maior poder (físico, econômico, emocional); com essa atitude, acentuam ainda mais o poder daquela, proporcionando, ao adversário, facilidade óbvia para exercê-lo a seu favor. Isso estabelece um círculo vicioso que aumenta a diferença.

Pessoas com características de personalidade antissocial tendem a negociar em busca de vantagens ilícitas. Sem a presença de um terceiro que equilibre, a negociação direta vulnerabiliza a pessoa de boa-fé.

De maneira geral, *diferenças de personalidade* influenciam no resultado da negociação; se uma das partes apresenta timidez, dificuldade para se expressar, e a outra se mostra agressiva, independente, comunicativa, a mesa de negociação se desequilibra.

11.4.4 Conciliação

A conciliação concentra-se na questão objetiva, naquilo que as partes trazem para a sessão e que se constitui a *figura* do processo. Isso faz com que não se desperte a percepção para elementos relevantes que possam estar ocultos no *fundo* indiferenciado.

Esse fato faz com que a conciliação acabe convergindo, em parte, para a negociação convencional, com as consequências psicológicas já aventadas.

Outros fenômenos psicológicos podem se tornar proeminentes na conciliação, se o conciliador não os neutralizar:

➢ *luta pelo poder;*

➢ *ocultação involuntária* (ou não) *de erros, por sentimento de culpa ou inferioridade;*

➢ *dificuldade de comunicar sentimentos por motivos emocionais;*

➢ *aumento da intensidade das emoções negativas (raiva, desprezo, inveja) quando estas não forem substituídas, rapidamente, por outras positivas.*

11.4.5 Mediação

A mediação trabalha com as emoções, promovendo:

➢ deslocamento de emoções negativas para positivas;

➢ facilidade para migrar das posições enunciadas para fazer emergir os reais interesses dos participantes;

➢ concentração nas emoções positivas;

➢ desenho do futuro com base no sucesso das ações relacionadas com essas emoções. Focaliza-se o *bom* e trabalha-se para *construí-lo.*

O resultado dessa estratégia é o apaziguamento, o que não significa *reconciliação* ou *reatamento de relações interpessoais.* A permanência de uma inimizade não implica na continuidade de um conflito, desde que exista cooperação para superá-lo, *em benefício das partes.*

Do ponto de vista psicológico, suas principais distinções em relação aos métodos anteriores são:

➢ a *figura* deixa de ser, necessariamente, a queixa; pode deslocar-se para outros interesses dos mediandos, conhecidos ou que venham a ser identificados;

➢ o *relacionamento interpessoal* ganha importância, às vezes, até maior do que as questões monetárias;

➢ os *mediandos* exercitam suas características de personalidade de independência e autocontrole, eventualmente ignoradas por eles mesmos;

➢ a mediação, por meio da neutralização do poder de uma sobre a outra, estabelece o equilíbrio entre as partes;

➢ ao final de uma sessão bem-sucedida, os mediandos experimentam, geralmente, uma sensação de paz interior.

Ela, entretanto, da mesma maneira que os métodos anteriores, *não é* um processo "melhor" de solução de conflitos.

Mostra-se eficaz quando utilizada corretamente, em situações às quais se aplica. Por exemplo, nas separações traumáticas, pautadas pela violência; nos casos que envolvem mediando com algum transtorno mental, que requer a intervenção de um curador para defender seus interesses; nas situações em que ódios e paixões privam as pessoas do mais elementar raciocínio lógico, ela se torna impossível.

Fiorelli, Fiorelli e Malhadas, na referência já citada (2008), desenvolvem extensa e minuciosa análise das situações em que se aplica ou não a mediação.

11.4.6 Uma tentativa de síntese

Dada a grande riqueza de interpretações que podem ser feitas a respeito dos métodos de solução de conflitos, uma síntese torna-se um desafio, ainda mais porque, no Brasil, vê-se o desabrochar das técnicas alternativas à judicialização, tanto no âmbito cível, com os MESCs anteriormente referidos, quanto no âmbito penal, com as penas alternativas à prisão e a justiça restaurativa.

Ainda assim, tenta-se uma aproximação com esse objetivo para instigar o leitor a aplicar, a cada método, sua própria interpretação fundamentada no ferramental teórico apresentado neste livro.

Do ponto de vista de *conteúdos intrapsíquicos* (crenças, valores, princípios), o julgamento e a arbitragem são métodos que transferem essa questão para o coletivo. Ao indivíduo resta a possibilidade de submeter-se ao ritual, que constitui o grande foco do processo. Sob a ótica estrita da psicologia, as partes aproximam-se do coadjuvante; os agentes são as pessoas para as quais os poderes são delegados ou outorgados. O tempo é o presente, o aqui e agora do processo.

Negociação, conciliação e mediação constituem métodos que mantêm a responsabilidade com as partes. Da primeira para a última, o tempo pode deslocar-se mais e mais para o futuro. A responsabilidade, agora, passa a ser assumida pelas partes, que se incumbem de construir o que virá. Isso significa, também, compreender novas possibilidades de comportamentos e internalizar novas crenças e visões de mundo. Esses métodos resgatam, para o indivíduo, as decisões a respeito das questões que eles mesmos trazem.

Existem questões, entretanto, que escapam a estes três últimos métodos – notadamente as criminais – e elas outorgam, ao julgamento, em especial a função de confirmar a existência de valores e crenças inegociáveis. Quando os mecanismos judiciais vacilam, falham ou ignoram essa função, toda a sociedade sofre um revés de fundo psicológico, representado por uma *dissonância cognitiva* capaz de desestabilizar os próprios valores basilares que possibilitam a construção de uma sociedade justa. O desafio para os que praticam a justiça tem a dimensão da própria sociedade que lhes dá o direito e o dever de praticá-la.

 Filmografia

A Vida de David Gale	2003 – Alan Parker	Dicotomias do sistema judicial. O combate à pena de morte.
À espera de um milagre	1999 – Frank Darabont	Pena de morte. Preconceito.

 Exercícios

> ➢ O controle e a diminuição da violência são desejados pela sociedade, que, muitas vezes, fazem as pessoas clamarem por mecanismos cada vez mais repressivos. O filme *A vida de David Gale* provoca a reflexão sobre a pena de morte. Analise o tema tendo por base os apontamentos dos capítulos 10 e 11, relacionando direitos humanos e métodos alternativos de resolução de conflitos.

CONSIDERAÇÕES FINAIS

Psicologia jurídica concentrou-se em situações voltadas ao Direito Penal e Civil, contudo, o embasamento teórico aqui apresentado aplica-se a todas as áreas do Direito.

Na área trabalhista, o leitor encontra estudo detalhado das principais questões que envolvem empregados e empregadores na obra de Fiorelli e Malhadas, *Psicologia nas relações de trabalho* (2003).

Comunicação e *teoria do conflito* recebem análise abrangente em *Psicologia aplicada ao direito*, de Fiorelli, Fiorelli e Malhadas (2017).

Em *Mediação e solução de conflitos*: teoria e prática (2015), Fiorelli, Fiorelli e Malhadas vão além dos aspectos teóricos e da análise de casos, todos recolhidos da realidade brasileira, para incluir orientações a respeito da instalação e funcionamento de Câmaras de Mediação.

Sempre que exista conflito entre pessoas, os aspectos psicológicos se encontrarão presentes.

Os fenômenos aqui estudados (funções mentais superiores, condicionamentos, modelos, crenças, esquemas de pensamento, mecanismos psicológicos de defesa e tantos outros) influenciarão os comportamentos das mais diversas maneiras.

Ainda que os litigantes se apresentem sob a cosmética do profissionalismo, ela apenas ocultará seres humanos, conduzidos pelas emoções e relacionando-se de acordo com sua subjetividade, que lhes permitem a possibilidade de escolher e decidir, sem a qual não encontrariam motivos para os conflitos que os opõem.

O conflito dá colorido e sentido à existência, é inerente às relações humanas. Ele é vida com desenvolvimento. Nesse campo, aplicam-se os conhecimentos de Psicologia, em uma salutar convergência com o campo do Direito.

REFERÊNCIAS BIBLIOGRÁFICAS

ABERASTURY, A.; SALAS E. J. *A paternidade*: um enfoque psicanalítico. Porto Alegre: Artes Médicas, 1984.

ACLAND, A. F. *Como utilizar la mediación para resolver conflictos en las organizaciones*. Barcelona: Paidós, 1993.

ALBERONI, F. *O erotismo*: fantasias e realidades do amor e da sedução. São Paulo: Cia. do Livro, 1987.

ALDRIGHI, T. Família e violência. In: CEVERNY, C. M. O. (Org.) *Família e...* São Paulo: Casa do Psicólogo, 2006.

ANDRADE, A. G.; NUNES, E. L. G. Adolescentes em situação de rua: prostituição, drogas e HIV/AIDS em Santo André, Brasil. *Psicologia & Sociedade*. Florianópolis: Associação Brasileira de Psicologia Social, 21 (1), p. 45-54, 2009.

ANTECIPAÇÃO E DEPRESSÃO. *Coleção científica Survector*. Rio de Janeiro: INCIBRA, Referências Internacionais nº 100, 1994.

ANTONI, C.; KOLLER, S. H. Violência doméstica e comunitária. In: CONTINI, M. L. J.; KOLLER, S. H.; BARROS, M. N. S. *Adolescência e psicologia*: concepções, práticas e reflexões críticas. Brasília: Conselho Federal de Psicologia, 2002.

APOSTILA DO CURSO VIRTUAL DE FORMAÇÃO DE CONSELHEIROS EM DIREITOS HUMANOS. Ágere Cooperação em *Advocacy*, 2007.

APOSTILAS INFÂNCIA E VIOLÊNCIA DOMÉSTICA, módulos 1 a 6. São Paulo: USP, Laboratório de Estudos da Criança, 2005.

ASSOCIAÇÃO Brasileira de Psiquiatria Clínica. Você não está só. *Folheto*, Ribeirão Preto: 1991.

AZEVEDO, M. A. *Era uma vez o preconceito contra criança*. São Paulo: USP, Laboratório de Estudos da Criança, 2006.

AZEVEDO, M. A; GUERRA, V. N. A. *Crianças vitimizadas*: a síndrome do pequeno poder. São Paulo: Iglu, 1989.

AZEVEDO, M. A; GUERRA, V. N. A. Pondo os pingos nos Is: guia prático para compreender o fenômeno. *Apostilas Infância e Violência Doméstica*. São Paulo: USP, Laboratório de Estudos da Criança, 2005, módulo 1.

BADINTER, E. *Um amor conquistado*: o mito do amor materno. 8. ed. Rio de Janeiro: Nova Fronteira, 1985.

BALTIERI, D. A.; FREITAS, S. P. Álcool e crime. In: RIGONATTI, S. P. (Org.). *Temas em psiquiatria forense e psicologia jurídica*. São Paulo: Vetor, 2003.

BARATTA, A. Por un concepto critico de reintegración social del condenado. OLVEIRA, E. (Coord.). *Criminologia crítica (Fórum Internacional de Criminologia Crítica)*. Belém: Cejup, 1990.

BARATTA, A. *Criminologia crítica e crítica ao direito penal.* Rio de Janeiro: Freitas Bastos, 1999.

BATISTA, Nilo. *Punidos e mal pagos:* violência, justiça, segurança pública e direitos humanos no Brasil de hoje. Rio de Janeiro: Revan, 1990.

BECK, A.; FREEMAN, A. *Terapia cognitiva dos transtornos de personalidade.* Porto Alegre: Artes Médicas, 1993.

BELMONT, S. A. O homem e seu ambiente: encontros e desencontros. *Anais do Encontro Latino-americano sobre o Pensamento de Winnicott.* Rio de Janeiro: Colégio Brasileiro de Cirurgiões, 2000.

BLEGER, J. et al. *Temas de psicologia:* entrevista e grupos. São Paulo: Martins Fontes, 1989.

BOCK, A. M. B.; FURTADO, O.; e TEIXEIRA, M. L. T. Psicologias: uma introdução ao estudo da psicologia. 14. ed. São Paulo: Saraiva, 2008.

BOWLBY, J. *Formação e rompimento dos laços afetivos.* São Paulo: Martins Fontes, 1982.

BOWLBY, J. *Cuidados maternos e saúde mental.* São Paulo: Martins Fontes, 1988.

BRAGHIROLLI, E. M.; BISI, G. P.; RIZZON, L. A.; NICOLETTO, U. *Psicologia geral.* 18. ed. Petrópolis: Vozes, 1998.

BRASIL. *Código Civil (2002).* Código civil brasileiro e legislação correlata. 2. ed. Brasília: Senado Federal, Subsecretaria de Edições Técnicas, 2008.

BRASIL. *Código de Processo Civil.* Brasília: Senado Federal, Secretaria de Editoração e Publicações, 2015.

BRASIL. *Código de Processo Penal.* Decreto-lei nº 3.689, de 3 de outubro de 1941.

BRASIL. *Código Penal.* Decreto-Lei nº 2848, de 7 de dezembro de 1940.

BRASIL. *Constituição* da República Federativa do Brasil. Brasília, DF: Senado Federal, 2016.

BRASIL. *Estatuto da Criança e do Adolescente:* Lei federal nº 8069, de 13 de julho de 1990. Rio de Janeiro: Imprensa Oficial, 2002.

BUENO, J. R. Mitos e verdades sobre a depressão. *Skopia Médica,* ano 11, nº 1, 1994.

CAFFÉ, M. *Psicanálise e direito.* São Paulo: Quartier Latin, 2003.

CALAZANS, F. *Propaganda subliminar multimídia.* 3. ed. São Paulo: Summus, 1992.

CALLIGARIS, C. *A adolescência.* São Paulo: Publifolha, 2000.

CAMPBELL, J. B.; HALL, C. S.; LINDZEY, G. *Teorias da personalidade.* 4. ed. Porto Alegre: ArtMed, 2000.

CAMPOS, L. F. L. Terapia racional-emotiva comportamental no Brasil. In: RANGÉ, B. (Org.) *Psicoterapia comportamental e cognitiva:* pesquisa, prática, aplicações e problemas. Campinas: Psy, 1995.

CAMPOS, V. F. *TQC:* controle da qualidade total. 2. ed. Belo Horizonte: Fundação Christiano Ottoni, 1992.

CARBONERA, S. *Guarda dos filhos na família constitucionalizada.* Porto Alegre: Sergio Fabris, 2000.

CASTRO, L. R. F. *Disputa de guarda e visitas.* São Paulo: Casa do Psicólogo, 2003.

CEVERNY, C. M. O. Família e filhos no divórcio. In: CEVERNY, C. M. O. (Org.) *Família e...* São Paulo: Casa do Psicólogo, 2006.

CHAVES, U. H. Família e parentalidade. In: CEVERNY, C. M. O. (Org.) *Família e...* São Paulo: Casa do Psicólogo, 2006.

REFERÊNCIAS BIBLIOGRÁFICAS | 295

CLASSIFICAÇÃO DOS TRANSTORNOS MENTAIS E DE COMPORTAMENTO DA CID-10. Porto Alegre: Artes Médicas, 1993.

CONSELHO FEDERAL DE PSICOLOGIA. *Referências técnicas para atuação de psicólogas(os) em políticas públicas de álcool e outras drogas*. 2. ed. Brasília: CFP, 2019.

CONTI, M. C. S. *Da pedofilia*: aspectos psicanalíticos, jurídicos e sociais. Rio de Janeiro: Forense, 2008.

CORRÊA, M. Repensando a família patriarcal brasileira. In: ARANTES et al. *Colcha de retalhos*: estudos sobre a família no Brasil. 2. ed. Campinas: Unicamp, 1993.

CORREA, O. R. Segredos de família. In: RAMOS, Magdalena (Org.). *Casal e família como paciente*. 2. ed. São Paulo: Escuta, 1999.

COSTA, J. F. Entrevista. *Boletim IBDFAM*. Belo Horizonte: IBDFAM, mar./abr. 2012, p. 3.

DAMÁSIO, A. R. *O erro de Descartes*. São Paulo: Companhia das Letras, 1996.

DAMÁSIO, A. R. *O mistério da consciência*. São Paulo: Companhia das Letras, 2000.

DAMÁSIO, A. R. *Em busca de Espinosa*: prazer e dor na ciência dos sentimentos. São Paulo: Companhia das Letras, 2004.

DATTILIO, F. M.; RANGÉ, B. Casais. In: RANGÉ, B. (Org.). *Psicoterapia comportamental e cognitiva*: pesquisa, prática e solução de problemas. Campinas: Psy, 1995.

DAVIDOFF, L. L. *Introdução à psicologia*. São Paulo: Makron Books, 1983.

DEIKIN, E. Y. Transtorno do estresse pós-traumático. *NeuroPsicoNews*, São Paulo: Sociedade Brasileira de Informações de Patologias Médicas, n. 16, p. 11-17, 1999.

DESIDÉRIO, F. *A integração dos enfoques em terapia familiar*: uma nova tendência. São Paulo: SEFAM, 1993.

DI FRANCO, Carlos Alberto. *Tráfico e classe média*. Instituto Internacional de Ciências Sociais. Disponível em: <http://iics.edu.br/portal/opiniao.php?canal=1&id=10>. Acesso em: 2011.

DI LORETO, O. *Origem e modo de construção da mente (psicopatogênese)*: a psicopatogênese que pode estar contida nas relações familiares. São Paulo: Casa do Psicólogo, 2004.

DISCURSOS SEDICIOSOS. *Crime, direito e sociedade*. Vários autores. Instituto Carioca de Criminologia. Rio de Janeiro: Renavan, 2002.

DOLTO, F. *Quando os pais se separam*. 2. ed. Rio de Janeiro: Jorge Zahar, 1989.

DROGADIÇÃO – parte 1. *NeuroPsicoNews*, São Paulo: Sociedade Brasileira de Informações de Patologias Médicas, n. 6, p. 3-4, 1998.

DSM-V *Manual diagnóstico e estatístico de transtornos mentais*. Porto Alegre: ArtMed, 2014.

ERIKSON, E. H. *Infância e sociedade*. 2. ed. Rio de Janeiro: Zahar, 1963.

ESPINOSA, B. *Ética demonstrada según el orden geométrico*. Buenos Aires: Quadrata, 2005.

FADIMAN, J.; FRAGER, R. *Teorias da personalidade*. São Paulo: Harbra, 1986.

FALANDO SÉRIO sobre prisões, prevenções e segurança pública. Brasília: Conselho Federal de Psicologia, nov. 2008.

FALCKE, Denise. Avaliação psicológica na violência intrafamiliar. In: HUTZ, C. S. et al. *Avaliação psicológica no contexto forense*. Porto Alegre: Artmed, 2020.

FERNANDES, N.; FERNANDES, V. *Criminologia integrada*. São Paulo: Revista dos Tribunais, 1995.

FIGUEIRÊDO, J. A. Disponível em: <http://jus2.uol.com.br/doutrina/texto.asp?id=2740>. Acesso em: 5 abr. 2008.

FIORELLI, J. O. Assédio moral: processo e vírus. 2016. Disponível em: <http://genjuridico.com.br/2016/04/28/assedio-moral-processo-e-virus/>. Acesso em: 22 jul. 2019.

FIORELLI, J. O. Conciliação e mediação: a importância da visão sistêmica. 2016. Disponível em: <http://genjuridico.com.br/2016/07/15/conciliacao-e-mediacao-a-importancia-da--visao-sistemica/>. Acesso em: 22 jul. 2019.

FIORELLI, J. Efeito demonstração. 2016. Disponível em: <http://genjuridico.com.br/2016/06/15/efeito-demonstracao/>. Acesso em: 22 jul. 2019.

FIORELLI, J. *Psicologia para administradores*: integrando teoria e prática. 11. ed. São Paulo: GEN/Atlas, 2018.

FIORELLI, J.; FIORELLI, M. R.; MALHADAS, M. J. *Mediação e solução de conflitos* – uma abordagem multidisciplinar. 2. ed. São Paulo: Atlas, 2015.

FIORELLI, J.; FIORELLI, M. R. *Psicologia nas relações de trabalho*. São Paulo: LTr, 2004.

FIORELLI, J.; FIORELLI, M. R.; MALHADAS, M. J. O. *Psicologia aplicada ao direito*. São Paulo: LTr, 2017.

FIORELLI, J.; FIORELLI, M. R.; MALHADAS, M. J. O. *Assédio moral*: uma abordagem multi-disciplinar. 2. ed. São Paulo: Atlas, 2015.

FISHMAN, H. C. *Terapia estrutural intensiva*: tratando famílias em seu contexto social. Porto Alegre: ArtMed, 1998.

FOLBERG, J.; TAYLOR, A. *Mediación*: resolución de conflitos sin litígio. Buenos Aires: Noriega, 1984.

FONKERT, R. Mediación padres-adolescente: recurso alternativo a la terapia familiar em la reso-lución de conflictos en famílias con adolescentes. In: SCHNITMAN, D. F.; SCHNITMAN, J. *Resolución de conflictos*: nuevos diseños, nuevos contextos. Buenos Aires: Granica, 2000, p. 97-120.

FOUCAULT, M. *Vigiar e punir*: história da violência nas prisões. 19. ed. Petrópolis: Vozes, 1987.

FREUD, S. *Obras psicológicas completas.* Rio de Janeiro: Imago, 1974. (Edição Standard Brasi-leira, v. 14.)

FREUD, S. Psicologia das massas e análise do Eu. In: FREUD, S. *Obras completas*. Trad. P. C. de Souza. São Paulo: Companhia das Letras, 2011. vol. 15. (Trabalho original publicado em 1921)

FRIEDMAN, M. J. Transtorno do estresse pós-traumático PTSD: panorama. *NeuroPsicoNews*, São Paulo: Sociedade Brasileira de Informações de Patologias Médicas, nº 16, p. 3-10, 1999.

GADAMER, Hans George. *Hermenêutica em Perspectiva*. 2. ed. Petrópolis: Vozes, 2007.

GALANO, M. H. Família e história: a história da família. In: CEVERNY, C. M. O. (Org.) *Família e...* São Paulo: Casa do Psicólogo, 2006.

GARCÍA-PABLOS DE MOLINA, A.; GOMES, L. F. *Criminologia*: introdução a seus fundamentos teóricos. 2. ed. São Paulo: Revista dos Tribunais, 1997.

GARNEIRO, J.; SAMPAIO, D. *Terapia familiar.* 5. ed. Lisboa: Afrontamento, 2002.

GOFFMAN, E. *Manicômios, prisões e conventos.* 6. ed. São Paulo: Perspectiva, 1999.

GOMES, L. F.; MOLINA, A. G. P. *Criminologia.* 2. ed. São Paulo: Revista dos Tribunais, 1997.

REFERÊNCIAS BIBLIOGRÁFICAS | 297

GUERRA, V. N. de A. A minoria silenciosa. *Apostilas infância e violência doméstica*. São Paulo: USP, Laboratório de Estudos da Criança, 1995, módulo 3.

GUIMARÃES, C. F.; MENEGHEL, S. N.; ZWETSCH, B. E.; SILVA, L. B.; GRANO, M. S.; SIQUEIRA, T. P.; OLIVEIRA, C. S. Homens apenados e mulheres presas: estudo sobre mulheres de presos. *Psicologia & Sociedade*. Florianópolis: Associação Brasileira de Psicologia Social, 18 (3), p. 48-54, 2006.

GUSMÃO, S. B. Paixão jornalística x compaixão humana. In: KUNSCH, M. M. M.; FISCHMANN, R. (Org.). *Mídia e tolerância*: a ciência construindo caminhos de liberdade. São Paulo: USP, 2002.

HAMAD, N. *A criança adotiva e suas famílias*. Rio de Janeiro: Companhia de Freud, 2002.

HUFFMAN, K.; VERNOY, M.; VERNOY, J. *Psicologia*. São Paulo: Atlas, 2003.

JONASSON, Jonas. *O ancião que saiu pela janela e desapareceu*. Rio de Janeiro: Record, 2013.

JUNG, C. G. *A natureza da psique*. 3. ed. Petrópolis: Vozes, 1991.

JUNG, C. G. *O homem e seus símbolos*. 12. ed. Rio de Janeiro: Nova Fronteira, 1995.

KÄES, René et al. *A instituição e as instituições*: estudos psicanalíticos. Tradução Joaquim Pereira Neto. São Paulo: Casa do Psicólogo, 1991.

KAPLAN, H. I.; SADOCK, B. J. *Compêndio de psiquiatria*. 11. ed. Porto Alegre: Artmed, 2017.

KIENEN, N.; WOLFF, S. Administrar comportamento humano em contextos organizacionais. *Psicologia*: *Organizações e Trabalho,* Florianópolis: Programa de Pós-Graduação em Psicologia da Universidade Federal de Santa Catarina, v. 2, n. 2, p. 11-37, jul./dez. 2002.

KUCINSKI, B. Mídia e democracia no Brasil. In: KUNSCH, M. M. M.; FISCHMANN, R. (Org.). *Mídia e tolerância*: a ciência construindo caminhos de liberdade. São Paulo: USP, 2002.

KUNSCH, M. M. M.; FISCHMANN, R. (Org.). *Mídia e tolerância*: a ciência construindo caminhos de liberdade. São Paulo: USP, 2002.

LANE, S. T. M.; CODO, W. (Orgs.). *Psicologia social*: o homem em movimento. 13. ed. São Paulo: Brasiliense, 1999.

LAPLANCHE, J.; PONTALIS, J. B. *Vocabulário de psicanálise*. 2. ed. São Paulo: Martins Fontes, 1995.

LAROUSSE. *Dicionário de Psicologia*. Porto Alegre: Artmed, 1998.

LENT, R. *Cem bilhões de neurônios*: conceitos fundamentais de neurociência. Rio de Janeiro: Atheneu, 2001.

LEVISKY, D. L. *Adolescência*: reflexões psicanalíticas. São Paulo: Casa do Psicólogo, 1998.

LOPES, I. M. R. S. et al. Caracterização da violência sexual em mulheres atendidas no projeto Maria-Maria em Teresina-PI. *Revista Brasileira Ginecolologia Obstetrícia,* Rio de Janeiro: Federação Brasileira das Sociedades de Ginecologia e Obstetrícia, v. 26, n. 2, p. 111-116, mar. 2004.

LOURENÇO, Arlindo da S.; MANGINI, Rosana C. Ragazzoni. Teoria crítica da criminologia: apontamentos sobre uma possibilidade de pensar o estado de controle legal e penal brasileiro. Disponível em: <https://www.ipebj.com.br/bjfs/index.php/bjfs/article/view/556>. Acesso em: 17 dez. 2020.

LUNDIN, R. W. *Personalidade*: uma análise do comportamento. 2. ed. São Paulo: EPU, 1977.

MACRAE, E. O caso Glauco e a guerra às drogas. *Jornal PSI*. São Paulo: CRP, n. 165, p. 4-5, maio/jun. 2010.

MANGINI, Rosana C. R. Privação afetiva e social: implicações na escola. In: MEDRADO, H. I. P. et al. *Violência nas escolas*. Sorocaba: Minelli, 2008.

MANGINI, Rosana C. R.; LIMA, Marta E. de; ABREU, Tadeu R. Ofensas sexuais: possíveis intervenções a partir do cárcere ou apesar dele. In: LOPES, Rosalice; LIMA, Altiere Duarte Ponciano (Orgs.). *Prisões, pessoas presas e justiça penal*. Curitiba: CRV, 2019.

MANGINI, Rosana C. R.; LOURENÇO, Arlindo da S. Relações profissionais acorrentadas: os embates silenciosos entre pessoas que trabalham no interior das prisões. In: LOPES, Rosalice; LIMA, Altiere Duarte Ponciano (Orgs.). *Prisões, pessoas presas e justiça penal*. Curitiba: CRV, 2019.

MANZI, J. E. O uso de técnicas psicológicas na conciliação e na colheita da prova judiciária. *Ciência e Vida*. Edição especial: Psicologia Jurídica, São Paulo: Escala, ano I, n. 5, 2007.

MARANHÃO, O. R. *Psicologia do crime e a lei 6.416/77*. São Paulo: Revista dos Tribunais, 1981.

MATA, N. T.; SILVEIRA, L. M. Braga da; DESLANDES, S. F. Família e negligência: uma análise do conceito de negligência na infância. *Ciência & Saúde Coletiva*, v. 22, n. 9, p. 2881-2888, set. 2017.

MINUCHIN, P.; MINUCHIN, S.; COLAPINTO, J. *Trabalhando com famílias pobres*. Porto Alegre: ArtMed, 1999.

MIRABETE, J. F. Execução penal: comentários à Lei 7.210, de 11-7-1984. 11. ed. São Paulo: Atlas, 2004.

MONOGRAFIA. *Efexor*. São Paulo: Wyeth, 1996.

MONTEIRO, W. *O tratamento psicossocial das dependências*. Belo Horizonte: Novo Milênio, 2000.

MOORE, C. W. *O processo de mediação*. 2. ed. Porto Alegre: ArtMed, 1998.

MUSZKAT, M. E. *Guia prático de mediação de conflitos em famílias e organizações*. São Paulo: Summus, 2005.

MYERS, D. G. *Introdução à psicologia geral*. Rio de Janeiro: LTC, 1999.

MYRA y LOPÉZ, E. *Manual de psicologia jurídica*. Sorocaba: Minelli, 2007.

NEVES, G. M. P. Análise do perfil psicológico do juiz criminal no contexto da psicologia judiciária. *Ciência e Vida*. Edição Especial: Psicologia Jurídica, São Paulo: Escala, ano I, n. 5, 2007.

PAIVA, L. D. *Adoção*: significados e possibilidades. São Paulo: Casa do Psicólogo, 2004.

PASQUALI, L. Concepção de pais: um instrumento fatorial. *Psicologia, Ciência e Profissão*. Brasília: Conselho Federal de Psicologia, nº 30, p. 91-139, 2010.

PESSOA, F. *O livro do desassossego*. São Paulo: Companhia das Letras, 2006.

PIATO, R. S.; ALVES, R. N.; MARTINS, S. R. C. Conceito de família contemporânea: uma revisão bibliográfica dos anos 2006-2010. *Nova Perspectiva Sistêmica*, v. 22, n. 47, p. 41–56, 2014. Disponível em: <Erro! A referência de hiperlink não é válida.https://www.revistanps.com.br/nps/article/view/131>. Acesso em: 22 jun. 2023.

POGGETTI, R. S. O atendimento do traumatizado. *Médicos: Medicina e Violência*, São Paulo: HC-FMUSP, ano II, n. 8, p. 42-45, maio/jun. 1999.

RANGÉ, B. (Org.). *Psicoterapia comportamental e cognitiva de transtornos psiquiátricos*: pesquisa, prática e solução de problemas. Campinas: Psy, 1995a.

RANGÉ, B. (Org.). *Psicoterapia comportamental e cognitiva de transtornos psiquiátricos*. Campinas: Psy, 1995b.

REVISTA VEJA. A Psicóloga da Tropa. São Paulo: Abril, p. 98, 22 dez. 2010.

REVISTA VEJA. Saúde: as novas abordagens para o alcoolismo. São Paulo: Abril, n. 2.129, p. 86, 9 set. 2013.

RIGONATTI, S P. (Coord.). *Temas em psiquiatria forense e psicologia jurídica*. São Paulo: Vetor, 2003.

SÁ, A. A. Vitimização no sistema penitenciário. *Revista do Conselho Nacional de Política Criminal e Penitenciária*, Brasília: Ministério da Justiça, I (8):15-32, jul./dez. 1996.

SÁ, A. A. Homicidas seriais. *Revista Brasileira de Ciências Criminais*, São Paulo: Revista dos Tribunais, ano 7, n. 27, jul./set. 1999.

SACHS, O. *Um antropólogo em Marte*. São Paulo: Companhia das Letras, 1995.

SANTOS, J. C. Política criminal: realidade e ilusões do discurso penal. *Discursos sediciosos*, Rio de Janeiro: Instituto Carioca de Criminologia, v. 1, p. 53-57, 2002.

SANTOS, J. H. Perigo constante. Álcool é tóxico livre e gera a criminalidade no país. Disponível em: <http://conjur.estadao.com.br/static/text/8016.1>. *Consultor Jurídico*, 22 dez. 2002.

SERAFIM, A. P. Aspectos etiológicos do comportamento criminoso: parâmetros biológicos, psicológicos e sociais. In: RIGONATTI, S. P. (Org.). *Temas em psiquiatria forense e psicologia jurídica*. São Paulo: Vetor, 2003.

SERENY, G. *Gritos no vazio*: porque as crianças matam. São Paulo: Gutenberg, 2002.

SHINE, S. *Psicopatia*. São Paulo: Casa do Psicólogo, 2000. (Coleção Clínica Psicanalítica.)

SHINE, S. *A espada de Salomão*: a psicologia e a disputa de guarda de filhos. São Paulo: Casa do Psicólogo, 2003.

SILLAMY, N. *Dicionário de psicologia*. Porto Alegre: Larousse/ArtMed, 1998.

SILVA, D. M. P. *Psicologia jurídica no processo civil brasileiro*: a interface da psicologia com o direito nas questões de família e infância. São Paulo: Casa do Psicólogo, 2003.

SKINNER, B. F. *Ciência e comportamento humano*. 8. ed. São Paulo: Martins Fontes, 1992.

STEIN, Lilian M. et al. *Falsas memórias*: fundamentos científicos e suas aplicações clínicas e jurídicas. Porto Alegre: ArtMed, 2010.

SUARES, M. *Mediación, conducción de disputas, comunicación y técnicas*. Buenos Aires: Paidós, 2002.

SZASZ, T. Doença mental ainda é um mito. *Insight*, São Paulo: Lemos, n. 63, p. 9-15, jun. 1996.

VASCONCELOS, A. S. O Gabinete 595 do Congresso Nacional. *Revista Veja,* São Paulo: Abril, n. 2.337, p. 50, 4 set. 2013.

VERGARA, S. C. *Gestão de pessoas*. São Paulo: Atlas, 1999.

VIANA, N. Violência, conflito e controle. In: OLIVEIRA, D. D. et al. *50 anos depois*: relações sociais e grupo socialmente segregados. Brasília: Movimento Nacional dos Direitos Humanos, 1999.

VIDAL, A. M. C. B. Uso abusivo e dependência de álcool e/ou drogas em mulheres x violência. In: RIGONATTI, S. P. (Org.). *Temas em psiquiatria forense e psicologia jurídica*. São Paulo: Vetor, 2003.

VIDAL, C. E. L. Depressão e doença física. *Informação Psiquiátrica*, Suplemento, São Paulo: ECN, p. 19-22, out. 1994.

WATZLAWICK, P.; BEAVIN, J. H.; JACKSON, J. D. *Pragmática da comunicação humana*. 9. ed. São Paulo: Cultrix, 1973.

WEITEN, W. *Introdução à psicologia*: temas e variações. 4. ed. São Paulo: Pioneira, 2002.

WINNICOTT, D. W. *O ambiente e os processos de maturação*. 3. ed. Porto Alegre: Artes Médias, 1990.

WINNICOTT, D. W. *Privação e delinquência*. 3. ed. São Paulo: Martins Fontes, 1999.

WRIGHT, R. *O animal moral*. 4. ed. Rio de Janeiro: Campus, 1996.

YAMADA, Lia. O horror e o grotesco na psicologia – a avaliação da psicopatia através da Escala Hare PCL-R (psychopathy checklist revised). 2009. Disponível em: <https://app.uff.br/slab/uploads/2009_d_LiaYamada.pdf>. Acesso em: 22 jul. 2019.

YOUNG, J. *A sociedade excludente*: exclusão social, criminalidade e diferença na modernidade recente. Rio de Janeiro: Revan, 2002.

ZAFFARONI, E. R. *Criminología*: aproximación desde un margen. Santa Fé de Bogotá (Colômbia): Temis, 1998.

ZIMERMAN, D. E. *Fundamentos psicanalíticos*: teoria, técnica e clínica, uma abordagem didática. São Paulo: Artmed, 1999.

Sites:

<http://www.presidencia.gov.br/estrutura_presidencia/sedh/conselho/conanda> (Secretaria Nacional de Direitos Humanos).

<http://www.condeca.sp.gov.br> (Conselho Estadual dos Direitos da Criança e Adolescência).

<http://www.mp.sp.gov.br/portal/page/portal/home/home_interna/infancia_juventude> (Ministério Público do Estado de São Paulo).

<http://www.pol.org.br> (Conselho Federal de Psicologia).

<http://www.oab.org.br> (Ordem dos Advogados do Brasil).

<http://www.ajd.org.br/ler_noticia.php?idNoticia=137> (Associação Juízes para a Democracia).

<http://www.dhtnet.org.br> (Rede Virtual de Direitos Humanos).

<http://www.ibdfam.org.br> (Instituto Brasileiro de Direito de Família).

<http://www.pailegal.net>

<http://www.abp.org.br/download/PSQDebates_7_Janeiro_Fevereiro_light.pdf>

<http://www.defensoria.sp.gov.br/dpesp/Repositorio/23/Documentos/2014_07_15_Dados_RevistaVexatoria_EstadodeSP.pdf>.

<http://genjuridico.com.br/?s=fiorelli>.

Anexo
ENTREVISTA E INTERROGATÓRIO – ALGUMAS CONSIDERAÇÕES

Ao longo do texto, em vários capítulos, foram feitas referências e dadas orientações específicas a respeito da realização de entrevistas.

Neste apêndice, faz-se uma consolidação geral do tema e apresentam-se orientações adicionais de interesse de psicólogos, advogados e profissionais que se deparam com a tarefa de entrevistar pessoas.

1. ESTRUTURA DA ENTREVISTA

A entrevista (ou interrogatório) pode ser estruturada de diferentes maneiras, como sugere-se a seguir.

Quanto ao tipo de perguntas:

a) Abertas ("fale a respeito de...");
b) Fechadas ("você viu ou não viu...?").

Quanto à condução:

a) Estruturada (o entrevistador segue um roteiro predefinido);
b) Não estruturada (o entrevistador elabora as perguntas a partir das respostas que vai obtendo);
c) Semiestruturada (combina as formas anteriores).

Quanto ao registro das informações:

a) Oral com anotações manuscritas;
b) Oral com gravação;
c) Perguntas e respostas por escrito;
d) Combinação dos anteriores.

Estas e outras modalidades combinam-se, de maneira que existe uma extensa diversidade de formas de conduzir entrevistas, cada uma delas propiciando diferentes resultados. A escolha da estratégia deve levar em consideração, no mínimo:

- o assunto;
- as características do entrevistado;
- a natureza das informações que se pretende coletar;
- a duração da entrevista.

2. CUIDADOS GERAIS

"A entrevista é um campo de trabalho no qual se investiga a conduta e a personalidade dos seres humanos" e, por isso, "uma utilização correta da entrevista integra na mesma pessoa e no mesmo ato o profissional e o pesquisador" (BLEGER, 1989b, p. 21).

Autoconhecimento, identificação dos próprios preconceitos, falsas crenças a respeito de pessoas e acontecimentos, pensamentos automáticos e experiências anteriores que o identifiquem ou oponham ao entrevistado são cuidados essenciais do entrevistador.

O entrevistador deve compreender que ansiedade e emoções (raiva, repugnância, medo, piedade, amor) afetarão a memória, a compreensão dos fatos e a capacidade de se expressar do entrevistado. Esses estados emocionais produzem, amiúde, mecanismos de defesa que devem ser neutralizados (distração, negação da realidade, regressão, fantasia constituem exemplos comuns).

"Na entrevista, a passagem do normal ao patológico acontece de modo insensível", assinala Bleger (1989b, p. 27). Podem surgir fixações de pensamentos, fobias, defesas obsessivas e muitos outros comportamentos (do entrevistador e do entrevistado), inclusive a projeção de conflitos do entrevistador sobre o entrevistado (BLEGER, 1989b, p. 28), por exemplo, quando aquele percebe que o outro realizou algo que ele nunca conseguiu fazer por falta de coragem ou competência.

Outro risco do entrevistador é incorrer em *estereotipia*. A entrevista perde-se em uma rotina que oculta as diferenças individuais e que conduz à generalização, à negação da diversidade, ao tratamento homogêneo de pessoas diferentes. A percepção do entrevistado segundo padrões estereotipados cerceia a criatividade do entrevistador, delimita os temas, dirige o pensamento no sentido de confirmar suposições preconcebidas.

O *ambiente*, sem dúvida, constitui um fator importante a ser considerado. Ele pode inibir, amedrontar, estimular, produzir ansiedade, dependendo de como se dispõem os instrumentos, os móveis, a posição relativa de entrevistador e entrevistado, a decoração etc. O ambiente de um interrogatório, nas dependências policiais, por exemplo, induz um estado emocional muito diferente daquele que seria obtido nas instalações de um escritório de advocacia.

3. O ENTREVISTADO

O entrevistador deve considerar que a ansiedade elevada pode ocasionar alterações transitórias de características de personalidade.

A pessoa pode apresentar-se anormalmente "histriônica", "obsessiva", "narcisista", "paranoica", "dependente", "evitativa", "esquizotípica" etc., transmitindo uma imagem que não corresponde à sua "normalidade".

O comportamento do entrevistador pode acentuar essas transformações que impedem a melhor investigação dos acontecimentos. Por exemplo, se ele eleva a voz, gesticula ostensiva ou agressivamente, aproxima-se do entrevistado, aponta-lhe o dedo, esmurra a mesa, coloca os pés sobre ela, fuma etc.; cada um desses comportamentos afeta o estado emocional do entrevistado de diferentes maneiras e intensidades, dependendo das características emocionais deste, de suas experiências anteriores com entrevistas, de suas expectativas quanto ao que acontecerá no encontro, em geral dificultando a fiel coleta de dados.

A ansiedade elevada combina-se com a emoção para afetar profundamente a memória: é comum que acentue alguns detalhes e oculte outros. Pode provocar confabulações. As características de personalidade influenciam na forma como essa reação à emoção e à ansiedade acontece (o dependente reage de modo diferente do narcisista, por exemplo).

A presença ou não de acompanhante é importante (BLEGER, 1989b, p. 31). Pode indicar o funcionamento familiar (fronteiras, coalizões, momento do ciclo vital etc.), relações de dependências, rede de influências etc. Em depoimentos de crianças e adolescentes, faz-se imprescindível a presença de alguém de confiança do depoente.

Também o estado emocional pode gerar *mecanismos psicológicos de defesa*; o esquecimento, a confabulação e o bloqueio da fala são exemplos bastante conhecidos. O *silêncio do entrevistado*, segundo Bleger (1989b), é "o fantasma do entrevistador".

Contudo, *"se o silêncio total não é o melhor da entrevista..., tampouco o é a catarse intensa"* (BLEGER, 1989b, p. 34), quando a fala jorra descontrolada e, no fundo, *nada é dito* (como acontece em muitos depoimentos a respeito do relacionamento conjugal), o que pode indicar tanto um mecanismo psicológico de defesa como um comportamento de dissimulação, quando se trata de pessoas com experiência nesse tipo de situação.

Outra questão fundamental a ser considerada é o *nível de pensamento do entrevistado*. De nada adianta conduzir a entrevista por meio de termos, ideias e conceitos abstratos quando o entrevistado se encontra fixado no estágio operatório concreto; a pergunta é colocada em um nível ao qual o indivíduo simplesmente não possui acesso do ponto de vista cognitivo.

4. CONDUÇÃO DA ENTREVISTA

A observação de detalhes físicos e comportamentais do entrevistado (postura, gestos, vestimenta) possibilita, ao entrevistador, estabelecer o *tom* que dará à entrevista.

O entrevistado revela, inconscientemente, temperamento e características comportamentais que orientarão o comportamento do entrevistador. É importante essa *sintonia emocional* para que a entrevista resulte produtiva.

Um entrevistado *evitativo* solicita um comportamento muito diferente de outro *narcisista*; um *antissocial* pede uma postura diferente de alguém *socialmente correto*.

A história do indivíduo e o conhecimento das características de personalidade proporcionam bons subsídios para entrevistadores.

A entrevista, conforme se mencionou anteriormente, pode ser conduzida por meio de perguntas abertas ou fechadas, quando não se opta pelo relato espontâneo já comentado. Esses métodos podem ser combinados vantajosamente: admite-se o relato, passa-se a perguntas fechadas, deriva-se para perguntas abertas e assim sucessivamente.

Pode ser mais conveniente iniciar-se com perguntas abertas e delas colher informações para estabelecer perguntas fechadas, que dirigem o foco da atenção.

A entrevista também pode seguir uma alternância entre a condução estruturada, não estruturada e semiestruturada, dependendo do assunto, da situação e do entrevistado. Este, por suas características, pode favorecer o uso mais intenso de uma forma ou outra.

Quando se trata de uma pessoa muito tímida, com grande dificuldade de se expressar, é recomendável iniciar a entrevista de maneira estruturada e com perguntas fechadas, promovendo a desinibição gradativamente. Uma pessoa falante, extrovertida, pode sugerir um início não estruturado, por meio de relato espontâneo ou perguntas abertas, porém, dependendo dos objetivos da entrevista, pode ser necessário, após esse momento inicial de relato espontâneo, estruturar e direcionar a entrevista de tal modo que o entrevistado mais extrovertido consiga focar naquilo que é essencial.

O entrevistador que se mantém preso a uma forma estereotipada de perguntar e dirigir o procedimento corre o risco de perder informações, embora acredite que possa poupar tempo. Portanto, é sempre interessante uma breve análise das vantagens e desvantagens das formas de entrevistar e dos tipos de entrevista para cada tipo de situação. Um acidente de veículos com vítimas é muito diferente de um sequestro ou um estupro.

As perguntas constituem um componente essencial de toda entrevista. Manzi (2007) recomenda que o entrevistador utilize uma vasta gama de perguntas, para bem explorar as respostas e evitar a ocorrência de falhas, conforme comentado anteriormente, ajustando-as aos temas e às respostas, com flexibilidade e inteligência.

As perguntas abertas podem ser:

- ambíguas ou ardilosas;
- comparativas;
- dedutivas;
- dialéticas;
- explorativas;
- extensivas ou de reforço;
- espelhadas ou invertidas;
- hipotéticas ou fantasiosas;
- indutivas;
- investigadoras;
- objetivas (quem, quando, onde, como, o quê, por quê).

As perguntas fechadas podem referir-se a:

- duas únicas alternativas (sim ou não);
- uma escolha entre alternativas ou possibilidades (do tipo teste de múltipla escolha).

A arte de perguntar desenvolve-se conjugando sensibilidade, prática e atenção concentrada no que fala. O entrevistador sabe que existe a chance de simulação, de má intenção, de distorção dos fatos, e a diversidade de maneiras de perguntar constitui um artifício para levar a pessoa ou a se contradizer, ou a se expressar com sinceridade quando há a possibilidade de que isso não aconteça.

O entrevistador deve se certificar, ao escutar as respostas, de que:

- a pessoa *disse o que pretendia dizer*: muitas vezes, faltam palavras ou escolhem-se termos inadequados por deficiência de conhecimento técnico ou de escassez de vocabulário do entrevistado;
- entendeu realmente o que a pessoa disse: o entendimento enganoso pode ocorrer por vários motivos, atribuíveis ao entrevistado e/ou ao entrevistador; evita-se que isso aconteça por meio da repetição do que foi dito com outras palavras (*paráfrase*), por exemplo; pode-se, também, solicitar que o entrevistado explique de outra maneira etc.

5. O ESTILO DO ENTREVISTADOR

O entrevistador pode optar por diferentes estilos na condução da entrevista. Cada um deles apresenta vantagens e desvantagens, e a escolha deve levar em consideração:

- as características do entrevistado;
- a natureza do problema (um homicídio sugere estilo muito diferente de um crime administrativo ou de um divórcio);
- o momento em que ocorre a entrevista ou inquérito; lapso temporal decorrido desde o fato e a realização da entrevista;
- as consequências das respostas para o entrevistado e para outras pessoas;
- os sentimentos do próprio entrevistador.

Não existe uma "receita de bolo" para sugerir este ou aquele estilo, porém, a prática, neste caso, é boa conselheira; às vezes, a decisão a respeito do estilo a adotar acaba sendo tomada no momento exato da entrevista quando o entrevistador toma contato com o entrevistado. Por exemplo, no caso de pessoas na fase de pensamento operatório concreto, será difícil atuar com questionamentos muito amplos ou metafóricos; estas pessoas pedem entrevista mais estruturada e perguntas objetivas para facilitar a compreensão e a evocação das memórias. Sinais físicos e fisiológicos (indumentária, postura, expressão do olhar, suor, tiques, gesticulação, maquiagem etc.) compõem um quadro que orienta a pessoa, tanto mais quanto maior sua experiência.

O andamento da entrevista (ou interrogatório) também leva o entrevistador a modificar o estilo adotado; assim, ajusta-se ao desempenho do entrevistado e às informações que vão surgindo ao longo do diálogo. Por exemplo, a forma como ele responde, a agressividade, as manifestações emocionais permitem ao entrevistador rever constantemente seus próprios comportamentos.

Alguns estilos marcantes são os seguintes (todos eles possuem suas vantagens ou desvantagens, dependendo do objetivo, do momento, do assunto, das características do entrevistado):

Agressivo

O entrevistador opta pela intimidação. Esmurra a mesa, aproxima-se ostensivamente do entrevistado; demonstra desprezo, antipatia ou ódio. A agressividade não precisa ser manifesta por *gestos*, podendo limitar-se à escolha do vocabulário que faça esse efeito.

Histriônico

A entrevista transforma-se em um teatro de exibicionismo do entrevistador. Usa a técnica de sedução. Cria uma falsa intimidade.

Narcísico

Roupas, gestos, maquiagem e outros detalhes são organizados para demonstrar a grande superioridade intelectual e econômica, além do poder, do entrevistador.

Esquizoide

O entrevistador mostra-se frio, arredio e distante da situação. As perguntas e os comentários empregam frases lacônicas; as palavras são economizadas. Passa a impressão de que apenas suporta a atividade e pretende encerrá-la assim que possível.

Persecutório

A desconfiança é o sentimento que permeia a entrevista. O entrevistador, ainda que não o demonstre claramente, adota comportamentos de controle e verificação, assumindo que o entrevistado estará sempre propenso a enganá-lo ou a lhe transmitir informações falsas.

Paternalista

O entrevistado é convidado, implicitamente, a se colocar sob a proteção do entrevistador, que não hesita em chamá-lo de *filho*. Gestos de carinho paternal acompanham palavras de estímulo e conforto. Por outro lado, essa atitude pode ser reconhecida como negativa pelo entrevistado. O estilo paternalista, apesar de parecer positivo à primeira vista, deve ser usado com muita parcimônia.

Empático

O entrevistador procura colocar-se *no lugar do outro*, esforçando-se para compreender o ponto de vista dele. A demonstração de simpatia é limitada ao necessário para esse objetivo.

Esses e outros estilos aplicam-se à entrevista como um todo ou a momentos dela. O entrevistador pode iniciar com um comportamento *paternalista*, migrar para *agressividade* e concluir com *empatia*, por exemplo.

Mudanças de estilo ao longo da entrevista desconcertam o entrevistado, retiram-lhe referências, minam-lhe a autoconfiança e colocam-no à mercê do entrevistador.

Obviamente, as características do entrevistado serão de fundamental importância para orientar o comportamento do entrevistador no transcorrer desse *teatro interpessoal*.

A presença de observadores, ainda que não participantes da entrevista, também desempenha importante papel em seu andamento. Se forem percebidos como inimigos ou fonte de riscos pelo entrevistado, sua presença servirá para desestabilizá-lo ainda mais.

6. INTERROGATÓRIO: ALGUMAS PARTICULARIDADES

Uma entrevista pode ter uma finalidade específica, mas pode também, e isso acontece com frequência, objetivar a coleta de grande quantidade de dados e informações para compor o conhecimento a respeito do entrevistado e de situações que se investiga. Por exemplo, a entrevista com um detento, para avaliar suas condições emocionais e estabelecer prognóstico comportamental.

O interrogatório, entretanto, em muitas situações, pode ser objetivo, com uma única finalidade. Ele pode ser conduzido, por exemplo, durante inquérito policial e, também, pelo advogado, na entrevista com o cliente, com o propósito de conhecer detalhes de sua participação em um delito do qual é acusado. Nos processos e procedimentos judiciais, ressalte-se, são comuns comportamentos que sugerem dissimulação; em alguns casos, pode-se chegar ao transtorno factício, estudado no Capítulo 3.

Nessa situação, as questões podem assumir configurações especialmente desenhadas para o objetivo que o entrevistador tem em mente. Tem-se, então, o interrogatório:

- dirigido: o entrevistador explicita o conflito entre o que o sujeito sabe e o que lhe é perguntado. "Por que você deu uma punhalada em João?";

- aberto: abre-se mais espaço para divagações, porém, focalizando ainda o acontecimento. "O que aconteceu no interior daquele bar?";
- centrífugo ou centrípeto: o indivíduo pode negar a pergunta direta, mas pode proporcionar a informação indiretamente, atingindo-se o resultado desejado; o caminho pode ir em direção ao tema (centrípeto) ou dando a aparência de distanciar-se dele (centrífugo).

O entrevistador pode, também, valer-se de questões condicionais (afirmativas ou negativas) com o propósito de confundir o pensamento do entrevistado e alterar seu curso:

"Você então, não estava naquele local, sim?" "Você disse que iria lá, não?" A negativa e a afirmativa na mesma sentença criam dubiedade e circularidade.

O interrogatório pode esbarrar em lapsos de memória e esquecimentos; diversas situações foram apresentadas no estudo da memória, indicando-se que técnicas sofisticadas de recuperação devem ser aplicadas por especialistas, para evitar a criação de falsas memórias, confabulações e outras distorções.

De maneira geral, a associação de fatos pode facilitar a recuperação de dados da memória.

O entrevistador deve considerar que a resposta objetiva, direta, será tanto mais difícil quanto maior o potencial prejuízo (real ou idealizado) para o que responde; daí o uso de perguntas de maneira indireta ou, em vez de perguntas, a solicitação de "informações a respeito do assunto", que conduz a resultados positivos mais prováveis.

"Você conhece o bar .... onde Fulano e Ciclano costumavam ir?"

"Como foi quando você esteve lá pela última vez?" etc.

Nos interrogatórios, é comum a utilização do tempo como um aliado do entrevistador, porque ao cansaço físico segue-se o psíquico.

A habilidade de entrevistar ou interrogar desenvolve-se, principalmente, com a prática. As técnicas devem estar suficientemente memorizadas, entretanto, nada melhor do que o exercício para desenvolver a competência.

Uma estratégia recomendável é o acompanhamento de entrevistas e interrogatórios, para conhecer os procedimentos de pessoas mais experientes e aprender com elas.